GOLDMANN
SACHBUCH

Buch

Das Buch läßt uns jene keltische Welt wiederentdecken, die um die Zeitwende in weiten Teilen Europas vorherrschte, dann durch Germanen und Römer und schließlich durch das Christentum überlagert wurde und in Vergessenheit geriet. Kelten lebten damals in Kleinasien, auf dem Balkan, in Süddeutschland, Frankreich, England und Irland, Doch nur in Irland und Wales hat sich ihre Sprache im Gälischen und Walisischen erhalten, und in den Märchen dieser Länder finden sich noch heute Rudimente aus der Vorstellungswelt dieses indogermanischen Volkes, das künstlerisch hervorragend begabt, politisch jedoch nie eine übergreifende Rolle entwickelte. Jean Markale sichert Spuren, rekonstruiert Herkunft und Funktion der Druiden, entwirft ein Bild des druidischen Kultes und der keltischen Götterwelt, der sich entwickelnden Vorstellungen von einer „Anderen Welt", einem zeit- und raumlosen Ort, an dem eine nach göttlichem Plan konzipierte Welt Wirklichkeit geworden ist.

Autor

Jean Markale, geb. 1925, war viele Jahre als Studienrat an französischen Gymnasien tätig. Seit den fünfziger Jahren gilt er als anerkannter Spezialist auf dem Gebiet der keltischen Geschichte, Mythologie und Kultur. Für zwei seiner Bücher erhielt er den Preis der Académie française. In deutscher Sprache erschien bereits „Die keltische Frau" (Goldmann 11681) und „Die Katharer von Montségur" (Goldmann 12066).

JEAN MARKALE

DIE DRUIDEN

GESELLSCHAFT UND GÖTTER DER KELTEN

Aus dem Französischen übertragen von
Béatrice Bludau und Wieland Grommes

GOLDMANN VERLAG

Originalverlag: Editions Bayot, Paris
Originaltitel: „Le Druidisme – Traditions et Dieux des Celtes“

Umwelthinweis:
Alle bedruckten Materialien
dieses Taschenbuches
sind chlorfrei und umweltfreundlich

Der Goldmann Verlag
ist ein Unternehmen der Verlagsgruppe Bertelsmann

Made in Germany · 9/92 · 4. Auflage
Genehmigte Taschenbuchausgabe

Umschlaggestaltung: Design Team, München
Druck: Presse-Druck Augsburg
Verlagsnummer: 11474
SK · Herstellung: Heidrun Nawrot/sc
ISBN: 3-442-11474-8

Inhalt

Vierter Teil

Vorwort

Seit dem Jahr 52 unserer Zeitrechnung haben die Völker Westeuropas vergessen, wer sie einmal gewesen sind. Den genauen Ort der Niederlage von Vercingetorix bei Alesia kennt heute niemand mehr, und doch trat dort die große Wende ein: Die griechisch-römische Geisteshaltung, die auf dem Glauben an den Universalismus und an die Logik des ausgeschlossenen Dritten basiert, begann langsam, aber sicher das sogenannte „barbarische" Denken der Kelten zu verdrängen. So vergaßen die Westeuropäer allmählich, daß sie Söhne der Kelten und Erben der spirituellen Tradition der Druiden sind.

Vor der Katastrophe von Alesia sah die Welt ganz anders aus: Es gab ein anderes Wertsystem, eine andere Wirklichkeitsauffassung, eine andere Art zu denken und zu empfinden, andere geistige Konzepte. Das alles ist nicht spurlos verschwunden; von dieser Vergangenheit zeugen Spuren in Museen und Bibliotheken, und es gibt darüber hinaus auch noch lebendige Keime, die nur des geeigneten Bodens harren, um sich wieder zu entfalten.

Es wäre allerdings absurd, das Druidentum wieder zum Leben zu erwecken und daraus eine neue Religion machen zu wollen. Das Druidentum war nämlich sowohl die Urzelle der keltischen Gesellschaft als auch ihre Folgeerscheinung, und deshalb muß jeder Erneuerungsversuch in dieser Richtung größte geistige Verwirrung stiften. Leider ist aber genau das bereits eingetreten: Das Druidentum hat die Imagination inzwischen wieder derart entzündet, daß es, gerade weil darüber große Unklarheit herrscht, zu einem Kristallisationspunkt für alle möglichen Phantasiegebilde geworden ist. Henri Gaidoz, der Gründer der Revue Celtique, bemerkte schon im Jahr 1879: „Die Religion der Gallier ist wenig und schlecht bekannt . . ., weil die Zeugnisse darüber bisher noch längst nicht gesammelt und gesichtet sind." Heute liegen zwar wesentlich mehr Dokumente vor, und sie lassen sich auch besser einordnen, aber es bleibt noch viel zu tun, um die Frage zu klären, wer die Druiden waren und worin das Druidentum im einzelnen wirklich bestanden hat.

Der Begriff *Druidentum* war bereits den Iren des Mittelalters geläufig und umfaßte damals in recht unscharfer Weise alles, was irgendwie mit den Druiden zu tun hatte. Im heutigen Sprachgebrauch bezeichnet dieser Begriff den gesamten Bereich von Religion, geistiger Spekulation, kultischen und magischen Praktiken und angeblich profanem Wissen aus dem Umkreis der keltischen Priesterschaft, und das bedeutet: Er wird nicht nur für ein religiöses System verwendet, sondern auch für eine handwerklich-künstlerische Tradition, die alle keltischen Völker kennzeichnete und miteinander verband. Auf einen Nenner gebracht, ist das Druidentum also die Gesamtheit aller religiösen, intellektuellen, künstlerischen, sozialen und wissenschaftlichen Konzeptionen der Kelten vor ihrer Konversion zum Christentum. Und diese Kultur und Tradition scheint heute untergegangen zu sein.

Aber keine Religion geht jemals völlig unter. Deshalb müssen auch noch vom Druidentum Reste vorhanden sein, auch wenn sie überwiegend im Dunkel der Geschichte begraben zu sein scheinen. Es ist heute an der Zeit, diese weitreichend unbekannte und von Nebeln verschleierte Welt des Druidentums zu erforschen. Nicht nur Steindenkmäler in bretonischen und irischen Landen, nicht nur Volksmärchen und -bräuche, sondern auch schriftliche Zeugnisse bergen seine Spuren. Diese Spuren zu deuten, ist das Ziel der vorliegenden Untersuchung.[1]

I
Die Druiden

Was wir aus dem Bereich des Druidentums noch am besten kennen, sind die Druiden selbst. Das ist keineswegs paradox, denn die Druiden spielten in den verschiedenen keltischen Gesellschaften eine entscheidende Rolle. Sie wurden deshalb sowohl von den Historikern und Chronisten der klassischen Antike als auch von den Inselkelten ausführlich beschrieben, nachdem diese unter dem Einfluß des Christentums begonnen hatten, die Überlieferungen ihrer Vorfahren schriftlich festzuhalten. Wir besitzen also eine ganze Reihe von Zeugnissen über die Bedeutung der Druiden, deren Wahrheitsgehalt unumstritten ist; teilweise sind sie sehr alt und stammen aus Zeiten, in denen es noch Druiden gab. Zwischen dem Bild der Druiden, das uns diese Dokumente vermitteln und den romantischen Phantasievorstellungen, die sich hartnäckig bis in die heutige Zeit gehalten haben, liegen Welten. Seit der Romantik stellt man sich den Druiden als majestätischen Greis mit wallendem Bart und wehendem Haar vor, der, umstrahlt von überirdischem Licht, Mistelzweige mit goldener Sichel sammelt, vom Sturm umtost seine Prophezeiungen ausstößt und auf riesigen Steinaltären, den Dolmen, Menschenopfer darbringt.

Jede Studie über das Druidentum muß also mit einer Entmystifizierung beginnen. Das romantische Bild ist entstanden, weil man damals so wenig über die Welt der Druiden wußte. Es mangelte an Zeugnissen, und darum schuf die Imagination der Dichter Vorstellungen, die die Phantasie anregten und die Vorliebe des Publikums für das Wunderbare befriedigten. Zwar ist es von jeher das Vorrecht der Dichter gewesen, Dinge zu erfinden, die es nicht gibt, und so hat auch noch niemand Chateaubriand wegen seiner meisterhaften Darstellung der Druidin Velléda einen Vorwurf gemacht. Aber leider haben einige durchaus qualifizierte Historiker die Phantasiegebilde der Romantik für bare Münze genommen. Sie haben den Wunschvorstellungen jener „Antiquitätenhändler" des ausgehenden 18. Jahrhunderts Glauben geschenkt, die man heute „Keltomanen" nennt, weil sie alles Keltische als schön, großartig und universal empfanden. Die Romantiker träumten davon, die historische oder imaginierte Vergangenheit des eigenen Volkes, die Kultur der Kelten, wiederzuentdecken. Darin spielten die Druiden eine wichtige Rolle, hielt man sie doch für die Träger und Bewahrer der tiefsten Geheimnisse des keltischen Denkens.

Nun bildet das Druidentum in der Tat den Schlüssel zum Verständnis der keltischen Gesellschaft: Die Druiden waren wirklich im Besitz der „keltischen Geheimnisse“, sie waren der Angelpunkt, um den sich Leben und Handeln jener Völker drehte, die man heute mangels genauerer Kenntnis „keltisch“ nennt. Mit diesem Begriff bezeichnet man ein Konglomerat von Menschen verschiedenster Abstammung, die durch den Rahmen einer einzigartigen Zivilisation zusammengehalten wurden, obwohl ihr Siedlungsgebiet von Ungarn bis zu den Britischen Inseln, von der Poebene bis zur Rheinmündung reichte und sich bis weit nach Osteuropa und Kleinasien ausdehnte. Diese Zivilisation war viel komplexer als das Bild, das man sich heute von ihr macht.

Das Besondere an der keltischen Zivilisation ist ihre Einheit und zugleich ihre unglaubliche Vielfalt in der räumlichen Ausdehnung und der Dauer ihrer Existenz. Im ersten christlichen Jahrhundert, zur Zeit Cäsars, werden die Galater Kleinasiens vom Hellenismus aufgesogen, obwohl sie eine in sich geschlossene, homogene Gruppe bilden; aus den Galliern der „Gallia Cisalpina“ (Poebene) sind römische Bürger geworden; die Bewohner der „Gallia Narbonensis“ (Südgallien) leben als Weinbauern, Händler oder römische Legionäre; die Gallier der Keltika (der heutigen Schweiz sowie des Landes zwischen Seine und Garonne) sind zu Ackerbauern geworden und haben größtenteils das System der Königsherrschaft aufgegeben; die Gallier Belgiens (die zwischen Seine und Rhein siedeln) entwickeln sich gerade zu einem Agrarvolk, sind aber kriegerischer geblieben als die anderen Stämme. Die Brit(ton)en sind vorwiegend Viehzüchter und hängen am stärksten an ihren althergebrachten Traditionen und der Königsherrschaft. Ganz im Westen sprechen die Gälen Irlands eine eigene Sprache und unterscheiden sich überhaupt wesentlich von allen anderen: da sie niemals romanisiert wurden, entwickeln sie sich ganz eigenständig und bleiben im Kern eine Viehzüchter-Gesellschaft, die trotz der Christianisierung bis ins 12. Jahrhundert Bestand hat. Zeitlich gesehen hat die keltische Zivilisation etwa im 5. Jahrhundert vor Christus sichtbare Formen angenommen. Nach der Eroberung Galliens durch Cäsar wird sie Teil des gallo-römischen Reiches, bis sie nach und nach auf dem Kontinent verschwindet. Auf der Briten-Insel hält sie sich bis zum 6. Jahrhundert nach Christus, in Wales und in der Bretagne besteht sie in gewisser Weise noch heute. Und in Irland hat sie trotz aller Wechselfälle der Geschichte niemals aufgehört zu existieren. Diese Hinweise zeigen, wie komplex das ganze Phänomen ist.

Dennoch weist die keltische Zivilisation charakteristische Züge auf, die allen Stämmen gemeinsam sind: Zum einen die Tradition, die von Generation zu Generation weitergegeben wurde, und zwar anfangs ausschließlich mündlich, da bei den Kelten der Gebrauch der Schrift untersagt war; zum anderen eine Lebensform, die – zunächst durch die Viehzucht geprägt – bald durch eine hochentwickelte Landwirtschaft vervollkommnet wurde, denn die Kelten waren meisterhafte Metallurgen und besaßen ausgezeichnete Eisenwerkzeuge; weiterhin eine zu Beginn einheitliche Sprache indoeuropäischen Ursprungs, die sich später in zwei Zweige spaltete: in das Gälische und in das Brit(ton)ische (Gallisch, Bretonisch, Kornisch und Walisisch); und schließlich ein philosophisches, juristisches, metaphysisches und religiöses System, das alle Kelten ohne Ausnahme bis zur Christianisierung miteinander verband: ein System, das wir heute „Druidentum" nennen. Die Druiden spielten eine zentrale Rolle im Leben der Kelten, und dies nicht nur im religiösen Bereich. In diesem Zusammenhang ist folgende Aussage Cäsars von grundlegender Bedeutung:

> „In ganz Gallien gibt es zwei Klassen von Menschen, die Geltung und Ehre genießen, denn das niedere Volk nimmt beinahe die Stellung von Sklaven ein . . . Die eine Klasse ist die Klasse der Druiden, die andere Klasse ist die der Equites. Die Druiden versehen den Götterdienst, besorgen die öffentlichen und privaten Opfer und legen die Religionssatzungen aus. Bei ihnen finden sich junge Männer in großer Zahl zur Unterweisung ein, und sie genießen hohe Verehrung, denn sie entscheiden bei fast allen öffentlichen und privaten Streitigkeiten. Sie sprechen das Urteil, wenn ein Verbrechen begangen wurde, ein Mord geschah, Erbschafts- oder Grenzstreitigkeiten ausbrechen; sie setzen Belohnungen und Strafen fest. Fügt sich ein Einzelner oder ein Volksstamm ihrer Entscheidung nicht, so schließen sie die Betroffenen vom Götterdienst aus. Dies stellt bei den Galliern offenbar die härteste Strafe dar . . . An der Spitze aller Druiden steht derjenige, der bei ihnen das größte Ansehen genießt . . . Die Druiden ziehen gewöhnlich nicht in den Krieg und zahlen auch keine Abgaben wie die übrigen Gallier. Sie sind vom Waffendienst befreit und haben keine anderen Verpflichtungen." (*De bello gallico,* VI, 13/14)

Es ist oft ratsam, die Behauptungen des römischen Prokonsuls kritisch zu betrachten, vor allem dann, wenn er sein politisches Vorgehen rechtfertigen will. Was er über die gallischen Bräuche berichtet, scheint jedoch aus zuverlässigen Quellen zu stammen. Er kannte die Gallier, liebte es, sich mit ihren Stammesfürsten zu umgeben, und pflegte den Kontakt mit allen, die ihm Auskünfte über den Gegner geben konnten. Bevor er seinen Zug nach Gallien unternahm, hatte er sich der Kollaboration des Atrebaten Commius versichert, den er den Atrebaten und den Morinern als König aufzwang, außerdem kannte er den Druiden Diviciacus gut, einen Häduer, mit dem er sich gegen den Häduerfürsten Dumnorix verbündete, obwohl Diviciacus der Bruder des Dumnorix war. Bedenkt man, wie viele Vorrechte und Privilegien Cäsar den Druiden einräumte, kann man eigentlich nur staunen: Offenbar hielten die Druiden in der keltischen Gesellschaft fast die gesamte geistliche und weltliche Macht in ihren Händen. Wenn man weiterhin bedenkt, daß zahlreiche irische Epen berichten, der König habe in einer Versammlung nicht das Recht, vor dem Druiden das Wort zu ergreifen, dann kann man sich vorstellen, mit welcher Allmacht die Druiden ausgestattet waren.

Davon abgesehen zeigt der ganze Kontext indoeuropäische Strukturen, denn die gallischen Völker lassen sich völlig in das Drei-Klassen-System einordnen. Nach Cäsar gibt es bei ihnen drei Klassen, von denen die eine, das *Volk*, völlig unbedeutend ist; die beiden anderen Klassen sind die *Equites* (Ritter oder Krieger) und die *Druiden.* Es ist also wichtig, diese nicht als Kaste, sondern als Klasse zu betrachten.

Nach Meinung der Religionshistoriker lassen sich die keltischen Druiden mit den indischen Brahmanen und den römischen *flamines* vergleichen, auch wenn der Begriff ‚Druiden' einen ganz anderen Ursprung hat als die Begriffe ‚Brahmanen' und ‚flamines', die sprachlich miteinander verwandt sind. Bekanntlich kann niemand Brahmane werden, der nicht aus der Brahmanen-Kaste stammt – das ist eine natürliche Folge der hinduistischen Glaubenslehre über den Kreislauf der Reinkarnation –, und die römischen Flamines bildeten ein Kollegium, dem nur derjenige angehören konnte, der hineingewählt wurde. Die Druiden dagegen stellten keine geschlossene Klasse dar: Jeder konnte Druide werden, ob Mitglied einer Königsfamilie, ob Krieger, Künstler, Hirte, Bauer oder Sklave; jedem, der lange und eingehende Studien hinter sich gebracht hatte, stand der Zugang zu dieser Klasse offen. Zusammenfassend läßt sich also sagen: Druide wurde man sowohl durch Berufung als auch durch eine ganz bestimmte Ausbildung. Die christliche Religion, die Erbin der Druiden-Religion in mehr als einer Hinsicht[1], wird sich später bei der Auswahl ihrer Priester auf dieses Prinzip besinnen.

Wie anfangs der gesamte Klerus indoeuropäischer Struktur, so hatte auch die Priesterklasse der Druiden die Aufgabe, sowohl die göttlichen als auch die menschlichen Angelegenheiten zu ordnen und zu verwalten. Aufgrund der historischen Entwicklung und der Veränderungen in der indischen Gesellschaft ist den heutigen Brahmanen von dieser Aufgabe nur noch der spirituelle Teil geblieben, während sie ihre politische Macht an weltliche Systeme abtreten mußten. Wenn man bedenkt, wie unbedeutend die Rolle der *flamines* schon bald in der römischen Republik wurde, ist es durchaus angemessen, von „Säkularisation" zu sprechen. Zur Zeit der Königsherrschaft war der *rex* noch Herrscher im sakralen und im weltlichen Bereich; dann aber ging man in Rom sehr schnell dazu über, geistliche und weltliche Macht voneinander zu trennen. Die Trennung von Kirche und Staat ist also eine Erfindung der römischen Republik, auch wenn sich in Rom paradoxerweise eine rein formalistische, nationalistische und staatsbürgerlich orientierte Religion entwickelte, in die die wichtigsten Ämter des Staates einbezogen waren. Über eine hypothetische Entwicklung der Druiden und ihrer Stellung läßt sich keine Aussage machen, da sie aus unserem Blickfeld verschwunden und in der römischen Welt ebenso wie im Christentum untergegangen sind. Sicher ist aber, daß es in der keltischen Gesellschaft nicht den geringsten Unterschied zwischen dem Bereich des Sakralen und des Profanen gab. Die Tatsache, daß nach der Christianisierung Irlands fast nur Könige und *fili* (die Erben der Druiden) Bischöfe oder Äbte geworden sind und daß sie die weltliche und geistliche Macht in ihren Händen hatten, ist ein Beweis für diesen Monismus, der vom heutigen Standpunkt aus nur schwer zu begreifen ist.

Man muß sich darüber klar sein, daß der Begriff *Druide* sehr umfassend ist und zahlreiche Aufgabengebiete einschließt. Es wäre absurd, einen gallischen Druiden mit einem katholischen Priester des 20. Jahrhunderts vergleichen zu wollen, vor allem in den Ländern, in denen Kirche und Staat voneinander getrennt sind. Man könnte vielleicht eine gewisse Parallele zwischen einem Druiden und einem Dorfpriester des 19. Jahrhunderts ziehen, bevor die allgemeine Schulpflicht eingeführt wurde und es weltliche Lehrer gab. Zwar versieht der Druide das Priesteramt, aber er hat daneben noch viele andere Funktionen. Die griechischen und lateinischen Autoren bezeichnen die Druiden einmal als „Philosophen", dann wieder als „Magier"; manchmal ist auch die Rede von „Sehern" oder „Sängern und Dichtern", und Diodor von Sizilien versichert, daß ohne die Anwesenheit eines dieser „Philosophen" kein einziges Opferritual vollzogen werden konnte.

1. Der Begriff ‚Druide'

Die Autoren der klassischen Antike berichten stets mit einer gewissen Bewunderung über die Druiden und haben sie niemals mit primitiven Zauberern verwechselt. Der Häduer Diviciacus, den wir schon von Cäsar her kennen, wird auch von Cicero erwähnt, der gerne von seiner Begegnung und von seinen Gesprächen mit ihm erzählt:

„Er behauptete, die Naturgesetze zu kennen – das, was bei den Griechen Physiologie heißt –, und er besaß die Fähigkeit, durch Beobachtung und Deutung der Zeichen die Zukunft vorauszusagen ...". (*De Divinatione*, I, 40)

Spätere Autoren gehen sogar noch weiter: Ammianus Marcellinus (XV, 9) sieht Beziehungen zwischen den Druiden und den Anhängern des Pythagoras; Hippolytos (Philosophumena, I, 25) erwähnt, die Druiden hätten die Lehre des Pythagoras eingehend studiert, und Clemens von Alexandria (Stromata, I, XV, 71) berichtet von einer Überlieferung, nach der Pythagoras nicht nur ein Schüler der Brahmanen, sondern auch ein Schüler der Druiden der Galater gewesen sei.

Obwohl es unwahrscheinlich ist, daß zwischen den Druiden und Pythagoras Beziehungen bestanden, zeugt diese Überlieferung doch von einer gewissen Verwandtschaft zwischen der Lehre des Pythagoras und der Auffassung der Druiden. Wesentlich ist, daß man das Druidentum in Griechenland als bedeutendes philosophisches System ansah. Auch wenn die Griechen das Druidentum nicht recht begreifen konnten, ja zum Teil falsche Ansichten darüber hatten (aufgrund ungenauer Kenntnisse, einer völlig anderen Mentalität, eines anderen Systems der Logik und aufgrund des Vorurteils des Synkretismus), so waren sie doch darüber verwundert, daß die Barbaren eine philosophische und religiöse Tradition von so hohem intellektuellem und spirituellem Niveau zu entwickeln vermochten. Dennoch waren die Vorstellungen der griechischen und lateinischen Schriftsteller über die Druiden ziemlich unklar.

Wie bereits erwähnt, schrieb man den Druiden die Funktion von Philosophen, Magiern sowie von Sängern und Dichtern *(Barden)* zu. Und weil sie sich, wie Cicero berichtet, auch mit der Kunst des Weissagens beschäftigten, hielt man sie ebenfalls für *vates*, das ‚Seher' bedeutet und die Teilnehmer niederen Ranges an einer Druiden-Versammlung *(gorsedd)* bezeichnete. (Aus diesem Begriff hat das Neo-Druidentum heute das Wort *ovate* gemacht.) Im Zusammenhang mit Diviciacus verwendet Cäsar auch den Begriff *sacerdos:* Dadurch wird der Druide als ‚Priester' definiert, und zwar nicht nur in der lateinischen Bedeutung des Wortes. An anderer Stelle ist vom *aeditus* die Rede, also von einem Priester, der über den Tempel einer einzelnen Gottheit wacht und ihrem Kult vorsteht. Er entspricht dem heutigen Gemeindepfarrer oder dem *recteur* in der Bretagne, der nach kirchlichem Recht für das Heiligtum voll verantwortlich ist. Um das Wort ‚Druide' zu übersetzen, verwenden Plinius und einige andere Autoren den Begriff *magus* ohne jede abwertende Konnotation: die „Magier" aus Assyrien oder aus dem Vorderen Orient waren nicht nur Zauberer, sondern auch Priester, Astronomen (oder richtiger: Astrologen), Gelehrte, Philosophen und Seher. Für viele antike Autoren sind die Druiden auch „Ärzte" und „Theologen" und werden mit den „Weisen" des Orients gleichgesetzt. Gelegentlich werden sie auch *semnotes* (griech. die ‚Erhabenen') genannt: Das rückt sie in die Nähe der Priester der Mysterien-Religionen, die damals in die gallo-römische Welt einzudringen begannen. Schließlich sei auch auf den Begriff *eubages* oder *euhages* hingewiesen, der die Seher-Druiden bezeichnet. Ammianus Marcellinus, der Übersetzer des Griechen Timagenes, verwendet zum Beispiel diesen Begriff. Eigentlich ist *euhages* eine ungenaue Transskription des gallischen Wortes *vates,* das über die Zwischenstufe des griechischen *ouateis* ins Lateinische überging.

Es gibt jedoch noch eine andere Bezeichnung für die Druiden, über die man sich lange den Kopf zerbrochen hat. Sie steht im achten Buch der „*Commentarii de bello gallico*" (das Hirtius und nicht Cäsar zugeschrieben wird) und hat hier die Bedeutung eines Eigennamens: *gutuater.* Dieser Begriff ist durch vier gallo-römische Inschriften belegt; einmal wird er als Eigenname (in Puy-en-Velay) verwendet, dreimal als Gattungsbezeichnung. In einem dieser Fälle ist der Ausdruck *gutater Martis* klar verständlich: es handelt sich um einen Priester des Gottes Mars, wobei Mars für eine gallische Kriegsgottheit steht. *Gutuater* ist also die Bezeichnung für ein geistliches Amt. Das Wort hat nichts Rätselhaftes an sich, denn es setzt sich zusammen aus dem Stamm *gutu-* (wörtlich „Stimme") und aus dem Stamm *-ater* (oder *tater,* verwandt mit der indoeuropäischen Wurzel des Wortes ‚Vater'). Folglich ist der *gutuater* der ‚Vater der Stimme' oder der

‚Vater des Wortes', mit anderen Worten ein Priester, dem die Aufgabe der Predigt oder der Invokation oblag. Diese Invokationen waren Lobpreisungen oder ‚Satiren'[2] deutlich magischen Charakters. Das Amt des Gutuater hatte auch eine Entsprechung in Irland.

Irland bietet eine reichhaltige und wesentliche Ergänzung unserer Informationen über die Druiden dank der wertvollen mittelalterlichen Handschriften, in denen die heidnischen Epen der Gälen zum großen Teil überliefert sind. Das Alter der Manuskripte ist übrigens nicht entscheidend, denn es handelt sich um „Modernisierungen" oder neue Abschriften älterer Manuskripte, die zwischen dem 11. und 15. Jahrhundert oder noch später verfaßt wurden. In Irland wurden die Druiden zuerst christianisiert, so daß die Informationen, die uns die christlichen Mönche liefern, aus allerersten Quellen stammen, nämlich aus der mündlichen heidnischen Überlieferung, die in den ersten christlichen Jahrhunderten noch überaus lebendig war. Aus diesen Texten mit ihren empirischen und märchenhaften Elementen sowie ihren mythologischen Symbolen erwächst das Bild der Druiden mit ihren vielfältigen Funktionen. Es liefert wiederum eine Fülle von Bezeichnungen für die Druiden, deren exakte Definition gelegentlich schwierig ist.

Drui ist der allgemeine Begriff für alle Angehörigen der Priesterklasse. Cäsar überliefert dieses Wort in genauer Entsprechung der gallischen Form als *druis*, spätere Schriftsteller als *druida*. Aber offensichtlich war mit dem gälischen Wort *drui* in Irland wie in Gallien ein Priester höheren Ranges gemeint. Erst als Irland christianisiert wurde, scheint der Begriff *drui* diese Bedeutung verloren und dann nur noch Priester niederen Ranges bezeichnet zu haben, die sich ausschließlich mit der Zauberei beschäftigten. Zu dieser Zeit genossen die *vates*, ursprünglich die Angehörigen der zweithöchsten Rangstufe, das höchste Ansehen. Dem gallischen *vates* entspricht der irische *file* (Plural *fili* oder *filid*), der alle hohen Ämter des alten Druiden übernommen hat. Das bedeutet nicht, daß die *fili* den Druiden schon vor der Christianisierung den Rang abgelaufen hätten, sondern dokumentiert nur die Situation, die im Lauf des 4. Jahrhunderts eintrat, als der heilige Patrick in Irland predigte. Die zahlreichen Bezeichnungen, die es für die *fili* gibt, entsprechen verschiedenen speziellen Funktionen.

Da gibt es zunächst den *sencha*: Er ist vor allem Geschichtsschreiber, und seine Aufgabe besteht darin, die historischen oder philosophischen Traditionen zu bewahren und die Helden zu rühmen. Weiterhin gibt es den *brithem*, den Richter, Gesetzgeber und Botschafter.

Der *scelaige* ist ein Kenner der Epen und Mythen. Der *cainte* entspricht dem *gutuater* und hat als Meister des magischen Gesangs die Aufgabe, die Invokationen, also Segenssprüche, Verwünschungen und Verfluchungen, auszusprechen. Dieser ,,Satiriker" spielt in vielen irischen Epen eine wichtige Rolle, und seine Macht wird gefürchtet. Schließlich gibt es noch den *liaig*, einen Arzt, der die Eigenschaften der Pflanzen kennt, magische Rituale beherrscht und Chirurg ist; den *cruitire*, einen Harfenspieler, dessen Musik magische Wirkungen hervorruft und die Menschen zum Weinen, Lachen, Schlafen oder zum Sterben bringen kann; und endlich den *deogbaire*, den Mundschenk, der vermutlich ein Kenner berauschender Substanzen und halluzinogener Drogen gewesen ist.

Auf die Kunst der Weissagung spezialisiert ist der *faith*, dessen Funktion genau dem gallischen *vates* entspricht. Man kann heute nicht mehr mit Gewißheit sagen, ob der *faith* ein *file* war, denn vermutlich ist es durch die Christianisierung zu Veränderungen gekommen: Da die Christen die Wahrsagekunst ablehnten, haben die *fili* nach ihrer Konversion ihr Seher-Amt möglicherweise aufgegeben. Dieses Amt wurde dann von Angehörigen der niederen Rangstufen übernommen, die in der neuen Gesellschaftsordnung keinen Priesterstatus mehr hatten. Als Beleg für diese Auffassung läßt sich die Tatsache anführen, daß der heilige Patrick und seine Nachfolger die Druiden vom Priesteramt fernhielten. Fassen wir zusammen: Die getauften *fili*, die meist die Priesterwürde erhalten hatten oder zu Bischöfen geweiht worden waren, gaben diejenigen Funktionen des Druidentums auf, die mit dem christlichen Geist nicht zu vereinbaren waren.

Die Barden fehlen in dieser Nomenklatur, obwohl das Wort *bard* im Gälischen durchaus existierte und später benutzt wurde, um Volksdichter oder Volkssänger zu bezeichnen. Hatte der irische Barde aber einen fest umrissenen Status? War er wirklich Mitglied der Priesterklasse? Vermutlich ja, wenn man Gallien und Wales zum Vergleich heranzieht, wo sich die Institution des Barden bis zum Ende des Mittelalters im Rahmen der christlichen Gesellschaft gehalten hat. In Wales und in gewisser Weise auch in der Bretagne ist nämlich der *Barde* der Nachfolger der Druiden geworden, während in Irland der *file* diese Rolle übernommen hat.

All diese Namen, mit denen die einzelnen Kategorien und ihre unterschiedlichen Funktionen innerhalb der Druidenklasse bezeichnet werden, dürfen aber nicht in Vergessenheit geraten lassen, daß das Wort ,Druide' die wichtigste Bezeichnung ist und bleibt.

Dieses Wort hat in der Tat eine höchst abenteuerliche Entwicklung durchgemacht. Seine modernen Formen – das französische Wort *druide*, das englische *druid*, das walisische *derwydd* und das bretonische *drouiz* – sind Neologismen, die frühestens gegen Ende des 18. Jahrhunderts geprägt worden sind. Das durch die normale Sprachentwicklung entstandene volkssprachliche Wort heißt im modernen Gälisch *draoi* und bedeutet ‚Hexenmeister', im modernen Walisisch *dryw* und bedeutet ‚Zaunkönig'. Aus dem heutigen Wortschatz der Bretonen ist das Wort verschwunden. Alle Neubildungen sind nach dem Muster des ältesten bezeugten Begriffes geprägt, nämlich nach dem von Cäsar benutzten und latinisierten Wort *druis* (Genitiv *druidis*), das eng mit dem alten gälischen Wort *drui* zusammenhängt. Diese Beobachtungen sind insofern wichtig, als sie den Beweis dafür liefern, daß das Druidentum als religiöse Institution seit vielen Jahrhunderten aus dem Bewußtsein des Volkes verschwunden ist. Nur in Irland und in Wales haben sich Spuren erhalten, die von einer Abwertung des Begriffes zeugen. Es ist aufschlußreich, daß die semantische Entwicklung des alten irischen Wortes *drui* zu der Bedeutung ‚Zauberer, Hexenmeister' geführt hat. Das ist eine Folge der Abneigung gegen die Druiden, die sich in Irland nach der Christianisierung ausbreitete. Die Druiden wurden zu Hexenmeistern zweiter Klasse zugunsten der *fili* degradiert, die ihren Platz in der keltisch-christlichen Gesellschaft bewahrten. Deshalb ist auch in Volkserzählungen oder Volksliedern – besonders in der Bretagne – kein einziger Hinweis auf die Druiden zu finden, obwohl einige Exegeten das gerne so darstellen.[4] Solche Versuche sind aber in Wirklichkeit nur keltomane Phantasterei!

Man muß sich also die Frage stellen, was das Wort ‚Druide' genau bedeutet. Mehrere Jahrhunderte lang hat man gedankenlos die Etymologie übernommen, die Plinius d. Ä. (*Hist. nat.* XVI, 249) in einer berühmten Passage verwendet; er spricht dort über die Druiden und ihre Verehrung für die Mistel sowie für den Raum, auf dem sie wächst, die Eiche. Plinius merkt an:

> „Niemals zelebrierten sie ein Ritual ohne einen Zweig dieses Baumes; man darf also annehmen, daß die Druiden ihren Namen aus dem Griechischen haben."

Daraus wurde geschlossen, das Wort ‚Druide' stamme von dem griechischen Wort *drus* (‚Eiche') her, und diese zählebige Deutung ist sogar noch in einigen seriösen Werken unseres Jahrhunderts zu finden. Diese Etymologie ist auf einen Analogieschluß gegründet, der lediglich auf einer gewissen Ähnlichkeit beruht und durch die tatsächliche Bedeutung der Eiche in der Religion der Druiden gestützt wird. Die griechischen und römischen Schriftsteller und auch die Autoren des Mittelalters benutzten diese Etymologie häufig. Viele volkstümliche Etymologien folgen diesem Muster. Festzuhalten ist, daß zwischen dem Wort ‚Druide' und dem griechischen Wort *drus* keine Beziehung besteht.[5] Weshalb sollte auch der gallische Begriff ‚*Druide*' von einem griechischen Wort abstammen? Logischerweise müßte er keltischen Ursprungs sein. ‚Eiche' heißt im Gallischen *dervo* (eines der wenigen gallischen Wörter, die gesichert sind), im Gälischen *daur*, im Walisischen *derw* und im Bretonischen *derv*. Es ist nicht gerade einfach, den Begriff ‚Druide' mit diesen Wörtern in Zusammenhang zu bringen.

Außerdem ist der Text von Plinius höchst unklar. Dieser Naturforscher sagt nämlich nicht expressis verbis, daß das griechische Wort *drus* der Ursprung sei, er sagt lediglich, die Druiden hätten ihren Namen aus dem Griechischen. Tatsächlich haben erst spätere Kommentatoren über diese Etymologie entschieden, und, wie wir noch sehen werden, ist Plinius d. Ä. von der Wahrheit gar nicht so weit entfernt. Wenn man sich nämlich an die von Cäsar benutzte Form *druides* sowie an die irische Form *druid* hält, dann kann das Wort nur auf ein altes keltisches *druwides* zurückgehen. *Druwides* läßt sich ohne Schwierigkeiten in zwei Segmente zerlegen: in *dru-*, ein Präfix mit superlativischem Sinn (das in dem französischen Adjektiv *dru* = ‚dicht, kräftig, prall' wiederkehrt) und in *wid*, ein Begriff, der mit der indoeuropäischen Wurzel des lateinischen *videre* (‚sehen', ‚wissen') verwandt ist. Die Druiden sind also die (besonders weit) ‚Sehenden' oder (besonders viel) ‚Wissenden', was vollkommen mit den ihnen zugeschriebenen Funktionen übereinstimmt.

Die berühmten Scholien im *Pharsalia*-Manuskript des Lucanus sind deswegen von besonderem Wert, weil sie uns nützliche Auskünfte über die Gallier und ihre Bräuche liefern; sie enthalten einen Hinweis, der die Aussage von Plinius bestätigt. Die Druiden – heißt es dort – „haben ihren Namen von den Bäumen, weil sie abgelegene Wälder bewohnen".[6] Man beachte, daß sich die erwähnte Passage der *Pharsalia* auf einen ausgedehnten Wald in der Nähe von Marseille bezieht: Dort zelebrierten die Druiden ihre Rituale unter freiem Himmel im sogenannten *nemeton*, das heißt in einer heiligen Waldlichtung. Man beachte außerdem, daß hier nicht von Eichen, sondern von Bäumen ganz allgemein die Rede ist. Und genau das meint Plinius d. Ä. tatsächlich!

Wir müssen also eine überraschende Feststellung machen: In den keltischen Sprachen gibt es eine Verbindung zwischen dem Wort, das ‚Wissen' bedeutet, und dem Wort für ‚Wald', dem gallischen *vidu*. Handelt es sich hier lediglich um einen Fall von Homonymie? oder handelt es sich wieder einmal um phonetische Kabbalistik? Die „celtisants" sehen darin nur eine Homonymie. Wie ist aber dann in anderen indoeuropäischen Überlieferungen die gleiche Ambiguität zu erklären, wie wir sie auch beim germanischen Odin finden? *Odin/Wotan* geht auf eine bei Tacitus belegte Form *Wôthanaz* zurück. Die Germanisten sehen darin die Wurzel *wut*; sie bedeutet ‚heiliger furor', also ‚totales Wissen', und das paßt ausgezeichnet zum Charakter von Odin in den nordischen Sagas. Odin wurde freiwillig einäugig, um magische Seherkraft zu erlangen, und war ein Meister der Runen, jener magischen Schriftzeichen, die so aussehen, als seien sie zufällig in Holzstücke eingeritzt. Ähnlich schnitzen die „satirischen" Druiden Irlands Inkantationen in Hasel- oder Eibenzweige. Überraschenderweise hängt die Wurzel *wut* auch mit dem germanischen Wort für neuhochdeutsch *Wald* zusammen, das noch im englischen *wood* zu erkennen ist. Eine Dichtung der skandinavischen Edda beschreibt, wie der an einem Baum aufgehängte Odin (ein schamanistisches Ritual, das man auch im heidnischen Irland findet) sich durch die Kraft der von ihm beschworenen Runen aus dieser Lage befreit. Wotan/Odin ist der Gott des Wissens, der göttliche Magier par excellence, und erinnert so wiederum an Gwyddyon, den Sohn der Göttin Dôn und Helden des vierten walisischen *Mabinogion*-Epos.[7] Der Name Gwyddyon steht im Zusammenhang mit der Wurzel *gwid*, die ‚Wissen' bedeutet (vgl. bretonisch *gwiziek* = ‚wissend'), aber genausogut könnte er auch von der Wurzel des gallischen *vidu* (‚Baum') abstammen. Wenn die Namen von Odin/Wotan und von Gwyddyon – zwei wahrhaftigen Druiden unter den Göttern – sowohl an die Idee des Wissens als auch an die Vorstellung des Baumes geknüpft sind, dann ist die Annahme nicht aus der Luft gegriffen, der Begriff ‚Druide' könne dieselbe Ambivalenz aufweisen. Die Beziehung zwischen dem ‚Wissen' einerseits, vor allem dem religiös-theologischen und magischen, und den Bäumen andererseits kommt nicht von ungefähr, wenn wir an den Urmythos vom Baum der Erkenntnis denken, der in den Überlieferungen aller Völker zu finden ist. Und wenn die Druiden Wissende sind, dann sind sie ebenfalls ‚Männer des Baumes' – Leute, die in heiligen Lichtungen lehren und ihre Kulthandlungen zelebrieren.

2. Die Hierarchie der Druiden

Die Priesterklasse der Druiden hatte unterschiedliche Aufgaben. Daher müssen wir zunächst die Frage klären, wie die Beziehungen zwischen den verschiedenen Angehörigen dieser Klasse geregelt waren, und dann, wodurch diese vielschichtige Klasse zusammengehalten wurde.

Aus den historischen Tatsachen, die über die Anfänge der Christianisierung Irlands zu Beginn des 5. Jahrhunderts bekannt sind, glaubte man, Rivalitäten und Gegensätze innerhalb der Druidenklasse ableiten zu können. Untersucht man die Geschichte (oder die geschichtliche Legende) des heiligen Patrick, der das Christentum nach Irland gebracht hat, genauer, stellt man fest, daß dieser Verkünder des Evangeliums auf den Widerstand von Druiden und Königen gestoßen ist und daß er die *fili* nach ihrer Bekehrung zur intellektuellen Elite der neuen Religion gemacht hat.[8] Daraus wurde der Schluß gezogen, Patrick hätte die Rivalität zwischen Druiden und *fili* ausgenutzt, um die *fili* zu bevorzugen, indem er ihnen die Aufgabe übertrug, sein Werk fortzusetzen, während er die Druiden und ihre magischen Künste bekämpfte.

Obwohl diese Feststellung durchaus richtig ist, verliert sie an Bedeutung, wenn man die Beziehungen zwischen Druiden und *fili* genauer betrachtet. Zunächst einmal herrscht in allen Texten die Tendenz, Druiden und *fili* miteinander zu verwechseln: Es handelt sich also eher um eine terminologische Differenz. Die *fili* sind nämlich keineswegs klar von den Druiden zu trennen, da sie beide derselben Klasse angehören und der Begriff ‚Druide' in Irland allgemein ein Mitglied der Druidenklasse bezeichnete.

Darüber hinaus können wir bei der Entwicklung der gälischen Gesellschaft in Irland, die sich in keiner Weise mit der in Gallien vergleichen läßt, beobachten, daß zwischen den eigentlichen Druiden und den *fili* eine Aufgabenverschiebung stattfand. Man kann vermuten, daß der Begriff ‚*Druide*' zur Zeit des heiligen Patrick vor allem als Bezeichnung für die Magier diente, während der *file* mehr ein Intellektueller war, also ein wirklicher Druide in der herausgearbeiteten

Bedeutung des Wortes. Es ist unwahrscheinlich, daß die irischen Hagiographen von dieser Aufgabenverschiebung nichts gewußt haben, zumal der heilige Patrick – selbst ein Brit(on)e – in seiner Jugend von irischen Piraten gefangen genommen worden war und jahrelang bei einem „Druiden" (einem Magier) als Sklave gedient hatte. Wir können also davon ausgehen, daß er die Verhältnisse genau kannte. Vermutlich hat er sich bei diesem Druiden nicht nur selbst gewisse Techniken angeeignet, sondern er ebnete durch Bevorzugung der *fili* gegenüber den Druiden auch den zukünftigen Vertretern des Christentums vor allem auf intellektueller, philosophischer, juristischer und politischer Ebene den Weg. Bei dem Unterschied zwischen eigentlichen Druiden und *fili* geht es also keineswegs um Rivalitäten oder Gegensätze, sondern es handelt sich vielmehr um Funktionsunterschiede. Der außerordentlich schnelle Übergang Irlands vom Heidentum zum Christentum – dessen Wegbereiter in Europa es in gewisser Weise geworden ist – beweist, *daß sich schließlich die gesamte Druidenklasse zum Christentum bekannte;* die anderen Gesellschaftsklassen folgten ihrem Beispiel. Daran läßt sich ermessen, wie groß die reale Macht der Druiden in der keltischen Gesellschaft war. Eine einzelne Gesellschaftsklasse kann aber nur dann eine solche Bedeutung erlangen, wenn sie ein zusammenhängendes und organisiertes Ganzes darstellt. Abgesehen von einigen interpretatorischen Details und geringen Unterschieden in der Wortwahl stimmen die Aussagen der griechisch-römischen Schriftsteller und die irischen Texte (Epik und Hagiographie) in folgenden Punkten überein: Es gibt eine Priesterklasse, die Klasse der Druiden; sie umfaßt Priester, Seher, Dichter und Philosophen; sie legt die Glaubenslehren aus und befaßt sich mit metaphysischen Spekulationen, sie erfüllt den Kult und seine verschiedenen Rituale; sie überliefert die Lehre an die Schüler und bestimmt, vermittelnd zwischen Götter- und Menschenwelt, das politische Leben.

Man kann sich vorstellen, daß eine solche Organisation ihre Existenz nicht dem Zufall verdankt, sondern auf einem Konzept beruht, das Aufgaben und Verantwortlichkeit genau verteilt. Die Priesterklasse der Druiden ist streng geordnet, obwohl ihre Strukturen nicht immer auf den ersten Blick erkennbar sind. Ein charakteristisches Beispiel dafür liefert der Gallische Krieg, genauer gesagt der Moment, in dem Vercingetorix versucht, Gallien von den Römern zu befreien. Von wenigen Ausnahmen abgesehen, werden die Druiden unerklärlicherweise in den Berichten über den *Bellum gallicum* nicht erwähnt. Ruft man sich aber den Aufbau der gallischen Gesellschaft ins Gedächtnis, kann nicht einen Augenblick an der Präsenz der Druiden gezweifelt werden. Es ist sogar mit Sicherheit anzunehmen, daß sie auf politischem wie auf militärischem Sektor bei allen Ereignissen zwischen 58 und 52 v. Chr. eine entscheidende Rolle gespielt haben. Ohne das Einverständnis der Druidenklasse hätte der von Vercingetorix geschürte Aufstand nicht die geringste Chance auf Erfolg gehabt. Dieser Aufstand ging nämlich vom Gebiet der Carnuten aus, in dem sich das Hauptheiligtum ganz Galliens befand, und er verbreitete sich mit erstaunlicher Geschwindigkeit über das gesamte gallische Territorium.[9] Es muß also eine Organisation gegeben haben, deren Zweige all die miteinander rivalisierenden Völker durchdrungen hatten und die daher in kürzester Zeit eine Menschenmenge mit äußerst unterschiedlichen Interessen mobilisieren konnte. Anders lassen sich der Aufstand von Genabum sowie die Anfänge jenes Unternehmens, das Vercingetorix im Gebiet der Arverner, seinem Stammland, begann, nicht erklären. Cäsar hat als erster festgestellt, daß die Druidenklasse hierarchisch geordnet war:

> „An der Spitze der Druiden steht derjenige, der bei ihnen das größte Ansehen genießt. Nach seinem Tod tritt der an seine Stelle, der alle anderen an Würde überragt; wenn es aber mehrere Bewerber gibt, entscheiden die Stimmen der Druiden, bisweilen sogar die Waffen den Wettstreit." (*De bello gallico,* VI, 13)

Der höchste Druide – man könnte ihn als „Oberdruiden" bezeichnen – wird also auf verschiedenen Wegen bestimmt, die letztlich „demokratisch" sind. Das Ansehen einer Person verschafft ihr Autorität, und wenn mehrere Personen dasselbe Ansehen genießen, wird gewählt. Wie bei allen Wahlen ist es möglich, daß Emotionen aufflammen und die Positionen der Gegner sich verhärten; daher die Erwähnung einer Gewaltlösung für den schlimmsten Fall. Es gibt also keine automatische Nachfolgeregelung und keine „Erbfolge". Das entspricht dem Geist des Druidentums, handelt es sich bei den Druiden doch nicht um eine Kaste – wie bei den Brahmanen – und auch nicht um ein Kollegium – wie bei den Flamines –, sondern um eine Klasse, in die man aufgrund seiner intellektuellen Fähigkeiten und Verdienste aufgenommen werden kann. Alle Druiden haben also ein einziges gewähltes Oberhaupt. Cäsar bezieht sich auf die Verhältnisse in Gallien, wir wissen jedoch nicht genau, wie er Gallien begrenzt. Jedenfalls ist dieses Gallien ein Konglomerat von Völkern mit häufig divergierenden Interessen und widersprüchlichen politischen Ansichten –

Völker, die eifersüchtig auf ihre Autonomie, wenn nicht sogar auf vollständige Unabhängigkeit bedacht sind. Cäsars Bericht läßt sich auf zwei verschiedene Arten auslegen: Entweder hat jeder gallische Stamm seine eigenen Druiden, die innerhalb ihres Stammes ein Oberhaupt wählen, oder die Druiden aller Stämme wählen ein einziges Oberhaupt für ganz Gallien. Dieses Problem der Auslegung galt als unerheblich, aber es verdient dennoch Beachtung, da es zu der entscheidenden Frage führt, ob das Druidentum eine nationale oder eine supranationale Institution gewesen ist. Bei der Beantwortung dieser Frage muß man jedenfalls vorsichtig vorgehen und die Tatsache berücksichtigen, daß die Idee der Nation und das Konzept des Nationalismus keineswegs dieselbe Bedeutung haben für die Gallier zur Zeit von Vercingetorix, für die Brit(ton)en zur Zeit von König Artus, für die Iren zur Zeit der christlichen Heiligen und schließlich für unsere Zeitgenossen, die von Kindesbeinen an durch die Struktur eines gewissermaßen hegelianischen Nationalstaates geprägt sind.

Die Lage erscheint widersprüchlich: Auf der einen Seite betrifft die Institution des Druidentums alle Kelten von Irland bis zum Land der Galater in Kleinasien. Das Druidentum und die keltische Sprache sind die tragenden Säulen der keltischen Einheit. Andererseits scheinen die Druiden eine rein nationale Bestimmung gehabt zu haben und an ihr eigenes Volk gebunden gewesen zu sein. Das ergibt sich aus ihrer gesellschaftlichen Stellung wie aus ihrem Verhältnis zum König oder zu dessen Stellvertreter. Eine Passage aus dem großen irischen Epos *Tain Bô Cualnge*, in dem es um Cathbad, den berühmten Druiden von Ulster, geht, macht das ganz deutlich. Als König Ailill von Connaught den aus Ulster vertriebenen Fergus fragt, wer denn jener großartige Mann dort drüben im Heer seiner Feinde sei, antwortet Fergus:

> „Cathbad ist es, der liebenswürdige Druide, inmitten der Druiden von Ulster! Er vereinigt in sich alles Wissen, herrscht über die Elemente und eröffnet den Zugang zum Himmel; er blendet die Augen jedes Fremden und bannt durch sein Wissen dessen Kraft.“[10]

Diese Passage vermittelt uns nicht nur einen Einblick in die verschiedenen Funktionen des Druiden, sondern sie schildert auch eine außergewöhnliche Persönlichkeit im Kreise ihrer Untergebenen, denn Cathbad ist das Oberhaupt der Druiden von Ulster. In einer anderen irischen Erzählung, in der *Belagerung von Druim Damhgaire*, stehen sich zwei Druiden in einem magischen Kampf gegenüber; jeder wird dabei von weniger bedeutenden Druiden unterstützt. Sie befinden sich im Dienst zweier feindlicher Könige, was die Bindung des Druiden an sein Volk belegt. Der Druide Diviciacus, der von Cäsar und Cicero erwähnt wird, greift offensichtlich stark in das politische Leben seines Volkes, der Häduer, ein, auch wenn diese Politik den Interessen der anderen gallischen Völker zuwiderläuft.

Obwohl die Druiden, wie Cäsar bezeugt, keinen Militärdienst zu leisten haben, dürfen sie in den Krieg ziehen, wenn sie sich freiwillig dafür entscheiden. Der Druide Diviciacus, ein überzeugter Parteigänger des Bündnisses mit Rom, macht von diesem Recht Gebrauch. Der Druide Cathbad, Vater des Königs Conchobar im irischen Epos, wird gleichzeitig als Druide und Krieger dargestellt. Und der mythische Druide Mog Ruith, Held der Erzählung von der *Belagerung von Druim Damhgaire*, ist nicht nur in magische Kämpfe verwickelt, sondern führt auch einen erbitterten Krieg gegen die Druiden seiner Feinde. Hier geht es nicht um Patriotismus – diese Idee war für die alten keltischen Gesellschaften völlig bedeutungslos –, sondern um das Engagement für eine Sache, die sowohl das eigene Volk als auch ein anderes Volk oder einen anderen König eigener Wahl betreffen konnte. Auf jeden Fall wird dadurch der Beweis erbracht, daß der Druide mit einem bestimmten Volk verbunden war, dessen Schicksal er teilte. Das Druidentum erscheint hier als nationales oder an einen Stamm gebundenes Phänomen. Dennoch reicht die Institution des Druidentums weit über den engen Rahmen des Stammes oder Volkes hinaus. Wieder müssen wir auf Cäsar als Hauptzeugen zurückgreifen. Nachdem er beschrieben hat, wie die Druiden ihr Oberhaupt wählen, fährt er fort:

> „Zu einer bestimmten Jahreszeit tagen sie an einer heiligen Stätte im Land der Carnuten, das als Mittelpunkt von ganz Gallien gilt. Hier kommen von überall diejenigen zusammen, die Streitigkeiten haben, und beugen sich ihrer Entscheidung und ihrem Urteil." (*De bello gallico*, VI, 13)

Es heißt hier eindeutig: Die Druiden aller gallischen Völker versammeln sich an einem einzigen Ort. Vielleicht wählten sie hier auch ihr Oberhaupt. Cäsar sagt darüber nichts. Aber die Tatsache, daß jeder – zu welchem Volk er auch immer gehören mag – zu diesem Ort kommen kann, um sein Anliegen vorzutragen, beweist, daß das Druidentum als Institution betrachtet werden muß, die über den Rahmen des Stammes oder Volkes hinausgeht, also supranational ist. Das setzt natürlich das Zusammengehörigkeitsgefühl einer gallischen Gemeinschaft voraus, wie es auch das Abenteuer des Vercingetorix vermuten läßt. Alles in allem ist das Heiligtum im Land der Carnuten, in dem sich die Druiden versammeln, ein heiliges Zentrum mit symbolhafter

Bedeutung: ein *omphalos*. Lag es in Saint Benoit-sur-Loire oder in Fleury-sur-Loire, wie häufig angenommen wurde?[11] Oder vielleicht in Suêvres (Sodobria, das Sodo-Brivum der Antike) im Département Loire-et-Cher?[12] Das ist nicht weiter wichtig. Die Idee des *omphalos* ist auch in Irland zu finden, einem Land mit vier Königreichen, die ihrerseits wiederum in verschiedene Stämme unterteilt sind. Hier hat sich der prähistorische Hügel von Tara zum *omphalos*, zum mythischen Zentrum der Insel, entwickelt. Dieses Zentrum war sowohl der Ort, an dem die großen Kultversammlungen und politischen Zusammenkünfte abgehalten wurden, als auch der Sitz eines fünften, symbolischen Königreiches (Midhe, das heißt ‚Mitte'), über das theoretisch der Ard Ri, der „Großkönig" von Irland, herrschte. Erinnern wir uns, daß in der hellenistischen Welt derselbe Brauch existierte, denn auch Delphi war eine Art neutraler Boden, wo die häufig rivalisierenden und sich gegenseitig bekämpfenden griechischen Stadtstaaten ihre Schätze dem Schutz der Gottheit anvertrauten. Im Zentrum von Delphi stand der steinerne *omphalos*, das Symbol für den Mittelpunkt der Erde.

Aber das ist noch nicht alles. Unter der Voraussetzung, daß es ein supranationales Druidentum gab, kann man – wieder unter Berufung auf Cäsar – noch einen Schritt weitergehen. Cäsar berichtet nämlich noch mehr über die Druiden:

> „Ihre Lehre soll in Britannien aufgenommen und von dort nach Gallien gelangt sein; auch heute noch reist fast jeder, der sie genau erforschen will, in dieses Land, um dort seine Studien zu betreiben." (*De bello gallico*, VI, 13)

Damit verlassen wir den Bereich Galliens, obwohl die Bewohner der Briten-Insel derselben Abstammung sind wie die Gallier, nachdem die Belgier im ersten Jahrhundert vor Christus nach Britannien gezogen sind, und obwohl die von ihnen gesprochene brit(ton)ische Sprache[13] mit dem Gallischen mehr oder weniger identisch gewesen sein muß.[14] Nach der irischen Überlieferung kam das Druidentum von den „Inseln im Norden der Welt", und es wird berichtet, wie zukünftige Druiden und junge Leute nach Schottland oder in andere Gegenden Britanniens ziehen, um dort initiiert zu werden. Von Irland aus gesehen liegt Schottland im Norden, und das ist in diesem Zusammenhang wichtig.

Es gibt keinen Anlaß, Cäsars Bericht anzuzweifeln. Er kannte den Druiden Diviciacus gut und wußte ausgezeichnet über die Verbindungen zwischen Gallien und Britannien Bescheid. Das war schon aus politisch-strategischen Gründen nötig. Wie dicht dieses Netz von Verbindungen war, hatte er im Jahre 56 beim Aufstand der Veneter bemerkt, als die Brit(ton)en den Bewohnern der Bretagne Hilfstruppen geschickt hatten. Er war deshalb der Ansicht, daß eine Eroberung Galliens, sollte sie dauerhaft sein, die Eroberung der Briten-Insel voraussetzte. Bekanntlich gelang es Cäsar nicht, Britannien ganz unter seine Herrschaft zu bringen. Sein gescheiterter Versuch beweist jedoch sein Mißtrauen gegenüber jenen Völkern, die er zu Recht für die wahren Meister des keltischen Denkens hielt. Und da dieses Denken völlig im Gegensatz zum römischen System stand, mußte eine permanente Gefahr von ihm ausgehen.

Wir besitzen also Hinweise auf die Existenz eines internationalen Zentrums des Druidentums. War es ein Heiligtum? Ganz ohne Zweifel, vor allem aber war es eine Schule, deren Aufgabe darin bestand, eine Tradition zu bewahren und sie an jeden weiterzugeben, der dazu berechtigt war. Bemerkenswert ist auch, daß alle irischen Texte auf die Bedeutung der Briten-Insel für die Initiation junger Leute hinweisen. So vollendet etwa der Held Cuchulainn auf dieser Insel seine Erziehung, und er ist keine Ausnahme. Wir wissen aber nicht, ob es nur ein einziges Druiden-Zentrum gab, und – wenn ja – wo es sich befand. Diese Frage hat zu verschiedenen Hypothesen geführt, vor allem zu der Annahme, das Zentrum hätte sich im Norden von Wales, in Bangor, befunden. Der Name *Bangor* bedeutet nämlich ‚Schule', ‚Versammlung', und er ist in derselben Form in Irland sowie in der Bretagne (in Belle-Ile-en-Mer) zu finden. Vielleicht läßt sich daraus schließen, daß es außer dem walisischen Bangor noch zwei weitere ähnliche Einrichtungen gab. Möglich ist aber auch, daß dieses Zentrum auf der Insel Mona lag, dem geheimnisvollen Môn der walisischen Überlieferung, heute Anglesey genannt. Im Jahr 58 nach Christus befand sich dort nämlich – wie Tacitus bezeugt (*Annales,* XIV, 29–30) – ein riesiges Druiden-Zentrum, das vom römischen Heer unter der Führung von Paulinus Suetonius zerstört wurde, als der allgemeine Aufstand in Gallien losbrach.

Wie dem auch sei, durch diese Hinweise erfahren wir, daß die Institution des Druidentums stark gegliedert gewesen sein muß, und zwar nicht nur innerhalb eines Stammes oder Volkes, sondern auch im Bereich ganz Galliens sowie der keltischen Urgesellschaft allgemein. Das bestärkt uns in der Gewißheit, daß das Druidentum die Religion aller Kelten war. Und das macht weiterhin deutlich, daß die Institution des Druidentums – mit ihrer nahezu „föderalistisch" anmutenden Hierarchie – von der keltischen Gesellschaft nicht zu trennen ist und deren geistiges Gerüst bildet.

3. Druiden und Gesellschaft

Das Druidentum ist als Institution in Gallien nicht von heute auf morgen, sondern langsam – etwa seit Beginn des ersten vorchristlichen Jahrhunderts – untergegangen, während es sich in Irland und Britannien noch bis ins sechste Jahrhundert n. Chr. gehalten hat. Nach den Ursachen für diesen Untergang hat man lange geforscht und die verschiedensten Erklärungen dafür angeführt. Am bekanntesten ist die Auffassung, daß die römischen Behörden das Druidentum verboten hätten. Aber das ist nicht richtig. Im Bereich der Religion waren die Römer nämlich das toleranteste Volk, das es je gab, weil sie vollkommen agnostisch dachten. In Rom wurden alle möglichen Kulte toleriert, man achtete lediglich darauf, daß sie den Gang des öffentlichen Lebens nicht störten. Für die Christenverfolgungen waren ausschließlich politische Gründe entscheidend. Die Anhänger des Christentums weigerten sich nämlich, den römischen Staatsgöttern zu opfern, und wiegelten außerdem das Volk auf. Niemals war die Haltung der Römer gegenüber den Christen durch geistige oder religiöse Ressentiments bestimmt. Ebenso verhielten sie sich gegenüber dem Druidentum. Die Römer haben diesen Kult nie verboten, aber sie untersagten den Druiden zu unterrichten. Dieser Unterricht erschien ihnen nämlich als ernste Gefahr für die römische Gesellschaftsordnung, denn die Lehre der Druiden stand völlig im Gegensatz zum römischen System.[15] Aber indem die Römer die Druiden an der Weitergabe ihrer Lehren hinderten und die Druiden-Schulen nach dem Vorbild der Schule von Autun durch römische Schulen ersetzten, wurde der Druiden-Religion ein tödlicher Schlag versetzt.

Als andere mögliche Erklärung für den Untergang des Druidentums wird der triumphale Siegeszug des Christentums betrachtet. Sicher spricht viel für diese These. Sie muß aber in einem komplexeren Zusammenhang gesehen werden[16] und liefert nur eine partielle Antwort. Dasselbe gilt für den Untergang der gallischen Sprache: Ihr Untergang wird weitgehend damit in Verbindung gebracht, daß das christliche Kirchen-Latein (und nicht das Latein der römischen Eroberer) das Gallische, die Sprache der noch nicht christianisierten ‚Heiden' *(pagani)*, verdrängte. Andererseits hat aber das niemals romanisierte Irland die keltische Sprache bewahrt, obwohl die Iren ohne Schwierigkeiten zum Christentum bekehrt werden konnten. Das Problem ist also vielschichtiger, als man zunächst vermutet.

Tatsächlich fällt der Untergang des Druidentums mit dem Untergang der keltischen Gesellschaften zusammen. Sobald Gallien einmal nach römischem Muster verwaltet war und die Gallier sich im Netz der römischen Gesetze verfangen hatten[17] – wobei es ihnen wohlweislich erlaubt worden war, römische Staatsbürger zu werden –, hatte die Institution des Druidentums ihre Lebensgrundlage verloren. Die Britische Insel wurde dagegen nur oberflächlich von der Romanisierung betroffen, deshalb konnte sich nach dem Zusammenbruch des römischen Imperiums (teilweise sogar schon früher) die keltische Gesellschaft für kurze Zeit wieder stabilisieren, bevor sie dem Ansturm der Sachsen endgültig erlag. Aber diese Gesellschaft war ja bereits christlich geworden, ebenso wie die irische Gesellschaft, die nur deshalb weiterzuleben vermochte, weil die christlichen Priester, Mönche, Äbte und Bischöfe genau dieselbe Rolle im sozialen Gefüge spielten wie vorher die alten Druiden.[18] In Irland haben die keltischen Strukturen bis ins 12. Jahrhundert überlebt, also bis zu dem Zeitpunkt, als sich die Zisterzienser dort ausbreiteten und Henry II. Plantagenet die Macht übernahm. Das aber war nur möglich durch die besondere Struktur des irischen Christentums. In Gallien und in der Bretagne dagegen ging das Druidentum zusammen mit der keltischen Gesellschaft unter.

Nun ist aber nicht das gesamte Druidentum auf einen Schlag von der Bildfläche verschwunden, denn keine Religion stirbt plötzlich einfach aus. Zum Untergang verurteilt war lediglich die Institution des Druidentums, sein hierarchisches System, seine Lehre sowie sein Einfluß auf das politische und gesellschaftliche Leben. Vermutlich haben sich aber einige Druiden, nachdem ihnen der Unterricht untersagt worden war, in abgelegene Gegenden zurückgezogen und dort im verborgenen ihre Lehre weitergegeben. Aber wollten wirklich noch viele diese Lehre hören? Das ist wohl zu bezweifeln. Selbst wenn es nach der Eroberung Galliens noch eine zeitlang geheime Druiden-Schulen gegeben hat, müssen diese sich von Generation zu Generation immer stärker verändert haben. Zeugnisse aus dem 3. und 4. Jahrhundert geben uns Kunde von Druiden und „Druidinnen" – aber was ist aus ihnen geworden! Sie sind zu einfachen Dorfhexenmeistern, zu Zeichendeutern und Wahrsagerinnen degeneriert. Möglicherweise ist das Erbe der alten Druiden an diese Leute überliefert worden, aber sie wußten offenbar nicht mehr damit umzugehen, zumindest haben sie keine geschichtliche Bedeutung erlangt.

Mit Sicherheit hat das Druidentum dennoch seine Spuren hinterlassen, aber wohl nur im *Bewußtsein* der Menschen, in ihrer Mentalität. Die historische Entwicklung des römischen sowie des fränkischen Galliens müßte einmal unter diesem Gesichtspunkt untersucht werden, ebenso das Leben der ersten gallischen Christen. Jede nicht offiziell anerkannte Tradition wird zunächst in den Untergrund gedrängt, um dann schließlich im Bereich der sogenannten „Volks-Weisheit" wieder aufzutauchen. Der Schatz der Erzählungen, Volkslieder und Bräuche, die Vorstellungen des Aberglaubens und die religiösen Zeremonien im Gebiet des alten Galliens werden so zu einer Fundgrube an Informationen für alle diejenigen, die mit Geduld und Objektivität das zu finden versuchen, was vom Druidentum möglicherweise noch übrig geblieben ist. Dasselbe gilt für Großbritannien, wo man unter der sächsisch-christlichen Oberfläche auf eine ganze Reihe fremder Substrate stoßen kann. So hat sich nicht von ungefähr die Freimaurerei mit ihren Ritualen und Glaubenslehren im keltischen Schottland des 18. Jahrhunderts entwickelt. Und in Wales – einem Land, das trotz des Gewichts der methodistischen Religion sehr keltisch geblieben ist – entstand gegen Ende des 19. Jahrhunderts ein Neo-Druidentum, das sich in der Folgezeit weit verbreitete. Obwohl dieses Neo-Druidentum die Schöpfung eines bizarren intellektuellen Synkretismus ist und die Phantasie eine dominierende Rolle darin spielt, gibt es sicher tiefere Gründe für seine Entstehung. Das Wiederaufleben eines – wenn auch aus Phantasievorstellungen geborenen – „druidischen" Geistes entspricht wohl einer unbewußten Suche, man müßte ihn nur neu definieren und entsprechende Gesellschaftsstrukturen dafür entwickeln, damit er zu wirklicher Bedeutung gelangen könnte. Dafür fehlen aber heute alle Voraussetzungen.

Um es noch einmal klar zu sagen: Das Druidentum hat keinerlei Bedeutung oder Existenzgrundlage außerhalb der keltischen Gesellschaft, aus deren Geist es geboren wurde. In gewisser Weise ist das Druidentum sowohl die Grundlage der keltischen Gesellschaft als auch ihre Folgeerscheinung. Daraus ergibt sich die gesellschaftliche Position des Druiden.

In der berühmten irischen Erzählung vom *Rausch der Ulates*, heißt es:

„Die Ulates durften nicht sprechen, bevor der König das Wort ergriffen hatte, und der König durfte nicht sprechen, bevor die Druiden das Wort ergriffen hatten.“[19]

Klarer und kürzer kann man die Stellung des Druiden im Verhältnis zum König nicht definieren. Vergleichen wir mit diesem Text das, was Dion Chrysostomos über die Priester der Völker des Altertums sagt:

„Die Kelten nannten ihre Priester Druiden; sie beherrschten die Kunst des Weissagens und jede andere Wissenschaft; ohne ihre Zustimmung durfte der König weder handeln noch eine Entscheidung treffen, so daß in Wirklichkeit sie die Herrscher waren, während die Könige nur wie Diener ihren Willen vollstreckten.“[20]

Zieht man andere Berichte hinzu, so scheint dieses Urteil von Dion Chrysostomos leicht übertrieben, denn es gibt keine unmittelbare Rangabstufung zwischen dem König und dem Druiden, und der Druide ist keinesfalls ein „Über-König“. Der Druide *berät,* der König *handelt,* aber manche Ratschläge darf man nicht ablehnen oder mißachten, vor allem in einer Gesellschaft, die Profanes und Sakrales nicht voneinander trennt. Bei allen Festen sitzt der Druide zur Rechten des Königs, und der König erscheint zwar als Angelpunkt der Gesellschaft, aber der Druide ist sozusagen ihr „Bewußtsein“. Ohne den Druiden ist der König nichts. Als die Häduer zur Zeit des Gallischen Krieges einen gewissen Cotus zum höchsten Beamten gewählt hatten, wurde dieser von Cäsar – der die gallischen Gesetze geschickt für seine Zwecke auszunutzen verstand – dazu gezwungen, „sein Amt niederzulegen; er ordnete an, daß Convictolitavis dieses Amt übernehmen solle, der dafür nach altem Stammesbrauch *von den Priestern gewählt worden war.*“[21] Es gibt noch eine ganze Reihe weiterer Beweise dieser Art.

Die geschilderte Struktur erscheint sinnvoll. Ihr archaisches Gepräge unterscheidet sie von der späteren Entwicklung in anderen indoeuropäischen Gesellschaften. Wir stehen hier noch vor völlig ursprünglichen indoeuropäischen Verhältnissen, das heißt wir haben eine Gesellschaft vor uns, deren Strukturen streng nach dem ursprünglichen indoeuropäischen Muster geformt sind, das Georges Dumézil sehr klar definiert hat: Der König kommt aus der zweiten Klasse, der Klasse der Krieger, während der Druide der ersten, der Priester-Klasse angehört. Die Hierarchie erkennt also dem Druiden eine höhere Rangstufe zu als dem König, auch wenn der König derjenige ist, der regiert und der die Einheit der Gesellschaft verkörpert und symbolisiert. Es handelt sich hier um eine Form sakralen Königtums, denn der König, der weder die Inkarnation einer Gottheit, noch ein vergöttlichter Herrscher ist, kann seine Macht in der Welt der Menschen nur ausüben, wenn der die Pläne der Götter verwirklicht.[22] Wir dürfen uns also keinesfalls eine absolute Monarchie vorstellen, sondern müssen im Gegenteil den Herrscher mehr als eine Art Mittelpunkt sehen, um den sich die Gesellschaft gruppiert. Es handelt sich auch nicht um eine von Gott eingesetzte Monarchie wie zur Zeit der Kapetinger, denn der König stand nicht *über* den Gesetzen, sondern war im Gegenteil sehr eng an sie gebunden, unter Bedingungen, die wir uns heute nur noch schwer vorstellen können.[23] Und schließlich handelt es sich auch nicht um eine Theokratie, *denn der König ist kein Priester*. Die hier geschilderte Struktur wurde zur Zeit Karls des Großen teilweise wieder aufgenommen, führte aber zu enttäuschenden Ergebnissen.[24] Sie stellt ein Relikt aus archaischen indoeuropäischen Zeiten dar, für das die keltische Gesellschaft das einzige historische Beispiel ist. Bei den Römern, Griechen und Germanen sind davon nur noch Spuren in der Mythologie erhalten; bei den Indoiranern ist eine solche Struktur nicht nachprüfbar. Nur gewisse Göttergestalten in Erzählungen aus den frühesten Zeiten der Geschichte zeugen noch davon.

Tatsächlich begegnen wir dem Paar Druide und König im Reich der Mythologie wieder, denn wie es in der berühmten *Tabula smaragdina* der Hermetiker heißt, sind das Oben und das Unten eins. Auf dieser Voraussetzung baut die Gesellschaftsstruktur der Kelten auf. Bei den Göttern der keltischen Epenwelt, den Tuatha De Danann, stellen offenbar Ogme und Nuada dieses Paar dar, vor allem in der Geschichte der *Schlacht von Mag Tured*: Nuada ist der König, dessen abgeschlagener Arm durch einen Arm aus Silber ersetzt wird. Ogme ist der Bezaubernde, der Dichter, der Magier und Gott der Beredsamkeit. Ebensogut könnte es aber auch Dagda sein: Dagda mit dem unerschöpflichen Kessel und mit der Keule, die auf der einen Seite tötet, auf der anderen Seite aber vom Tode auferweckt. Die Frage ist nicht eindeutig zu entscheiden, vor allem weil Dagda angesichts seiner unzähligen Namen offenbar der große Gott Irlands ist und gleich nach Lug kommt, der durch seine unermeßlich vielen Funktionen eine Sonderstellung einnimmt.

Auch in der germanischen Mythologie fehlt dieses Paar nicht: Es handelt sich um Odin/Wotan und um Tyr. Odin, der *Seher*, ist einäugig; Tyr ist einarmig, er hat nämlich zur Strafe für einen falschen Eid zugunsten der Götter einen Arm eingebüßt. Odin besitzt alles Wissen und ist der Kenner der Runen sowie der magischen Künste; er repräsentiert die priesterliche Macht, während Tyr der kriegerische Held ist, der Gott der Verträge und der Dauer. In stark historisierter Form läßt sich dieses Paar auch in der römischen Überlieferung nachweisen, so etwa bei Titus Livius: Der furchterregende Blick des einäugigen Horatius Cocles vertreibt die Feinde von der Sublicius-Brücke, und der einarmige Mucius Scaevola hat seinen Arm durch einen falschen Schwur verloren. Eine genaue Analyse der Geschichte von der Gründung Roms zeigt, daß auch Romulus, der königliche Krieger, und Numa Pompilius, der vom Ratspruch der Göttin Egeria inspirierte Gesetzgeber, als Parallelgestalten gelten können.

Wie Georges Dumézil nachgewiesen hat, gibt es auch in den indischen Veden dieses Paar. Dumézil sieht darin die „Teilung der Herrschergewalt"; diese Vorstellung ist „ein wichtiger Bestandteil des indoeuropäischen Ideengutes".[25] In Indien wird das Paar von Mitra und Varuna repräsentiert: Mitra, der „Rechtslehrer und Herrschergott", gehört zur „Welt des Diesseits", Varuna, der „Magier und Herrschergott", ist Teil der „Autre Monde". Dieses Paar bildet eine kohärente Einheit, die unter ihrer scheinbar dualistischen Oberfläche unbestreitbar monistisch ist. „Varuna und Mitra sind antithetisch angelegt, um sich gegenseitig ergänzen zu können; jede Eigenschaft des einen hat bei dem anderen eine entsprechende konträre Eigenschaft zur Folge."[26] Im keltischen Bereich verrät die Verbindung zwischen dem Druidentum und dem König – ein Bündnis, ohne das keiner von beiden existieren kann – die Kraft dieses Monismus.[27]

In der Artussage tritt die keltische Tradition – trotz der zweifelhaften Rekuperation durch die Zisterzienser im 12. und 13. Jahrhundert – zum letzten Mal zutage. Merlin und Uther Pendragon, später Merlin und Artus, demonstrieren die wichtige Doppelfunktion des Paares Druide und König vielleicht am deutlichsten. Der Zauberer Merlin ist zweifellos eine komplexe Figur mit vielfältigen Wurzeln[28], aber mit Sicherheit verkörpert er den Druiden so, wie sich sein Bild in der Überlieferung mit seinen gesellschaftlichen Funktionen erhalten hatte.

Die Geschichte von Merlin wurde nach dem ursprünglichen Schema von Robert de Boron ausgearbeitet, der sich auf walisische Überlieferungen stützte. Sie erzählt zunächst, wie der junge Seher den König Vortigern, einen Usurpator, vernichtet, damit Uther Pendragon den Thron besteigen kann. Ohne Zustimmung des Druiden wird der König also in seiner Stellung nicht anerkannt. In der Folgezeit gibt Merlin Uther zwar Ratschläge, aber er hütet sich davor, in die Angelegenheiten des Königreiches direkt einzugreifen. Er repräsentiert das Bewußtsein des Königs, der dann die Entscheidungen zu treffen hat, wobei er immer die Meinung seines Druiden berücksichtigen muß. Merlin nutzt die heftige Liebe Uthers zu Ygerne von Cornwall, um die Geburt des prädestinierten Königs Artus in die Wege zu leiten. Er unterstützt, ja provoziert geradezu die Liebesbeziehung zwischen Uther und Ygerne, stellt sie doch einen notwendigen Schritt auf dem Weg zur Vollendung des Königreiches dar, obwohl es sich nach den gesellschaftlichen und religiösen Normen um eine verbotene Liebe handelt. Durch Mittelspersonen sorgt Merlin dann für die Erziehung des jungen Artus und richtet die Prüfungen ein, die Artus bestehen muß, um als *sakraler Herrscher* anerkannt zu werden. (Die Episode von der Steinstufe, in der das Schwert steckt, entspricht den magischen Ritualen, die bei den alten Iren vor der Königswahl stattfanden.) Merlin berät Artus bei allem, was er tut: Er schickt ihn auf seine Feldzüge, er sorgt dafür, daß die Tafelrunde mit ihrer Ritterschaft ins Leben gerufen wird, und er enthüllt schließlich die wichtigsten Züge der Gralslegende und veranlaßt so die berühmte „Quête", die Suche nach dem Gral. Mit dem Tag, an dem Merlin verschwindet, beginnt das Königreich zu verfallen. Ohne Merlin (Varuna) ist Artus (Mitra) kein vollkommener Herrscher.

Der König ist also vom Druiden abhängig. Zwar hat ihn der Druide nicht ernannt, denn der König ist ein Krieger und wird von den Angehörigen seiner Klasse gewählt, aber diese Wahl ist wertlos, wenn sie nicht vom Druiden ratifiziert wird oder wenn nicht das Ritual stattgefunden hat, das denjenigen, der gewählt werden soll, kenntlich macht. Der König kann nichts gegen den Willen seines Druiden unternehmen, er muß seine Meinung und seinen Rat berücksichtigen. Andererseits ist aber auch der Druide verpflichtet, das zu tun, worum der König ihn bittet, es sei denn, es handelt sich um etwas Frevelhaftes. Der Druide ist also auch vom König abhängig. Diese merkwürdige Situation läßt sich nur durch die Verhältnisse einer Gesellschaft erklären, in der jede Handlung im *politischen* Bereich zugleich eine *sakrale* Handlung darstellt. In der keltischen Gesellschaft gibt es ja keine Trennung zwischen Sakralem und Profanem, beide Bereiche sind wie Druide und König zwei Seiten ein und derselben Realität.

Wir verstehen nun die privilegierte Rolle des Druiden im politischen wie im gesellschaftlichen Leben eines Stammes, Volkes oder Königreiches. Bei Bedarf wird er zum politischen Berater, zum höchsten Richter, Gesetzgeber oder Botschafter. Ein lateinischer Text, der *Panegyrikus* des Constantin, beschreibt, wie der Druide Diviciacus vor dem Senat in Rom auftritt, um Beistand gegen die Sequaner zu erbitten: „Als man ihn aufforderte, sich zu setzen, lehnte er es ab und trug, gestützt auf seinen Schild, sein Anliegen vor." Durch diese Geste gibt Diviciacus zu erkennen, daß er als Botschafter und nicht als Druide gekommen ist. Zahlreiche irische Texte erwähnen ebenfalls, daß Druiden in politischer Mission zu fremden Königen geschickt wurden. Und es gehört auch zu den Aufgaben der Druiden, sich zur feindlichen Grenze zu begeben und dort die rituellen Formeln auszusprechen, die als Kriegserklärung galten.

Der Gerechtigkeit halber muß auch erwähnt werden, daß die Druiden häufig Vermittler und Friedensstifter waren. Eine bekannte Episode in der Erzählung vom *Rausch der Ulates* schildert, wie die Ulates nach einem Gelage, bei dem sie dem Alkohol reichlich zugesprochen haben, zu streiten beginnen und handgreiflich werden. Es gibt Tote und Verwundete. Aber der Druide Sencha braucht nur seinen „Friedensstab" zu erheben, und die betrunkenen und tobenden Ulates hören auf zu kämpfen und werden artig wie getadelte kleine Jungen, denen mit der Rute gedroht wurde. Ähnliches berichtet Diodor von Sizilien (V, 31):

> „Wenn die feindlichen Heere mit gezogenem Schwert und eingelegter Lanze aufeinander zumarschieren, begeben sich die Druiden häufig mitten zwischen die feindlichen Parteien und besänftigen sie – wie man es mit wilden Tieren macht – mit Zaubersprüchen."

In einem anderen irischen Epos, im *Fest des Bricriu,* gelingt es einem Druiden sogar, eine drohende Schlacht in ein Wortgefecht zu verwandeln; und als die Ulates – wie üblich – im Lauf dieses Wortgefechtes immer hitziger werden und schon wieder zu den Waffen greifen wollen, da mischt sich der Druide Sencha ein zweites Mal ein, um Frieden zu stiften.

Dennoch beteiligt sich der Druide immer, wenn nötig, am Kampf, ja er kann Heerführer oder sogar Feldherr werden. In Irland hat sich bis in die christliche Zeit der Brauch erhalten, daß die Mönche mit in den Krieg ziehen. Häufig wird das Beispiel des Heiligen Columcil erwähnt, der – obwohl Abt eines Klosters und ehemaliger *file* – keine Skrupel hatte, die Truppen eines Königs niedermetzeln zu lassen, der sein Verhalten nicht billigte.[29] Der mythische Druide Mog Ruith begibt sich in den Kampf „mit seinem gesternten, vielfarbigen, von einem leuchtenden Silberkreis geschmückten Schild, links trägt er ein mächtiges Kriegsschwert, und in seinen Händen drohen zwei vergiftete Lanzen".[30] Selbst wenn man sich klar macht, daß dieser Kampf vor allem mit magischen Mitteln geführt wird, lehrt die Bewaffnung von Mog Ruigh doch das Fürchten. Auch seine Feinde sind – obwohl

Druiden wie er – wilde und schwerbewaffnete Krieger. Selbstverständlich haben wir es hier mit einer mythischen Erzählung zu tun, aber Cäsar berichtet ähnliches von dem Druiden Diviciacus, dem er eindringlich zu bedenken gibt,

> „wie wichtig es für den Staat und für die gemeinsame Rettung sei, einen Zusammenschluß der feindlichen Truppen zu verhindern, damit man nicht auf einmal mit einer so großen Streitmacht zu kämpfen habe. Dies sei möglich, wenn die Häduer ihre Truppen in das Land der Bellovaker führten und deren Land zu verwüsten begännen. Mit diesem Auftrag entließ er ihn."[31]

Aufgrund von Cäsars Anordnungen fiel Diviciacus also eher die Rolle eines Mörders als die eines Friedensstifters zu. Verglichen mit den Bräuchen anderer indoeuropäischer Völker erscheint das alles sehr seltsam. Weder die Brahmanen noch die Flamines ziehen in den Krieg, sie sind diesbezüglich an strenge Gebote gebunden, die sogar so weit gehen, ihnen den Anblick einer bewaffneten Truppe zu untersagen. Obwohl wir von den germanischen Priestern nur wissen, daß es sie gab, können wir doch mit Gewißheit behaupten, daß Krieger- und Priesterstand auch im germanisch-skandinavischen Bereich keinen Gegensatz darstellten. Das beweist die Gestalt von Odin/Wotan, der nicht nur göttlicher Krieger, sondern auch göttlicher Priester ist. Auch wenn man den indoeuropäischen Bereich verläßt, findet man zahlreiche Beispiele für Priester, die zugleich Krieger sind, so etwa bei den Hebräern und bei den Christen aller Länder. Damit stellt sich folgende Frage: Handelt es sich bei dem zeitlich begrenzten und auf freiwilliger Entscheidung beruhenden Kriegerstatus der Druiden um ein indoeuropäisches Phänomen, oder begegnen wir hier dem Erbe jener autochthonen Völker, die von den indoeuropäischen Kelten unterworfen wurden, als sie nach Westeuropa kamen, um mit ihnen jene Gemeinschaft zu bilden, die man „keltisch" nennt? Mit anderen Worten: Ist das Druidentum wirklich ganz und gar keltischen Ursprungs oder ist es nur teilweise keltisch? Bei der Beantwortung dieser Frage sind mehrere Gesichtspunkte zu berücksichtigen, auf die wir später zurückkommen werden.

Das Motiv des Krieger-Druiden hat übrigens ein Gegenstück: die *Fiana*, jene berühmte, halb historische, halb legendäre Kriegerkaste, deren Oberhaupt Finn mac Cumail war, der Vater von Ossian. Nach der *History of Ireland* von John Keating, die zwar aus dem 17. Jahrhundert stammt, aber dennoch eine wertvolle Zusammenfassung der alten Traditionen darstellt, konnte niemand bei den *Fiana* aufgenommen werden, der kein Dichter war, das heißt der nicht der Priesterklasse angehörte. Es gäbe viel über die Fiana zu sagen, jene umherziehende kriegerische Bruderschaft[32], deren Ursprünge im dunkeln liegen. Zweifellos sind sie die Urbilder für die Ritter der Tafelrunde, unter denen Figuren wie Tristan, Lancelot oder Gauvain/Gawan kriegerisches Heldentum mit höfischem Raffinement verbinden; als Dichter und Musiker gehören sie in gewisser Weise auch zur Klasse der „Geistlichen", und das heißt: zur Priesterklasse.

Die Druiden haben aber noch eine andere wichtige gesellschaftliche Funktion: sie sind nämlich Heilkundige, man könnte fast sagen Ärzte. Sie kennen nicht nur „die tiefsten Geheimnisse der Natur" (so berichtet Ammianus Marcellinus nach *Timagenes,* XV, 9), sondern sie sind auch vertraut mit den „Naturgesetzen; die Griechen nennen das Physiologie" (nach Cicero in *De Divinatione* I, 40 im Zusammenhang mit dem Druiden Diviciacus). Deshalb wissen die Druiden natürlich bestens darüber Bescheid, wie Krankheiten und Verletzungen geheilt werden können. Der wichtigste Teil ihrer Kunst bestand zweifellos in der Pflanzenheilkunde. Plinius d. Ä. äußert sich ausführlich darüber in jener berühmten Passage, in der die Mistellese beschrieben wird:

> „Sie glauben, daß die Mistel, wenn man daraus ein Getränk zubereitet, unfruchtbaren Tieren wieder die Fruchtbarkeit zurückgibt und überhaupt ein Heilmittel gegen alle Gifte darstellt." (*Hist. nat.* XVI, 249)

Die Mistel ist also vermutlich eine Art Allheilmittel gewesen, ein wahrer „Zaubertrank". Plinius berichtet weiter, daß auch andere Pflanzen (vor allem Salbei und Eisenkraut, die unter ganz bestimmten Bedingungen gepflückt werden mußten) eine wichtige Rolle bei der ärztlichen Behandlung spielten. In der irischen Erzählung von der *Schlacht von Mag Tured* wird übrigens geschildert, wie Diancecht, der Gott der Heilkunde, einen „Gesundheitsbrunnen" herstellt, indem er alle Pflanzen, die in Irland wachsen, in eine Quelle hineinwirft. Andere irische Geschichten heben das Geschick gewisser Druiden bei chirurgischen Operationen hervor, vor allem bei der Transplantation menschlicher Gliedmaßen. Sind das nur phantastische Geschichten, oder spiegeln sie doch eine gewisse Realität wider? Es ist schwierig, diese Frage zu beantworten. Aber wie dem auch sei – die Heilung durch Pflanzen und die chirurgischen Eingriffe sind vermutlich immer mit dem Sprechen von magischen Formeln verbunden gewesen: Die alte Vorstellung, daß jede Krankheit auch eine Krankheit der Seele ist, stellt einen Grundbestandteil des keltischen Denkens sowie des Denkens vieler anderer Völker dar, die nicht erst die Fortschritte der modernen Medizin und Psychologie abwarten mußten, um die Existenz psychosomatischer Störungen zu erkennen.

So betrachtet, ist der Druide ein „Medizinmann" in der Art des Schamanen, in dessen Nähe er vor allem durch seine magischen Inkantationen rückt, da der Schamane seine ekstatische Reise mit dem Ziel unternimmt, in den Grenzregionen der Autre Monde die Seelen eines Kranken, eines Verletzten, eines Sterbenden oder gar Toten aufzusuchen. Wir werden noch auf andere Analogien zwischen dem Druidentum und dem Schamanismus stoßen, auch wenn dafür gewisse Positionen der Schule von Georges Dumézil aufgegeben werden müssen, nach der die Wurzeln des Druidentums ausschließlich innerhalb des indoeuropäischen Bereichs liegen. Man sollte aber keine Informationsquelle ungenutzt lassen, vor allem weil bekannt ist, welche Bedeutung der Schamanismus in Zentralasien und Mitteleuropa gehabt hat – *und von dorther kamen ja auch die Kelten!* Warum soll man einerseits in Odin/Wotan den Schamanen-Gott par excellence sehen, andererseits aber den Begriff des Schamanen-Druiden ablehnen? Natürlich kann dieser Begriff nur mit all den Einschränkungen verwendet werden, die sich aus der Zugehörigkeit zu einer anderen Kultur ergeben. Angesichts der Tatsache, daß das Druidentum nicht von einem Tag auf den anderen von der Bildfläche verschwunden ist, sondern sich in verschiedenen abgewandelten und fragmentarischen Formen im Volkstum der westlichen Welt erhalten hat, ist es ebenfalls nicht völlig aus der Luft gegriffen, die „Medizinmänner" unserer Zeit – die Gliedereinrenker, Wunderdoktoren, Magnetiseure und Dorfhexen – als späte Nachfahren der gallischen, brit(ton)ischen und irischen Druiden zu betrachten. Schließlich hat ja das gälische Wort *draoi* die Bedeutung von „Hexenmeister" und „Zauberer" angenommen. In der irischen Geschichte vom *Rinderraub von Cualnge* schildert der anonyme Autor, wie während des großen Kampfes zwischen den Helden Cuchulainn und Ferdead verschiedene „Heiler" und „Ärzte", also Angehörige der Druidenklasse, eintreffen und sich den beiden zu Tode ermatteten Schwerverwundeten zuwenden:

> „Sie legten Heilkräuter und Pflanzen auf ihre Wunden und besprachen sie mit magischen Formeln zur Genesung." Am nächsten Tag bringen sie „Zaubertränke und sprechen Zauberformeln über die blutenden Wunden, um den Blutverlust und die tödlichen Schmerzen zu lindern".

Wie die Erzählung weiter berichtet, ist diese Behandlung so erfolgreich, daß die beiden Helden wieder von neuem beginnen, sich gegenseitig totzuschlagen. Die Druiden sind also in erster Linie „Männer des Wissens", was ja auch der Bedeutung ihres Titels entspricht. Ihr Wissen umfaßt alle Gebiete: Recht, Philosophie, Medizin, Theologie, Poesie und Musik. Dieses Wissen wird ausschließlich mündlich überliefert, denn die Druiden lehnten den Gebrauch der Schrift ab, ausgenommen für gewisse magische Formeln. Erst nach der Christianisierung Irlands haben die bekehrten *fili* in wertvollen Handschriften festgehalten, was von den keltischen Überlieferungen noch übrig geblieben war. Als Mönche waren sie nämlich nicht mehr an den magischen Bann gebunden, mit dem die Schrift belegt war. Zur Zeit der Druiden aber gab es allein die mündliche Wissensüberlieferung. Sie geschah entweder durch die Dichter und Geschichtenerzähler, die sich an die Menge, also an das gewöhnliche Publikum, wandten, oder durch die Lehrer, die ihr schwer verständliches, wenn nicht esoterisches Wissen einer kleinen Gruppe von jugendlichen Schülern vermittelten, die sich bilden wollten oder die Absicht hatten, Barden oder Druiden zu werden. Einen wichtigen Beweis für die Existenz von Druidenschulen liefert uns Cäsar:

> „Viele begeben sich freiwillig in ihre Lehre oder werden von ihren Eltern oder Verwandten zu ihnen geschickt. Es heißt, daß sie dort Verse in großer Zahl auswendig lernen; deswegen bleiben einige zwanzig Jahre lang in ihrer Schule." (*De bello gallico*, VI, 13)

Von Pomponius Mela stammt eine andere grundlegende Aussage aus dem ersten Jahrhundert nach Christus:

> „Sie haben ... Weisheitslehrer, welche Druiden heißen ... und zwanzig Jahre lang die Adligen Galliens in vielen Dingen im Verborgenen unterweisen; das geschieht entweder in Höhlen oder in entlegenen Wäldern." (*De Choregraphia* III, 2, 18)

Die Studiendauer von zwanzig Jahren stand also offenbar fest. Die von Mela erwähnten „Höhlen" und „entlegenen Wälder" könnten ein Hinweis darauf sein, daß sich die Druiden nach der Eroberung Galliens in den „Untergrund" zurückgezogen haben. Es sei aber auch daran erinnert, daß sich sowohl die Heiligtümer der Druiden als auch ihre Schulen fern vom Getriebe der Welt inmitten von Wäldern befanden. Daß die Lehre tatsächlich aus einer großen Anzahl von Versen bestand, wird durch die innere Struktur der irischen Epen und einiger walisischer Geschichten belegt. Vor allem in den ältesten Texten sind die rein erzählenden Teile in Prosa gehalten, werden aber von Strophen in Versform unterbrochen. Diese häufig schwer verständlichen Strophen sind in einer archaischen Sprache abgefaßt und waren offenbar das mnemotechnische Gerüst des Erzählers, um das er seine Geschichte aufbaute. Es ist also nicht aus der Luft gegriffen zu vermuten, daß die Druiden ihre Lehren durch Gesänge in Versform weitergaben, daß aber die Sprache, derer sie sich bedienten, keineswegs von allen verstanden wurde. In diesem Zusammenhang ist eine der Fassungen des Epos *Tain Bô Cualnge* besonders aufschlußreich: „Der Druide Cathbad unterrichtete seine Schüler im Nordosten von Emain; acht von ihnen waren fähig, sich das Wissen der Druiden anzueignen."[33] Daraus folgt, daß es viele Berufene gab, aber nur wenige Auserwählte. Eine andere Fassung dieses Epos' schildert Cathbad beim Unterricht: „Er war von hundert tollkühnen jungen Männern umgeben, die sich die Lehre des Druidentums aneignen wollten."[34] Es liegt nahe, die Lehre der Druiden für besonders schwer verständlich, um nicht zu sagen „esoterisch" zu halten, also ausschließlich für Menschen bestimmt, die aufgrund ihrer geistigen Disposition oder „Initiation" diese Lehre verstehen und weitergeben konnten. Das würde die Behauptung von Cäsar stützen, die Druiden hätten deshalb den Gebrauch der Schrift untersagt, „weil sie ihre Lehre nicht unter das Volk bringen wollten".[35]

Die Druiden überlieferten ihr Wissen fast immer in Form von Erzählungen, in denen Geschichte, Theologie, Philosophie, Mythologie, Recht, Brauchtum und Weissagung bewußt miteinander verquickt waren. Auch Grammatik, Geographie und Etymologie fehlten nicht. Am meisten überrascht aber an dieser Überlieferung, daß Mythos und Geschichte nicht voneinander getrennt werden. Anders als die Römer haben die Kelten ihre Geschichte mythisch erfaßt: Daher die Ambivalenz keltischer Erzählungen, vor allem jener irischen *scela,* die sowohl Heldenepen als auch halbhistorische Chroniken und mythische Geschichten sind. Daraus entstehen auch die Schwierigkeiten, denen sich jeder mit den Strukturen der keltischen Gesellschaft nicht vertraute Beobachter gegenübersieht. Die keltischen Erzählungen sind nicht nur wegen ihrer „Esoterik" so schwer verständlich, sondern vor allem wegen des historischen Abstandes und wegen des fundamentalen Unterschiedes in der Art zu denken. Es ist freilich auch möglich, daß die Druiden ihre Erzählungen absichtlich rätselhaft gestaltet haben: Einmal, damit sie nur von denjenigen verstanden werden konnten, die sie verstehen sollten, und zum anderen, um eine bessere Auswahl unter den Bewerbern um die Aufnahme in die Druidenklasse treffen zu können. Es fehlt in den irischen Erzählungen nicht an Anekdoten über Druiden oder *fili,* die ihre Schüler auf Irrwege leiten, ihnen Fallen stellen oder sie auf falsche Spuren locken. Man denke nur an Merlin im Artusroman, der jedesmal, wenn ihm eine Frage gestellt wird, zu lachen anfängt oder eine falsche Antwort gibt. In der Geschichte von *Perceval* läßt sich ähnliches beobachten: der Held befolgt am Anfang der Geschichte die Ratschläge seiner Mutter allzu wörtlich, ohne sie in ihrer wirklichen Bedeutung erfaßt zu haben, und deshalb muß er scheitern. Dasselbe Prinzip gilt für den *Parzival* des Wolfram von Eschenbach, wo der Einsiedler Trevrizent Parzival die Geschichte vom Gral zunächst falsch erzählt. Fast alle keltischen Epen sind ihrer Natur nach zweideutig, was ihre Übersetzung und Interpretation nicht gerade erleichtert. Dasselbe ließe sich aber auch von gewissen Texten der skandinavischen *Edda* oder von den heiligen Texten der indischen *Veden* behaupten. Auch über die Schwierigkeit alchemistischer Traktate des Mittelalters dürfte man nicht mehr überrascht sein.

Die irische und walisische Mythologie, die wir dank der späteren Niederschrift durch christliche Mönche kennen, darf nicht nur als eine auf die Inselkelten bezogene Tradition verstanden werden; man kann sie vielmehr auch auf das kontinentale Gallien übertragen, ohne damit einen Irrweg einzuschlagen. Cäsar bestätigt das, wenn er von der mündlich in Versen weitergegebenen Überlieferung der Druiden spricht. Als Livius, der aus der Gallia Cisalpina stammte, seine Geschichte der Gründung Roms zu schreiben begann, machte er nicht nur von den römischen Sagen reichlichen Gebrauch, sondern bediente sich auch der gallischen Epen, die damals noch wohlbekannt gewesen sein müssen und die sich heute durch die Textanalyse in vollem Umfang erschließen lassen.[36] Livius ist keineswegs der einzige antike Schriftsteller, der keltische Quellen benutzt hat. Nachklänge davon finden sich auch bei Aristoteles.[37] Im allgemeinen aber haben sich die Griechen und Römer mit bruchstückhaften Berichten begnügt, denn es scheint, daß sie große Schwierigkeiten hatten, den wirklichen Sinn der keltischen Sagen zu erfassen: Zum einen, weil sie eine völlig andersgeartete Mentalität hatten, zum anderen, weil die Kelten eine Dichotomie von Mythos und Geschichte nicht kannten.[38]

Die Autoren der Antike, die die Gallier und ihre Druiden persönlich kannten und sie als Männer von hohem geistigen Niveau schätzen, waren sich durchaus darüber im klaren, daß die Druiden keine gewöhnliche Sprache verwandten. So betont Diodor von Sizilien (V, 31):

„Wenn man sich mit ihnen unterhält, reden sie wenig; *sie sprechen in Rätseln* und zeigen in ihrer Ausdrucksweise eine Vorliebe dafür, das meiste erraten zu lassen. *Hyperbeln benutzen sie häufig*, sei es, um sich selbst zu rühmen, sei es, um andere herabzusetzen. Ihre Reden wirken einschüchternd und hochmütig, sie tendieren zu tragischem Pathos. Dennoch sind sie von großer Klugheit und verstehen es, sich Wissen anzueignen."

Diese Aussage ist wichtig, denn sie belegt, daß es bei den Galliern mündlich überlieferte Heldenerzählungen gab, deren Sinn durch die Verwendung von Rätseln und Hyperbeln schwer zu erfassen war. Und das sind auch die charakteristischen Merkmale der irischen oder walisischen Epen! Sie wurden nach denselben Mustern geschaffen wie das gallische Epos, von dem nichts erhalten ist als einige wenige Fragmente in den Texten klassischer Autoren.

Die Druiden sind also die Hüter einer komplexen Tradition, die alle Bereiche des Geistes umfaßt und deren tieferer Sinn nur von ihnen selbst erschlossen werden kann. Als Ratgeber des Königs ist der Druide auch der Ratgeber des ganzen Volkes: Daraus resultiert die *juristische* Funktion der Priesterklasse, auch wenn der König – der „weltliche Arm", wie man im Mittelalter zu sagen pflegte – die Verantwortung für die Vollstreckung der Urteile trägt. Bei Cäsar heißt es:

> „Die Druiden entscheiden bei fast allen öffentlichen und privaten Streitigkeiten; sie sprechen das Urteil, wenn ein Verbrechen begangen wurde, ein Mord geschah, oder wenn Erbschafts- oder Grenzstreitigkeiten ausbrechen; sie setzen Belohnungen und Strafen fest." (*De bello gallico* VI, 13)

Die Aufgaben der Druiden im rechtlichen Bereich sind also universal. In der keltischen Gesellschaft, in der öffentliches Recht und Privatrecht nicht voneinander getrennt sind und wo man lediglich zwischen öffentlichen und privaten Angelegenheiten unterscheidet, sind Gesetze oder Bräuche nur dann gültig, wenn sie zu einer höheren Ebene in Beziehung stehen, und das ist die Ebene der Religion. Urteile, Entscheidungen und Verträge stehen unter dem Schutz der Götter, den Hütern von Recht und Gerechtigkeit. Die Aufgabe der Druiden ist es, den göttlichen Gesetzen im konkreten Fall Geltung zu verschaffen, da sie Mittler zwischen Göttern und Menschen sind. Über das Urteil eines Druiden gibt es keine Diskussion. Wenn er ungerechte Urteile fällt, wird er von den Göttern bestraft. In der irischen Literatur wimmelt es von Beispielen dafür: der Druide, der das Pech hat, ein falsches Urteil zu fällen, wird entweder verstümmelt oder mit einer Krankheit geschlagen, oder das Land seines Stammes oder Königreiches wird unfruchtbar. Deshalb muß der Druide selbst das größte Interesse daran haben, sich auf keinen Fall zu irren. Obwohl die Verhaltensmuster der keltischen Gesellschaft der Welt des Imaginären, ja des Phantastischen entstammen, läßt sich in ihnen auch ein eigentümliches Streben nach Vollkommenheit erkennen, so daß höchste Anforderungen an das Amt der Druiden gestellt wurden.

Denn während der König oft einer Unzahl von Verboten unterworfen ist, gilt für den Druiden nur ein einziges, allerdings entscheidendes: er darf sich niemals irren.

Auf der anderen Seite können sich weder der König noch ein gewöhnlicher Sterblicher erlauben, den Urteilsspruch eines Druiden zu mißachten.

„Wenn sich ein Einzelner oder ein Stamm ihrer Entscheidung nicht fügt, schließen sie die Betreffenden vom Götterdienst aus; das stellt bei ihnen die härteste Strafe dar." (Cäsar, *De bello gallico* VI, 13)

In seltsamer Weise wird hier die Exkommunikation vorweggenommen, oder der Bannfluch, mit dem ein Königreich belegt werden konnte. Von diesen Zwangsmaßnahmen wird die christliche Kirche des Mittelalters reichlich Gebrauch machen. Die Druiden verfügen aber noch über andere Mittel: In ihrer Eigenschaft als „Zauberer" können sie sogenannte „Satiren" gegen Widerspenstige aussprechen. Dieses Vorgehen erinnert stark an das christliche Anathema und hat drei Wirkungsbereiche: Auf *religiöser* Ebene setzt es den Schuldigen direkt der Rache der Götter aus, auf *gesellschaftlicher* Ebene bedeutet es für den Betroffenen Schmach und Schande, und auf *magischer* Ebene schließlich benutzt es offenbar die geheimnisvollen und „dämonischen" Kräfte der unterirdischen Welt. Ein ausgezeichnetes Beispiel dafür ist der „druide-satiriste" Athirne, der in zwei irischen Erzählungen (in der *Brautwerbung um Luaine* und in der *Belagerung von Dun Etair*) eine Rolle spielt. Er gehört zu den Ulates, wird aber von seinen Landsleuten außerordentlich gefürchtet und trägt den Beinamen *Quälgeist von Ulster.* In der Tat ist er äußerst lästig: Er nutzt nämlich seine Stellung als Druide und die ihm dadurch zur Verfügung stehenden Machtmittel aus, um sich selbst alle Wünsche zu erfüllen. Seine Ansprüche sind außerordentlich: Unter Androhung schwerster Verfluchungen fordert er etwa das Auge eines bereits einäugigen Königs, die Frau eines anderen Königs oder den wertvollsten Schmuck bestimmter Familien.[39] Andererseits ist er jedoch für die Ulates nützlich, um andere Völker zu provozieren. Natürlich kann es sein, daß die erwähnten Epen stark übertrieben sind, aber gerade diese Übertreibungen machen deutlich, wie furchterregend die Machtmittel der Druiden waren.

Weil der Druide sich nicht irren darf und weil er der Herr der magischen Inkantationen ist, gebührt ihm auch das Amt des Sehers. Als privilegierter Gesprächspartner der Gottheit und vor allem als der

„klar Sehende" vermag er, im Buch des Schicksals zu lesen. Wie alle Völker des Altertums hatten die Kelten außerordentliches Vertrauen zu den Auguren. Niemals wurde etwas unternommen, ohne die Orakel zu befragen. Daran ist an sich nichts Außergewöhnliches, wir wissen aber, daß die Kelten auf die Weissagungen besonderes Gewicht legten:

> „Sie bedienen sich der Kunst der Seher, denen sie großen Einfluß einräumen; diese Seher sagen die Zukunft voraus, indem sie den Vogelflug beobachten und Opfer darbringen, und das ganze Volk ist von ihnen abhängig." (Diodor von Sizilien, V, 31)
> „Die Seher bemühen sich, durch ihre Untersuchungen die Ereignisse zu verstehen und den Zugang zu den tiefsten Geheimnissen der Natur zu bekommen." (Timagenes nach Ammianus Marcellinus, XV, 9)

In den irischen Epen gibt es eine ganze Reihe von Episoden, in denen ein Seher sowohl einzelnen Personen als auch ganzen Gruppen der Gesellschaft die Zukunft voraussagt. Man trifft dort ebenfalls auf „Prophetinnen", wie die berühmte Fedelm von Connaught. In diesem Zusammenhang müssen auch die „gallicènes" der Ile de Sein erwähnt werden, von denen Pomponius Mela berichtet, sie sagten die Zukunft voraus, wären in der Lage, Stürme zu besänftigen, und hätten die Gabe, ihr Aussehen zu verändern. In ihnen ist der Prototyp der Fee aus den Artusromanen zu erkennen: Morgane und ihre neun Schwestern, die Herrinnen der mythischen Insel Avalon. Es gibt also Hinweise darauf, daß auch Frauen Zugang zur Klasse der Druiden hatten. Obwohl wir über die Stellung dieser „Druidinnen" nichts wissen, ist doch anzunehmen, daß sie nicht an der Spitze der Druidenhierarchie standen, auch wenn sie durchaus Seherinnen oder Dichterinnen sein konnten. In diesem Zusammenhang ist die mythische Gestalt der dreifachen Brigit interessant, die sich später zur heiligen Brigitte von Kildare entwickelte: Sie ist die Göttin der Poesie, des Wissens sowie des Handwerks und der Künste. Ebenso bedeutsam ist die Göttin Morrigane: Auch sie ist Kriegerin und Prophetin und besitzt die Fähigkeit, sich zum Beispiel in eine Krähe zu verwandeln. Und wie steht es mit jenen kriegerischen „Amazonen", die alle mehr oder weniger Zauberinnen oder „Hexen" sind und ihre Spuren in den irischen Epen und walisischen Erzählungen hinterlassen haben? Die Feen der Volksmärchen und die geheimnisvollen „Jungfrauen", denen die Artusritter auf ihren Aventiuren begegnen und die ihnen so oft den rechten Weg weisen, gehören wohl auch in diese Kategorie. Und schließlich sind wir gar nicht so weit entfernt von den Parzen oder den drei griechischen Moiren, von der Sibylle von Cumä und der delphischen Pythia, die sicher der Priesterklasse angehörte, obwohl sie nur ein passives Medium war, deren Prophezeiungen die Priester offiziell zu deuten hatten.

Zum Abschluß sei noch einmal daran erinnert, daß die Druiden aller Kategorien vor allem Priester gewesen sind. Nach Cäsar versehen die Druiden „den Götterdienst", besorgen die öffentlichen und privaten Opfer und legen die Satzungen der Religion aus (*De bello gallico* VI, 13). Diodor von Sizilien (V, 31) berichtet, es sei bei den Kelten üblich, daß

> „niemand ohne die Anwesenheit eines ‚Philosophen' (i. e. eines Druiden) sein Opfer darbringt, denn sie glauben, die Vermittlung dieser Männer, die das Wesen der Götter kennen und sozusagen ihre Sprache sprechen, in Anspruch nehmen zu müssen, um die Dankopfer darbringen und den göttlichen Beistand erflehen zu können".

Bei allen Völkern des Altertums waren die Opfer die wichtigsten Ausdrucksformen der Religion. Ob diese Opfer bei den Kelten aus Pflanzenopfern, Tieropfern, Menschenopfern oder aus rein symbolischen Opferhandlungen bestanden, spielt in diesem Zusammenhang keine entscheidende Rolle. Die Druiden standen den Opferritualen vor, wie auch immer diese ausgesehen haben mögen, und sie vollzogen in heiligen Lichtungen und in der Tiefe der Wälder Zeremonien, über die wir wenig wissen. Da es das Prinzip der Dichotomie von Sakralem und Profanem nicht gab, waren sowohl im Frieden als auch im Krieg Religion und Leben nicht voneinander zu trennen. Der priesterliche Aspekt der Druiden hat deshalb nur dazu beigetragen, ihre bereits vorhandene Machtposition in der keltischen Gesellschaft zu stärken und zu festigen.

Abschließend sei noch einmal betont: Ohne die Druiden hätte es keine keltische Gesellschaft gegeben, aber umgekehrt hätte es auch ohne keltische Gesellschaftsstrukturen keine Druiden geben können.

II
Die Wurzeln des Druidentums

In jeder Tradition, Doktrin oder Institution religiösen Charakters gibt es ausdrückliche Hinweise auf ein *illud tempus*. Jene „Zeit der Anfänge“ bezieht sich zum einen auf die Erschaffung der Welt, der Götter und der Menschen, zum anderen auf den Augenblick, an dem ein auserwähltes Wesen – ein Prophet oder die Inkarnation einer Gottheit – begann, die „gute Nachricht“ zu verbreiten: Das ist der Augenblick der Offenbarung. Auf dieses *illud tempus* kann kein Glaube, kein Ritus verzichten. In diesem Zusammenhang sollte einmal bedacht werden, wie absurd der Streit zwischen den Offenbarungsreligionen und den anderen Religionen ist. Dieser unbegründete Streit ist durch den Imperialismus sowohl der römisch-katholischen Kirche wie des Islam entstanden, die mit ihrem Anspruch, im Besitz der alleinseligmachenden und endgültigen Wahrheit zu sein, die beiden fanatischsten Religionen in der Geschichte der Menschheit sind. Man mag davon halten, was man will: Fest steht, daß alle Religionen auf irgendeiner Art von Offenbarung aufbauen.

Daß die Umstände der Offenbarung eher unter dem Schleier der Nacht als offen zutage liegen, muß wohl zugegeben werden. Mag es den Frommen auch mißfallen, historisch konnte die Existenz Christi niemals wirklich nachgewiesen werden, und die *kirchlich*-offiziellen Texte sind so stark entstellt oder so schlecht übersetzt, daß man sich außerhalb des reinen Glaubensbereiches fast keine eigene Meinung bilden kann. Der wirkliche Gründer des Christentums ist eigentlich Paulus, aber seine Begegnung mit Jesus auf dem Weg nach Damaskus war nichts anderes als eine individuelle mystische Erfahrung, die man nicht zur Erfahrung aller Christen verallgemeinern kann. Dasselbe gilt für Mohammed: Seine Visionen waren rein subjektive, unkontrollierbare Erscheinungen. Auch der *Koran* gibt die Predigten des Propheten nur unvollkommen wieder, da es sich um eine spätere Niederschrift durch Schüler handelt. Weder Jesus noch Mohammed haben etwas Schriftliches hinterlassen, und sie wären sicher überrascht zu sehen, was aus ihren Lehren geworden ist. Jesus hat sich zwar auf Moses berufen und Mohammed auf Abraham: Beide verschanzten sich also bereits hinter einem *illud tempus*. Aber Abraham scheint wohl eher eine symbolische, um nicht zu sagen mythische Figur zu sein, und Moses ist eine halb historische, halb legendäre Gestalt. Trotzdem haben der heilige Augustinus und die anderen Kirchenväter keine Bedenken gehabt, sich über die Mythen der Heiden lustig zu machen und sie als verrückte Geschichten hinzustellen oder als Erfindungen des Teufels mit dem Ziel, die arme Menschheit vom rechten Weg abzubringen. Diese Ansichten sind jedoch völlig aus der Luft gegriffen.

Um es noch einmal ganz deutlich zu sagen: Ohne die Kraft des Glaubens als persönliche Erfahrung hält das *illud tempus* der Offenbarungsreligionen einer Prüfung genauso wenig stand wie die zahlreichen mythischen Erzählungen der heidnischen Religionen, die nicht über eine Offenbarung verfügen. Die Urschriften des Christentums oder des Islam sind nicht glaubwürdiger als die Texte des Hinduismus, der griechischen Religion oder des Druidentums. Um dies zu erkennen, muß man nicht unbedingt Agnostiker sein, sondern es handelt sich nur um die Feststellung, daß niemand mit Recht behaupten kann, er allein sei im Besitz der absoluten Wahrheit.

An den keltischen Texten wurde bemängelt, sie seien spät entstanden und erst nach der Christianisierung gesammelt worden und seien daher entstellt, verändert und schlecht übersetzt. Worin besteht also der Unterschied zu den Texten des Christentums, die erst lange nach dem Tode Christi in aramäischer Sprache aufgeschrieben, ins Griechische übersetzt und dann aus dem Griechischen ins Lateinische übertragen worden sind? Wo ist da noch der aramäische Urtext zu finden? Der erste christliche (in Wahrheit jüdisch-christliche) Text ist die *Johannes-Apokalypse*, dann kommen die *Paulus-Briefe*. Die Evangelien wurden erst später zusammengestellt, um diese Briefe zu illustrieren. Die Christen, die von der Authentizität ihrer Heiligen Schrift überzeugt sind, wären also schlecht beraten, wenn sie den keltischen, irischen und walisischen Texten nicht denselben Wert einräumen würden, den sie ihren eigenen Texten zubilligen; das wäre intellektuelle Unredlichkeit. Aber durch die geschichtliche Entwicklung und den Sieg des Christentums wurden diese Probleme unter den Tisch gekehrt.[1]

Das soll nun keinesfalls heißen, daß das Druidentum die ,,wahre" Religion ist; es bedeutet nur, daß die mit dem Druidentum zusammenhängenden Texte dasselbe Interesse verdienen wie die Texte des Christentums oder jeder anderen Religion. In seinen Glaubenslehren und Ritualen wird man eine sehr ursprüngliche Konzeption der diesseitigen Welt und der „Autre Monde“ entdecken und der gleichen spirituellen Suche des Menschen nach seinem Schicksal begegnen. Es hat seine guten Gründe, warum die Kelten und vor allem die Iren ohne große Schwierigkeiten den Übergang vom Druidentum zum Christentum vollziehen konnten.[2]

1. Woher kamen die Druiden?

Bis gegen Ende des 19. Jahrhunderts glaubte man, daß das Druidentum etwas mit den Steinmonumenten der Megalithzeit zu tun hätte, und in gewissen Kreisen, in denen ein „esoterischer" Synkretismus sein Unwesen treibt, herrscht dieser Glaube noch heute. Lange konnte man in Touristenführern Beschreibungen von „Denkmälern aus der Druidenzeit" finden, also von Dolmen, Menhiren, Kromlechs und Grabhügeln, und triviale Genrebilder stellten bärtige Druiden dar, wie sie ihre Opfer auf Dolmen töteten. Noch der Gallier Obelix ist nach Meinung der Verfasser der berühmten Comic-Serie ein Menhir-Fabrikant oder „Hinkelsteinmetz". Dabei wird einfach vergessen, daß die Megalithmonumente des Abendlandes ungefähr zwischen dem vierten und zweiten vorchristlichen Jahrtausend entstanden sind, während die Kelten erst am Ende der Bronzezeit zwischen 900 und 700 v. Chr. auftauchten. Ihre historische Existenz kann sogar erst um das Jahr 500 einwandfrei nachgewiesen werden. Die Steinmonumente der Megalithzeit weisen im übrigen auf eine hochentwickelte spirituelle Religion hin und wurden von Völkern errichtet, von denen wir kaum etwas wissen. Sicher ist nur, daß sie mit den Kelten nichts zu tun haben.

Natürlich gaben diese rätselhaften Monumente Anlaß zu den phantastischsten Spekulationen. Es sind nämlich nicht viele keltische Denkmäler gefunden worden, da die Kelten erst unter dem Einfluß der Griechen und Römer anfingen, Tempel zu bauen. Die Megalithgräber sind also das einzige, was von den vor-römischen Kulturen übrig geblieben ist, und da war die Versuchung groß, sie als Kultstätten der Druiden zu betrachten, zumal man sie damals noch nicht genau datieren konnte. Schlimm ist nur, daß heute diese falschen Vorstellungen trotz eindeutiger archäologischer Orientierungshilfen weiter aufrecht erhalten werden.

Aber es gibt nichts, was vollkommen richtig oder vollkommen falsch wäre, wenn es sich um eine so weit zurückliegende Vergangenheit handelt. Möglicherweise haben die Volkssagen deshalb einen Zusammenhang zwischen Druidentum und Megalithgräbern gesehen, weil eben doch eine gewisse Beziehung zwischen ihnen bestanden hat, so minimal oder vage sie auch gewesen sein mag. In den irischen Mythen gelten die Megalith-Hügel als Wohnsitz der alten Götter: Diese Zuordnung ist möglicherweise kein Zufall und stellt uns auf jeden Fall vor Probleme, die man nicht einfach durch die Berufung auf archäologische Fakten vom Tisch wischen kann. Schließlich wurden nicht wenige römische Tempel in christliche Kirchen umgewandelt, und die meisten christlichen Kapellen sind auf wesentlich älteren Kultstätten errichtet, seien sie nun griechischen, römischen, keltischen oder prähistorischen Ursprungs. Oft wurden archaische Bauten später wieder in Gebrauch genommen, dafür gibt es genügend Beispiele: Schließlich geht eine Religion niemals ganz unter. In jeder neuen Religion leben gewisse Elemente der alten Religion weiter. Es wäre also kaum verwunderlich, wenn das Druidentum nicht wenigstens teilweise das Erbe jener Völker übernommen hätte, die die Kelten in den eroberten Gebieten vorfanden und mit denen sie wohl oder übel eine Gemeinschaft bilden mußten. Aber auch das würde die Frage nach dem Ursprung des Druidentums noch nicht beantworten.

War das Druidentum eine Religion, die die indoeuropäischen Kelten mitgebracht hatten, und wenn ja, woher? Oder war das Druidentum ein autochthoner Glaube, der von den keltischen Eroberern umgewandelt, neu durchdacht und geprägt worden ist? Die Strukturen des Druidentums sind zwar eindeutig indoeuropäisch, aber wie steht es mit den Glaubenslehren, den Ritualen und verschiedenen Jenseitsauffassungen?

Betrachten wir erst einmal die verschiedenen früheren Hypothesen über die Ursprünge des Druidentums. Schon gegen Ende des 18. Jahrhunderts tauchten sehr seltsame Theorien auf. Für die Druiden und für alles Keltische insgesamt entwickelte sich damals ein Interesse, das fast an Manie grenzte. Der Schotte Mac Pherson „entdeckte“ uralte ersische (das heißt gälische) Dichtungen, die er als Vorlage für seine ossianischen Gesänge benutzte. Daraus wurde ein Bestseller, der die Generation der Romantiker tief geprägt hat, auch wenn an der *forgery* (das englische Wort für Fälschung liegt hier nahe) bald nicht mehr gezweifelt werden konnte. Iolo Morganwg „entdeckte“ in Wales ebenfalls jahrhundertelang in Vergessenheit geratene Bardengesänge, entwarf ein mehr kulturhistorisch als kultisch bedeutsames Druidenritual und wurde so zum Begründer des Neo-Druidentums. *Forgery* also auch hier, und zwar mit erheblicher Wirkung. Die Bretonen La Tour d'Auvergne und Le Brigant sahen in der keltischen Sprache die Muttersprache des Menschengeschlechts und behaupteten allen Ernstes, daß Adam und Eva im Paradies bretonisch gesprochen hätten. Das Schönste daran ist, daß ihre Leser das genauso ernsthaft glaubten wie sie selbst. Damit war der Weg für Hersart de la Villemarqué gebahnt, der „auf wunderbarste Art und Weise" Druidengesänge in der bretonischen Folklore seiner Zeit wiederentdeckte. In diesem geistigen Klima wurde vor allem die Bedeutung des Abendlandes für die kulturelle Entwicklung der Menschheit betont, nachdem zuvor immer der Orient als Ausgangspunkt für alle Abenteuer des menschlichen Geistes gegolten hatte. So war es nur folgerichtig, daß man sich nun auch für das Druidentum interessierte und seinen Ursprung im Abendland nachzuweisen versuchte.

Das war das Werk von Fabre d'Olivet. Diese erstaunliche Persönlichkeit war Erbe der Enzyklopädisten, Philosoph, Mythenforscher und Mythomane, Historiker und Moralist zugleich. Er behauptete, Dokumente gefunden zu haben, mit denen bewiesen werden konnte, daß das Druidentum aus der ältesten Religion des Abendlandes hervorgegangen sei[3]; er hat diese Dokumente allerdings – wie Mac Pherson, Morganwg und La Villemarqué – niemals irgend jemandem gezeigt. Aber damit nicht genug! Er tischte auch noch gelassen folgende Geschichte auf: Rund viertausend Jahre vor unserer Zeitrechnung sei es zu Streitigkeiten zwischen einem jungen Druiden namens Ram und gewissen ketzerischen Sekten gekommen (es soll sich dabei vor allem um barbarische und blutrünstige „Druidinnen" gehandelt haben). Um nicht gegen seine Brüder und Schwestern kämpfen zu müssen, habe Ram das Exil gewählt, sei in Begleitung einiger Getreuer nach Osten gezogen und nach Indien gelangt, wo er sich niedergelassen und die Lehren seiner Religion verkündet haben soll. Diese herrsche dort bis auf den heutigen Tag. Der aufmerksame Leser versteht, worum es geht: Ram ist kein anderer als der indische Rama, und der Hinduismus ist das, was vom wahren, ursprünglichen Druidentum noch übrig geblieben ist. Warum ist niemand früher darauf gekommen? Fabre d'Olivet erwähnt niemals seine Quellen, und er wäre auch gar nicht dazu in der Lage gewesen. Er verschanzt sich hinter geheimen Überlieferungen, die angeblich nur ihm allein zugänglich gewesen sein sollen, und umgibt sich so mit der Aura des Mysteriums (für jeden echten Hermetiker gibt es Geheimnisse, die nicht enthüllt werden dürfen!). Im Grunde seines Herzens war sich Fabre d'Olivet nämlich vollkommen der Verpflichtungen bewußt, die ein professioneller Journalist hat, wenn er dieses Namens würdig sein will. In diesem Zusammenhang ist es vielleicht interessant, sich zu vergegenwärtigen, was der rationalistische Kritiker Fustel de Coulanges 1879 über Iolo Morganwg schrieb, dessen Buch *Le Mystère des Bardes* gerade in französischer Übersetzung erschienen war:

„Wenn eines Tages jemand behauptet: ‚Hier ist eine Sammlung von Lehrsprüchen; ich mache sie euch als erster zugänglich, obwohl sie nicht von mir selbst stammen. Es handelt sich um die Lehren einer Religion des Altertums, die über zweitausend Jahre alt ist. Zwar hat diese Religion seit über eintausendfünfhundert Jahren keine Anhänger mehr gehabt, und leider gibt es auch kein Buch, das Hinweise auf sie enthält – aber das ist alles nicht so wichtig. Die Religion ist nämlich sehr alt, und sie ist durch eine ununterbrochene Kette von Überlieferungen von den Druiden bis zu mir gelangt.' – Wenn uns irgend jemand so etwas erzählen sollte, sind wir dann verpflichtet, ihm Glauben zu schenken?"

Bekanntlich war Fustel de Coulanges ein exzessiver Rationalist, aber manchmal kann Rationalismus einfach ein Synonym für gesunden Menschenverstand sein. Man hätte Fabre d'Olivet als eines jener „Originale" abtun können, die die Geschichte in Hülle und Fülle kennt, wenn die Nachwelt sein Erbe nicht auf so zweifelhafte Weise ausgeschlachtet hätte. Gewiß böte seine Story vom Druiden Ram eine ausgezeichnete Vorlage etwa für das Drehbuch eines Mammutfilms. Aber leider hat die Behauptung, der „gute" Druide Ram aus dem Abendland sei der Rama Indiens und Begründer der orientalischen arischen Religion gewesen, eine ganze Reihe späterer Generationen vergiftet. Vor allem Edouard Schuré hat den falschen Mythos von Ram in seinem 1889 erschienenen Buch *Les grands Initiés* wieder aufgenommen.[5] Und dieses Werk ist nicht nur für Hermetiker oder Esoteriker zu einer Art Bibel geworden, sondern auch für alle, die in ehrlicher Absicht Fragen nachgehen wollen, denen lange keine Beachtung geschenkt worden ist. Gerade im Namen wissenschaftlicher Aufrichtigkeit muß die gefährliche Hochstapelei dieses Autors entlarvt werden, der als „Weiser", ja als „Initiierter" gilt, ohne daß man weiß, welcher Art seine „Initiation" war.[6]

Edouard Schuré hat der Geschichte von Ram nichts Neues hinzugefügt, sondern begnügt sich damit, der Erzählung von Fabre d'Olivet blind zu folgen und läßt keine Absicht erkennen, ihre Grundlagen zu überprüfen. Das allein ist schon schwerwiegend genug, besonders wenn man bedenkt, daß das Rama gewidmete Kapitel in *Les grands Initiés* das Anfangskapitel ist, in dem die Grundlagen für die späteren Schlußfolgerungen gelegt werden, die zu Jesus, dem letzten dieser Ahnenreihe, führen. Noch bedenklicher ist aber, was Schuré als

Anhänger der Lehre von Gobineau über die Hindernisse sagt, die dem Druiden Ram in den Weg gelegt werden. Hier zeigt sich nämlich nicht nur Schurés gefährlicher Rassismus in voller Deutlichkeit[7], sondern auch sein offen zur Schau getragener Antisemitismus[8] und seine Schwärmerei für die „nordische Rasse".[9] Man braucht nicht weiter darauf hinzuweisen, wozu derartige Elaborate zwischen den beiden Weltkriegen vor allem in Deutschland gedient haben oder welchen Einfluß sie auch heute noch in gewissen intellektuellen oder spirituellen Zirkeln ausüben.

Das Wichtigste ist, sich darüber klar zu sein, daß die Geschichte von Ram allein ein Produkt der Phantasie von Fabre d'Olivet ist. Kein Text, keine Überlieferung berechtigt zu der Behauptung, die Wurzeln des Druidentums lägen im Abendland und es wäre dann nach Indien gebracht worden, um sich in den Hinduismus zu verwandeln. Wenn es – was tatsächlich der Fall ist – Parallelen zwischen Druidentum und Hinduismus gibt, so findet das seine Erklärung darin, daß die Kelten und die Inder der Gangesebene aus einer gemeinsamen Wurzel stammen. Aber die Behauptung, der Hinduismus käme aus dem Abendland oder das Druidentum aus dem Orient, ist nicht nur unwahr, sondern einfach absurd.

Aus Mangel an Zeugnissen sind wir darauf angewiesen, der Frage nach dem Ursprung des Druidentums dort nachzugehen, wo es am weitesten verbreitet war und wo sich seine natürlichen Lebensbedingungen befanden. Aber auch hier gilt es, Irrwege zu vermeiden, so etwa die Behauptung, zwischen der Lehre von Pythagoras und dem Druidentum hätten Verbindungen bestanden. Diese Vorstellung geht auf die ungenaue Interpretation einiger Zeugnisse antiker Autoren zurück. So berichtet z. B. Ammianus Marcellinus nach Timagenes, daß im Vergleich mit Barden und Sehern „die Druiden durch ihr Wissen den Sieg davontragen; das hat Pythagoras als Autorität entschieden." (*Ammianus Marcellinus* XV, 9) Dieser Satz stellt keineswegs eine Verbindung zwischen der Druidenreligion und der Lehre des Pythagoras her, sondern besagt lediglich, daß Pythagoras das Wissen der Druiden sehr hoch einschätzte. Daraus haben spätere griechische und römische Schriftsteller Zusammenhänge zwischen den beiden Lehren erdichtet. Clemens von Alexandria (*Stromata* I, XV) geht sogar so weit zu behaupten, Pythagoras selbst sei „Hörer der Galater und Brahmanen" gewesen, womit er ihn zum Schüler der Druiden macht.[10] Wieder andere Autoren wie der Grieche Hippolytos (*Philosophumena* I, 25), sehen die Druiden als Erben des Pythagoras, denn

„der aus Thrakien gebürtige Sklave des Pythagoras kam nach dem Tode seines Herrn in ihre Länder und gab ihnen die Gelegenheit, sich mit der Philosophie des Pythagoras näher auseinanderzusetzen". Übrigens ist die historische Existenz von Pythagoras – ähnlich wie von Homer – zweifelhaft: Wir kennen unter dem Namen von Pythagoras nur ein philosophisches System und eine Astralmythologie. Niemand, der mit der pythagoreischen Lehre vertraut ist, wird eine andere Verbindung zwischen ihr und dem Druidentum sehen als die beiden gemeinsame Vorstellung von der Unsterblichkeit der Seele. Das heben zwei im allgemeinen gut unterrichtete antike Schriftsteller hervor, Valerius Maximus und Diodor von Sizilien. Bei Valerius Maximus heißt es über die Druiden:

> „Sie sind von der Unsterblichkeit der menschlichen Seele überzeugt; ich würde sie deswegen für dumm halten, stimmten die Vorstellungen dieser bärtigen Barbaren nicht mit Ideen überein, die auch Pythagoras, den das Pallium schmückte, vertreten hat" (II, 6, 60);

und Diodor von Sizilien berichtet (V, 28):

> „Die Lehre des Pythagoras von der Unsterblichkeit der Seele hat bei ihnen viel Gewicht."

Das Druidentum kann nicht aus dem Mittelmeerraum stammen, denn sonst fänden wir in der antiken Literatur sicher einen Hinweis darauf. Im allgemeinen waren die Griechen und Römer verwundert über die großartige Gedankenwelt einer Lehre, die nicht aus ihrem Kulturkreis stammte und die sie meist mit dem Etikett „barbarisch" versahen. Dieser Begriff bezeichnete damals hauptsächlich die Völker Europas, die weder mit der griechischen Zivilisation in Berührung gekommen noch unter römische Herrschaft geraten waren. Vermutlich waren jene Völker, die die Griechen und Römer zwar fürchteten, die aber ihre Phantasie anregten, durch ein gewisses „nordisches" Gepräge gekennzeichnet. Dabei spielte vielleicht die Erinnerung an die Zeit eine Rolle, als die aus dem Norden kommenden indoeuropäischen Dorier mit den Achäern der griechischen Halbinsel und mit den Kretern der Ägäis zusammenstießen. Alle Überlieferungen, die mit dem Kult von Delphi zusammenhängen, erwähnen nämlich einen hyperboreischen Apoll, und Cicero unterscheidet sogar vier verschiedene Apoll-Gestalten, von denen die dritte „aus den hyperboreischen Regionen" nach Delphi gekommen sei. (*De natura deorum*, III, 23) Offenbar handelt es sich hier um eine Anspielung auf den Mythos von der Ankunft Apolls in Delphi und von seinem siegreichen Kampf gegen die Schlange Python. Historisch gesehen berichtet dieser Mythos vom plötzlichen Auftauchen der Dorier, die bereits das Eisen kannten, gefürchtete Krieger waren und die einheimische Bevölkerung unterwarfen. Aus religiöser und kulturgeschichtlicher Sicht erzählt der Mythos vom Untergang des Kultes einer durch die Schlange Python repräsentierten Erdgöttin, der durch einen Sonnenkult ersetzt wird. Jeder Sonnenkult kommt aus dem Norden, das heißt aus dem Land der Hyperboreer, wo die Sonne eine entscheidende Rolle für das Überleben der Menschen spielt.

Die alten Griechen waren sich offenbar über diesen nordischen Aspekt des Apoll-Kultes vollkommen im klaren. Nach den Berichten des phokäischen Seefahrers Pytheas sah Diodor von Sizilien sogar eine enge Beziehung zwischen dem Kult von Delphi und der Briten-Insel. Latona/Leto, die Mutter von Apoll, soll nämlich aus Britannien stammen.

> „und das erklärt, warum die Inselbewohner Apollon so außerordentlich verehren. Sie sind alle sozusagen Priester dieses Gottes . . . Es gibt dort einen riesigen Steinkreis, der dem Apoll geweiht ist, sowie einen prachtvollen Rundtempel mit zahlreichen Opfergaben . . . Alle neunzehn Jahre soll Apoll diese Insel besuchen." (Diodor, II, 47)

Zunächst ist interessant, daß Pytheas, ein Grieche aus Marseille, überhaupt nicht überrascht ist, auf der britischen Insel einen Apoll-Kult zu finden, der dem griechischen ähnlich ist. Auch wenn man nicht genau weiß, wo sich der dem Apoll geweihte riesige Steinkreis befunden haben könnte (vielleicht ist damit einer der Steinkreise von Amesbury in der Ebene von Salisbury gemeint), so handelt es sich bei dem prachtvollen Tempel doch wahrscheinlich um die Kultstätte von Stonehenge, deren Bezug zum Sonnenaufgang am Tag der Sommersonnenwende eindeutig feststeht. *Nur stammt die Anlage von Stonehenge nicht aus der Zeit der Kelten.* Sie wurde vermutlich um 2000 v. Chr. erbaut und anschließend in der Bronzezeit zweimal verändert. In der keltischen Überlieferung spielt Stonehenge jedoch durchaus eine Rolle; etwa im Merlin-Sagenkreis, wo das Monument als magisches Werk Merlins dargestellt wird[11], oder in der Sage von Artus, der seine letzte Schlacht in der Nähe von Stonehenge geschlagen haben soll. Es handelt sich also zweifellos um die Assimilation einer früheren Kultur durch die Kelten, die diese bei ihrer Ankunft bereits vorfanden. Der Siegeszug des Sonnenkults hat gleichfalls nicht in der keltischen Eisenzeit stattgefunden, sondern bereits in der Bronzezeit.[12] Die Sage, daß Apoll alle neunzehn Jahre nach Stonehenge komme, läßt die verschiedensten Spekulationen zu: Es handelt sich bei den neunzehn Jahren nämlich um einen Zyklus, an dessen Ende sich Mond- und Sonnenkalender decken! Einerseits wurde dieser Zyklus unter dem Namen „Zyklus von Denis dem Kleinen" – von den Päpsten des 7. Jahrhunderts benutzt, um das bewegliche Osterfest zeitlich festzulegen. Andererseits lehnten die keltischen Christen gerade diesen Zyklus hartnäckig ab.[13] Die Zusammenhänge bleiben also ziemlich rätselhaft.

Der Ursprung des Druidentums muß auf jeden Fall im keltischen Bereich gesucht werden. Wir wir bereits gesehen haben, hängt das Druidentum eng mit den Strukturen der keltischen Gesellschaft zusammen, und daher muß jede Hypothese verworfen werden, die davon ausgeht, die Kelten hätten so etwas wie ein Prä-Druidentum bei den Völkern vorgefunden, die sie unterwarfen, und es dann nach ihren eigenen Vorstellungen modifiziert und verfeinert. Das bedeutet aber nicht, daß diese autochthonen Völker keinen Anteil an der Entwicklung des Druidentums gehabt hätten. Wir können also lediglich annehmen, daß das Druidentum in einer Gesellschaft Gestalt angenommen hat, die keltisch strukturiert war, ohne daß diese Gesellschaft ausschließlich aus Kelten bestand. Die Wurzeln des Druidentums müssen somit in Westeuropa gesucht werden.

In diesem Zusammenhang liefert wieder Cäsar das älteste Zeugnis. Er betont, daß die Lehre der Druiden

> „in Britannien aufgekommen sein soll" und daß jeder, der sich mit dieser Lehre intensiv auseinandersetzen wolle, „immer noch zu der Insel der Briten reisen müsse." (*De bello gallico*, VI, 13)

Das ist zwar noch kein Beweis dafür, daß das Druidentum aus Großbritannien stammt, aber immerhin soll sich die bekannteste und beste Druiden-Schule dort befunden haben. Diese Aussage Cäsars wird durch zahlreiche irische Quellen untermauert. Selbst von den Gälen Irlands – bei denen das Druidentum am weitesten entwickelt war und sich am längsten gehalten hat – wurde niemals die Behauptung aufgestellt, Lehre und Institution des Druidentums stammten aus ihrem Land. Im Gegenteil: Immer wenn ein junger Mann oder Druide seine Studien vervollkommnen wollte, reiste er auf die Briten-Inseln, das heißt nach Schottland, in das „Land der Angeln" oder nach Wales. Dafür gibt es verschiedene Beispiele: Cuchulainn etwa, der Held der

Ulates, findet in Schottland einige seiner Gefährten wieder; die Kinder von Calatin wollen – aufgehetzt von der Königin Medbh – den Tod ihres Vaters an Cuchulainn rächen, kommen nach Alba (Schottland und Britannien) und lernen dort „magische und teuflische Künste"; dann begeben sie sich auf die Suche nach

„allen Druiden, die es auf der Welt gibt, und lassen sich von ihnen unterweisen, bis sie schließlich die überfüllten Regionen der Hölle erreicht haben." (*Ogam* XIII, S. 509)

Lassen wir die Voreingenommenheit des christlichen Abschreibers, für den Druidentum und teuflische Magie dasselbe sind, beiseite, so belegt diese Textstelle, daß die alten Iren ihre Insel nicht für die Wiege des Druidentums hielten. Einer der ältesten irischen Texte, *Die Schlacht von Mag Tured,* enthält einen interessanten Hinweis, der lange Diskussionen ausgelöst hat. Es geht um die *Tuatha De Danann,* „das Volk der Göttin Dana", jene geheimnisumwobenen Eroberer, die in der halb mythischen, halb historischen Überlieferung Irlands direkt vor den „Söhnen von Mile", den Gälen also, gekommen sein sollen.

„Die Tuatha De Danann lebten auf den Inseln im Norden der Welt. Sie wurden in allen Wissenschaften, in der Magie und im Druidentum unterwiesen, lernten die Zauberkunst und wurden Weise, so daß sie schließlich alle Weisen der Heiden an Wissen übertrafen."[14]

Zwei Punkte in diesem kurzen Abschnitt verdienen besondere Aufmerksamkeit: Zum einen, daß die Tuatha De Danann das Druidentum in all seinen Varianten nach Irland gebracht haben, und zum anderen, daß sie diese Lehren auf den Inseln im Norden der Welt kennengelernt haben sollen.

Diese „Inseln im Norden der Welt" geben uns Rätsel auf. Nimmt man den Begriff wörtlich, rückt der unbestreitbare nordische Charakter des Druidentums noch mehr in den Vordergrund. Wo aber liegen diese Inseln? Man könnte annehmen, daß Schottland den Iren als nördliche Insel erscheint. Außerdem ist Schottland von einer Vielzahl kleiner Inseln umgeben, von denen einige (wie etwa die Insel Iona, die sich durch den heiligen Columcil zu einem Zentrum klösterlichen Lebens entwickelte) früher sicher Druiden-Heiligtümer gewesen sind. Man könnte aber auch in Erwägung ziehen, daß die ganze Britische Insel gemeint war oder noch weiter südlich gelegene Inseln, die immer noch zum „Norden der Welt" gehören. Das gilt etwa für die berühmte

Insel Mona (Anglesey), die von Tacitus als wichtiges Druiden-Zentrum bezeichnet wird und von der der Geschichtsschreiber Solinus als Insel der Silurer berichtet:

> „Sie ist durch eine schwer passierbare Meerenge vom Festland getrennt, auf dem das bretonische Volk der Domnones ansässig ist; ihre Bewohner leben noch nach den alten Bräuchen, verwenden kein Geld, ehren die Götter, und alle, Männer wie Frauen, beherrschen die Kunst der Auguren." (XXII, 7)

Man könnte ebenfalls an Sena, die berühmte Ile de Sein denken, auf der jene sagenhaften Priesterinnen gelebt haben sollen, die nach Pomponius Mela (III, 6) „ihre Heilmittel und ihre Weissagungen denjenigen vorbehielten, die ihre Reise zu Lande und zu Wasser nur mit dem Ziel unternahmen, ihren Rat einzuholen". Und warum sollte nicht auch Helgoland im östlichen Teil der Nordsee in Betracht kommen? Seltsame Überlieferungen geistern um diese Insel, die im Siedlungsbereich der Kelten lag und in der man sogar den Überrest von Atlantis vermutet hat.[15] Auch an die Insel Oesel in der Ostsee muß gedacht werden, denn ihr früherer Name *Abalum (Insula Malifera)* erinnert sowohl an Apoll als auch an *Avalon,* die Insel der *Apfel*bäume. Und schließlich wäre noch an Thule zu erinnern, jenes *Ultima Thule*, das die Phantasie so vieler Menschen angeregt hat. Griechische Schriftsteller wie Polybios (der die Berichte des Seefahrers Pytheas mit kritischen Augen sieht) haben uns phantastische Beschreibungen davon hinterlassen:

> „Pytheas hat die Öffentlichkeit getäuscht (...) durch das, was er über Thule und die Nachbarländer berichtet; er behauptet nämlich, in diesen Gegenden gäbe es weder Erde, noch Wasser, noch Luft, sondern lediglich ein Gemisch dieser Elemente, das einer ‚Meeres-Lunge' gleiche; diese ‚Lunge' soll sich unterhalb der Erde, des Wassers und der Luft befunden haben – diese Elemente gleichsam verbindend –, ohne daß es möglich gewesen wäre, über diese Materie zu gehen oder sie mit dem Schiff zu befahren." (XXXIV, 5)

Vermutlich liegt in diesen Gegenden jenes rätselhafte „Tote Meer", das die Kimbern *Marimarusa* nannten (vgl. Plinius, *Hist. nat.* IV, 27). Diese von Plinius zitierten Kimbern waren Kelten, und wahrscheinlich ist deshalb die Etymologie des Wortes *Marimarusa* vom Keltischen her korrekt. Thule dagegen gehört – mindestens seit dem späten Mittelalter – zum germanischen Bereich, und es ist daher schwierig, seine Bedeutung für unsere Fragestellung richtig einzuschätzen. Die „Inseln im Norden der Welt" müssen vielleicht eher symbolisch verstanden werden, denn sowohl Inseln als auch nördliche Regionen galten immer schon als traditionelle Wohnsitze von Göttern, übernatürlichen Wesen oder „Wissenden". Nach Meinung der irischen Erzähler muß das Druidentum, da es ja bekanntlich nicht aus Irland stammte, auf irgendwelchen mythischen Inseln in einem mythischen Norden entstanden sein. (Ähnliches kehrt in den keltischen Vorstellungen von der Autre Monde wieder.) Diese Auffassung konnte das Ansehen des Druidentums nur adeln, denn als heilige Lehre durfte es eben nur einen heiligen Ursprung haben. Nach der Geschichte von der *Schlacht von Mag Tured* sollen die Tuatha De Danann das Druidentum nach Irland gebracht haben. Die halb-historische Überlieferung des irischen Mittelalters sieht in den Tuatha De Danann das vierte Volk, das Irland nach der Sintflut erobert hat. Sie sind die direkten Vorgänger der Gälen und spielen eine bedeutende Rolle nicht nur in der irischen, sondern auch in der keltischen Mythologie und Religion. Die Tuatha De Danann, „das Volk der Göttin Dana", sind – wie ihr Name sagt – ein Volk von Göttern, und aus ihnen setzt sich das irische Pantheon zusammen. Einige von ihnen werden auch auf den Britischen Inseln oder auf dem Kontinent verehrt, manchmal (wie Lug oder Ogme/Ogmios) unter demselben Namen, manchmal unter anderem Namen, aber es ist nicht schwer, sie wiederzuerkennen: Als Beispiele seien nur Dagda/Sucellos oder Dagda/Taranis genannt oder die unzähligen Gottheiten, die lediglich unter einem besonderen, örtlich gebundenen Namen verehrt werden.

Wir befinden uns also mitten in der Welt des Mythos, fast schon in der Welt der Theogonie. Aber wie bei allen Mythen muß man sich auch bei den keltischen fragen, ob sich darunter nicht eine bestimmte historische Wahrheit verbirgt, sei es, weil historische Gestalten vergöttlicht wurden, sei es, weil der Mythos seine Inkarnation finden und in Dichtung und Geschichte greifbar werden muß, damit er verstanden und überliefert werden kann. Wenn man auf der Annahme beharrt, die gesamte irische Überlieferung gehöre ausschließlich ins Reich des Mythos und entbehre jeder historischen Grundlage, vertritt man zwar eine vernünftige Position, die eine Untersuchung der mythischen Entwicklung erlaubt, aber man beraubt sich gleichzeitig der Möglichkeit, den Mythos in Beziehung zur Realität zu setzen. Die Dichotomie von Realität und Imagination zu betonen bedeutet nämlich, zwei im Menschen nebeneinander bestehende Neigungen willkürlich zu trennen, während sie doch, aufeinander bezogen betrachtet, mit großer Wahrscheinlichkeit zu einer Erhellung unseres Verhaltens führen könnten. Nur wenn Mythos und Realität, Mythos und

Geschichte nicht mehr als Gegensätze gesehen werden, ist es möglich, mehr über das Abenteuer des menschlichen Geistes zu erfahren.

Zweifellos tragen die Tuatha De Danann nordische Züge, auch wenn das nur symbolisch gemeint sein sollte. In der Überlieferung gelten sie als Nachkommen von Nemed, dessen Volk die zweite Erobererschicht Irlands nach der Sintflut gewesen sein soll. Nemed bedeutet „der Heilige"; die Tuatha sind also von göttlicher Abstammung. Nach dem *Leabhar Gabala* („Buch der Eroberungen"), jener umfangreichen mythisch-historischen Kompilation aus dem Irland des 12. Jahrhunderts, lebten die Ahnen der Tuatha in Skandinavien, wo seit den Vikinger-Einfällen auch manchmal die Autre Monde angesiedelt wird. Nach der *History of Ireland* von Keating lebten die Tuatha dagegen zunächst in Griechenland, hielten sich dann sieben Jahre in Skandinavien auf, um schließlich über den Norden Schottlands nach Irland zu kommen. Die meisten Texte sagen ausdrücklich, die Tuatha hätten am Montag des *Beltaine*-Festes zum ersten Mal irischen Boden betreten (*Beltaine*, das zweitgrößte Fest der Kelten, wurde am ersten Mai gefeiert). Weil sie ihre Schiffe verbrannt hatten, waren sie von Rauchschwaden umgeben, was sie noch geheimnisvoller wirken ließ. Darin liegt wohl eine Anspielung auf die Bel-Feuer, die traditionell am ersten Mai abgebrannt werden. Die Tuatha führten vier wichtige magische Gegenstände mit sich, die in den Mythen der Kelten und noch in der jüngeren Überlieferung, wie in den Artusromanen, eine große Rolle spielen: Es handelt sich erstens um den Stein von Fal, auch Krönungsstein genannt, zweitens um die flammende Lanze von Lug (vielleicht wird darum eine Lanze in der berühmten Gralprozession herumgetragen), drittens um das Schwert von Nuada, das nur von seinem Eigentümer gezogen werden kann (und das wir in Excalibur, dem Schwert von König Artus, wiederfinden) und viertens um den unerschöpflichen Kessel von Dagda, den Archetyp des Grals.

Die Tuatha waren also nicht nur die Träger religiöser Lehren und mythischer Überlieferungen, sondern *sie brachten außerdem ein Ritual mit,* das mit bestimmten magischen oder heiligen Objekten zusammenhing. In der späteren literarischen Überlieferung werden diese Objekte häufig erwähnt, was ein Beweis für ihre außerordentliche Bedeutung ist. In einem kurzen Text aus dem *Gelben Buch von Lecan* (einer Handschrift aus dem 14. Jahrhundert) liest man über die Tuatha, sie „verfügten über das Wissen und über die Lehren des Druidentums sowie über teuflische Künste". (*Textes mythologiques*, I, S. 80) Der Begriff „teuflische Künste" stammt natürlich aus dem Mittelalter und umfaßt alle Bräuche, die das Christentum nicht gelten lassen konnte.

Es ist sehr verführerisch, in den Tuatha De Danann die Völker der Bronzezeit oder sogar des Megalithikums zu sehen. Auf jeden Fall handelt es sich um Völker, die vor den Kelten da waren, so wie die Tuatha vor den Gälen dagewesen sein sollen, und wir werden noch sehen, wie viel das Druidentum aus dem Erbe dieser Völker übernommen hat. Eine andere verführerische Interpretation ergibt sich aus dem nordischen Ursprung der Tuatha: man könnte sie nämlich als die gemeinsamen Ahnen von Kelten und Germanen betrachten. Dafür lassen sich durchaus Argumente ins Feld führen: Zum einen stammen sowohl die Kelten als auch die Germanen von den Indoeuropäern ab und haben also dieselbe nördliche Herkunft; zum anderen wurden sie von den Autoren der Antike häufig miteinander verwechselt oder für Skythen gehalten, denn die Kelten kamen aus den Gegenden östlich des Rheins, vermutlich aus dem Harz, und haben an den Ufern von Ost- und Nordsee lange neben den Germanen gelebt.[16] Weiterhin kann nach vergleichenden Wortschatzuntersuchungen nicht daran gezweifelt werden, daß die Kelten – deren Gesellschaft früher eine höhere Stufe erreichte als die germanische – zur Ausbildung der germanischen Gesellschaftsform beigetragen haben.[17] Schließlich gibt es zwischen der keltischen und der germanischen Mythologie zahlreiche Berührungspunkte, etwa in den späteren Beziehungen zwischen Irland und Island.

Gegen all diese Versuche, in den Tuatha De Danann ein prä-indoeuropäisches Volk zu sehen, spricht jedoch ein grundlegender Einwand: Wenn das Druidentum wirklich nur im Rahmen einer keltisch strukturierten Gesellschaft existieren kann, ist es unmöglich, die Tuatha als prä-keltische Bevölkerung einzustufen, denn sie waren es ja, die – wenn auch vielleicht nur symbolisch – das Druidentum nach Irland brachten. Wenn die Tuatha De Danann in der Realität oder im Mythos das Druidentum nach Irland gebracht haben, dann müssen sie aber Kelten gewesen sein.

Wie erwähnt, kamen die Tuatha am Tag des *Beltaine*-Festes nach Irland. Nach dem *keltischen* Festkalender war der Tag ihrer Ankunft also bereits vorherbestimmt. Aber das ist noch kein Beweis, denn auch die anderen Eroberungen Irlands fanden an keltischen Festtagen statt – das jedenfalls behaupten die Iren des Mittelalters, die die alten Völker ausschließlich im Rahmen der keltischen Traditionen gesehen haben. So ist etwa Partholon, der erste Eroberer Irlands nach der

Sintflut, von drei Druiden umgeben; Nemed, der zweite Eroberer, hat vier Anführer, darunter den „Seher" Iarbonel, einen Druiden; und als die dritten Eroberer, die Fir Bolg, Irland besetzen, teilen sie es nach dem gälischen Prinzip der „fünf Königreiche" in fünf Teile.

Alle Eroberer Irlands, wer sie auch gewesen sein mögen, werden in der mittelalterlichen Überlieferung als Kelten – genauer gesagt als Gälen – bezeichnet. Die Iren des Mittelalters haben offenbar nicht daran gezweifelt, daß diese Darstellung der Wahrheit entsprach. Allerdings war damals der Begriff des Anachronismus noch unbekannt, und außerdem neigen die Iren wie alle Kelten dazu, die Geschichte nicht als zeitliches Nacheinander zu betrachten. Die Arbeit des Historikers wird dadurch nicht gerade erleichtert.

Vergleicht man die Erzählungen über die verschiedenen Eroberungen Irlands, so stellt sich bald heraus, daß sie völlig kohärent sind. Die erste Eroberung durch die Ur-Frau Cessair fand vor der Sintflut statt und spielt keine wichtige Rolle, weil sie außerhalb der geschichtlichen Entwicklung liegt. Nach der Sintflut eroberte Partholon als erster die Insel: Er symbolisiert die neue Erschaffung des Menschen, aber seine Herrschaft ist primitiv, ganz und gar materialistisch und schlecht organisiert. Das Königreich des zweiten Eroberers – es ist Nemed, der „Heilige" – wird von Normen beherrscht, die als religiös bezeichnet werden können. Nemeds Söhne gehen ins Exil, spalten sich in zwei Gruppen und kehren schließlich zurück, um Irland wieder zu erobern: zuerst die Fir Bolg, dann die Tuatha De Danann. Man hat immer wieder versucht, die Fir Bolg oder ‚Bolg-Männer', die auch häufig als „Männer mit dem Sack" bezeichnet werden, historisch einzuordnen und sie etwa zu Belgiern zu machen. In Wirklichkeit sind sie Männer der Tat oder Krieger, denn das Wort *bolg* stammt wahrscheinlich aus derselben Wurzel wie das lateinische Wort *fulgur*, „Blitz".[18] Die irische Gesellschaft wird nun offenbar durch eine Kriegerkaste geordnet, fast kann man sagen zivilisiert.

Wie in der griechischen oder in der germanisch-skandinavischen Mythologie drohen auch hier immer wieder die „Riesen": Sie symbolisieren das Chaos, dem der menschliche Geist den Kampf angesagt hat. In der irischen Mythologie wird das Chaos durch das rätselhafte Volk der Fomore repräsentiert, mit dem alle Eroberer Irlands automatisch zusammenstoßen und das besiegt oder durch Verträge gewonnen werden muß. Dann erscheinen die Tuatha De Danann, weitere Nachkommen von Nemed. Sie sind die Götter, bringen die Lehren des Druidentums, sorgen für dessen praktische Verwirklichung und schaffen so die notwendigen Gesellschaftsstrukturen, damit endlich die Gälen, die Söhne von Mile, in Irland landen können. Diese Gälen müssen sich nun in dem von den Göttern geschaffenen Rahmen zurechtfinden, denn die Druiden-Religion ist auf dem Grundsatz aufgebaut, so zu handeln, daß das untere Königreich genauso aussieht wie das obere.

Man achte auf den folgerichtigen Ablauf dieser Geschichte, sei sie nun als Ganzes erzählt, wie im *Buch der Eroberungen* und in der *History of Ireland* von Keating, oder mehr bruchstückhaft, wie in den beiden Erzählungen über die *Schlacht von Mag Tured* (die erste Erzählung handelt vom Kampf der Tuatha gegen die Fir Bolg, die zweite von ihrem Kampf gegen die Fomore). Zunächst wollen wir einmal die verschiedenen Elemente der Eroberungs-Geschichten in einer Übersicht darstellen, um anschließend zu zeigen, welche interessanten Schlußfolgerungen sich daraus ergeben.

Erste Phase	Vor der Sintflut. Cessair, die Ur-Frau. Erster Entwurf der Welt und der Menschheit.	
Zweite Phase	Nach der Sintflut.	
	Erste Eroberung	Partholon. Neuschöpfung des Menschen. Materialismus.
	Zweite Eroberung	Nemed. Das Sakrale erscheint. Spiritualität.
	Dritte Eroberung	Fir Bolg. Krieger. Eine Ordnung wird geschaffen.
	Vierte Eroberung	Tuatha De Danann. Götter, Druidentum. Spirituelles Wissen, Kenntnis der Künste und des Handwerks.
	Fünfte Eroberung	Die Söhne von Mile. Gegenwart. Praktische Verwirklichung.

Betrachtet man die ersten drei Eroberungen nach der Sintflut, wird sofort deutlich, daß sie sich aufeinander beziehen und sich ergänzen. Partholon stellt die Wiedergeburt des Menschengeschlechts dar, er ist eine Art Brahma im Sinn der indischen Mythen. Dann erscheint das spirituelle Prinzip, der Varuna-Aspekt, der durch Nemed, den „Heiligen", personifiziert wird. Es folgt das kriegerische Prinzip, der Mitra-Aspekt: Er wird durch die Fir Bolg dargestellt. Nach ihrer Erschaffung durch den Ur-Gott wird die Welt also von dem göttlichen Paar Varuna-Mitra beherrscht, das die spirituelle und die kriegerische Magie repräsentiert. Dieses Prinzip stimmt mit einer bei den Indoeuropäern weit verbreiteten Struktur vollkommen überein.

Bedeutet die erste Eroberung eine Periode der Schöpfung und die fünfte eine Periode der praktischen Verwirklichung, dann läßt sich in den drei dazwischenliegenden Eroberungen die Dreiteilung der indoeuropäischen Gesellschaften erkennen: Nemed repräsentiert die Priesterklasse, die Fir Bolg die Klasse der Krieger und die Tuatha De Danann die dritte Klasse. Die letzte Behauptung klingt überraschend. Denn wie können Götter die dritte Klasse, die Klasse der „Produzierenden", symbolisch darstellen? Die Antwort darauf fällt nicht schwer: Die Tuatha De Danann sind nämlich nicht nur Kenner von Religion und Magie, sondern zugleich Experten auf allen Wissensgebieten. Wissen aber bedeutet auch Handwerk, Technik und Kunst, und das gilt in besonderem Maße für ein Volk, das jede Dichotomie von Heiligem und Profanem ablehnte und bei dem die Handarbeit außerordentlich angesehen war (worin übrigens einer der Gründe für die mühelose Konversion der Iren zum Christentum liegt). Die Tuatha De Danann sind nicht nur glänzende Krieger, sondern auch Spezialisten auf allen Gebieten der Kunst und des Handwerks, und Lug, der höchste Gott, ist der „Herr aller Künste". Die Tuatha De Danann krönen also die Schöpfung: Als inkarnierte Götter haben sie die Mittel in der Hand, um den göttlichen Plan zu verwirklichen. Nun können die Söhne von Mile kommen und das Land in Besitz nehmen.

Wir müssen aber noch einen Schritt weiter gehen. Die Tuatha De Danann repräsentieren auch für sich allein betrachtet die indoeuropäische Gesellschaft als Idealbild, und das bedeutet nach der Überlieferung der Druiden: *Sie stellen das göttliche Urbild dar, das die Menschen verwirklichen sollen.* Diese Behauptung stammt nicht von zeitgenössischen Mythologen oder Soziologen, sondern aus der *History of Ireland* von Geoffrey Keating. Keating legt den Namen der Tuatha De Danann in seine drei Bestandteile auseinander (wir wissen nicht, ob das seine eigene Idee war, oder ob er einer älteren Überlieferung folgte), und so ergeben sich drei Kategorien: erstens *Tuatha*, die Adligen, zweitens *De*, die Priesterklasse der Druiden, und drittens *Dana*, die Handwerker und Künstler. Keatings Etymologien sind richtig: Die Tuatha sind nämlich die Angelegenheit der adligen Krieger; alle Götter sind Druiden, folglich sind die Druiden auch Götter; und schließlich bildet der Stand der Handwerker und Künstler eine Klasse, die *aes dana* genannt wird. Alles wird so mit ganz einfachen Worten gesagt. Wie wir sehen, wird also das Wesen des Druidentums von den Tuatha De Danann verkörpert. Es ist daher sicher richtig, die Wurzeln des Druidentums auch bei den Kelten zu suchen. Und warum sollte man der Aussage Cäsars nicht Glauben schenken, die Lehren des Druidentums seien auf der Briten-Insel entwickelt und von dort aus in Gallien und in den anderen keltischen Gebieten verbreitet worden?

2. Götter und Menschen

Jede Religion hat ein absolutes Bezugssystem: Eine Gottheit oder mehrere Gottheiten, deren Charakter, Funktion und Verhalten von exemplarischer Bedeutung sind. Es geht hier nicht um die Frage, ob es sich dabei um wirkliche Entitäten außerhalb der Menschenwelt handelt, die alles Lebendige nach einem genauen Plan beeinflussen und beherrschen, oder ob sie idealisierte Projektionen des menschlichen Geistes darstellen, der die Welt vollenden will, um seine Existenz zu legitimieren. Bei solchen Überlegungen gilt noch immer das bekannte Argument der Wette von Pascal. Wie auch immer die persönliche Entscheidung in dieser Wette ausfallen mag, fest steht, daß es zu allen Zeiten Gottheiten gegeben hat, mit denen die Menschen durch reale oder symbolische Wechselbeziehungen – meist in Form von Kulthandlungen – verbunden waren. Außerdem gibt es Erzählungen, die die signifikanten Handlungen dieser Gottheiten schildern und die man als „mythisch" bezeichnet. Um diese Gottheiten besser kennenlernen zu können, muß man das von Geschichte, Archäologie und Überlieferung vermittelte Bild eingehend untersuchen.

Wie alle anderen Religionen hat auch das Druidentum seine Götter, obwohl man sich fragen muß, was dieser Begriff bei den Druiden wirklich bedeutete: Waren es personale Götter oder drückten sie die verschiedenen Funktionen des Göttlichen schlechthin aus? Wir kennen diese Götter durch die Zeugnisse der antiken Schriftsteller, durch Votiv- oder Grabinschriften, durch bildliche Darstellungen und vor allem durch die aus späterer Zeit stammenden irischen und walisischen Erzählungen, die ein umfassendes, wenn auch durch heroisierende Tendenzen sicher nicht authentisches Bild liefern, so daß eine exakte Deutung nicht leicht ist.

> „Die gallischen Gottheiten haben häufig keine deutlichere Gestalt angenommen als die *numina*, jene geheimnisvollen Kräfte, denen man die verschiedensten Eigenschaften zuschreiben konnte. Viele dieser Gottheiten sind nur Namen, mit denen wir ziemlich willkürlich bestimmte Eigenschaften verbinden; als Grundlage dienen uns dabei zum einen die Vergleiche, die die Römer zwischen den gallischen Gottheiten und ihren eigenen gezogen haben, zum anderen hypothetische Assimiliationen."[19]

Das erinnert an die Helden der irischen Epen, die so oft zu der berühmten Formel greifen: „Im Namen Gottes, auf den mein Stamm schwört!" Die Götternamen ändern sich von Land zu Land; es lassen sich zwar gewisse Konstanten beobachten, aber man darf ihnen nicht immer trauen.

„Selbst wenn man glaubt, den Namen eines Gottes einer bestimmten Sprachgemeinschaft zuordnen zu können, ist das noch kein Beweis dafür, daß die mit diesem Namen verbundene Gottheit zu den Göttern des Volkes gehört, das diese Sprache spricht. Das gilt für alle Apoll-Gestalten der gallo-römischen Zeit: Der Name Apollo wird entweder mit Namen verbunden, die alte einheimische Gottheiten bezeichnen und nicht immer keltischen Ursprungs sind, oder er ersetzt diese."[20]

Wieder einmal muß man auf den Bericht von Cäsar zurückgreifen, der das älteste und präziseste Zeugnis liefert:

„Als Gott verehren sie besonders Merkur: Von ihm gibt es die meisten Bildnisse, ihn halten sie für den Erfinder aller Künste, für den Führer auf allen Wegen und Wanderungen, ihm sprechen sie den größten Einfluß auf Gelderwerb und Handel zu. Nach ihm verehren sie Apoll, Mars, Jupiter und Minerva. Von diesen haben sie ungefähr dieselben Vorstellungen wie die anderen Völker: Apoll soll die Krankheiten vertreiben, Minerva die Grundelemente des Handwerks und der Künste lehren, Jupiter die Herrschaft über die Götter ausüben, und Mars soll Kriege führen." (*De bello gallico*, VI, 17)

Man beachte zunächst die Sonderstellung von Merkur sowie die Vielzahl seiner Funktionen, dann die deutlich auf den zweiten Platz verwiesene Trias Apoll-Mars-Jupiter und schließlich die Stellung von Minerva als Schützerin des Handwerks und der Künste. Allerdings müssen sich Zweifel gegenüber der Behauptung regen, die Gallier hätten ungefähr dieselben Vorstellungen von ihren Göttern wie andere Völker – vor allem wie Griechen und Römer – gehabt. Cäsars Interpretation beweist eher das Gegenteil. Tatsächlich hört nämlich

„für einen Römer das Universum an den Grenzen seines Landes auf. Außerhalb dieses Universums gibt es für ihn nur unwissende Völker, die möglichst intensiv ausgebeutet werden müssen. Diese Völker haben zwar sehr ursprüngliche religiöse Vorstellungen, aber aufgrund seiner Einbildung, dem einzigen zivilisierten Volk der Welt anzugehören, zögert Cäsar nicht, bei seiner Beschreibung der gallischen Religion die römische Götterwelt als Bezugssystem zu verwenden. Die Gallier hatten aber keineswegs dieselben religiösen Vorstellungen wie die Römer."[21]

Cäsars Interpretation darf also nicht allzu wörtlich genommen werden, doch sollte man folgendes festhalten: Es gibt einen großen Gott (bei dem es sich nicht um Jupiter handelt), drei weniger bedeutende

Götter, die dennoch sehr verehrt werden, und schließlich eine Göttin. Damit zeichnen sich bereits die Umrisse der keltischen Götter-Hierarchie ab.

Diese Hierarchie ist von indoeuropäischem Geist geprägt.

„Cäsar war mit einigen Druiden befreundet und hat ... die fünf wichtigsten Götter der Gallier ausgezeichnet charakterisiert. Er hat sie nicht nur anhand von gesellschaftlichen Kriterien beschrieben, sondern auch als Schutzgötter (...) auf die wichtigsten Tätigkeitsbereiche innerhalb der Gesellschaft verteilt: Der höchste Gott ähnelt Merkur in seiner Eigenschaft als Erfinder der Künste, als Herr der Wege und Straßen und schließlich als Schutzgott von Handel und Gewinn. Auf Merkur folgt eine Art Jupiter, ein himmlischer Herrscher; eine Art Mars gilt als Schutzgott des Krieges, ein Apoll vertreibt die Krankheiten, und eine Minerva schließlich hat Handwerk und Künste eingeführt. Das entspricht der allgemeinen Weltsicht im irischen Epos."[22]

Tatsächlich erlauben uns die alten irischen Epen, Cäsars Bericht besser zu verstehen und zu erklären; besonders wichtig ist in diesem Zusammenhang die Erzählung von der zweiten *Schlacht von Mag Tured*, in der fast alle bedeutenden Götter der Kelten als Führer der Tuatha De Danann erscheinen.

A. Der Gott über den Göttern

Der gallische Merkur, von dem Cäsar spricht und von dem es damals in Gallien zahlreiche Bildnisse gegeben haben soll[23], hat – außer seiner Funktion als Schutzgott des Handels und der Straßen – wenig mit dem römischen Merkur oder dem griechischen Hermes zu tun. Cäsar nennt nicht den gallischen Namen dieses Gottes, doch können wir ihn mühelos aus der Geschichte der *Schlacht von Mag Tured* als *Lugos* oder *Lugu* erschließen. Dieser Name hat zur Bildung vieler wichtiger Ortsnamen wie etwa *Lyon, Loudon* oder *Leyden* geführt, die alle auf *lugudunum* („Festung von Lugu") zurückgehen.

Im Zusammenhang mit den Ereignissen, die sich zwischen der ersten und der zweiten Schlacht von Mag Tured in Irland abspielen, wird Lug ausführlich beschrieben. Mit Hilfe der Fomore, jener geheimnisvollen Riesen, die das Chaos oder die ungeordneten Kräfte verkörpern, haben die Tuatha De Danann die Fir Bolg besiegt. Aber weil Nuada, der König der Tuatha, dabei einen Arm verlor, ist er nicht mehr fähig, zu herrschen; dadurch sind die Tuatha in die Abhängigkeit der Fomore geraten, die sie fürchterlich ausbeuten. Nuada kann sich aber einen Arm aus Silber verschaffen, gewinnt die Königswürde zurück und ruft die Führer der Tuatha zu einem Fest zusammen. Der Festsaal wird sorgfältig von einem Pförtner bewacht, der nur diejenigen einläßt, deren Handwerk oder Kunst noch nicht unter den Anwesenden vertreten ist. Das Fest versammelt ausschließlich die intellektuelle, kriegerische und künstlerische Elite der Tuatha De Danann – wir befinden uns nämlich in einem Reich höchster Spezialisierung, in dem alles nur einmal vorhanden sein darf. Da erscheint ein junger Krieger namens *Samildanach* (‚Herr aller Künste'), er ist „schön, liebenswürdig und sieht aus wie ein König".[24]

Als der junge Krieger um Einlaß bittet, wird er aufgefordert, seinen Namen zu nennen. Wir erfahren, daß es sich um „Lug Lonnandsclech" handelt, den „Sohn von Cian, des Sohnes von Diancecht, und von Eithne, der Tochter von Balor".[25] Lugs Großvater väterlicherseits ist also Diancecht, der Gott der Heilkunde der Tuatha De Danann, sein Großvater mütterlicherseits ist Balor, der gefürchtete kriegerische einäugige Riese, der jeden mit seinem Auge zerschmettert, vorausgesetzt, daß vier Männer sein schweres Augenlid mit einem glattpolierten Haken hochheben konnten.[26] Balor, eine halb titanische, halb zyklopenhafte Figur, ist einer der Führer der Fomore. Lug gehört also sowohl den Tuatha als auch den Fomore an, sein Wesen stammt aus zwei verschiedenen Welten, und das erklärt seine außergewöhnlichen Fähigkeiten, die sich nirgendwo einordnen lassen. Er besitzt nämlich einerseits die starke ordnende, soziale und spirituelle Macht der Tuatha De Danann, andererseits die fürchterliche, instinktive und chaotische, aber durchschlagende Kraft der Fomore. In der Gestalt von Lug finden zwei gegensätzliche und sich bekämpfende Kräfte zu einer Synthese. Er inkarniert den philosophischen Monismus der Kelten und personifiziert ihre Ablehnung des Prinzips der Dualität. Auf einer anderen Ebene könnte man Lug auch als treffendes Beispiel für die auf den Theorien von Freud aufbauenden Ideen der Surrealisten betrachten.[27]

Als der junge Krieger darauf besteht, eingelassen zu werden, fragt ihn der Pförtner: „Welche Kunst oder welches Handwerk beherrschst du? Niemand kommt nämlich nach Tara, ohne Meister auf irgendeinem Gebiet zu sein."[28] Lug erklärt, er sei Zimmermann, aber der Pförtner sagt ihm, daß es im Saal bereits einen Zimmermann gebe. Da erklärt Lug nacheinander, er sei Schmied, Kämpfer, Harfenspieler, Held, Dichter und Geschichtsschreiber, Magier, Arzt, Mundschenk und beschlagen in allen Künsten. Jedesmal aber hört er vom Pförtner, daß schon ein Schmied, Kämpfer, Harfenspieler usw. anwesend sei und er daher den Festsaal von Tara nicht betreten dürfe. Schließlich sagt Lug: „Frage den König, ob es jemanden im Saal gibt, der all diese Künste beherrscht, und wenn es ihn gibt, werde ich Tara nicht betreten."[29] Der Pförtner macht sich auf die Suche nach Nuada, berichtet ihm von seiner Unterhaltung mit Samildanach, und der König muß zugeben, daß keiner der Anwesenden ein solcher „Herr aller Künste" ist.

Trotzdem darf Lug den Festsaal noch nicht betreten. Auf Geheiß des Königs wird ihm ein Schachspiel gebracht, er muß eine Partie spielen und gewinnt. Daraufhin kann er zwar eintreten, aber der Gott Ogme, der an Herakles erinnert, unterwirft ihn einer weiteren Prüfung: Er schleppt einen riesigen Stein herbei – „vierundzwanzig Zuggespanne wären nötig, um ihn von der Stelle zu bewegen" – und fordert Lug auf, sich mit ihm zu messen. Dieser hebt den Stein in die Höhe und schleudert ihn durch das ganze Haus. Anschließend muß Lug ein letztes Mal seine Fähigkeiten unter Beweis stellen und Harfe spielen.

> „In der ersten Nacht spielte der junge Krieger ein Schlaflied für den König und seine Soldaten: Er versenkte sie in tiefen Schlaf von jener Stunde an bis zur selben Stunde am nächsten Tag. Dann spielte er ein Lied der Freude, und alle lachten und waren guter Dinge. Schließlich spielte er noch ein Lied der Trauer, und alle weinten und jammerten."

Damit hat Lug alle Prüfungen bestanden, und nachdem Nuada sich mit den anderen Führern der Tuatha beraten hat, „bestieg Samildanach ... den Königssitz, während der König dreizehn Tage aufrecht vor ihm stehen mußte".[30] Lug hat gesiegt, und dieser Sieg, der den König vorübergehend seiner Macht beraubt, erinnert an bestimmte indoeuropäische, vor allem germanische Überlieferungen.[31]

Lug erscheint also als Figur, die alle Kategorien sprengt: Er steht außer und über allen Funktionen, weil er sie alle übernimmt. Das läßt sich deutlich an den Antworten ablesen, die er dem Pförtner gibt: Als Harfenspieler, Dichter und Geschichtsschreiber, Magier, Arzt und Mundschenk gehört er zur Klasse der Priester; als Kämpfer und Held gehört er zur Klasse der Krieger; und schließlich gehört er zur Klasse der Produzierenden als Zimmermann, Schmied und Künstler. Die Behauptungen, die er an der Pforte von Tara aufstellt, muß er im Saal beweisen. Der Sinn der ihm gestellten Aufgaben ist klar: Durch die Stein-Probe zeigt er seine Kraft, also seine Zugehörigkeit zur Klasse der Krieger, und die Harfen-Probe offenbart seine priesterlichen

Eigenschaften. Zwar stellt keine der Aufgaben seine handwerklich-künstlerischen Fähigkeiten in Frage (vielleicht war das in einer früheren Fassung der Geschichte der Fall), aber die Schach-Prüfung beweist sogar seine Eignung für das Amt des Königs. Schach ist das Spiel der Könige, und durch seine Bedeutung stellt es symbolisch eine Erhöhung der Königswürde dar.[32] Weil Lug die Partie gewinnt, wird er von der Kriegerklasse auserkoren, den Platz des Königs, wenn auch nur vorübergehend, einzunehmen. Bei derselben Gelegenheit stellt er seine Fähigkeiten als *Taktiker* unter Beweis und qualifiziert sich dadurch für die Funktion des obersten Anführers, die er während der Schlacht von Mag Tured und der Vorbereitung darauf übernimmt. Weil Lug sowohl zu den Tuatha als auch zu den Fomore gehört und weil er eine übergeordnete Stellung hat, kann die Welt durch ihn ihr Gleichgewicht finden: Er unterstützt die Kräfte der Ordnung (die Tuatha) und zähmt die Kräfte des Unbewußten (die Fomore-Riesen). Dieses Ziel hat Odin in der germanischen Mythologie nicht erreicht; dort sieht alles viel pessimistischer aus, und das Gleichgewicht zwischen Göttern und Riesen ist ständig bedroht. In einer anderen Fassung der zweiten *Schlacht von Mag Tured* wird Lug mit all der seinem Rang gebührenden Pracht geschildert.

„Er legte seine wunderbaren, aus fremden Ländern jenseits des Meeres stammenden Gewänder und seine Rüstung an. Seine weiße Haut war in ein golddurchwirktes Leinenhemd gehüllt, darüber trug er seine berühmte Tunika aus vielfarbiger Seide, die aus dem strahlenden ‚Land der Verheißung'[33] stammte. Fransen, Bordüren und Agraffen schmückten seinen weiten goldenden Schurz, eine mächtige Schnalle hielt seinen Kriegergürtel zusammen. Gemmen aus Karfunkel und kostbare goldene Äpfel zierten seine goldene Rüstung, aus der die Rufe eines unbekannten, vielgestaltigen Heeres ertönten. Er ergriff seinen furchterregenden großen Schild aus purpurrotem Holz mit der scharfen, drohenden Spitze, der mit einem prachtvollen Buckel aus heller Bronze auf wohlgeformter goldener Wölbung versehen war. Wundervolle Riemen, in die viele Zeichen eingegraben waren, und verschlungene Ketten aus altem Silber schmückten ihn. In die andere Hand nahm er sein langes, drohendes, scharfes Schwert und seine riesige, grauenerregende Lanze mit dem dicken Schaft und den fünf Spitzen. Auch seinen Schleuderstein trug er bei sich, um damit die Schilde der Helden mit den schnellen Waffen zu zerschmettern. Er suchte seine schwere Schlachtkeule, um damit die Schädel zu zertrümmern."[34]

Genauso beeindruckend wie Lugs Ausrüstung ist auch sein Auftreten:

„Wie der tobende Löwe, wie das Donnern der mächtigen Meereswogen, wie das Grollen des blaugesäumten Ozeans, so wütete Lug, der schnellste der Krieger; die Feinde Irlands erschlug er, vertrieb ihre Stämme und verteidigte die Insel."[35]

Natürlich liegen Welten zwischen diesen begeisterten, vom irischen „Patriotismus" geprägten Schilderungen und den Darstellungen des gallo-römischen Merkur, des „Gottes der Börse", der sich mit seinem kleinbürgerlich-neureichen Wesen daneben ziemlich blaß ausnimmt. Die romanisierten Gallier sahen in Lug eben nur noch den Schutzgott der Kaufleute, der mit der dritten Gesellschaftsklasse verbunden war. Aber das läßt sich kaum mit Cäsars Aussage vereinbaren, die ihn weit über alle anderen Götter stellt.

In der Tat muß der gallische Lugu Mittelpunkt eines bedeutenden Kultes gewesen sein. Sein Name steht, wie erwähnt, mit der Stadt Lyon in Beziehung, die bei den unabhängigen Galliern als heilige Stadt galt. Eine in den Schriften des Pseudo-Plutarch überlieferte Sage erzählt, Lyon sei an einem Ort gegründet worden, den eine Schar Raben bezeichnet hätte, und der Rabe ist das Symboltier von Lug. Das mag paradox erscheinen, denn der Name Lug weist auf eine Wurzel zurück, die ‚Licht' und ‚Helle' bedeutet (griechisch *leukos*, ‚weiß', und lateinisch *lux*, ‚Licht'), während die schwarze Farbe des Raben die Vorstellung von Nacht und Dunkelheit hervorruft. Es ist jedoch Tatsache, daß Lug sowohl in der Überlieferung, als auch in der bildlichen Darstellung mit dem Raben verbunden wird, worauf auch der Mythos von der Gründung Lyons anspielt.

Auf alle Fälle hängt die Bedeutung von Lyon als heilige Stadt mit dem Kult von Lug zusammen. Die Kelten feierten bekanntlich vier große Feste im Jahr: *jeweils vierzig Tage nach der Sonnenwende oder nach der Tag- und Nachtgleiche*, also am 1. November, am 1. Februar, am 1. Mai und am 1. August. In Irland wurde das Fest des 1. August *Lugnasad* (‚Hochzeit von Lug') genannt, und in der Überlieferung heißt es, Lug selbst hätte dieses Fest eingerichtet. Um es zu feiern, versammelte man sich in der Ebene von Meath zu Ehren von Lugs Adoptivmutter Tailtiu, einer Art Erdgottheit (ihr Name geht auf ein altes *Talantio* zurück). Als die Römer die Gallier[36] unterworfen hatten, machten sie Lyon zur politischen, geistigen und religiösen Hauptstadt. Am ersten Tag des nach ihm benannten Monats August führte Kaiser Augustus dort Festlichkeiten ein, die offenbar dem Kult Roms und des Kaisers geweiht waren. Auch die unter dem Namen *Concilia Galliarum* bekannten gallischen Versammlungen wurden in Lyon abgehalten. Das war sicher kein Zufall, genausowenig wie die Tatsache, daß Lyon als erste gallische Stadt mit dem Christentum in Berührung kam. Schließlich trägt auch der Erzbischof von Lyon in der Nomenklatur der römisch-katholischen Kirche den offiziellen Titel „Primas der Gallier".

Von der gallo-römischen Bevölkerung ist der mehr oder weniger stark an Merkur assimilierte Lug weiter verehrt worden. Ausgrabungen haben über 450 dem Merkur gewidmete Inschriften und mehr als 200 Bildnisse, Statuen und Bas-Reliefs zutage gefördert. Das sind die größten Funde in Gallien, die den Kult eines Gottes belegen. Der gallische Merkur trägt Beinamen, die entweder seine Funktion oder den Ort seines Kultes näher bestimmen: er heißt zum Beispiel *Mercurius Arvernus* (hier liegt die Bedeutung des Beinamens auf der Hand) oder auch *Mercurius Iovantucarus* („Schutzherr der Jugend"). Im Zuge der Christianisierung sind zahlreiche dem Merkur geweihte Heiligtümer zu „Monts Saint Michel" geworden, was sicher mit den auf den Erzengel Michael übertragenen Licht- und Sonnenaspekten von Lug zusammenhängt. Abbildungen zeigen den gallischen Merkur gelegentlich in klassisch-römischer Pose mit Petasos und Schlangenstab, gelegentlich in Begleitung eines Tieres, das hier eine größere Bedeutung hat als in der römischen Tradition; manchmal findet man auch das typisch gallo-römische Bild der Schlange mit dem Widderkopf. In wieder anderen Abbildungen erscheint Merkur weder als Jüngling noch als kräftiger Mann, sondern als bärtiger Alter, der in ein gallisches Wollkleid gehüllt ist und einen Stab trägt – vielleicht einen Wanderstab? Ein Bas-Relief aus Straßburg zeigt ihn mit einem Hammer und rückt ihn so in die Nähe einer anderen Gottheit etwa vom Typ des Mars oder – im irischen Kontext – vom Typ des Ogme oder des Dagda. Wieder andere Bildnisse bringen Merkur in Verbindung mit dem Phalluskult, oder sie zeigen ihn – wie in Ost- und Südost-Gallien – in Begleitung der Göttin Rosmerta („die Versorgende"), die auf die dritte Funktion anspielt. Außerdem finden wir Merkur in einer der Scholien zur *Pharsalia* von Lucanus, wo er an Teutates assimiliert wird. Diese Gottheit gehört zu der von Lucanus genannten Trias, ohne daß man sich darüber im klaren wäre, ob es sich um einen personalisierten Gott handelt oder nicht.[37] In Reims schließlich gibt es einen Merkur mit drei Köpfen, ein typisch keltisches Kennzeichen, denn es erinnert an die wichtige Rolle, die die Zahl Drei oder die Verdreifachung bei den Kelten spielte. Mit dem römischen Merkur allerdings hat der Lug der irischen Epen nicht viel gemeinsam, eher noch mit dem griechischen Hermes. Er beschützt nämlich nicht nur die Straßen und die Reisenden, sondern er hütet in seiner Eigenschaft als „Herr aller Künste" auch die Geheimnisse der Götter. Lug hat ebenfalls verschiedene Beinamen: *Samildanach* ist einer davon, er wird aber auch *Lonnbeimenech* („der wütend Zuschlagende"), *Lamfada*

(„der mit der langen Hand") oder *Grianainech* genannt, ein Name, der mit dem irischen Wort für „Sonne" oder „Wärme" zusammenhängt und wie das Wort Lug („leuchtend, hell, licht") dem Sonnencharakter des Gottes entspricht. Es ist daher nicht überraschend, daß sein Kult durch den Kult des Erzengels Michael ersetzt worden ist. Mit dem griechisch-römischen Apoll kann Lug offenbar nicht verglichen werden, auch wenn zu seinen Attributen – wie zu denen Apolls – der Rabe und auch die Lanze zählen. Von dieser Lanze, die die Tuatha De Danann von Gorias, einer der Inseln im Norden der Welt, mitgebracht haben, heißt es in der Geschichte der *Zweiten Schlacht von Mag Tured:* „Jeder, ob Mann oder Frau, der sie in der Hand hatte, war unbesiegbar."[38] Möglicherweise ist die Lanze ein Sinnbild für die Strahlen der Sonne[39], die Wärme und Heilung, aber auch Krankheit und Tod bringen, denn sie sind ambivalent wie alles Göttliche.

Der einzige indoeuropäische Gott, mit dem Lug verglichen werden kann, ist der germanische Odin/Wotan, mit dem er vieles gemeinsam hat. Wie Odin steht Lug über allen anderen Göttern, obwohl er ebenfalls nicht die Primordialgottheit ist; wie Odin besitzt er eine magische Lanze und ist nicht nur ein heldenhafter Krieger, sondern auch ein Meister des magischen Kampfes (Varuna-Motiv); wie Odin wird Lug mit dem Raben verbunden; beide beherrschen die Runen, beschützen die Dichter und sind selbst ausgezeichnete Dichter und Musiker. Odin schließlich ist einäugig und Lug ist nicht nur der Enkel eines Einäugigen, dessen Blick Tod und Verderben bringt, sondern er muß auch ein Auge schließen, um seine magischen Kräfte im Kampf einzusetzen. Die Ähnlichkeiten sind also zahlreich, allerdings spielt der Varuna-Aspekt von Odin bei Lug keine entscheidende Rolle, denn in der irischen Mythologie wird dieser Aspekt mehr von Dagda oder von Ogme und in den walisischen Mythen von Gwyddyon, dem Sohn der Don, verkörpert. Gwyddyon, der Held der vierten *Mabinogion*-Dichtung, hat ziemlich klare Bezüge zu Odin/Wotan: wie Odin kennt er die Geheimnisse des magischen Kampfes und besonders das Geheimnis des Kampfes der Bäume und Sträucher[40]; wie Odin ist er voller Ränke, schwört falsche Eide und ist ein Heuchler, kann sein Aussehen verändern und kennt alle Schlupfwinkel und Schätze der Welt. Wie der Name Odins stammt auch Gwyddyons Name von einer Wurzel ab, die auf Wissen, Holz und *furor religiosus* hindeutet. Und schließlich läßt sich Gwyddyon ebenfalls in keine Kategorie einordnen: Er ist sowohl Druide als auch Krieger und „Herr aller Künste", und sein aus einem Inzest stammender Sohn Lleu Llaw Gyffes, der

„Löwe mit der unfehlbaren Hand", verweist etymologisch auf Lug „mit der langen Hand" und „mit der immer treffenden Lanze".

Fassen wir zusammen: Lug, der als Äquivalent für den von Cäsar erwähnten gallischen Merkur gelten kann, läßt sich in keine Kategorie einordnen. Er ist keine Primordialgottheit, und nicht einmal der König der Götter. Dennoch steht er über allen anderen Göttern, denn er verkörpert in seiner Person alle Funktionen des Göttlichen. Aus der Perspektive des Druidentums stellen diese göttlichen Funktionen zugleich die Aufgaben dar, die die Menschen in die Tat umsetzen müssen, um das Reich der Oberwelt und das Reich der Unterwelt zu jener Einheit zu verschmelzen, ohne die die Kräfte des Chaos – die Fomore – dominieren würden.

B. Heilkunst und Sonne

Apoll wird von Cäsar *nach* Merkur genannt, zweifellos wegen der Bedeutung seines Kults. Er charakterisiert ihn als Gott, der die Krankheiten vertreibt: Betont wird hier also nicht seine Funktion als Sonnengott, sondern seine Funktion als Gott der Heilkunde. Ursprünglich gehörte die Gestalt Apolls nicht in das Reich der römischen Mythologie; nach Italien kam er durch die Etrusker, für die er eine unheimliche, mit Pest und Krankheitsepidemien verbundene Gottheit darstellte, und dann durch die Griechen, die ihn vor allem als Sonnengott verehrten. Aber Apoll ist keine ursprünglich griechische Gottheit, obwohl sich sein Kult in Delos und Delphi so großer Beliebtheit erfreute. Er ist eine *hyperboreische* Gottheit vermutlich skytischen Ursprungs, deren Kult sich ungefähr zur Zeit der dorischen Einwanderung in Griechenland ausbreitete. Der Name *Apollo* verweist auf eine indoeuropäische Wurzel, von der auch das Wort *Apfel* abstammt (vgl. englisch *apple*, bretonisch und walisisch *aval*). In diesem Zusammenhang steht die berühmte Insel *Avalon*, weiterhin die *Insula pomorum* der *Vita Merlini* von Geoffrey of Monmouth, *Emain Ablach*, das irische Land der Feen, die *Insula Malifera* der antiken Überlieferung, die in der Ostsee gelegen haben soll – Bernstein und Apfel werden hier symbolisch gleichgesetzt[41] –, und schließlich die berühmte Geschichte von den Goldenen Äpfeln aus dem Garten der Hesperiden. Morgane und ihre neun Schwestern, die auf der Insel Avalon wohnen, verfügen über Zaubermittel, mit denen selbst tödliche Verwundungen – wie die von König Artus – geheilt werden können. Auch die Bewohner von Emain Ablach und von Avalon kennen weder Krankheit noch Altern oder Sterben. Das alles läßt auf die Präsenz eines Gottes der Heilkunde schließen, sei es Apoll oder eine andere ihm entsprechende Gottheit.

Die irische Überlieferung weiß von einem solchen Gott der Heilkunde: Er heißt Diancecht und gehört zu den Führern der Tuatha De Danann. Als Lug ihn fragt, welche Kunst er beherrsche, antwortet er:

„Ich kann alle Verwundeten heilen und für die Schlacht am nächsten Tag wieder gesund machen, mit Ausnahme derjenigen, denen man den Kopf abgeschlagen hat oder deren Gehirnhaut oder Rückenmark verletzt wurde."[42]

Nun wird klar, warum die Kelten ihren bereits toten Feinden die Köpfe abschlugen: Sie wollten unbedingt ausschließen, daß diese durch das Geschick und durch die Zauberkraft irgendwelcher Ärzte wieder ins Leben zurückgerufen werden könnten. Diancecht war es auch, der für Nuada den silberen Arm angefertigt hat, „der jede Bewegung machen konnte". Diancecht hat einen Sohn namens Miach, dessen Geschick das des Vaters noch übertrifft. „Er begab sich zu Nuadas abgeschlagenem Arm, sprach die Formel ‚Gelenk zu Gelenk, Sehne zu Sehne' und heilte ihn in dreimal neun Tagen."

Diancecht ist auf diesen Sohn eifersüchtig und zerschneidet ihm durch einen Schwerthieb die Kopfhaut; aber dem Knaben gelingt es, sich durch seine Kunst wieder gesund zu machen. Da versetzt Diancecht ihm einen zweiten Schwerthieb bis zur Gehirnhaut, aber wieder vermag der Knabe sich zu heilen. Als Diancecht zum drittenmal zuschlägt, verletzt er das Hirn: „Miach starb und Diancecht sagte, daß kein Arzt der Welt ihn von dieser Verletzung hätte heilen können."[43]

Diese Eifersuchtsgeschichte hat eine merkwürdige Fortsetzung. Nachdem man Miach begraben hatte, „wuchsen dreihundertfünfundsechzig Pflanzen auf seinem Grab: Ihre Zahl entsprach der Anzahl von Miachs Gelenken und Nerven". Airmed, die Tochter von Diancecht, pflückte diese Pflanzen und ordnete sie nach ihren Eigenschaften. Aber Diancecht „kam zu ihr und mischte die Pflanzen durcheinander, so daß man heute ihre Kräfte nicht kennen würde, hätte nicht der Heilige Geist sie später offenbart".[44] Der Kommentar des christlichen Abschreibers unterstreicht, daß nur Diancecht und Airmed alle Geheimnisse der Heilkunde und der Pflanzen kennen und daß dieses Wissen eine göttliche Gabe ist. Damit wird der göttliche Charakter der Heilkunde betont. Die Geschichte erinnert an gewisse germanische Mythen, etwa an das Blut von Kvasir und an das Haupt von Mimir: Erst nach einem – möglicherweise nur symbolischen – Blutritual und nach der Zerstückelung einer mythischen Gestalt offenbaren sich die großen Geheimnisse des Lebens und des Todes. Vor diesem Hintergrund muß sowohl der Opfertod von Christus als auch der Kult der Eucharistie und des Blutes Christi gesehen werden, wie er in der christianisierten Gralslegende erscheint.

In diesen Zusammenhang gehört auch die „Quelle der Gesundheit" der Tuatha De Danann. Im Lauf der Schlacht von Mag Tured gibt es natürlich viele Verwundete:

> „Da geschah folgendes: Man zündete die verwundeten Krieger an, damit sie am nächsten Morgen noch strahlender waren. Zusammen mit seiner Tochter Airmed und seinen beiden Söhnen Octriuil und Miach[45] sang Diancecht Zaubersprüche über einer Quelle, die den Namen ‚Gesundheit' trug. Alle tödlich Verwundeten wurden dort hineingeworfen, und als sie herauskamen, waren sie wieder lebendig. Ihre lebensgefährlichen Wunden waren geheilt worden durch die Kraft der Inkantationen der vier Ärzte, die sich um die Quelle versammelt hatten."[46] „Die Quelle heißt auch ‚See der Pflanzen', denn Diancecht hatte von jeder Pflanzenart Irlands ein Exemplar hineingeworfen."[47]

In der walisischen Überlieferung, vor allem im zweiten *Mabinogi*, taucht ein ähnliches Motiv auf. Der Kessel des Bran Vendigeit

> „hat folgende Eigenschaft: Wenn man dir heute einen deiner Männer erschlägt, dann wirf ihn getrost in diesen Kessel, und morgen wird es ihm wieder so gut gehen wie zuvor, nur daß er nicht mehr sprechen kann."[48] Und wirklich wurde nach einer Schlacht Feuer unter diesem Kessel gemacht. „Man füllte ihn bis zum Rand mit Leichen. Am nächsten Tag erhoben sich daraus Krieger, die genauso tapfer waren wie zuvor, nur konnten sie nicht mehr sprechen."[49]

Dieses Ritual erinnert an die rätselhafte Darstellung auf den Schmuckplatten des berühmten Kessels von Gundestrup[50]: Im unteren Teil der Darstellung bewegen sich müde Krieger nach links, wo eine riesenhafte Figur gerade einen Krieger mit dem Kopf nach unten in ein Becken taucht; im oberen Bildteil kehren die Krieger, nun zu Pferde, nach rechts zurück.[51] Handelt es sich hier um die Darstellung eines Opferrituals zu Ehren von Teutates, wie es in einer der Scholien zur *Pharsalia* des Lucanus dargestellt wird?[52] Oder handelt es sich um die Darstellung der Quelle der Gesundheit und des Kessels der Wiederauferstehung? Möglicherweise wurde das Opferritual zu Ehren des Teutates auch falsch verstanden, und es handelte sich vielleicht – wie bei einigen Ritualen des *Samain*-Festes – lediglich um eine Scheinzeremonie mit dem Ziel, den Kampfgeist der Krieger zu stärken. Fest steht jedenfalls, daß es der gleiche Kessel ist, von dem der Held Peredur in der walisischen Gralsgeschichte erzählt:

„Er sah plötzlich, wie ein Pferd hereintrabte, das eine Leiche im Sattel trug. Eine der Frauen erhob sich, nahm den Leichnam aus dem Sattel, badete ihn in einem Zuber heißen Wassers, der nur wenig niedriger als die Tür war, und bestrich den Körper mit einer kostbaren Salbe. Der Mann erwachte zu neuem Leben, entbot ihr seinen Gruß und machte ein heiteres Gesicht. Bald kamen zwei weitere Leichen an. Beide rief die Frau auf die nämliche Weise ins Leben zurück."[53]

Man erinnere sich an die Anwesenheit von Diancechts Tochter bei der Quelle der Gesundheit und beachte die Rolle der geheimnisvollen Frau in der Erzählung von *Peredur*. Da Peredur der walisische Perceval ist, sei auch der Gral erwähnt sowie die Version, daß der verwundete Fischer-König nur dank der Kraft des Grals überleben kann.[54]

Diancechts Verhalten an der Quelle der Gesundheit und das Ritual des Eintauchens in den Kessel sind weder Einzelerscheinungen noch gehören sie ausschließlich in das Reich der Mythologie. Dahinter steht vielmehr die lebendige Wirklichkeit Galliens und Großbritanniens zur Zeit der keltischen Unabhängigkeit – nämlich die für die Gallier belegte Anwendung von Thermalkuren, die von den Römern weiter verbreitet worden sind. Das beweisen die mit Exvotos geschmückten Tempel, die an verschiedenen Quellen, vor allem an den Quellen der Seine, erbaut wurden. Die Gallier waren nämlich von der heilenden Wirkung des Wassers überzeugt und nutzten verschiedene Quellen für medizinische Zwecke. Davon haben dann die Römer in hohem Maß profitiert. In Saint-Père sous Vézelay zum Beispiel wurden unter den römischen Bäderanlagen Spuren einer gallischen Anlage gefunden, die natürlich wesentlich primitiver, aber deshalb nicht unbedingt weniger wirkungsvoll gewesen ist. Ähnliche Funde hat man an vielen anderen Orten gemacht. Einige dieser Quellen sind seit langem in Vergessenheit geraten, so etwa die Quelle von La Herse im Wald von Bellême (= *Belisama*, einer der Beinamen der gallischen Minerva); eine lateinische Inschrift verrät, daß sie den „Göttern der Hölle" (im heidnischen Sinn) geweiht war. Andere Quellen dagegen sind heute weltweit bekannt und werden mit großem Erfolg genutzt, beispielsweise die von Vichy. Eine Volkssage erzählt, die Quellen von Vichy hätten sich früher in Rougères (bei Varennes-sur-Allier) befunden, aber die Wasser wären versiegt, weil die Quellenfeen sie verflucht hätten[55], und statt dessen in Vichy wieder aus der Erde gesprudelt. Tatsächlich wurden 1850 in Rougères Spuren von Thermalanlagen gefunden. Jeder, der eine Karte mit allen alten Thermalquellen Galliens und Großbritanniens herstellen wollte, hätte also sehr viel zu tun!

Im Bourbonnais, wo Vichy liegt, und in der Auvergne sowie in den

Pyrenäen gibt es die meisten alten Thermalquellen auf ursprünglich keltischem Gebiet. Der Name Bourbonnais hat ebenfalls etwas mit den Quellen zu tun: *Bourbon* stammt nämlich von dem gallischen Wort *bormo* oder *borvo* ab, das „sieden, sprudeln, aufwallen" bedeutet; dieses Wort steckt nicht nur in Bourbon, sondern auch in Bourbouilloux (ein Name, den mehrere Flüsse tragen), in Bourbonne-les-Bains und in La Bourboule. *Bormo* oder *Borvo* ist einer der Beinamen Apolls in der gallo-römischen Bildplastik und Epigraphik; das Wort hängt mit dem irischen *berbaim* („ich koche, siede") zusammen und bedeutet ein Sieden, das entweder durch Hitze oder durch das Freiwerden von sehr kalten Gasen bewirkt werden kann. Erinnern wir uns noch einmal an die *Schlacht von Mag Tured,* die in diesem Punkt sehr unklar ist. Es heißt dort, daß die Leichen erst angezündet wurden, bevor man sie in die Quelle der Gesundheit warf: Das bestätigt die Verbindung von Feuer und Wasser. Sowohl im walisischen *Mabinogi* als auch im *Peredur* wird Feuer unter dem Kessel angezündet, bevor die Toten oder Verwundeten hineingeworfen werden. Und wie steht es mit der berühmten Quelle von Barenton, die in den alten Texten beschrieben wurde und die heute noch besichtigt werden kann? Bei Chrétien de Troyes etwa lesen wir über sie: „Sie siedet und wallt, obwohl sie kälter als Marmor ist."[56] In diesem Zusammenhang muß auch an die unzähligen heiligen Quellen Westeuropas erinnert werden, die meistens einem „Schutzpatron der Heilkunde" geweiht sind, der, vor allem in der Bretagne, als *deus loci* gilt.

Natürlich wurden die Quellen nicht rein zufällig, sondern ganz bewußt in dieser Form „christianisiert", denn nur so konnten die alten Bräuche mit dem Segen der Kirche aufrecht erhalten werden. Von vielen charakteristischen Beispielen seien hier nur zwei angeführt. Einmal die Quelle von Bieuzy-Lanvaux in Pluvigner (Morbihan), die dafür bekannt ist, daß man von Kopf- und Zahnschmerzen geheilt wird, wenn man ihr Wasser trinkt und zu dem heiligen Bieuzy betet. Die Legende erzählt von ihm, er habe während der Messe einen so heftigen Beilhieb auf den Kopf erhalten, daß das Beil stecken blieb; danach soll er nicht nur weiter ungerührt die Messe gelesen, sondern auch noch eine lange Reise zum heiligen Gildas gemacht haben, zu dessen Füßen er dann schließlich – immer noch mit dem Beil im Kopf – sein Leben aushauchte. Als zweites Beispiel seien die dem heiligen Gobrien geweihten Quellen in Morbihan genannt: Man pilgert dorthin, um von Furunkeln – sogenannten ‚Nägeln' – befreit zu werden, und es ist Brauch, einen Eisennagel in die Quelle oder auf das sogenannte Grab des Heiligen zu werfen. Der Name *Gobrien* stammt übrigens von einem alten bretonischen Wort, das sich zu *gov* oder *goff* entwickelt hat und „Schmied" bedeutet (vgl. den französischen Ortsnamen Plog*off*). Er ist fast identisch mit dem Namen des Schmiedegottes der Tuatha De Danann, der *Goibniu* heißt (im Walisischen *Govannon* oder *Gobannon*). So leben die alten religiös-medizinischen Bräuche unter dem Schutz eines Heiligen weiter, der die Funktionen der heidnischen Gottheit übernommen hat. Der gallische Apoll war der Schutzgott der meisten Heilquellen Galliens und Großbritanniens und wurde in dieser Eigenschaft entweder als Apoll selbst, in Verbindung mit einem Beinamen oder auch nur unter einem Beinamen verehrt. Wie bereits erwähnt, war einer davon *Borvo*, aber es gibt noch zahlreiche andere: *Grannus* und *Belenos* sowie *Maponos* in Britannien sind die wichtigsten davon.

Der Name Maponos ist deshalb so interessant, weil er durch eine brit(ton)ische Sage Leben erhält, deren Grundzüge in dem walisischen *Mabinogi* von *Kulhwch und Olwen* überliefert sind. Es handelt von Mabon (einer späteren Form von Maponos), dem Sohn der Modron, einer späteren Form des Wortes *matrona*, „die Mütterliche" (von dem auch der Name des Flusses Marne stammt). Mabon – sein Name bedeutet ‚Sohn' – wird an einem geheimen Ort unter der Stadt Kaer Lloyw („Zitadelle des Lichts") gefangengehalten. Seitdem er verschwunden ist, jammert und klagt seine Mutter, und die Welt ist nicht mehr dieselbe. Schließlich wird er von Artus und seinen Gefährten befreit, die dafür einen Fluß „auf einem Fisch reitend"[57] durchqueren müssen. Mabon symbolisiert die junge Sonne, die von der Nacht gefangengehalten wird. Unter dem Namen Mabuz taucht Mabon auch in der archaischen Version der Sage von Lancelot vom See[58] auf. Mabuz ist der Sohn der Dame du Lac (= „vom See") und wird ebenfalls in einer fremden Festung gefangengehalten. Die Dame du Lac entführt Lancelot, zieht ihn auf und schickt ihn dann mit der Aufgabe fort, Mabuz zu befreien; nur wenn er diese Tat vollbracht hat, wird er seinen richtigen Namen von ihr erfahren. In der irischen Mythologie verbirgt sich Mabon ferner in der Gestalt von Oengus, auch Mac Oc („Junger Sohn") genannt: Er entstammt einer verbotenen Liaison des Gottes Dagda und spielt in mehreren Sagen eine wichtige Rolle.[59] Der Beiname Maponos weist darauf hin, daß der gallische Apoll nicht nur als Gott der Heilkunde verehrt wurde, ein Aspekt, den vor allem Cäsar hervorgehoben hat und der in der irischen Mythologie dominiert. Aber Apoll steht darüber hinaus auch in Beziehung zur Jugend und zur Sonne, und in dieser Funktion scheint er vor allem bei den Inselkelten, besonders bei den *Brigantes* und in Carlisle, verehrt worden zu sein.[60]

Noch deutlicher offenbart sich der Sonnencharakter des Gottes durch seine Beinamen *Grannus* und *Belenos*. Der Name Grannus taucht in Grand (Vogesen) auf, aber auch in Aachen, dem antiken *Aquae Granni*, das früher eine wichtige Kultstätte des Apollo Grannus gewesen ist; ihn ehren zahlreiche Inschriften, die meist einen Bezug zu den Heilquellen haben. Möglicherweise hat sich der Name Grannus aus einem Wort entwickelt, das auch zu dem irischen *grian*, „Sonne", führte. Den Beinamen *Belenos* trägt Apoll bei den Norikern, in Aquileia, in Norditalien, in Südgallien und an verschiedenen anderen Orten, etwa in Beaune (Côte d'Or), dem antiken *Belenate*, dessen Name zweifellos auf die Sonne hinweist. Der Name Belenos muß auch in Zusammenhang mit dem irischen Beltaine-Fest gesehen werden: *Beltaine* bedeutet „Feuer des Bel", und Belenos heißt folglich „der Strahlende, Glänzende". Die berühmte Quelle von Barenton im Wald von Brocéliande hieß früher Bélenton, und darin läßt sich *Bel-Nemeton* („heilige Lichtung des Bel") erkennen. Es handelt sich bei Belenos vermutlich um dieselbe Göttergestalt, die wir in der Mythologie und in den Genealogien von Wales unter dem Namen „Beli der Große" finden und die Geoffrey of Monmouth in seiner *Historia Regum Britanniae* Belinus nennt. In einigen Genalogien erscheint Belenos sogar als Gemahl einer gewissen Anna, – vielleicht der irischen Göttin Dana oder der walisischen Göttin Don? Im *Chansn d'Apremont* hat Belenos die Gestalt des Sarazenen Balan angenommen, und sicher verbirgt er sich auch hinter Balin, dem Ritter mit den beiden Schwertern, der in den auf Robert de Boron zurückgehenden Artusromanen für die Verwundung des Fischer-Königs verantwortlich ist.[61] Wie erklären sich endlich Namen wie *Bel*-Air, *Bel*-Orient, Aigue*belle* oder Peyre*belle*? Auch bei dem „Signal de *Bel*-Orient" auf den Bel-Air-Bergen (Côtes du Nord) handelt es sich vermutlich nicht um eine geographische Bezeichnung, sondern um den Namen einer Kultstätte, denn an Stelle der heutigen Kapelle stand früher sicher einmal etwas anderes. Und der Mont-Saint-Michel du Péril de la Mer („der Gefahren des Meeres") hieß früher *Tombelaine*, während heute die Nachbarinsel diesen Namen trägt. *Tum-Belen* aber bedeutet ‚Hügel von Belenos'. Der heilige Michael, der Erzengel des Lichts, ist also sicher nicht zufällig an die Stelle des „leuchtenden" Gottes Belenos getreten!

Der Belenos-Aspekt des keltischen Apolls stellt uns vor zahlreiche

Probleme. Es gab nämlich weder bei den Griechen noch bei den Römern einen richtigen Sonnengott, und über die Germanen wissen wir diesbezüglich noch weniger Bescheid, so daß es nicht genügt, einfach zu behaupten, diese oder jene Gestalt sei ein „Sonnenheld". Auch bei den Indo-Iranern ist das Bild kaum klarer, obwohl es dort den relativ jungen Gott Surya gibt und natürlich Ahura-Mazda, der in der Lehre von Zoroaster die Welt des ewigen Lichts darstellt und im Gegensatz zu Ahriman, dem Herrscher der Finsternis, steht. Der römische Mithras, der nichts mehr mit dem Mitra der *Veden* zu tun hat, benutzt lediglich das Symbol der Sonne. Nur die Skythen, ein sehr archaisches Volk, hatten eine *Sonnengöttin*, nämlich die berüchtigte „skythische Diana", die in der Iphigenien-Sage eine so wichtige Rolle spielte. Als die Griechen aus ihr Artemis gemacht hatten, bekam sie nicht nur wesentlich sanftere Züge, sondern wurde auch durch eine Art mythologischer Übertragung in eine Mondgöttin verwandelt. Es gibt bei den Indoeuropäern keinen Sonnenmythos, der mit dem Mythos von Osiris verglichen werden könnte. Wäre es also möglich, daß der Sonnenkult gar nicht von den Indoeuropäern stammt?

Obwohl man diese Frage nicht mit absoluter Gewißheit bejahen kann, spricht vieles dafür. Bedeutsam ist in diesem Zusammenhang vor allem die Kultstätte von Stonehenge, die, wie bereits erwähnt, aus der Megalith- und Bronzezeit stammt und von den antiken Schriftstellern als Sonnentempel beschrieben wird. Man kann heute davon ausgehen, daß die Anordnung der Steine im Zusammenhang mit der Sommersonnenwende gesehen werden muß.[62] Ähnlich steht es mit den ebenfalls aus der Megalithzeit stammenden Steinreihen von Carnac, die einen Bezug zum Sonnenaufgang haben. Obwohl sich gegenteilige Gerüchte immer noch hartnäckig halten, muß betont werden, daß diese Monumente nichts, aber auch gar nichts mit den Kelten zu tun haben: Sie wurden von älteren, nicht indoeuropäischen Völkern erbaut, und die archäologischen Funde bestätigen, daß der Höhepunkt des europäischen Sonnenkults in der Bronzezeit gelegen hat.

Eine ganze Reihe falscher Vorstellungen über Glaubenslehren und Kulthandlungen der Druiden lassen sich damit klar widerlegen und „Belenos könnte durchaus ein keltisierter Repräsentant eines Sonnenkultes aus der Bronzezeit sein".[63] Belenos, Grannus, Mapanos/Mabon (und in gewisser Weise auch der irische Mac Oc) sind vermutlich Gestalten, die die Kelten von den autochthonen Völkern übernommen haben, die sie unterwarfen. Nach dem *Buch der Eroberungen* sollen die Söhne von Mile (also die Gälen) auf die Tuatha De Danann gestoßen sein, als sie Irland eroberten. Zu diesem Zeitpunkt hatten die Tuatha drei Könige: Mac Cuill, Mac Cecht und Mac Greine, den Enkel von Dagda, und diese drei Könige waren mit den drei Königinnen Banba, Eriu und Fotla verheiratet. Die Namen der drei Königinnen stehen für Irland, die Namen der drei Könige jedoch machen neugierig:

„Mac Cuill bedeutet Sethor, – der Haselbusch war sein Gott;
Mac Cecht bedeutet Tethor, – der Pflug war sein Gott,
Mac Greine bedeutet Cethor, – die Sonne war sein Gott."[64]

Als „Sohn des Haselbuschs" ist Mac Cuill der Stellvertreter der Druidenklasse, denn der Haselstrauch *(coll)* spielte eine wichtige Rolle bei magischen Handlungen und Weissagungen. Als „Sohn des Pfluges" vertritt Mac Cecht die Klasse der Produzierenden, denn er stellt den göttlichen Ackermann dar; damit ist Mac Cecht eine Ausnahmeerscheinung in der Mythologie der Iren, die ein Volk von Viehzüchtern waren. Mac Greine schließlich, der „Sohn der Sonne", kann nur die zweite Klasse, die Klasse der Krieger, repräsentieren. Auch hier ist also die Dreiteilung der Funktionen erkennbar, und wir müssen nun der Frage nachgehen, warum ausgerechnet die Kriegerklasse unter dem Schutz der Sonne stand.

Auffällig ist zunächst, daß Mac Greine nicht selbst die Sonne darstellt: im Text heißt es nämlich, sein Gott sei die Sonne; folglich ist er der „Sohn der Sonne", und hier müssen wir ansetzen, um eine Erklärung zu finden.

Belenos hat in Gallien eine weibliche Entsprechung: Belisama (‚die hell Leuchtende'), der die Stadt Bellême ihren Namen verdankt. In Vaison-la-Romaine, im Gebiet der gallischen Vocontier, hat man eine griechische Inschrift gefunden, die an *Belisami* gerichtet ist. Belisama findet sich sogar als Beiname von Minerva. „Minervae Belisamae sacrum" („Heiligtum der Minerva Belisama") in einer lateinischen Inschrift aus Saint-Lizier (Ariège). Im englischen Bath wurde eine Göttin namens Sul verehrt, die von Solinus ebenfalls an Minerva assimiliert wird. Er weist darauf hin, daß in ihrem Tempel ein ewiges Licht brennt, was wiederum an das Feuer erinnert, das im irischen Kildare zu Ehren der Göttin Brigit und später im christlichen Kloster zu Ehren der heiligen Brigitte unterhalten wurde. Sul ist offenbar eine Sonnengöttin, – aber was hat sie mit Minerva zu tun? Es wurde vorgeschlagen, in der leuchtenden Flamme des Feuers das verbindende Element zu sehen, da Minerva als Tochter des Himmelsgottes den Blitz personifiziert[65], aber das klingt nicht gerade sehr überzeugend. Vielleicht sollte man besser von der keltischen Minerva ausgehen, die als Brigit mit den drei Gesichtern erscheint. Wir werden noch sehen, daß diese dreifache Brigit, die unter den verschiedensten Namen in den irischen Sagen auftaucht, nicht nur Dichterin ist (und damit zur Klasse der Druiden gehört), sondern auch Kriegerin und Schutzherrin des Handwerks und der Künste. Sie vereinigt also in ihrer Person die drei gesellschaftlichen Funktionen, – eine einfache Erklärung für ihren Sonnencharakter, der – wie wir sahen – für die Kriegerklasse wichtig ist.

Um diesen ganzen Komplex zu verstehen, müssen wir einen Exkurs in die germanisch-skandinavische Sagenwelt machen. Es geht dabei wohlgemerkt nicht darum, eine allumfassende Erklärung im germanischen Ursprung zu suchen oder den irischen Einfluß auf die isländischen Skalden besonders hervorzuheben, die die germanisch-skandinavischen Sagen tradierten. Es handelt sich aber um die These, die Nordgermanen und die Kelten könnten das Erbe jener aus dem Norden stammenden, nicht indogermanischen Völker übernommen haben, – eine These, die durch die Siegfried-Sigurd-Sage untermauert wird. Als nämlich der Held den Drachen Fafnir und seinen Lehrmeister Regin getötet hat, gelangt er in den Besitz magischer Kräfte und kann die schlafende Walküre befreien. Die Ereignisse werden von da an außerordentlich genau beschrieben, auch wenn die verschiedenen Passagen der Sage nicht in allen Einzelheiten übereinstimmen. Die kriegerische, gepanzerte Walküre befindet sich in einer Festung, die von einer flammenden Lohe umschlossen ist; der Held überwindet die Flammen und erlöst (oder erobert) die Walküre, wobei es keine Rolle spielt, ob sie Brunhild oder Sirgdryfa heißt. Siegfrieds Schicksal ist von nun an unlösbar an das der Walküre gebunden, er gleicht darin dem Tristan der keltischen Sage, der auf ewig an Yseult gekettet ist, nachdem beide den Liebestrank getrunken haben. Die Symbolik der Siegfried-Sage ist nicht schwer zu entschlüsseln: Die von Flammen umgebene Festung stellt die Sonne dar, und die Walküre im Innern der Festung ist die Sonnengöttin. Siegfried/Sigurd, der bisher immer als Sonnenheld betrachtet wurde, ist in Wirklichkeit ein „Mond-Mann": er erhält nämlich sein Licht – also seine Kraft und sein Leben – von der Sonne und erinnert auch darin an Tristan, der höchstens für die Dauer eines Mondumlaufs ohne Yseult leben kann.[66] Nun hat die Walküre dem Helden erklärt, daß sie früher einmal ein Schwanenkleid trug: Sie ist also eine Schwanen-Frau, von denen es in der keltischen Überlieferung – vor allem in den irischen Sagen – unzählige gibt. So gehört es etwa zu den Eigenschaften der Göttinnen der Tuatha De Danann (der *sidh*-Frauen), daß sie sich in Schwäne verwandeln können.[67] Der Schwan aber ist als hyperboreischer Vogel ein eng mit Apoll verbundenes Sonnensymbol. Auch die blonde Yseult, die im keltischen Sagenbereich der Figur von Brunhild/Sirgdryfa entspricht, ist eine Sonnengestalt, und in der irischen Mythologie verkörpert Grainne den Prototyp der Yseult, deren Name von *grian* (‚Sonne') abzuleiten ist.[68] In der keltischen Überlieferung wird die Sonne nicht von einem Mann, sondern von einer Frau dargestellt, der Mond ist in den keltisch-germanischen Sprachen nämlich maskulin, die Sonne feminin, und der keltische Kalender schließlich basiert ebenfalls auf dem Mondzyklus. Dazu paßt Cäsars Bemerkung, die Gallier bestimmten „alle Zeiträume nicht nach der Zahl der Tage, sondern nach der Zahl der Nächte". (*De bello gallico*, VI, 18)

Die kriegerische Walküre, die „femme-guerrière", ist also auch eine Sonnen-Frau. Diese Tatsache könnte die Assimilation von Belisama an Minerva/Athene erklären, die in voller Rüstung dem Kopf des Zeus entstiegen sein soll, und sie wäre ebenfalls eine Erklärung dafür, daß Mac Greine im Buch der Eroberungen als „Sohn der Sonne" die Klasse der Krieger repräsentiert. Vor allem aber wird dadurch deutlich, daß der sogenannte Sonnenheld, jener Liebling der Mythologen, in Wirklichkeit ein Mond-Mann ist, der von der Sonnen-Frau entweder als Sohn oder als Geliebter abhängig ist; auf der Ebene des Mythos spielt dieser Unterschied keine Rolle, handelt es sich doch nur darum, eine enge Beziehung zwischen zwei Symbolfiguren darzustellen.

Wenn man also davon ausgeht, daß es in der keltischen Überlieferung eine Gottheit gab, auf die die Vorrechte und Aufgaben einer alten Sonnengöttin aus der Bronzezeit übertragen wurden – diese Sonnengöttin muß in etwa den Charakter der skythischen Diana gehabt haben –, dann ist es durchaus nicht aus der Luft gegriffen, in Mac Cecht den „Sohn der Sonnen-Göttin" zu sehen. Auch Mabon/Maponos müßte als Sohn der alten Sonnengöttin Modron/Matrona betrachtet werden. Später wurden dann alle Sonnen-Attribute der griechischen Artemis und der römischen Diana auf Apoll übertragen, aus dem man – sicher zu Unrecht – ihren Bruder machte. Dieselbe Tendenz läßt sich in der keltischen Überlieferung beobachten, in der ebenfalls die Sonnenmerkmale der Mutter (oder der Geliebten) auf den Sohn (oder den Geliebten) übertragen werden. Hinter Modron/Matrona kann sich also durchaus eines der Gesichter der alten Sonnen-Göttin verbergen, die in Bath Sul genannt wurde und die als Schutzpatronin der Heilquellen auch die Züge einer Göttin der Heilkunde trägt. Vielleicht gehören in diesen Zusammenhang auch die „weißen Frauen" aus den Volkssagen der Pyrenäen und die „Erscheinungen" von Lourdes sowie die vielen Quellen und Brunnen, die dicht neben Kirchen liegen, die der Jungfrau Maria geweiht sind? Die Modron der walisischen Sagen entspricht übrigens der Fee Morgane der Artusromane. Morgane aber ist die Herrin des von Flammen umgebenen „Tals ohne Wiederkehr", wo sie die treulosen Ritter gefangenhält, und sie ist auch die Königin der Insel Avalon. Diese Insel inmitten des Ozeans steht für die Sonne im Universum, wobei der Apfel (die charakteristische Frucht der Insel Avalon und aller Inseln, die eine ähnliche Bedeutung haben) das Symbol des Wissens, des Lichts und der Unsterblichkeit darstellt. Auch Morgane ist eine Heilkundige, und das wiederum führt uns zum Diancecht-Aspekt des keltischen Apolls, genauer gesagt zu Airmed, Diancechts Tochter, deren Name „Maß, Mäßigung" bedeutet. Sowohl in den Artusromanen als auch in den walisischen Sagen hat Modron/Morgane einen Sohn namens Owein/Ywein, der das Abenteuer des (dem Belenos geweihten) Brunnens bzw. der Quelle von Barenton siegreich besteht, indem er den Schwarzen Ritter – das Symbol für Nacht und Dunkelheit – in die Flucht schlägt und tötet. Owein/Ywein ist also ebenfalls ein „Mond-Mann": Er vertreibt durch sein Licht die nächtliche Dunkelheit, aber dieses Licht – seine Kraft also – stammt von einer Sonnen-Frau. Und wenn Modron ihrem in Gefahr geratenen Sohn Hilfe senden will, schickt sie ihm „eine Schar Raben": In Wirklichkeit kommt sie selbst mit ihren neun Schwestern, die die Fähigkeit besitzen, sich in Vögel zu verwandeln.[69] Genauso handelt die Feenfrau Befinn („Schöne Frau"), als ihrem Sohn Reach Gefahr droht[70] (sie ist eine Schwester von Boin – Bo-vinda, „weiße Kuh" –, also von Brigit). Fraech müßte demnach eine Doublette von Oengus/Mac Oc, dem Sohn von Boinn und Dagda, sein.

Fassen wir zusammen: Der keltische Apoll erscheint vor allem als Schutzgott der Heilkunde. Cäsar stellt diesen Aspekt in den Vordergrund, der durch die Figur von Diancecht auch in der irischen Mythenwelt eine wichtige Rolle spielt.[71] Gesundheit und Jugend gehen Hand in Hand, und so ist Apoll auch der Schutzgott der Jugend. Wird die Autre Monde nicht häufig als „Reich der Jugend" oder als „Land der ewigen Jugend" bezeichnet? In seiner Funktion als Schutzgott der Jugend erscheint Apoll als Mac Oc, dem die Gestalten von Mabon/Maponos, Fraech, Mac Cecht oder auch Owein/Ywein entsprechen: Er ist der „Junge Sohn" oder der „Junge Geliebte". Hinter all diesen Figuren aber taucht schattenhaft eine alte Sonnen-Göttin aus der Bronzezeit auf, deren Grundzüge wir einerseits in Epenheldinnen wie Grainne oder Yseult und andererseits in der mythischen Konfiguration „Sohn-Geliebter" bei Grannus, Belenos oder Maponos wiederfinden.[72] Die Sonnen-Merkmale der alten Göttin sind also auf die verschiedensten Gestalten der keltischen Mythenwelt übertragen worden.

C. *Die Kriegsgottheit*

Mars nimmt bei Cäsar innerhalb der keltischen Götterhierarchie den dritten Rang ein und wird wie üblich als Kriegsgott beschrieben. Überall im Gebiet des alten Gallien wurden gallo-römische Statuen gefunden, die ihn in typisch römischer Pose darstellen, dazu rund 250 Inschriften sowie einige Hinweise auf Tempel, – wie etwa das *Fanum Martis* der bretonischen Coriosoliten, das in Corseul oder Erquy gelegen haben muß. Merkwürdigerweise dominieren an den Grenzen, wo die meisten römischen Legionen stationiert waren, die dem Merkur geweihten Inschriften, während Hinweise auf Mars vor allem im Zentrum Galliens gefunden wurden.

Der gallische Mars hat zahlreiche Beinamen, je nachdem zu welchem Zweck und wo er angerufen wurde. In Trier etwa erscheint er als *Iovantucarus*, als „Schutzherr der Jugend", in Wales als *Vellanus*, „der Beste". Weiterhin wird er als *Albiorix*, „Herr der Welt", als *Lucetius*, „der Leuchtende", und als *Olludis*, „der Mächtigste", verehrt. Die interessantesten Beinamen aber sind *Smertrios, Segomo, Camulos* und *Tutatis*. Auf dem berühmten Altar der Seefahrer im Pariser „Musée de Cluny" wird Mars *Smertrios* als Mann dargestellt, der seine Keule gegen eine Schlange erhebt; dadurch steht er dem Herkules näher als dem klassischen Mars, der ursprünglich ein Gott des Ackerbaus war. Der Name *Smertrios* enthält eine Wurzel, die auf die Verteilung der Güter hinweist: Smertrios wäre demnach der „Gott des Segens", der „Gott des Verteilens", wobei sich die Frage stellt, was er verteilt – die Früchte der Erde oder die Beute des Krieges. Der Beiname *Segomo*, den Mars im südlichen Gallien trägt, ist im Gegensatz dazu nicht zweideutig, denn er bedeutet „der, der den Sieg bringt", und entspricht so dem Bild, das man sich von Mars macht. Im ganzen keltischen

Gebiet hat man Zeugnisse für die Verehrung des Mars *Camulos* gefunden. Von ihm hat Camulodunum, die in Essex (Großbritannien) gelegene Hauptstadt der Trinovantes, ihren Namen, und im Jahr 52 ist das militärische Oberhaupt der Gallier in Lutetia ein Aulerker namens Camulogenos. Camulos war offenbar weithin bekannt und wurde sehr verehrt. Der Name enthält die Wurzel *cam*, ‚gebogen, krumm' und kann „der, der Winkelzüge macht" bedeuten – vielleicht eine Anspielung auf die militärische Taktik. Unter dem Namen Cumal taucht Camulos im irischen Leinster – oder Ossian-Zyklus auf als Vater des Helden Finn, des Königs der *Fiana*. Unter dem Vorwand, die Geschichten über die *Fiana* seien relativ spät entstanden und noch heute in der mündlich überlieferten irischen und schottischen Erzähltradition lebendig, werden sie im allgemeinen nicht in das Mythen-Studium einbezogen. Wie wir aber noch sehen werden, haben die Grundelemente dieser Erzählungen, obwohl ihr Aufbau jüngeren Datums ist, nicht nur archaischen Charakter, sondern gehen sogar auf prä-keltische Völker zurück, vermutlich auf die Renntierjäger. Wir wissen nicht viel über diesen Camulos/Cumal, ausgenommen, daß er der Rivale eines gewissen Morna war, der ihn in der Schlacht von Cnucha tötete[73], und daß er eine wichtige Gestalt gewesen sein muß. Sicher ist jedoch, daß er ursprünglich nicht dem keltischen Bereich entstammte: Wahrscheinlich verbirgt sich hinter ihm eine wesentlich ältere Gottheit, vielleicht der sagenumwobene Cernunnos.

Der Beiname *Tutatis* macht keine grundsätzlichen Schwierigkeiten. Tutatis ist eine Nebenform von Teutates und bedeutet „Vater des Stammes", „Vater des Volkes". In Britannien (York und Carlisle) wird er an Mars assimiliert, in den Scholien zum *Pharsalus*-Epos von Lucanus sowohl an Mars als auch an Merkur. In den verschiedensten Gebieten wurden dem Mars Tutatis oder Teutates geweihte Inschriften gefunden. Man kann den Beinamen Tutatis/Teutates durchaus als allgemeine Charakterisierung verstehen: Mars gilt als „Vater des Stammes", dessen Schutzherr er ist. Hier sei noch einmal an die Formel erinnert, die so häufig in den irischen Epen vorkommt: „Ich schwöre bei dem Gott, auf den mein Stamm schwört." Möglicherweise kann jeder Gott den Beinamen Tutatis/Teutates erhalten. In diesem Zusammenhang taucht ein anderes Problem auf: Teutates wird bei Lucanus in die berühmte Trias Esus, Taranis, Teutates eingereiht; er erscheint hier also als völlige eigenständige Gottheit, ohne an Mars assimiliert zu werden.

Wir finden den keltischen Mars bei den Führern der Tuatha De

Danann wieder. Wie der alte januskópfige Mars, der bei den Römern ursprünglich sowohl Schutzgott des Friedens als auch Kriegsgott gewesen sein muß, so hat auch der keltische Mars ein Doppelantlitz: er ist nicht nur der König Nuada, sondern auch der Held Ogme – ein Paar, das an die Verbindung von Mitra und Varuna erinnert. Nuada ist der wirkliche König der Tuatha De Danann, auch wenn er zeitweilig seinen Platz an Lug abtreten muß oder seine königlichen Funktionen vorübergehend nicht ausüben kann, weil er einen Arm verloren hat. Aber durch den von Diancecht verfertigten Silberarm und erst recht durch die Armtransplantation, die Diancechts Sohn vorgenommen hat, kann er sein königliches Amt wieder voll erfüllen. Nuada erinnert an den germanisch-skandinavischen Tyr, der auch nur einen Arm hatte, an den Mucius Scaevola der römischen Geschichtssagen und an den Fischer-König der Gralsgeschichte, der wegen seiner Wunde nicht mehr fähig ist zu herrschen. Dennoch stellt Nuada den gesellschaftlich und rechtlich anerkannten Kriegerkönig vom Typ Mitra dar. Er war weit über die Grenzen der gälischen Welt hinaus bekannt, was lateinische Inschriften in Britannien belegen, in denen ein gewisser Nodens oder Nodons erwähnt wird. In Lydney Park (bei Aylburton am Severn) liegen die Ruinen eines Tempels aus dem 4. Jahrhundert, also aus einer Zeit, in der die keltische Religion noch unter der Oberfläche der römischen weiterlebte und von den kaiserlichen Beamten Britanniens toleriert wurde. In diesem Tempel wurde direkt neben den Thermen ein kleines Denkmal gefunden, das eine Figur abbildet, die gerade einen großen Lachs tötet. Die Inschrift darauf lautet: ,,D. M. Nodonti, Devo Nodenti, Deo Nudenti“. Handelt es sich um einen Fischer? Ist Nodens also ein Fischer-Gott? Auch hier liegt es nahe, in Nuada/Nodens ein Äquivalent des Fischer-Königs zu sehen.[74]

In der walisischen Überlieferung gibt es eine Figur namens Lludd Llaw Ereint (,,Lludd mit der silbernen Hand“): Er ist der mythische Gründer von London, das auf walisisch Kaer Lludd heißt. Wahrscheinlich handelt es sich bei dem Namen *Lludd* um eine Deformation des alten Wortes Nudd, das Nodens/Nuada entspricht, wenn es sich nicht sogar um eine Deformation des Namens Lug handelt. Die walisischen Erzählungen kennen aber auch einen Nudd mit zwei Söhnen: der erste Sohn namens Edern (lat. *Aeternus*) taucht zum einen unter dem Namen Yder als Gefährte von König Artus in den Artusromanen auf, zum anderen als ,,Heiliger“ Edern in der bretonischen Hagiographie; aus dem zweiten Sohn, der sich Gwynn, Sohn von Nudd, nennt, hat die christliche Legende einen Schutzgeist der Hölle gemacht: Wahrscheinlich weil sie ihn nicht auf andere Weise rekuperieren konnte. Der Name *Gwynn* bedeutet „weiß, schön, heilig, von edler Geburt" und entspricht sprachlich gesehen genau dem gälischen Finn, dem Namen des Sohnes von Cumal/Camulos. Und in einem Gedicht über die *Fiana*[75] erscheint Finn als Enkelsohn von Nuada. Diese Übereinstimmungen sind zu frappierend, um als bloß zufällig abgetan zu werden, und sie beweisen, daß die walisische Überlieferung und die Artusromane – so verändert und entstellt sie auch sein mögen – wichtige Elemente der keltischen Mythologie enthalten, die ebenso wertvoll sind wie die irische Überlieferung.

Nuada zeigt uns also das *eine* Antlitz des keltischen Mars. Als Nuada vor der zweiten Schlacht von Mag Tured von Lug gefragt wird, was er gegen die Fomore unternehmen wolle, antwortet er: „Ich werde nicht nur die Soldaten eurer Armeen ernähren, sondern auch jeden, der genauso alt ist wie ich."[76] Man mag sich vielleicht darüber wundern, daß der König hier mehr oder weniger als eine Art Oberküchenmeister dargestellt wird, zumal es sich um die entscheidende Schlacht handelt, in der es um sein Reich und um seine Herrschaft geht. Aber man bedenke: Nuada hat als König die Aufgabe, die Güter zu verteilen, er ist der Nährvater seines Volkes, und seine Antwort entspricht vollkommen der Rolle des Fischer-Königs, der die Speise für die Seinen selber fängt. Mehr kann Nuada in seiner Eigenschaft als keltischer König nicht tun, denn er ist zwar Mittelpunkt der Gesellschaft, aber als solcher selbst unbeweglich. Wenn also Nuada in der ersten Schlacht von Mag Tured so schwer verwundet wird, daß er einen Arm verliert – so wie der Fischer-König seine Männlichkeit –, dann handelt es sich dabei nicht um eine wirkliche, sondern um eine symbolische Verwundung, nämlich um einen schwerwiegenden Anschlag auf seine Herrschergewalt.

Das *andere* Antlitz des keltischen Mars wird durch Ogme repräsentiert. Ogme ist der Held der Tuatha De Danann, eine Art Herakles und außerdem der Gott der Beredsamkeit. Das beste Porträt dieses Gottes hat uns der griechische Schriftsteller Lukian hinterlassen, ein Spötter und Skeptiker aus dem 2. Jahrhundert n. Chr.[77] Albrecht Dürer hat dieses Porträt übrigens 1514 illustriert.

> „Die Kelten nennen Herakles in ihrer Sprache Ogmios, aber sie machen sich ein höchst merkwürdiges Bild von diesem Gott: Sie stellen ihn nämlich als alten Mann dar, der sich dem Ende seines Lebens nähert. Sein Haupt ist kahl, nur wenige weiße Haare sind ihm geblieben, Runzeln bedecken seine Haut, die so schwarzbraun gebrannt ist wie bei alten Seeleuten. Er gleicht mehr Charon oder auch Japhet als

Herakles, obwohl er äußerlich so gekleidet ist wie dieser: Er hat sich nämlich eine Löwenhaut übergeworfen, trägt auf dem Rücken einen Köcher, in der rechten Hand eine Keule und in der linken einen gespannten Bogen ... Am erstaunlichsten ist, daß dieser alte Herakles eine große Schar von Männern an sich zieht, die alle an den Ohren durch zierliche Ketten aus Gold oder Bernstein – schönen Halsketten ähnlich – an ihn gebunden sind. Obwohl die Ketten dieser Männer so leicht sind, daß sie ohne Schwierigkeiten fliehen könnten, tun sie das nicht, sondern folgen ihrem Führer fröhlich und vergnügt und voller Lobreden ... Da Herakles in der rechten Hand bereits die Keule trägt und in der linken den Bogen, wußte der Maler offenbar nicht, wo er die Ketten der Männer bei Herakles befestigen sollte. Deshalb hat er die Zungenspitze des Gottes mit einem Loch für die Ketten versehen, so daß es nun so aussieht, als würden die Männer, die dem Gott folgen und denen er sich lächelnd zuwendet, von seiner Zunge geführt."

Man spürt deutlich die Verwirrung des griechischen Erzählers angesichts dieses Bildes. Einerseits neigt er dazu, die Barbaren verächtlich zu machen, andererseits reizt die Darstellung seine Neugierde. Als Grieche hat er jedoch ein völlig anderes Welt- und Götterbild und kann daher nicht verstehen, was damit gemeint ist. Glücklicherweise kommt ihm ein Gallier zu Hilfe, der mit der griechischen Mentalität gut vertraut ist und ihm deshalb die Bedeutung des Bildes erklären kann:

„Im Gegensatz zu euch Griechen verbinden wir Kelten die Beredsamkeit nicht mit Hermes, sondern mit Herakles, denn Herakles ist viel stärker als Hermes. Du solltest dich nicht darüber wundern, daß Herakles als alter Mann dargestellt wird, denn wenn man den Dichtern glauben darf, ist die Kraft der Rede im Alter am größten ... Deshalb wird die Beredsamkeit bei uns durch den alten Herakles personifiziert und deshalb sind die Männer, die er mit seiner Zunge führt, an den Ohren angekettet ... Wir glauben nämlich, daß Herakles seine Taten dank seiner außergewöhnlichen Redegewandtheit vollbracht hat und daß er aufgrund der Überzeugungskraft seiner Worte fast alle Hindernisse überwinden konnte. Meiner Meinung nach waren seine Pfeile scharfe, schneidende und blitzschnelle Reden, die die Seelen seiner Gegner verletzten. Ihr sagt ja selbst, daß Worte Flügel besitzen."[78]

Das ist einleuchtend und erlaubt uns, die keltischen Epen mit anderen Augen zu betrachten: Scheinbar erzählen sie von gnadenlosen Kämpfen, in denen sich die Helden gegenseitig umbringen, aber bei diesen Kämpfen handelt es sich überwiegend um innere Auseinandersetzungen und um „Wortgefechte". Dafür gibt es in den irischen Epen genügend Beispiele, und der zitierte Text von Lukian lehrt, die irischen und walisischen Erzählungen, ja sogar die Artusromane richtiger zu beurteilen.

Außerdem hilft uns diese Beschreibung des keltischen Ogmios, des Gottes der „allgewaltigen Beredsamkeit", gewisse lateinische und griechische Texte besser zu verstehen, in denen die uneingeschränkte Begeisterung der Kelten für die Kraft der Rede geschildert wird. Wie bereits erwähnt, heißt es bei Diodor von Sizilien über die Druiden: „Ihre Reden wirken einschüchternd und hochmütig, sie tendieren zu tragischem Pathos" (V, 31), und Pomponius Mela weist auf die „für sie charakteristische Redegewandtheit" hin. (III, 2) Man versteht nun auch, warum die Römer durch die Ankunft einer Horde von Galliern in Panik gerieten, waren diese doch von „wilden Gesängen" und von „sonderbarem Geschrei" begleitet (Livius, V, 37). Polybios (II, 29) beschreibt das so:

„Der Anblick einer gallischen Armee und der Lärm, der sie begleitete, ließ sie vor Schreck erstarren. Unzählige Hörner und Trompeten ertönten, und alle im Heer veranstalteten ein solches Geschrei, daß man zusätzlich zum Klang der Instrumente und zu den Stimmen der Soldaten auch noch das Echo hörte, das das lärmende Getöse mit seiner Stimme verstärkte."

Dabei erinnert man sich sofort der Beschreibung des irischen Helden Cuchulainn: „Cuchulainn ergriff seine beiden Lanzen, seinen Schild und sein Schwert und stieß den Ruf des Helden aus..., der dem Geschrei von hundert Kriegern glich" *(Tain Bô Cualnge).* Unzählige Beispiele belegen die außerordentliche Bedeutung, die die Kraft der Stimme für die Kelten hatte und der sie *magische* Eigenschaften zuschrieben: Sie hielten diese magische Macht für so groß, daß sie die Menschen buchstäblich zu fesseln vermochte – daher ihre Vorstellung von Herakles oder vom keltischen Mars, dessen Stärke, wie wir sahen, nicht von seinen Waffen herrührt, sondern von der Kraft seiner Rede. Und im Gegensatz zum königlichen Krieger Nuada/Nodens trägt Ogme/Ogimos ganz deutlich die Züge von Varuna, der – wie der germanische Odin – durch magische Worte oder durch List seine Feinde besiegt.

Der irische Ogme, einer der Führer der Tuatha de Danann, ist eine komplexe Figur. In seiner Eigenschaft als Kämpfer und Held ist er selbstverständlich ein starker Mann, ein Krieger. Aber in Irland gilt er auch als Erfinder der sogenannten *Ogam*-Schrift, die aus horizontalen Zeichen, die um eine vertikale Achse herum gruppiert sind, besteht. Diese Schrift hat sich aus dem römischen Alphabet entwickelt und kann folglich nicht vor Beginn der christlichen Zeit entstanden sein. Wie die ebenfalls nicht wesentlich älteren skandinavischen Runen wurden die *Ogam*-Zeichen meist nur in ihrer magischen Bedeutung gesehen, aber sie geben wirklich keinen Anlaß zu unendlichen Spekulationen. Die *Ogam*-Schrift hat nichts Esoterisches an sich. Natürlich haben die Druiden sie für ihre magischen Handlungen benutzt, aber das hängt damit zusammen, daß die Kelten jeder Art von Schrift magische Kräfte zuschrieben. Deshalb muß Ogme nicht sofort als eine Art Hermes Trismegistos betrachtet werden, der die tiefsten keltischen Geheimnisse kennt. Außerdem hat der Name Ogme mit dem Wort *ogam* nichts zu tun. Aber es spricht für den Varuna-Charakter dieses Zauberers und Gottes der Verbindungen, daß man ihn für den Erfinder dieser Schrift hält. In Bregenz wurden übrigens zwei Tafeln mit Verfluchungen einiger namentlich aufgeführter Personen gefunden, auf denen Ogmios angerufen wird. So gesehen war es eine sehr bedeutsame Angelegenheit, eine Verfluchung in einen Stein zu gravieren oder in ein Stück Holz zu ritzen, vergleichbar etwa mit der Verfertigung gewisser skandinavischer Runen. In einem alten irischen Text heißt es: „Der Vater von *Ogam* ist Ogme, die Mutter von *Ogam* ist Ogmes Hand oder Messer", und Ogme wird darin als „Kenner von Sprache und Dichtung und als Erfinder der *Ogam*-Schrift" beschrieben. Der Kreis schließt sich, und wir sind wieder bei dem Ogmios, von dem es bei Lukian heißt: „Seine Sprache war die Sprache der Wissenden, nicht die der Bauern und Hirten."[72]

Der Name Ogmios ist nicht keltischen Ursprungs, sondern kommt von dem griechischen Wort *ogmos*, „Weg". Ogmios wäre also der „Führer"[80], und es ließe sich eine Verbindung herstellen zu dem von Lukian gezeichneten Bild, zu jenem alten Herakles, der sein Volk mit zierlichen Goldketten zu fesseln vermag – mit einem Zauberbann also, der durch die Kraft der Rede lebendig und wirksam wird. Ogme (oder Mars-Varuna) ist also das Gegenstück zu Nuada (oder Mars-Mitra), den er ergänzt und vervollständigt. Auch durch dieses Beispiel wird deutlich, daß das keltische Königtum ohne die Unterstützung der Priesterklasse nicht hätte bestehen können.

Zusammenfassend kann man den keltischen Mars als Gott mit dem Doppelantlitz definieren: Einerseits ist er der kriegerische König, der sein Volk in Friedenszeiten schützt und in Kriegszeiten zum Sieg führt. Andererseits ist er der kriegerische Druide, der über Inkantationen und über die fesselnde Kraft des Wortes verfügt und der zugleich Irrtümer ausgleicht und unvorhergesehene Situationen entschärft. Wieder stehen wir vor dem Paar Druide-König, das hier allerdings extrem idealisiert und vergöttlicht ist.

D. Der Allvater

Erstaunlicherweise erscheint Jupiter bei Cäsar erst an vierter Stelle. Die Rangfolge der Götter hängt offenbar mit der Bedeutung des Kultes der einzelnen Gottheiten zusammen. Allerdings handelt es sich dabei um die Verhältnisse im ersten vorchristlichen Jahrhundert. Wie aber sah es früher in Gallien, in Britannien und vor allem in Irland aus? Erinnern wir uns, daß die keltische Zivilisation etwa die Zeit vom 5. Jahrhundert v. Chr. bis zum 12. Jahrhundert umfaßt, wobei die Entwicklung in den einzelnen Ländern sehr unterschiedlich verläuft. Im 12. Jahrhundert hat das ursprünglich gallische Gebiet nicht mehr viel mit den Kelten zu tun, nur die Artusromane sind allgemein beliebt. Irland dagegen ist noch ganz keltisch. Wir müssen uns also hüten, Cäsars Bericht als absoluten Maßstab zu betrachten. Er ist zweifellos eine wertvolle Grundlage, kann jedoch als Zeugnis nur für ein bestimmtes Gebiet (Gallien) und nur für eine bestimmte Zeit (das erste vorchristliche Jahrhundert) Gültigkeit haben.

Seltsamerweise wird Jupiter im romanisierten Gallien genauso verehrt und dargestellt wie der römische Jupiter; nur in wenigen Ausnahmefällen erwähnen die Inschriften einen Beinamen. Müssen wir daraus schließen, daß die Gallier keinen dem griechischen Zeus und dem römischen Jupiter vergleichbaren Göttervater kannten? Das wäre allerdings erstaunlich, um so mehr, als Cäsar bei seiner Aufzählung der gallischen Götter auch Jupiter erwähnt. Vermutlich verbirgt sich hinter dem römischen Jupiter eine ältere einheimische Gottheit, deren Namen wir nicht kennen. Glücklicherweise hat die irische Mythologie den Namen des himmlischen Allvaters bewahrt: Es ist Dagda, einer der Führer der Tuatha De Danann, der häufig Eochaid Ollathir – also Eochaid, der „allmächtige Vater" oder „Allvater" – genannt wird.

Während der Vorbereitung auf die zweite Schlacht von Mag Tured beraten die Tuatha unter dem „Vorsitz" von Lug über die Verteilung der Aufgaben, und jeder rühmt sich dabei der größten Heldentaten. Da ergreift Dagda das Wort und sagt: „Über alle Dinge, derer ihr euch rühmt, über eure gesamte Macht werde ich ganz allein verfügen." Die anderen erwidern: „Du bist wirklich der Göttlichste", und von diesem Augenblick an, so berichtet die Geschichte weiter, „trug er den Namen *Dagda*".[81] Tatsächlich stammt der Name *Dagda* von der alten Form *dago-devos*, die wörtlich „guter Gott" oder „der Göttlichste" bedeutet. Aus der erwähnten Episode geht hervor, daß Dagda mehr als die anderen Tuatha De Danann vermag; er steht also über allen

Göttern, und darin liegt sein Jupiter-Aspekt. Allerdings hat er nicht die Fülle der Funktionen, die Lug, dem „Herrn aller Künste", vorbehalten sind. Durch seinen anderen Namen *Ollathir* – die irische Entsprechung des skandinavischen *Alfadir*, des Beinamens von Odin – ist Dagda der „mächtige Vater", der „Allvater¿'. Selbstverständlich gehört er zur Klasse der Krieger, das wird besonders deutlich, wenn er kämpft. Sein Hauptattribut, die Keule, erinnert auf den ersten Blick an Herakles, hat jedoch eine tiefere symbolische Bedeutung. Sie vermag einerseits zu töten, andererseits vom Tode aufzuerwecken und macht Dagda so zu einem Gott des Lebens und des Todes. *Er ist also sowohl Jupiter als auch Dispater in einer Person*, jener berühmte Dispater oder Dis Pater, der dem Todesgott Pluto entspricht und von dem Cäsar sagt:

> „Alle Gallier rühmen sich, von Dis Pater abzustammen, und behaupten, das sei ihnen von den Druiden überliefert. Deswegen bestimmen sie alle Zeiträume nicht nach der Zahl der Tage, sondern der Nächte. Die Geburtstage, den Beginn der Monate und Jahre berechnen sie so, daß der Tag erst auf die Nacht folgt." (*De bello gallico*, VI, 18)

Cäsars Aussage ist aus zwei Gründen interessant. Zum einen, weil wir dadurch über eine ganze Reihe keltischer Bräuche Aufschluß erhalten, die mit der *Nacht* zusammenhängen. Zum anderen, weil sie uns das Doppelantlitz des irischen Dagda enthüllt, der nicht nur Jupiter ist – der Herrscher über Himmel und Leben –, sondern auch Dispater, Herrscher über Unterwelt und Tod. Die Keule mit der Doppelfunktion bestätigt diese Interpretation.

Das Bild von Dagda hat noch lange nachgewirkt. Es taucht in verschiedenen irischen Erzählungen auf, zum Beispiel im Ulster-Zyklus, wo die Tuatha De Danann keine große Rolle mehr spielen. Ihre Hauptaufgabe besteht hier nämlich nur noch darin, unter den Gälen, von denen sie aus Irland vertrieben wurden, Zwietracht zu säen. So wird in der berühmten Geschichte vom *Rausch der Ulates*[82] erzählt, wie sich drei Tuatha bei den Ulates eingeschlichen haben. Einer von den dreien ist „ein riesiger Mann mit breiten Schultern und nur einem Auge. Er hat einen weiten grauen Mantel übergeworfen und trägt eine große eiserne Keule."[83] Dieser Mann schlägt die neun Männer, die ihn begleiten, mit dem *unheilbringenden* Ende seiner Keule nieder und tötet sie auf einen Schlag. Als er sie dann mit dem *segenbringenden* Ende der Keule berührt, sind sie sofort wieder lebendig. Es bedarf nicht mehr des besonderen Hinweises darauf, daß er einäugig ist, um

Dagda in ihm zu erkennen. Auch in der walisischen Erzählung von *Owein* und im *Yvain* des Chrétien de Troyes taucht diese Figur wieder auf als

> „schwarzer Mann, der wenigstens so groß ist wie zwei normale Menschen. Er hat nur einen Fuß und ein Auge mitten auf der Stirn und in der Hand eine eiserne Keule . . .“[84]

Dagda ist hier also nicht nur einäugig, sondern auch ein Hinkefuß. Außerdem erscheint er als Herr des Wildes, das er im Wald zu hüten hat. Man kann seine Gestalt noch in verschiedenen anderen Artusromanen erkennen.

Die Keule von Dagda weist auf seine Kriegerfunktion hin. Weil sie sowohl Segen als auch Unheil bringt, rückt sie Dagda in die Nähe von Varuna, was bei Nuada nicht der Fall ist. Darum läßt sich Dagda dem zweiten Aspekt des keltischen Königtums zuordnen, den auch Ogme verkörpert. Beide werden ähnlich wie Herakles beschrieben und sind also austauschbar.

Aber Dagda ist nicht nur Krieger. Er besitzt nämlich eine magische Harfe, auf der nur er allein spielen kann und die sich nach seinem Willen überall hin bewegt. Als Dagda und Ogme nach der Schlacht von Mag Tured in der Festhalle ankommen, hängt die Harfe an der Wand.

> „Dagda hatte alle Melodien an diese Harfe gebunden und sie erklangen erst, als Dagda sie bei ihrem Namen nannte . . . Die Harfe verließ ihren Platz an der Wand . . . und kam zu Dagda, der die drei Lieder spielte, an denen man den Harfenspieler erkennt: das Lied des Schlafes, das Lied des Lächelns und das Lied der Klage.“[85]

Dagda ist also als Harfenspieler auch Magier, und das heißt Druide, womit er zur Klasse der Priester gehört.

Dagda besitzt noch ein drittes Attribut, einen *Kessel*, von dem es heißt: „Nie zog eine Gruppe fort, ohne ihm zu danken.“[86] Das macht den Kessel von Dagda zu einem Kessel des Überflusses, der unerschöpflich Nahrung spendet, und damit zum Urbild des Grals, der – wo immer er erscheint – den Gästen ihre Lieblingsspeisen herbeizaubert.

Aber Überfluß, göttliche Inspiration und Auferstehung gehören zusammen. Wir haben schon vom Kessel des walisischen Helden Bran gehört, sowie von jenem Zuber, in dem vor den Augen von Peredur die Toten wieder lebendig werden, und schließlich von der Darstellung auf dem Kessel von Grundestrup. Hier wäre auch noch der Kessel von Keridwen zu nennen, in dem jene merkwürdige Hexe und Göttin einen Trank „der Inspiration und des Wissens" braut. In der walisischen Geschichte von Taliesin trinkt der junge Gwyon Bach aus Versehen drei Tropfen dieses Getränks und erhält dadurch die Gabe höchsten Wissens und der Verwandlung seiner Gestalt; er muß einen rituellen Tod erleiden, um dann als Barde Taliesin wiedergeboren zu werden.[87] Das Motiv vom Kessel des Überflusses, der Weisheit und der Wiedergeburt ist in den irischen und walisischen Erzählungen sowie in den Artussagen weit verbreitet und taucht auch in den Westeuropäischen Volksmärchen häufig auf.[88]

Durch den Kessel wird Dagda der Klasse der Produzierenden zugeordnet, während die Keule ihn als Krieger und die Harfe als Magier ausweist. So vereinigt er in sich als „Allvater" alle drei Klassen der Indoeuropäer und steht dadurch über den anderen Göttern. In der Geschichte von der *Zweiten Schlacht von Mag Tured* wird außerdem seine Funktion als Gott des Wachstums und Gedeihens geschildert. Lug hat ihn beauftragt, die Fomore auszuspionieren, und bei dieser Gelegenheit wird er gezwungen, zu essen, was sie ihm vorsetzen:

> „Da Dagda bekanntlich gerne aß, stellten die Fomore, um ihn zu verspotten, eine Riesenmenge Brei her. Sie füllten den Kessel des Königs mit achtzig Maß frischer Milch und mit derselben Menge an Mehl und Fett, warfen ganze Ziegen, Schafe und Schweine hinein und ließen alles zusammen kochen. Der Inhalt des Kessels wurde in ein Loch geschüttet, das sie in die Erde gegraben hatten, und Indech erklärte ihm, wenn er nicht alles bis zum letzten Happen aufäße, drohe ihm der Tod". Dagda verschlang dieses gewaltige Essen mit Vergnügen, so daß schließlich „sein Bauch dicker als ein gewöhnlicher Kessel war. Und die Fomore machten sich über ihn lustig."[89]

Ab hier entwickelt sich die Geschichte zu einer Farce. Als Dagda die Fomore verläßt, kann er kaum laufen,

> „denn sein Bauch hatte gewaltige Ausmaße angenommen. Er war sittenlos gekleidet: Ein braunes Übergewand bedeckte gerade die Backen seines Gesäßes. Er trug Beinkleider aus Pferdeleder, deren Fellseite nach außen gewendet war, und sein Geschlecht war stramm und lang. Er schleppte eine Heugabel hinter sich her, die kaum acht Männer hätten tragen können und deren Spur als Grenze des Stammesgebietes genügte: man nennt sie die Spur von Dagdas Stab."[90]

Die Handschrift ist im folgenden (sicher nicht ohne Absicht) verstümmelt, aber aus den nächsten Sätzen geht zumindest hervor, daß Dagda ein junges Mädchen trifft, das – wie der Erzähler verschämt bemerkt – „seine Begierde erregte". Aber da er viel zuviel gegessen hat, gelingt es ihm trotz aller Anstrengung nicht, sein Ziel zu erreichen. Das junge

Mädchen macht aus ihrer Verachtung keinen Hehl und überhäuft ihn mit Vorwürfen, worauf Dagda in blinde Wut gerät.

Diese derb-schlüpfrige Burleske ist nicht zur bloßen Unterhaltung des Publikums bestimmt. Sie hebt die unglaubliche Freßgier und Sinnenlust von Dagda hervor und lenkt dadurch die Aufmerksamkeit auf die charakteristischen Merkmale der dritten Klasse. Da aber das Gleichgewicht zwischen Eros und Freßlust verschoben ist, geht im wahrsten Sinne des Wortes gar nichts mehr. Man beachte, daß die Fomore, die das Chaos repräsentierten, dafür verantwortlich sind! Dagda befindet sich in einem Zustand vollkommener Regression, er fällt zurück auf die Entwicklungsstufe oraler Sexualität: Vollgestopft mit Essensbrei gleicht er einem großen Säugling und befindet sich somit in einer Art prä-pubertärer Phase. Seine vorübergehende Impotenz ist eine Ausnahme und steht im Gegensatz zu seinen üblichen sexuellen Gepflogenheiten, die auf diese Weise noch mehr Gewicht erhalten. Dagdas Sexualleben ist nämlich ungewöhnlich stark ausgeprägt: Immer befindet er sich „in weiblicher Gesellschaft", und selbst in Zeiten, in denen man eigentlich von ihm erwarten könnte, daß er sich schwerwiegenden Problemen zuwendet, befaßt er sich mit Liebesabenteuern.

Nicht anders verhält er sich vor der Schlacht von Mag Tured. Es ist gewiß kein Zufall, daß er sich ausgerechnet am Samain-Fest mit Morrigane trifft, einer Art Liebes- und Kriegsgöttin. Als „Allvater" ist Dagda natürlich verpflichtet, seinen Aufgaben nachzukommen. Er hat eine stattliche Zahl von Kindern, vor allem Oengus, genannt Mac Oc, eine jugendlich-apollinische Gestalt, und Brigit, die Göttin, die – wie Dagda selbst – alle drei Funktionen in sich vereint. Unter dem Namen Boinn ist Brigit auch die Frau von Dagdas Bruder Elcmar. Oengus entstammt der Liaison von Dagda und Boinn. Dagda hat also durch den sakralen und symbolischen Inzest mit seiner Tochter Brigit/Boinn den Fortbestand der göttlichen Rasse gesichert. Das bewahrt ihn allerdings nicht davor, später durch seinen eigenen Sohn Oengus Mac Oc von seinem Besitz Brug-na-Boyne (dem Megalithhügel von New-Grange) vertrieben zu werden. Auf Anraten seines Adoptivvaters Mider schließt Mac Oc nämlich einen Vertrag mit Dagda, in dem festgelegt wird, daß dieser ihm sein Reich für einen ganzen Tag und für eine ganze Nacht überlassen muß. Dagda hat dabei nicht bedacht, daß ein Tag und eine Nacht symbolisch gesehen zusammen das Ganze bedeuten, nämlich die Negation der Zeit und damit die Ewigkeit. Deshalb muß er sein Reich seinem Sohn überlassen. Die Geschichte wäre nicht vollständig ohne den Hinweis, daß Dagda bei der Zeugung und Geburt von Mac Oc ebenfalls mit der Zeitdimension gespielt hat: Er hatte nämlich Elcmar mit einem Auftrag weggeschickt, um sich in seiner Abwesenheit ungestört an Boinn heranmachen zu können. Elcmar stand dabei unter der Verwirrung eines Zauberbanns, der ihn glauben ließ, er wäre nur einen Tag und eine Nacht lang fort gewesen, während Boinn doch Zeit genug hatte, um einen Sohn zur Welt zu bringen, der „in einem symbolischen Zeitraum von einem Tag empfangen und geboren worden war".[91] Dagda ist also auch Herrscher über die Zeit, mit der er nach Lust und Laune macht, was er will. Kehren wir wieder zu den anderen beiden Eigenschaften von Dagda zurück, über die wir gerade gesprochen haben: zu seiner kulinarischen Gefräßigkeit und seinem sexuellen Appetit. Bran Vendigeit, eine Figur aus dem walisischen *Mabinogi*, weist zahlreiche Ähnlichkeiten mit Dagda auf. Bran besitzt nicht nur einen Kessel der Wiederauferstehung, sondern ist auch ein Riese und hat die Fähigkeit, sich so auszudehnen, daß er seinem Heer als Brücke zwischen zwei Flußufern dienen kann. Er ist also berechtigt zu sagen: „Der Anführer soll auch die Brücke sein."[92] Hier zeigt sich der „väterliche" Aspekt von Bran. Als er am Ende einer vernichtenden Schlacht in Irland durch eine vergiftete Lanze am Fuß verletzt wird, bittet er seine Gefährten, ihm den Kopf abzuschlagen und nach Hause mitzunehmen. Dort wird dann zu Füßen des abgeschlagenen Hauptes ein seltsames Unsterblichkeitsmahl gefeiert, bei dem die Gesetze der Zeit nicht mehr gelten.[93] Dieser „Bran, der Gebenedeite", der von einigen Interpreten als Urbild für den Ban de Benoic der Artusromane gehalten wird, erinnert an den legendären Brennus, den Führer des Zuges der Gallier nach Delphi im zweiten vorchristlichen Jahrhundert, der sich wegen einer Verwundung von seinen Gefährten töten ließ.[94] Gewisse Parallelen lassen sich aber auch zwischen Bran und dem Fischer-König erkennen.[95] Im *Parzival* des Wolfram von Eschenbach wird der Fischer-König nämlich durch einen Lanzenstich verletzt[96]; dadurch impotent geworden, kann er sein Königreich nicht mehr regieren. Es wird unfruchtbar und verfällt. Erst als sein Neffe Parzival Gralkönig wird, verändert sich dieser Zustand. Findet hier nicht derselbe Machtwechsel statt wie in Brugna-Boyne, als Mac Oc sich des Reiches seines Vaters Dagda bemächtigt? Und ist diese Übereinstimmung wirklich bloß zufällig?

Der Aspekt des Gigantischen, der Dagda charakterisiert, findet sich auch bei einer anderen Figur aus der französischen Literatur und Sagenwelt, nämlich bei dem durch Rabelais berühmt gewordenen

Gargantua, einer Gestalt aus der mittelalterlichen Überlieferung, die Rabelais übernommen und ganz im Sinn der Renaissance zu einem Symbol für den neuen Menschen gemacht hat. Seine riesige Größe, Freßgier und Sinnenlust rücken Gargantua deutlich in die Nähe von Dagda, und das 1532 anonym in Lyon erschienene Volksbuch mit dem Titel „*Die gewaltigen und unfaßbaren Chronica des großmächtigen Riesen Gargantua*", dessen Hauptfigur mit dem Artus-Mythos in Beziehung gesetzt wird[97], bietet zahlreiche Argumente, die diese These stützen. Gargantua muß eine Gestalt der keltischen Mythologie gewesen sein, die später in die Volkssage eingegangen ist. Geoffrey of Monmouth rekuperiert ihn unter dem Namen Gwrgant mit dem Schweinebart[98], und auch in Frankreich gibt es zahlreiche Flurnamen, die „Gargantuas Schritt" oder „Hügel von Gargantua" und ähnlich lauten. In vielen sehr alten Ortsnamen taucht die Sagenfigur Gargantua ebenfalls auf, wie etwa im italienischen „Monte Gargano", im „Mont Gargan" (Limousin) oder in Livry-Gargan nahe bei Paris. Henri Dontenville hat in all seinen Werken die außergewöhnliche Bedeutung von Gargantua für die „französische Mythologie" hervorgehoben, die er aus einer Vielzahl von heterogenen Zeugnissen herausarbeitet.[99] Er hält Gargantua für eine alte keltische Gottheit, die in Gallien verehrt wurde und die dort auch nach dem Sieg des Christentums nicht in Vergessenheit geriet. Diese These ist sicher richtig. Der Gott, um den es hier geht, muß von riesenhafter Gestalt gewesen und mit Kraft, Überfluß und Sexualität verbunden worden sein – Eigenschaften, die alle auch für Dagda gelten, wie zahlreiche Lokalsagen bestätigen. Vielleicht war *Gargan* oder *Gargano* der Name des von Cäsar erwähnten gallischen Jupiter? Das ist nicht auszuschließen, zumal die vielen (*vor* Rabelais entstandenen) Ortsbezeichnungen diese Hypothese stützen. Was aber kann dieser Name bedeuten? Die meisten Interpreten verbinden ihn mit der Bedeutung „Mund, Maul, Schlund" und sehen ihn im Zusammenhang mit einem alten Wort, das sich im Lateinischen zu *gurges* (= „Schlund, Abgrund") und im Französischen zu *gargouille* (=„Wasserspeier"), zu *ingurgiter* (= „durch die Gurgel schütten, verschlingen") und ähnlichen Worten aus derselben Wortfamilie entwickelt hat. Diese Auslegung bezieht sich jedoch vor allem auf den durch Rabelais geprägten Charakter von Gargantua und nicht auf den gallisch-keltischen Ursprung der Figur. Daß Rabelais das „Groß-Maul" bei seinem Gargantua hervorgehoben hat, widerspricht zwar nicht der Beschreibung von Dagda, erklärt sich aber vorwiegend aus den Intentionen von Rabelais: Er wollte aus Gargantua einen „Born des Wissens" machen, ein Symbol für „Gefräßigkeit" und „Gier" des Humanisten und Renaissancemenschen. Wenn *Gargan* oder *Gargano* jedoch ursprünglich eine keltische Gottheit gewesen ist, warum sollte man die Bedeutung des Namens nicht auch im Bereich der keltischen Sprachen suchen? Das läge in der Logik der Sache, und es überrascht, daß noch niemand auf diese Idee gekommen ist.[100]

Den Schlüssel für die Beantwortung unserer Frage liefert möglicherweise eine bretonische Volkssage aus der Gegend des Waldes von Camors (Morbihan), die eng mit der Sage von Konomor, dem bretonischen Blaubart, zusammenhängt.[101] Im Mittelpunkt steht die Figur des Salzverkäufers Gergan. Als der „böse Herr von Camors" auf seine eigene Gemahlin seinen Hund hetzt, der sie einfangen und töten soll, nimmt Gergan eine Handvoll Salz und schleudert sie gegen das Schloß des Herrn von Camors, das daraufhin sogleich in der Erde versinkt. Es geht hier um eine magische Handlung, um eine Verfluchung ganz in der Tradition des Druidentums. Sie erinnert an Pantagruel, den Rabelais zum Sohn von Gargantua macht und der auf eine dämonische Figur aus den mittelalterlichen Mysterienspielen zurückgeht: Auch Pantagruel wirft Salz auf seine Feinde, damit sie austrocknen und verdursten – eine Übereinstimmung, die kaum zufällig sein dürfte. Die klassische bretonische Form von *Gergan* (einer Dialektform aus dem Vannetais) lautet *Gargam* und bedeutet „Krummschenkel" oder „Hinkebein". Daß es das bretonische Wort *gar* (= „Schenkel") auch im Altfranzösischen gegeben haben muß, belegen neufranzösische Worte wie *jarretière* (= „Knieband, Strumpfband") oder *jarretelle* (= „Strumpfhalter") sowie das entsprechende englische Wort *garter*. *Gargamelle*, der Name von Gargantuas Mutter, ist also der französische Diminutiv von *Gargam*, und er Sohn Gargantuas trägt den Namen seiner Mutter in maskuliner Form. Ursprünglich waren Gargamelle und Gargantua Figuren „mit einem krummen Schenkel", das bedeutet: Gottheiten, die hinkten. Damit wären wir wieder bei Dagda angelangt, der auch als hinkend beschrieben wird. In der Mythologie wird eine charakteristische Eigenart der Gottheit häufig symbolisch durch die entgegengesetzte körperliche Beschaffenheit ausgedrückt, wie verschiedene Beispiele bezeugen: der Sehende ist oft einäugig (wie Odin) oder gar blind, der Gott der Beredsamkeit stottert, der Gott des Überflusses und der Freigebigkeit ist einarmig (wie Nuada), und der Gott der Stärke und Schnelligkeit hinkt oder hat nur ein Bein. So sind sowohl Gargantua als auch seine Mutter Gargamelle übernatürlich schnelle und kraftvolle Wesen, und auch der gallische Gott Gargano, der bei Cäsar als Jupiter erscheint, muß ähnliche Eigenschaften gehabt haben. Vermutlich war er außerordentlich stark, besaß einen ungewöhnlichen Appetit, war für seine sexuellen Abenteuer berühmt und setzte all diese Eigenschaften ein, um gegen die Mächte der Finsternis und des Chaos zu kämpfen, so wie Dagda gegen die Fomore.

Offensichtlich bestehen Zusammenhänge zwischen diesem Dagda/Gargantua und gewissen gallo-römischen Plastiken, die von Paul-Marie Duval beschrieben werden.

> „Zahlreiche im Nordosten gefundene Denkmäler zeigen den gallischen Jupiter in einer besonders kriegerischen Pose: Es handelt sich um Säulen, auf denen der Gott als Reiter dargestellt ist. Meist zerschmettert er gerade ein Ungeheuer mit einem Schlangen- oder Fischschwanz; manchmal wird er auch von diesem Ungeheuer getragen, das als ‚schlangenfüßiger Riese' bekannt ist. Mit Ausnahme der Dioskuren wurde niemals ein römischer Gott zu Pferde abgebildet. Hier erscheint der Herrscher des Himmels jedoch als kriegerischer Reiter. Manchmal hält er einen Blitz, manchmal ein Rad in seiner Hand, und die Inschriften bezeichnen ihn als *Iupiter Optimus Maximus.*"

Diese berühmte Darstellung trägt den Namen „Der Reiter auf dem Schlangenfuß" und hat die Interpreten immer wieder beschäftigt. Römisch ist an diesem Jupiter nur der Name, alles andere weist dagegen auf eine gallische Gottheit hin. Nach Duval ist

> „der Symbolgehalt dieser Plastiken kosmisch-metaphysischer Natur ... Sie stellen den Triumph des himmlischen Lichts über die dunklen, unterirdischen Kräfte dar. Der Riese scheint nämlich aus dem Boden hervorzuwachsen und seine Schlangengestalt unterstreicht seine chthonische Natur. Der Tag siegt also über die Nacht, die reinen Mächte über die unreinen, das ewige Leben über den Tod ...".[102]

Duvals Interpretation dürfte richtig sein: Der Reiter auf dem Schlangenfuß, der gallische Jupiter, ist wahrscheinlich Dagda/Gargantua, der die Fomore und damit das Chaos besiegt.

Auf einigen Abbildungen hält der Reiter, wie erwähnt, ein Rad in der Hand. Darüber hinaus gibt es in der gallo-römischen Plastik zahlreiche andere Abbildungen eines unbekannten Gottes mit einem Rad. Am eindrucksvollsten ist die Darstellung auf dem Kultkessel von Gundestrup: Der bärtige Gott erhebt hier beide Arme und verdeckt so etwa zur Hälfte ein Rad, das ein behelmter Krieger trägt. Deshalb sehen einige Interpreten in diesem Rad das Hauptattribut von Jupiter, den Blitz, aber nicht als Lichtstrahl dargestellt, sondern als Donnerrollen, vergleichbar dem Geräusch von rollenden Rädern. Andere betrachten das Rad als Sonnensymbol, was ebenfalls nicht ausgeschlossen ist. Es wäre also wichtig, die Frage zu klären, was die Verbindung zwischen dem keltischen Jupiter und dem Rad wirklich bedeutet. Das Rad gehört nicht zu den Attributen von Dagda, aber vielleicht kann uns eine andere Figur aus der irischen Mythologie weiterhelfen. Der Held der Erzählung *Die Belagerung von Druim Damhgaire*, der seine außerordentliche magische Kraft als Druide einsetzt, um die Druiden des gegnerischen Königs zu vernichten, heißt Mog Ruith; das bedeutet „Diener des Rades", und verweist auf die gallo-römischen Darstellungen des Gottes mit dem Rad, auf Jupiter. Mog Ruith kann also als halb-historisierte Doublette von Dagda betrachtet werden, mit dem er die wichtigsten Merkmale teilt.[103] Mog Ruith fährt in einem Wagen aus Bronze, der zu fliegen scheint. Er selbst kann wie ein Vogel fliegen – ein weiterer Hinweis auf seine göttliche Natur – und beherrscht die Elemente: Er bringt die Quellen wieder zum Fließen, die die Druiden des Königs Cormac versiegen ließen, und bekämpft seine Feinde nicht nur durch ein Druidenfeuer, sondern auch durch magische Winde. Wie Odin ist er einäugig und verkörpert die Allmacht der Druiden in ihrer reinsten Form. Vielleicht ist das Rad, dem er – wie sein Name sagt – dient, ein Symbol für das Wissen um Vergangenheit und Zukunft, ein „Rad der Fortuna" sozusagen, das nur Druiden und Götter lenken können, weil sie „weit Sehende" und „viel Wissende" sind.

Häufig wurde der Gott mit dem Rad auch als Taranis identifiziert, in dessen Name das Wort *taran*, ‚Donner' steckt. Lucanus zitiert diesen Taranis in seinem *Pharsalus*-Epos zusammen mit Teutates und Esus. Diese Trias von Lucanus scheint Ähnlichkeit mit der christlichen Trinität zu haben, denn hinter den drei verschiedenen Namen verbirgt sich wahrscheinlich dieselbe Gottheit jeweils unter einem anderen Aspekt. Bei Taranis steht der Aspekt des Donnergottes Jupiter im Vordergrund. Aus den Lucanus-Scholien erfahren wir, daß die dem Taranis dargebrachten Opfer in Holzbehältern verbrannt wurden. Dieser Brauch erinnert an die Hohlfiguren aus Weidengeflecht, in denen Cäsar zufolge einige gallische Stämme ihre Gefangenen dem Feuertod ausgeliefert haben sollen (vgl. *De bello gallico*, VI, 16). Taranis ist offenbar ein Gott des Feuers, sein Name könnte durch die Metathese von Tanaris oder Tanaros entstanden sein. Der Name Tanaros enthält das brit(ton)ische Wort *tan*, ‚Feuer' und ist durch eine in Chester (Großbritannien) gefundene Inschrift belegt.

Als Esus ist Jupiter vor allem der „gute Gott", was dem Beiwort

Optimus, das Jupiter trägt, entsprechen würde. Auf dem „Autel des Nautes“ (= „Seefahrer-Altar“) im Pariser Musée de Cluny wird Esus als Holzfäller dargestellt. Er scheint eng mit den Bäumen verbunden gewesen zu sein – vielleicht mit der Eiche, wie Jupiter? –, und in den Lucanus-Scholien heißt es, daß die dem Gott dargebrachten Opfer (vermutlich mit dem Kopf nach unten) an einem Baum aufgehängt und getötet wurden. Möglicherweise war dieses grausame Ritual nur ein symbolisches Scheinopfer zum Zwecke der Wiedergeburt.[104] Sonst wird der Gott überall als wackerer Arbeitsmann dargestellt. Auf dem „Seefahrer-Altar“ lichtet er die Äste eines Baumes mit einem langen Messer, und auf einem Bas-Relief in Trier bearbeitet er den Stamm mit einer Axt. In dieser Darstellung erscheint überraschenderweise in den Blättern des Baumes auch ein Stierkopf, neben dem drei Vögel auf den Zweigen sitzen. Auch auf dem „Seefahrer-Altar“ gibt es ein Bas-Relief, das einen Stier in einem Wald abbildet, auf dessen Kopf und Rücken drei große Vögel sitzen. Die Inschrift darunter lautet: *tarvos trigaranus*, der „Stier mit den drei Kranichen“. Dieser Tarvos Trigaranus hat zu den verschiedensten Spekulationen Anlaß gegeben. Seltsamerweise taucht er in den Chansons de Geste auf, vor allem im französischen *Rolandslied*, wo er von den Sarazenen als *Tervagant* neben Apoll und Mohammed angebetet wird. Außerdem ist in der gallo-römischen Plastik mehrfach ein Stier mit drei Hörnern zu finden, und der Begriff der Trias oder Trinität war ja allen Kelten bekannt. Esus muß also irgendeine Beziehung zu dem „Stier mit den drei Kranichen“ gehabt haben. Das bezeugen zum Beispiel Münzen des bretonischen Stammes der *Osismi*: Sie stellen ein Pferd dar, das gerade über einen Stier springt und auf dessen Kopf ein Vogel sitzt (wobei der Vogel vermutlich den Pferdelenker oder göttlichen Führer symbolisiert). Es dürfte sich hier um einen Mythos handeln, in dessen Mittelpunkt Esus steht. D'Arbois de Jubainville hat vorgeschlagen, diese Darstellung als Szene aus dem großen Epos *Tain Bô Cualnge* zu interpretieren. Das Epos erzählt, wie der Held Cuchulainn gegen drei irische Könige kämpft, um den von allen begehrten braunen Stier, den ‚Braunen von Cualnge‘, zu verteidigen. Während dieses Kampfes wird Cuchulainn von der Göttin Morrigane in Gestalt eines Vogels angegriffen. Diese Erklärung ist zwar nicht befriedigend, aber es wurde noch keine bessere gefunden. Wenn D'Arbois de Jubainville recht hat, müßte man in Cuchulainn eine halb-historische und ins Heldenhafte stilisierte Doublette von Dagda sehen, der sein Volk und dessen Besitz, nämlich den heiligen Stier, schützt und verteidigt.

Teutates ist der letzte in der von Lucanus genannten Trias. Der Autor der *Pharsalia*-Scholien merkt an, daß die ihm dargebrachten Opfer mit dem Kopf in einen Kessel getaucht wurden, bis sie ertranken. Obwohl auch Mars und Merkur gelegentlich den Beinamen Teutates oder Tutatis tragen, paßt er doch vor allem zu Jupiter, denn er gilt als „Vater des Volkes" oder „Vater des Stammes". Diese Bezeichnung stimmt nahezu mit dem Beinamen von Dagda, *Ollathir*, überein. Manche Interpreten sehen in Teutates/Tutatis einen allgemeinen Gattungsbegriff, der sich auf jede Schutzgottheit übertragen läßt; doch vermutlich handelt es sich eher um ein charakterisierendes Beiwort.

Der gallische Jupiter hat noch verschiedene andere Beinamen und Attribute. Den von einer widderköpfigen Schlange begleiteten Gott auf einer der Schmuckplatten des Kessels von Gundestrup muß man wohl auch als Jupiter Dagda einordnen. Ebenso ist auf der Säule von Mavilly, die im Gebiet der *Santonen* gefunden wurde, eine Art Krieger-Gott neben einer Schlange mit einem Widderkopf abgebildet. Dieses Motiv gibt es nur in Gallien, während es in Irland, wo man keine Schlangen kennt, nicht auftaucht.

Auch der Hammer war in Gallien als göttliches Attribut beliebt. Wie die Inschriften uns verraten, heißt der Gott mit dem Hammer Sucellos, also „Schlagetot". Dieser Name paßt ausgezeichnet zu seinen Bildern und zu Dagda mit der Keule. Im allgemeinen erscheint Sucellos als bärtiger alter Mann: Er trägt einen kurzen Überwurf, Beinkleider und eine Kappe nach gallischer Art. Manchmal hält er seine Keule erhoben wie ein Zepter, manchmal ein bauchiges Gefäß; auf anderen Darstellungen stehen zwei kleine Fässer neben ihm, und gelegentlich wird er von einem Hund begleitet. Man hat ungefähr 200 Abbildungen von ihm gefunden, die sich in der Darstellungsweise zum Teil erheblich voneinander unterscheiden. Vor allem der Hammer ähnelt teilweise stark einem Faß. Häufig wird er auch von einer Krähe begleitet und erinnert so an die Göttin Morrigane-Bodbh, die ja oft in Gestalt eines Vogels dargestellt wird. Wie dem auch sein mag – die Bedeutung des Hammers gibt uns Rätsel auf. Handelt es sich dabei um ein Todessymbol? Diese Annahme wird durch gewisse westeuropäische Sterbe- und Begräbnisrituale gestützt, in denen der Hammer eine Rolle spielt. So legt man in Irland den Toten noch heute einen Hammer in den Sarg, „damit sie an das Tor des Fegefeuers klopfen können". In einigen bretonischen Gemeinden, vor allem in Guénin (Morbihan), war es üblich, sogenannte „Sterbehämmer" zu benutzen: Wenn jemand zu lange mit dem Tod kämpfte, holte die älteste Frau des Dorfes beim Priester eine dafür bestimmte Keule, einen Stein oder einen Hammer; dieser Gegenstand wurde über den Kopf des Sterbenden gehalten, den man dabei aufforderte, sich auf das „Weggehen" vorzubereiten.[105] In einigen Gegenden Englands hing ein solcher Hammer, der „holy mawle", hinter der Kirchentür, und es wird erzählt, daß der Sohn, dessen Vater älter als 70 Jahre war, das Recht hatte, ihn damit zu töten. Es ist durchaus nicht unwahrscheinlich, daß solche Bräuche wirklich praktiziert worden sind, vor allem in Gesellschaften, in denen man sich keine „überflüssigen Mäuler" leisten konnte.

Auch der Gott mit dem Hammer ist also eine Erscheinungsform von *Dagda*, dessen Funktionen sehr vielseitig sind: Als Teutates schützt er die Stammesgemeinschaft, als Herr des Kessels sorgt er für Nahrung, als Taranis beherrscht er das Feuer, als Jupiter ist er der Allvater, als Dispater der Gott des Lebens und des Todes, und als Gargantua zeichnen ihn Freß- und Sinneslust aus; als „Reiter auf dem Schlangenfuß" bekämpft er die Ungeheuer, als guter Esus beherrscht er die Tiere des Waldes; er hat einen Hinkefuß, weil er schnell ist, und nur ein Auge, weil er der „Sehende" ist, also Druide, Magier und Prophet, außerdem Harfenspieler, Dichter und Philosoph. Als Sucellos erscheint er als tapferer Krieger und „Schlagetot", als Gott mit dem Rad ist er Herr des Schicksals, Gesetzgeber und Schutzherr der Verträge. Er erfüllt all diese Funktionen und transzendiert sie gleichzeitig, denn sein Name lautet Dagda: „der Göttlichste".

E. Die Göttin mit den drei Gesichtern

Cäsar beschließt seine Beschreibung der wichtigsten gallischen Gottheiten mit Minerva, von der es heißt, sie „lehre die Grundelemente des Handwerks *(operum)* und der Künste *(artificiorum)*" (*De bello gallico*, VI, 17). Das von Cäsar verwendete Wort *opus* bedeutet ganz allgemein jedes durch menschliche Aktivität vollbrachte Werk, während das Wort *artificium* im Sinne von Handwerk, Technik und Kunstfertigkeit zu verstehen ist. Minerva ist also sowohl die Schutzgöttin der *Handwerker* als auch der *Künstler*, und das bedeutet gleichfalls der *Krieger*, weil die Kriegskunst – wie ihr Name sagt – eben auch als Kunst galt. Die gallische Minerva gehört aber nicht nur zur dritten indoeuropäischen Klasse, sondern sie vereinigt in sich wie Jupiter/Dagda alle drei Klassen und ihre Funktionen.

Minervas gallischer Name ist nicht überliefert. Manchmal – wie zum Beispiel in Saint-Lizier (Ariège) – trägt sie den Beinamen *Belisama*, die „Strahlende", dann wieder erscheint sie als *medica*, ist also der ersten Klasse zuzurechnen. Am besten wird die gallo-römische Minerva durch einen erst kürzlich in Kerguily (Finistère) entdeckten Bronzekopf dargestellt, der sich jetzt im Musée de Bretagne in Rennes befindet. Der Bronzekopf trägt einen Helm in Gestalt einer Eule, und der Helmschmuck stellt einen Schwan dar. Die Bedeutung der Minverva wird im ganzen gallischen Gebiet durch zahlreiche Inschriften belegt. Außerdem standen die Gallier im Ruf, geschickte Handwerker und begabte Künstler zu sein, auch wenn die Griechen und Römer den Sinn ihrer Werke und das darin zum Ausdruck kommende Denken nicht immer verstehen konnten.

Fest steht jedoch, daß Minerva in Irland die berühmte Brigit, die Tochter von Dagda gewesen ist (so wie Minerva/Athene die Tochter von Jupiter/Zeus war). Brigit ist zum einen Schutzgöttin der Dichter, der *fili* und der Ärzte (erste Funktion), zum anderen Schutzgöttin der Handwerker, Schmiede und Bronzegießer (dritte Funktion), und schließlich erscheint sie als Kriegerin (zweite Funktion). In einigen irischen Texten gibt es drei verschiedene Brigit-Gestalten, was beweist, daß sie tatsächlich eine Göttin gewesen ist. Mit Sicherheit war sie die Schutzpatronin des *Imbolc*-Festes, das am 1. Februar gefeiert wurde, am selben Tag also, an dem die Iren der heiligen Brigitte von Kildare gedenken, die offenbar nach der Christianisierung an die Stelle der heidnischen Göttin trat. Die heilige Brigitte ist nämlich die Schutzpatronin Irlands, und man kann es wohl kaum als Zufall bezeichnen, daß man sie genauso verehrt wie den heiligen Patrick. Außerdem wird erzählt, Brigitte hätte im Kloster von Kildare, dem sie als Äbtissin vorstand, ein ewiges Feuer brennen lassen – eine Geschichte, die an das ewige Feuer erinnert, das in Bath (Großbritannien) zu Ehren der Göttin Sul unterhalten wurde, die Solinus an Minerva assimiliert.

Die Bedeutung des Namens Brigit ist nicht schwer zu verstehen: Er stammt von der Wurzel *bri* oder *brig* ab, die „hoch" und „stark" bedeutet und die man in verschiedenen Ortsnamen wie Bregenz *(Brigantia)*, Briançon oder Brech (Morbihan) sowie im bretonischen Wort *bré* erkennen kann. *Bré* heißt ‚Anhöhe, Hügel' und wurde als Vorsilbe gebraucht, um zahlreiche Namen von Festungen, die auf einer Anhöhe lagen, zu bilden (vgl. *Brélevenez* oder *Bréholo*). Der Name Brigit ist jedoch schon früh aus der irischen Überlieferung verschwunden, denn die Christen empfanden ihn als lästig und meinten, er schade dem Ruf der „Heiligen" Brigitte. Aber das hat diejenigen, die die gälische Überlieferung schriftlich fixierten, nicht daran gehindert, die alte Göttin in ihren Erzählungen zu erwähnen, wenn auch unter vielen verschiedenen Namen: So kann man sie etwa in Boinn, Eithne, Etaine, Bobdh und Morrigane erkennen und vermutlich auch in der irischen Macha, der die walisische Rhiannon und die gallo-römische Epona entsprechen. Mit Sicherheit verbirgt sie sich hinter der irischen Erdgöttin Tailtiu, der Nährmutter von Lug, der ihr zu Ehren das *Lugnasad*-Fest einrichtet, das am 1. August gefeiert wurde, sechs Monate nach dem der Brigit geweihten *Imbolc*-Fest.

Boinn (auch Boyne oder Boann genannt) heißt wörtlich die „weiße Kuh" (Bo-Vinda). Dieser Name ist charakteristisch für eine Hirtengesellschaft, in der der Reichtum von der Größe der Viehherde abhängt. Boinn stellt also ein Symbol für Gedeihen und Wohlstand dar, und die Farbe Weiß, die mit der Idee von Schönheit und Reinheit verbunden ist, unterstreicht diese Vorstellung noch. Boinn ist die Gemahlin von Dagdas Bruder Elcmar, der in Wirklichkeit wohl eher als Dagdas düsterer und negativer Doppelgänger gesehen werden muß, denn sein Name bedeutet „der Neidische" oder „der Eifersüchtige". Wenn Dagda Elcmar wegschickt, um sich mit Boinn zu vereinigen, begeht er nicht einfach Ehebruch, wie uns die Überlieferung aufgrund der christlichen Moralvorstellungen glauben machen will, sondern er löscht dadurch vielmehr seine „schwarze" Seite zugunsten der „weißen" aus, er verherrlicht den Aspekt des „guten Gottes" in sich, um so – mit Hilfe des Wohlstands – den „jungen Sohn" (Mac Oc) zu zeugen, der ebenfalls der „Einzigartige" (Oengus) ist. Wie erfahren dies aus einer Dichtung des 10. Jahrhunderts, die Cinaed ua Hartacain zugeschrieben wird. Danach soll Elcmar ebenfalls den Namen *Nechtan* (die gälische Form für *Neptunus*) tragen und eine Wunderquelle besitzen, die Quelle von Segais. Als Boinn sich nach der Geburt von Oengus reinigen will – was zweifellos symbolisch gemeint ist – sagt sie:

> „Bis zur schönen Quelle von Segais werde ich gehen, damit meine Keuschheit nicht mehr bezweifelt werden kann. Das lebendige Wasser, das nicht lügt, werde ich dreimal gegen die Richtung des Sonnenumlaufs umkreisen."[106]

Dieses Ritual des Umkreisens lebt noch heute in der Bretagne in verschiedenen Bräuchen im Zusammenhang mit Heilquellen weiter. Man beachte, daß Boinn das Ritual *gegen* den Lauf der Sonne vollziehen will: Das weist auf Rückkehr in früheres Leben und auf Wiedergeburt hin, so daß die Quelle von Segais als eine Art Jungbrunnen zu verstehen ist. Aber der magische Vorgang der Verjüngung und Wiedergeburt ist nicht ungefährlich, denn die Geschichte von Boinn erzählt weiter:

„Eines Tages ging Boinn zur Quelle. Stolz und herausfordernd sagte sie, daß keine verborgene Macht es mit der Macht ihrer Schönheit aufnehmen könne, und sie umschritt die Quelle dreimal links herum. Da stiegen aus der Quelle drei mächtige Wogen empor und schlugen über Boinn zusammen. Sie raubten ihr nicht nur einen Schenkel, sondern auch eine Hand und ein Auge. Boinn aber floh voller Scham zum Meer, und das Wasser folgte ihr bis zur Mündung der Boyne.“[107]

So entstand der Fluß Boyne, dem Boinn ihren Namen gegeben hat.

In vielen Sagen wird der Name eines Flusses, Hügels oder Tales durch eine mythologische Geschichte erklärt. Hier geht es jedoch um mehr: Boinn will in die Vergangenheit zurückgehen, sie will den Lauf des schon Geschehenen noch einmal beginnen, und das ist nicht nur unmöglich, sondern auch falsch.[108] Denn der Gedanke des ewigen Werdens, der offenbar eine zentrale Rolle im Weltbild der Druiden gespielt hat, erlaubt kein Zurückgehen, sondern fordert im Gegenteil, daß man nach vorne blickt. Verjüngung und Wiedergeburt liegen nicht hinter uns, sondern vor uns. Zwar gibt es Boinn, die „Weiße Kuh“ nicht mehr[109], aber sie erscheint wieder in Gestalt von Etaine als Heldin einer der schönsten irischen Liebesgeschichten. Etaine, die Tochter eines Königs von Ulster, heiratet den Gott Mider, stirbt, wird wiedergeboren und heiratet dann den König Eochaid.[110] Als Ahnherrin eines Königsgeschlechts trägt sie den Namen *Be-Finn*, die „schöne“ oder „weiße“ Frau. Da eine so überragende Mythenfigur nicht einfach untergehen und in Vergessenheit geraten kann, gelangt sie – wie die meisten Gestalten der irischen Mythologie – übers Meer auf den Kontinent, wo sie von den Dichtern der Artusromane wieder aufgegriffen wird. So taucht *Boinn/Be Finn*, was zunächst überraschen mag, unter dem Namen *Viviane* in der Merlinsage auf. Aus ihr wird dann die „Dame du Lac“, die Lancelot initiiert.[111] Die Götter sterben also nicht, sondern sie verwandeln sich nur.

Als Etaine hat die ursprüngliche Göttin Boinn menschliche Züge angenommen. Sie verliert die Eigenschaften der Primordialgöttin und inkarniert nun die Herrschergewalt. In einer Variante der Sage heißt sie Ethne oder Eithne: Sie entäußert sich hier ihrer Kennzeichen als Tuatha De Danann, verzichtet auf ihre Rolle als heidnische Gottheit und wird vom heiligen Patrick getauft.[112] Diese Geschichte ist deshalb aufschlußreich, weil sie zeigt, wie die Gottheit einer Religion sich nach den Vorstellungen einer anderen Religion zu transformieren vermag. So wird Boinn-Brigit nicht nur zur „Heiligen" Brigitte von Kildare, sondern als Göttermutter im keltischen Irland der Druiden kann sie sich auch in die Mutter des christlichen Gottes verwandeln und zur Jungfrau Maria werden. Vom religiösen Standpunkt her gesehen bleibt ihre Bedeutung also dieselbe, nur die äußere Erscheinung ändert sich.

Brigit-Minerva, die Blüte und Wohlstand verbreitet, ist aber nicht nur die Repräsentantin der dritten indoeuropäischen Klasse, sondern sie ist auch *banfile*, das heißt weiblicher *file*, Dichterin oder Prophetin. Das Wort *banfile* wurde fälschlich mit „Druidin" übersetzt, das aber hieße *banrui* („weiblicher Druide"). Wenn Brigit als *banfile* bezeichnet wird, heißt das noch nicht, daß sie deshalb „Druidin" sein müßte; dieser Terminus ist nämlich relativ spät entstanden und erweckt somit die Frage, ob es überhaupt „Druidinnen" gegeben hat. Diese Frage kann weder negativ noch positiv beantwortet werden, denn kein Text sagt uns etwas darüber. Sicher ist nur, daß es in der Priesterklasse der Druiden auch Frauen gab; welche Funktion sie aber hatten, wird nirgends genau definiert. Kehren wir wieder zu Brigit zurück: Als Göttin ist sie auch „Druidin", denn nach der Definition ist jeder Druide göttlich und jeder Gott ein Druide. Brigit inkarniert die heilige Kunst der Poesie als wesentlichen Aspekt des Druidentums. In dieser Eigenschaft ist sie die Muse der Dichter und die Schutzherrin der Künste, was sich mit Cäsars Definition der gallischen Minerva deckt. Und da auch in der Heilkunst magische Sprüche eine wichtige Rolle spielen, ist Brigit ebenfalls die Schutzherrin der Ärzte. Vermutlich ist Diancechts Tochter Airmed wiederum nur eine andere Erscheinungsform der Brigit unter anderem Namen: Jedenfalls hat sie dieselben Funktionen wie Brigit und bestätigt dadurch, daß sie zur Priesterklasse gehört.

Vielleicht ist die gallische Minerva aufgrund ihrer Eigenschaft als Schutzgöttin der Künste und der Heilkunde die „strahlende" *Belisama* und möglicherweise auch die durch Inschriften belegte *Sirona*, ein Name, der mit dem Leuchten der Sterne in Zusammenhang steht. In der vierten *Mabinogion*-Erzählung erscheint sie als *Arianrod* („Silbernes Rad"), und schließlich läßt sie sich auch mit der Fee *Melusine* vergleichen. Dieses heidnische, diabolische und nur mit bestimmten Einschränkungen christianisierte Wesen war nicht nur wie Brigit Schutzherrin der Künste und des Handwerks, Wohltäterin und Stamm-Mutter einer großen Nachkommenschaft, sondern lebte wie diese in christlicher Gestalt weiter.[113] Außerdem ist Melusine – wie Brigit, Boinne, Etaine und Tailtiu – die mythische Urmutter eines berühmten Geschlechts und ist wie diese fähig, sich zu verwandeln, um nicht mit der Zeit unterzugehen.

Das Bild der keltischen Minerva wäre unvollständig, erwähnte man nicht auch ihre Rolle als Patronin der Kriegs-Kunst. Es gibt in den keltischen Sagen eine unendlich große Zahl von Kriegerinnen, die zugleich Magierinnen sind und die jungen Männer initiieren. Es spielt dabei keine Rolle, ob es sich um Initiationen in die Kriegskunst, die Magie oder die Sexualität handelt, denn die drei Gebiete gehören eng zusammen. In der gallo-römischen Plastik wird Minerva häufig wie eine kriegerische Athene dargestellt, und auf manchen gallischen Münzen (vor allem auf den Münzen der Baiocassen in der Normandie) sind nackte, bewaffnete Frauen abgebildet, die sich mit wehendem Haar wie Furien in den Kampf zu stürzen scheinen. Nach Dio Cassius (LXII, 6–7) soll die Königin Bodicea als Akt der Rebellion gegen die Römer einer Kriegsgöttin namens Andrasta oder Andarta geopfert haben. Tatsächlich ist der Kult einer Göttin Andarte bei den Vocontiern belegt, und in Irland kann diese Göttin nur Morrigane sein: Sie ist die Tochter von Ernmas (= „Mord“) und gehört zu den Führern der Tuatha De Danann.

Für den Namen Morrigane gibt es verschiedene etymologische Erklärungen. Einige haben darin die „Königin der Schreckensträume“ sehen wollen, aber wahrscheinlich bedeutet er „Große Königin“, denn *mor* ist (ähnlich wie *ver* in Vercingetorix) ein augmentatives Präfix, und *rigan* gehört zu der Wurzel *rig*, „König“. Morrigane erinnert in vielem – vor allem wenn man an ihren Jähzorn und an ihre Erotomanie denkt – an die Fee Morgane der Artusromane. Aber das brit(ton)ische Wort *Morgane* hat sich aus *mori-gena* (die „Meergeborene“) entwickelt, die irische Entsprechung müßte *muirgen* lauten. Drei charakteristische Eigenschaften zeichnen die irische Morrigane aus: erstens ist sie Magierin und Prophetin, zweitens Kriegerin und drittens Verführerin. Im Epos *Tain Bô Cualnge* erscheint sie dem Helden Cuchulainn zuerst in der Gestalt einer verführerischen Frau und bietet sich ihm an, dann kehrt sie in Gestalt einer Kuh und einer Krähe *(bodbh)* zurück, um ihn zum Kampf anzufeuern. Während der Vorbereitungen auf die Schlacht von Mag Tured vereinigt sie sich mit Dagda, prophezeit ihm, wann die Fomore kommen werden, und greift schließlich selbst in den Kampf ein:

„Sie sagte, sie würde sich nach Scene begeben, um den König der Fomore zu töten ... Sie würde ihm sein Herzblut und die Glieder seiner Stärke rauben ... Anschließend zeigte sie ihre von Blut triefenden Hände den Heeren ...“.[114]

Während der Schlacht „ermutigt Morrigane die Tuatha De Danann, tapfer und unter Einsatz ihrer ganzen Kraft zu kämpfen“[115], und feuert sie mit einem Lied an. Sie ist es, die am Ende der Schlacht dann den Sieg der Tuatha in ganz Irland verkündet, und sie sagt schließlich auch die Zukunft des Landes voraus. Während sie in dieser Version der Geschichte ganz deutlich an Bodbh assimiliert wird[116], erscheint sie in einer anderen Fassung inmitten einer aufschlußreichen Trias:

„Die drei Druidinnen Bodbh, Macha und Morrigane prophezeiten den feindlichen Kämpfern, Hagelschauer und Giftwolken würden durch ihr Einwirken auf sie niedergehen und sie so furchtsam machen und verwirren, daß sie Mut, Besinnung und Zuversicht in der Schlacht verlieren würden.“[117]

Das Wort *bodbh* bedeutet zum einen „Krähe“ (in Gestalt dieses Vogels erscheint Morrigane häufig, besonders auf den Schlachtfeldern), zum anderen bedeutet es „Sieg“ (wie etwa im Namen der bretonischen Königin Bodicea, der „Siegreichen“). Die Göttin *Macha* verfluchte die Ulates und legte ihnen ihre berühmte Krankheit auf zur Strafe dafür, daß der König sie gezwungen hatte, in hochschwangerem Zustand kurz vor der Niederkunft mit seinen Pferden um die Wette zu laufen.[118] Macha ist mit dem Bild des Pferdes verbunden, das heißt, man kann in ihr eine Reitergöttin, ja sogar eine Stuten-Göttin sehen und sie daher mit Rhiannon, der Heldin der ersten und dritten *Mabinogion*-Geschichte in Beziehung setzen.[119] Der Name Rhiannon (Rigantona) bedeutet wahrscheinlich „Große Königin“. Auch die Galliergöttin Epona, die in der gallo-römischen Plastik häufig als Reiterin oder auch als Stute mit einem Fohlen dargestellt wird, scheint dieselbe Funktion zu haben wie Rhiannon und Macha, auch wenn sie unter Umständen nicht keltischen Ursprungs ist.

So verbirgt sich hinter der Trias Bodbh-Macha-Morrigane in Wirklichkeit eine einzige Göttin, die unter drei verschiedenen Aspekten dargestellt wird. Dasselbe gilt für die dreifache Brigit. In diesen Zusammenhang gehören auch die zahlreichen Darstellungen einer dreifachen Mutter-Göttin in der gallo-römischen Plastik, die *Matrae* oder *Matronae*; sie tragen häufig einen Beinamen, der ihre Funktion als Beschützerin einer bestimmten Gesellschaftsschicht oder einer Stadt erkennen läßt. Und schließlich sei daran erinnert, daß Irland oft durch eine Trias weiblicher Gestalten verkörpert wird, etwa durch

Eriu, Banba und Fotla. Die Kelten haben die Zahl Drei besonders verehrt, sie galt bei ihnen als Symbol für das Ganze, für die Ewigkeit. Die alten halb mythischen, halb historischen Überlieferungen aus Wales haben überhaupt eine Triadenstruktur: Sie bestehen entweder aus Dreiergruppen von Figuren, die für eine bestimmte Funktion charakteristisch sind, oder aus drei besonderen Ereignissen oder aus drei Prinzipien. Man denke auch an das „Triskell", eine symbolische Verzierung, die zwar nicht keltischen Ursprungs ist, aber dennoch zu einer Art Emblem für die keltische Zivilisation wurde, weil sie so häufig in den bildlichen Darstellungen der Gallier und vor allem der Iren auftaucht.

Neben den weiblichen Dreiergruppen finden wir in der gallo-römischen Plastik auch weibliche Gottheiten, denen männliche zur Seite stehen. Das weist darauf hin, daß die Funktionen im allgemeinen komplementär auf beide Geschlechter verteilt waren. Die gleiche Tendenz spricht auch aus der irischen Tradition. So ist zwar Brigit in gewissem Sinn eine Göttin der Heilkunde, aber es gibt auch einen speziellen Gott dieser Kunst, nämlich Diancecht. Dasselbe gilt für die Funktion von Brigit als Göttin des Handwerks und der Künste: Diese Funktion hat ebenfalls eine männliche Entsprechung, denn unter den Führern der Tuatha De Danann findet sich nicht nur Credne, ein Meister des Handwerks, sondern auch *Goibniu*, ein berühmter Schmied. Der Name Goibniu entstammt einer Wurzel, die im Französischen zu dem Wort *gobelin* geführt hat: „Gobelins" sind kleine Kobolde, die im Erdinnern leben und sich meisterhaft auf die Schmiedekunst verstehen. Goibniu besitzt außergewöhnliche Fähigkeiten.

> „Er stellte in seiner Schmiede Schwerter, Lanzen und Jagdspeere her, und er brauchte für jede Waffe nur drei Hammerschläge: mit dem dritten Schlag war sie fertig ...".[120]

Auf diese Weise können sich die Tuatha De Danann täglich mit neuen Waffen versehen. Natürlich steht dieser göttliche Schmied in der Tradition von Vulcanus/Hephaistos; in der irischen Überlieferung heißt er Govannon, Sohn der Göttin Dôn. Er ist Herr über das Feuer und über die Metalle und somit Herr über die Geheimnisse des Erdinnern. Das Motiv des göttlichen Schmiedes spielt in den germanischen Sagen eine wichtige Rolle, vor allem in der Siegfried-Sage.[121] In den keltischen Sagen besitzt er außerdem noch das Geheimnis der Initiation: Er lehrt junge Helden, sich richtig zu verhalten, und schmiedet ihnen Waffen, die sie meist unbesiegbar machen. Das gilt etwa für Cuchulainn (= „Der Hund von Culann"), der seinen Namen bei dem

Schmied Culann erhält[122], oder für Finn mac Cumail, der durch den Schmied Lochan initiiert wird.[123] Der zwielichtige und dämonische Schmied, der fast eine Art Hexenmeister ist, spielt in vielen Volksmärchen eine wichtige Rolle.[124] In den sogenannten primitiven Gesellschaften ist der Schmied nicht nur der Meister der Landarbeit, sondern auch der Meister der Kriegskunst, denn er stellt sowohl Ackergerät als auch Waffen her. Als wahrhafter „Herr der Schmiede" hat er eine große gesellschaftliche Machtposition, weshalb man bei ihm ein geheimnisvolles Wissen vermutet, das weit über sein Handwerk hinausgeht. Man müßte ihn fast als „Schmiede-Druiden" bezeichnen, was ja zum Beispiel für Goibniu zutrifft, der Gott und Druide ist.

Goibniu erscheint nämlich nicht nur in der Rolle des Schmiedes. Nach der Schlacht von Tailtiu müssen die von den Gälen besiegten Tuatha De Danann in der Autre Monde, also in Hügeln verborgen unter der Erde oder auf fernen Inseln wohnen. Irgendwo in dieser „Anderen Welt" findet ein Unsterblichkeitsfest statt, das „Fest des Goibniu", das seltsamerweise nach Goibniu benannt ist und bei dem er den Vorsitz hat. Möglicherweise hängt das damit zusammen, daß sich Goibniu – wie Diancecht – tief in das Gedächtnis des Volkes eingeprägt hat. So wird er etwa in einem Zauberspruch gegen Verwundungen, der in einer Handschrift des Klosters St. Gallen überliefert worden ist, zusammen mit Jesus Christus angerufen: „Mächtig ist das Wissen des Goibniu, mächtig ist die Spitze von Goibniu, Goibnius scharfer Stachel, – fort damit!"[125] Im Gegensatz zu Brigit, die wahrscheinlich recht früh aus der Überlieferung verdrängt werden konnte, lebte die Gestalt von Goibniu auf alle Fälle weiter. Man denke in diesem Zusammenhang nur an den bretonischen „Heiligen" Gobrien, der Furunkel (sie werden „Nägel" genannt) heilt und dessen Name sich aus derselben Wurzel wie Goibniu und Govannon entwickelt hat.

Die keltische Minerva ist also, wie wir sahen, nicht weniger vielschichtig als Dagda. Sie hat zahlreiche Namen und Gesichter und ist von furchterregenden Göttern umgeben, die ihre Funktionen ergänzen und unterstützen. Als Herrin der Dichtung, Magie und Weissagung, als Meisterin verschiedener Handwerke und Künste, und schließlich als wilde Kriegerin ist sie mit jeder der drei indoeuropäischen Klassen verbunden. Sie ist Mutter der Götter, unermüdliche Verführerin, dreifache Göttin und stets eine einzigartige Frau, in der vermutlich die Große Göttin der prähistorischen Zeiten fortlebt.

F. Die verborgenen Götter

Obwohl unsere Kenntnisse über die keltische Mythologie lückenhaft und häufig widersprüchlich sind, läßt sich dennoch erkennen, daß sie durch eine deutlich gestaffelte Struktur gekennzeichnet ist. Das von Cäsar überlieferte Modell der Götterhierarchie erlaubt es, viele Gottheiten – welchen Namen sie auch tragen mögen – aufgrund ihrer Funktion darin einzuordnen. Cäsar hatte aber keineswegs den Ehrgeiz, die *ganze* gallische Götterwelt zu beschreiben, und so gibt es zahlreiche Göttergestalten, die sich nur schwer oder gar nicht in diese Hierarchie einordnen lassen. Das bedeutet nicht unbedingt, daß sie unwichtig gewesen wären: Möglicherweise hatten sie nur einen anderen Ursprung oder waren anders geartet als die indoeuropäischen Götter. Für uns sind sie jedenfalls schwieriger zu erfassen.

Mit *Cernunnos* zum Beispiel haben wir uns noch nicht näher beschäftigt. Dieser Gott ist durch die Darstellung auf dem Kessel von Gundestrup sowie durch mehrere gallo-römische Plastiken gut bekannt und wird als „Gott mit den Hörnern" oder als „Gott mit dem Hirschgeweih" bezeichnet. Der Kessel von Gundestrup zeigt ihn in Buddha-Haltung; in einer Hand hält er einen Torques, in der anderen eine widderköpfige Schlange. Ein riesiges Hirschgeweih krönt seinen Kopf, vier Tiere begleiten ihn. Auch auf dem „Seefahrer-Altar" in Paris ist er in kniender Haltung abgebildet. Ein in Reims gefundenes Standbild zeigt ihn mit einem Sack voller Geldmünzen in Begleitung eines Hirsches und eines Stieres. In Nuits-Saint-Georges (Côte d'Or) ist er dreiköpfig, hält eine Geldbörse auf den Knien, und auch hier ist sein Hirschgeweih klar zu erkennen. Neben ihm befinden sich drei Göttinnen mit Füllhörnern, unter ihm ein Baum, ein Stier, ein Hund, ein Hase, ein Wildschwein und ein Hirsch. In ihrer Mitte ist eine rätselhafte Figur zu sehen: Auf den ersten Blick gleicht sie einer Frau mit nackten Brüsten, die einen Turm auf dem Kopf trägt. Bei näherer Betrachtung erkennt man aber, daß ihr Geschlecht männlich ist. In welcher Beziehung steht dieses androyne Wesen zum Gott Cernunnos, und was bedeutet dieser Gott wirklich? Seine wichtigsten Merkmale sind offenbar die drei Köpfe, die Buddha-Haltung sowie Sinnbilder für Wohlstand und Überfluß. Durch den Symbolgehalt der Zahl Drei verweisen die drei Köpfe auf das Ganze, auf die Ewigkeit. Diese Bedeutung wird bei der Statue von Nuits-Saint-Georges durch die androgyne Figur verstärkt. Stellt Cernunnos also einen Gott des Überflusses dar? Er gehört mit Sicherheit zur dritten indoeuropäischen Klasse, fraglich ist aber, ob er wirklich keltischen Ursprungs ist, bzw. ob er überhaupt aus dem indoeuropäischen Bereich stammt. Bei den Tuatha De Danann hat Cernunnos zwar keine Entsprechung, aber einige Figuren aus dem Leinster-Zyklus können mit ihm verglichen werden. Der Name Cernunnos bedeutet vermutlich „der Hirschköpfige", und Finn, der König der *Fiana*, deren Abenteuer im Leinster-Zyklus beschrieben werden, heißt in Wirklichkeit Demne, „Damhirsch". Seine Gemahlin Sadv (die während der einen Hälfte des Jahres die Gestalt einer Hirschkuh annimmt), bringt einen Sohn namens Oisin – „Hirschkalb" – zur Welt, und Finns Enkel trägt den Namen Oskar, also der, „der die Hirsche liebt".

Nun wurde zwar behauptet, die Erzählungen von Finn und den *Fiana* seien relativ jung und deshalb in Hinblick auf die keltische Mythologie mehr oder weniger wertlos, aber diese Meinung ist nicht bewiesen. Gewisse Archaismen und Situationen lassen im Gegenteil darauf schließen, daß der Leinster-Zyklus wesentlich ältere Wurzeln hat, ja daß er möglicherweise aus prä-keltischen Zeiten stammt. Tatsächlich läßt sich die keltische (also die irische und brit[ton]ische) Sagenwelt in drei Kategorien einteilen, die sich jeweils durch bestimmte charakteristische Tätigkeiten auszeichnen. Die erste Kategorie wird vor allem durch den *Ulster*-Zyklus repräsentiert: Die Helden dieser Erzählungen stammen aus einer Viehzüchtergesellschaft. Im Mittelpunkt steht meist ein dramatischer Rinderraub, und zur Bewachung der Herden scheint ein Hund eingesetzt worden zu sein, da zahlreiche Heldennamen mit dem Wort „Hund" zusammenhängen, zum Beispiel Cuchulainn, Curoi, Conchobar oder Conall. Die zweite Kategorie besteht im wesentlichen aus der walisischen Sammlung der *Mabinogion* und aus den *Artussagen*: Die Helden jagen hier Wildschweine und züchten Schweine, wofür die Geschichte von der Jagd auf das Wildschwein Twrch Trwyth ein charakteristisches Beispiel ist.[126] Dieser Gesellschaftstypus ist jünger und stellt entwicklungsgeschichtlich den Übergang zur Ackerbaugesellschaft dar. Zur dritten Kategorie schließlich gehört der *Leinster-Zyklus*, dessen Erzählungen eine Gesellschaft schildern, die sich durch die Hirschjagd auszeichnet. Dieser Gesellschaftstypus ist vermutlich der älteste, und man kann daher die einleuchtende Hypothese aufstellen, daß die Grundstrukturen des Leinster-Zyklus' aus den prähistorischen Zeiten der Renntierjäger stammen.

Aber kehren wir wieder zu Cernunnos zurück: Als Gott mit dem Hirschgeweih, der den Überfluß verkörpert und in Begleitung verschiedener Tiere auftritt, kann er durchaus auf eine alte prähistorische Gottheit zurückgehen, die vom Druidentum rekuperiert wurde. Seine Nachwirkung war bedeutend. Zahlreiche bretonische Legenden erzählen vom „Heiligen" Edern (Sohn von Nudd, also von Nuada) und seinem Hirsch.[127] Das Motiv des Hirsches, der sowohl für die guten als auch für die bösen Mächte steht, ist auch in den Artusromanen vielfach anzutreffen.[128] Nach einer Reihe von Metamorphosen hat sich der Hirsch-Gott endlich in einen Gott der Hexen verwandelt, also in den mittelalterlichen Teufel, der Hörner trägt, nach Schwefel riecht und den Hexensabbat anführt.[129] So kann das Bild einer Gottheit Jahrhunderte überdauern, auch wenn ihre ursprüngliche Bedeutung längst verloren gegangen ist.

Übrigens wurde in Broyes-les-Pesmes (Haute-Saône) die Statue einer Göttin mit einem Hirschgeweih gefunden, die ein Füllhorn und eine Opferschale trägt. Handelt es sich vielleicht um die weibliche Entsprechung von Cernunnos, und hat sie etwas mit der Hirschkuh-Frau, der Gemahlin von Finn und Mutter von Oisin, zu tun? Es gibt noch andere Darstellungen von Göttinnen in Begleitung von Tieren. In der gallo-römischen Plastik fällt vor allem die Bärengöttin *Artio* auf, deren Abbildung im Museum von Bern zu sehen ist: Die Göttin sitzt hier mit einem großen Bären unter einem Baum. Der Name Artio ist von *arto*, einem der keltischen Worte für „Bär", abgeleitet, und der Bär gilt als Symbol für die königliche Herrschergewalt. So geht der Name von König Artus wahrscheinlich auf das Wort *arto* zurück, ähnlich wie der Name des Königs Math (aus der vierten *Mabinogion*-Geschichte) von *matu*, einem anderen keltischen Wort für „Bär" abgeleitet ist. Man muß sich in diesem Zusammenhang daran erinnern, daß der keltische König ohne die „Herrschergewalt" machtlos ist. Diese wird in den Sagen oft durch die Gemahlin oder Geliebte dargestellt. Könnte es sich bei der Artio-Plastik in Bern also nicht um eine symbolische Darstellung des Bären-Königs handeln, der unter dem Schutz des Druiden-Baumes vor der göttlichen Herrschergewalt (der sitzenden Frau) steht? Der bereits erwähnte König Math aus dem vierten *Mabinogi* kann in Friedenszeiten nur überleben, wenn seine Füße im Schoß der Jungfrau ruhen[130], und die Königin Medbh von Connaught – eine für das keltische Denken charakteristische Verkörperung der Herrschergewalt – schenkt „die Freundschaft ihrer Lenden" nicht nur ihrem Gemahl, dem König Ailill, sondern auch allen Helden, von denen sie sich Nutzen verspricht. Guénièvre, die Gemahlin von König Artus, handelte ursprünglich nicht anders, erst die höfischen Dichter haben Lancelot du Lac zu ihrem Dauerliebhaber gemacht. Ihre Beziehungen zu den anderen Rittern der Tafelrunde sind aber auch im Artusroman noch recht zwielichtig. Die höfische Minne (der „amour courtois" oder „fine amor") ist nämlich nicht nur eine Verherrlichung des Weiblichen, sondern vor allem auch die Anerkennung der durch die Frau inkarnierten Herrschergewalt.[131] Darin lebt die Erinnerung an eine Gesellschaftsordnung weiter, die vor der Ankunft der patriarchalisch orientierten Indoeuropäer bestanden haben muß, – eine Gesellschaftsordnung, in der die gynäkokratischen Strukturen wahrscheinlich stärker ausgeprägt, zumindest aber genauso bedeutsam waren wie die androkratischen.

Die gallo-römische Plastik kennt noch andere Darstellungen von Göttinnen, die von Tieren begleitet werden. Eine Bronzestatue aus den Ardennen, die heute in der Pariser Bibliothèque Nationale aufbewahrt wird, zeigt eine Frau, die auf einem Wildschwein reitet. Wahrscheinlich handelt es sich um die Göttin Arduinna, der die Ardennen ihren Namen verdanken. Der Symbolwert des Wildschweins läßt sie als Göttin des Krieges oder als Göttin der Jagd erscheinen. In den walisischen Erzählungen taucht das Motiv der Verbindung zwischen einer Göttin und einem Wildschwin häufig auf, vor allem in dem alten Epos *Kulhwch und Olwen.*[132] Neben der Wildschwein-Göttin gibt es die Vogel-Göttin, wie wir sie von einer Seite der Schmuckplatte des Kessels von Gundestrup her kennen. Diese Vogel-Göttin erinnert an Morrigane-Bodbh, an die Fee Morgane und an die Gestalt der walisischen Rhiannon, deren Vögel durch ihren Gesang nicht nur die Lebenden in Schlaf versenken, sondern auch die Toten auferwecken können.[133] Schließlich muß man noch die gallo-römische Epona erwähnen, deren Name auf eine Verbindung zu den Pferden hindeutet. Vermutlich ist Epona die brit(ton)ische Form eines lateinischen Wortes, das auf *equus* (‚Pferd') zurückgeht, wobei das lateinische *qu* durch *p* ersetzt wurde. Es kann als gesichert gelten, daß das lateinische Wort *equus* von der indoeuropäischen Wurzel *ekwo* stammt, von der auch der Name Eochaid abgeleitet werden muß, den nach der Tradition fast alle irischen Könige tragen – selbst Dagda wird Eochaid Ollathir genannt! Eochaid würde demnach auf einen Pferde- oder Reiter-König hinweisen.[134] Wie dem auch sein mag – die gallische Epona, die walisische Rhiannon und die irische Macha sind alle mit dem Pferde-Motiv verbunden.[135]

Auf den Zusammenhang zwischen keltischen Gottheiten und Tieren müssen wir später noch einmal zurückkommen: zum einen, wenn wir die Möglichkeit des Totemismus bei den Kelten untersuchen, zum anderen, wenn wir auf schamanistische Züge im Druidentum eingehen. Die enge Bindung der Kelten an die Tiere erklärt sich durch ihre Gesellschaftsform: Sie sind ein Volk von *Jägern* und *Viehzüchtern*. Das gilt vor allem für Irland, *wo es keinen Gott des Ackerbaus gab*. Auch Gallien scheint einen solchen Gott nicht gekannt zu haben, es sei denn, Cernunnos hätte diese Funktion ausgeübt. In Wales wurde offenbar Amaethon, Sohn der Göttin Dôn und Bruder des Schmiedes Govannon, als Gott des Ackerbaus verehrt; wir wissen aber kaum etwas über ihn, außer daß sein Name ‚Ackermann' bedeutet, was nicht viel aussagt. Dasselbe gilt für den irischen Mac Cecht, den ‚Sohn des Pfluges'. Bei den Führern der Tuatha De Danann weist sein Name als einziger auf den Ackerbau hin. Der Name *Amaethon* liefert uns jedoch einen wertvollen Hinweis: er stammt nämlich von demselben Wort ab wie das gallische *ambactos*, das ‚Diener' bedeutet (vgl. Cäsar, *De bello gallico*, VI, 15). Daraus kann geschlossen werden, daß der Ackerbau als wenig geachtete Tätigkeit galt und daß er nicht von Bürgern, sondern von Dienern oder sogar von Sklaven betrieben wurde. Möglicherweise haben die Kelten – ein Volk, das nicht nur auf dem Gebiet der Kriegskunst, sondern auch auf geistigem und künstlerischem Gebiet hochentwickelt war – die Feldarbeit den westeuropäischen Ureinwohnern überlassen, die sie unterworfen hatten. Diese Vermutung würde erklären, warum es in der keltischen Mythologie keinen Gott des Ackerbaus gibt.

Auch einen Gott des Meeres suchen wir bei den Kelten vergebens. Die gallo-römischen Darstellungen von Neptun weisen ihn nämlich deutlich als Schutzgott der Flüsse und Quellen, nicht aber des Meeres aus. Dagdas Bruder Elcmar trägt zwar den Beinamen *Nechtan* (die gälische Form für Neptunus), aber Elcmar ist nicht der Herr der Meere, sondern der Schutzpatron der Wunderquelle von Segais. Offenbar wollten die Kelten, vor allem die Iren, mit dem Meer nichts zu tun haben, sie verachteten oder fürchteten es. Eine Ausnahme bildeten nur die *Veneter*. Wir werden darauf noch einmal zurückkommen, wenn wir uns mit den möglichen Einflüssen einer atlantischen Zivilisation auf die Kelten auseinandersetzen.

In den irischen Erzählungen taucht jedoch ein Gott auf, der sich nicht ohne weiteres einordnen läßt: Es handelt sich um *Mananann mac Lir*. In den walisischen Sagen ist er unter dem Namen *Manawyddan ab Llyr* bekannt. *Lir* oder *Llyr* bedeutet ‚Wogen, Meer, Ozean' und der Namen Mananann/Manawyddan hängt mit der *Isle of Man* zusammen: er bedeutet ‚der Bewohner der Insel Man'. Manannan wurde vielfach für den Gott gehalten, dem diese noch weitgehend gälische Insel der Irischen See ihren Namen verdankt[136], aber vermutlich ist es genau umgekehrt, und der Name des Gottes ist von dem der Insel abgeleitet. Manannan gehört zu den Führern der Tuatha De Danann. Er beteiligt sich zwar nicht an der Schlacht von Mag Tured, aber er spielt in zahlreichen irischen Erzählungen eine wichtige Rolle. Zu Oengus Mac Oc sagt er: „Ich bin der König unter euren Königen, der Älteste in euren Heeren, das Licht eurer Schlachten und der Fürst eurer Helden."[137] Manannan behauptet außerdem, der Adoptivsohn von Dagda zu sein, und nach der Schlacht von Tailtiu, in der die Gälen die Tuatha De Danann besiegt haben, wird er der Anführer der Tuatha:

„Der Edle Manannan, der höchste König mit der großen Macht, sollte den Kriegern raten, was zu tun sei. Er riet ihnen, sich auf die *sidhe* zu verteilen und sich in den Hügeln und in den schönen Ebenen Irlands niederzulassen. Und Manannan teilte ihnen ihre Wohnsitze in den *sidhe* zu . . . Er schuf den *feth fiada*, rief das Gastmahl des Goibniu ins Leben und stiftete seine berühmten Schweine. Der *feth fiada*, ein magischer Zaubergesang, machte die Fürsten unsichtbar, durch das Gastmahl des Goibniu wurden die höchsten Könige unsterblich, und die Schweine von Manannan erwachten zu neuem Leben, wenn man sie getötet hatte. Manannan lehrte schließlich die Fürsten, ihre Zauberschlösser so einzurichten, daß sie wie das wunderbare Land der Verheißung und wie die schöne Insel Emain Ablach aussahen."[138]

Nach der Schlacht von Tailtiu leben die Tuatha De Danann also sowohl in den *sidhe*, den irischen Megalithhügeln, als auch auf den mehr oder weniger mythischen Inseln, die Irland umgeben. Manannan ist ihr oberster Anführer, er herrscht über das ‚Land der Verheißung', wie die keltische Autre Monde allgemein genannt wird. Diese Autre Monde ist kein bloßes Jenseits, sie ist tatsächlich eine *andere* Welt, mit der man unter bestimmten Bedingungen in Verbindung treten kann. Manannan ist außerdem der Schutzherr des Untersterblichkeitsmahles des Goibniu, zu dem er seine Wunderschweine, die immer wieder lebendig werden können, stiftet, und schließlich ist er der Schöpfer des *feth fiada*, jenes Zauberspruchs, der den Tuatha erlaubt, jederzeit unsichtbar zu werden, wenn sie nicht von den Menschen erblickt werden wollen. In vielen bretonischen Volksliedern lebt – meist im Zusammenhang mit irgendwelchen Feen – die Erinnerung an den *feth fiada* weiter.[139] Manannan hält sich vorwiegend im ‚Land der Verheißung' auf, wo er mit der Göttin Fand (‚die Schwalbe') verheiratet ist. Aber der Friede seines Hauses wird gestört, vor allem durch Cuchulainn.[140] Ähnlich wie Odin/Wotan oder Merlin mischt er sich häufig in die Angelegenheiten der Menschen ein. Er ist der Vater des Helden Mongan, dessen seltsame Geschichte in verschiedenen Sagen erzählt wird[141], und der Held Bran begegnet ihm auf seiner Meerfahrt, wo Mananann ihm die Schönheit der wunderbaren Insel Emain Ablach schildert.[142]

Der walisische Manawyddan spielt offenbar eine weniger bedeutende Rolle. Im dritten *Mabinogi* zeigt er sich als meisterlicher Handwerker und Magier, die Göttin Rhiannon wird seine Gemahlin.[143] Häufig taucht er in den Dichtungen auf, die dem Barden Taliesin zugeschrieben werden. Eine jüngere walisische Erzählung[144] macht ihn zum Bruder von Bran, dem Gebenedeiten, und zum Onkel des Helden Cardawc (bei dem es sich um den bei Tacitus historisch bezeugten Caractacos oder um die Figur Caradoc der Artusromane handeln könnte): Aus den Knochen der in Großbritannien umgekommenen Römer baut er ein merkwürdiges rundes Gefängnis, das für Verräter, Pikten und Sachsen bestimmt ist.

In allen Sagen kommt Mananann/Manawyddan gerade „von woanders her“, also aus dem wunderbaren ‚Land der Verheißung‘, das traditionsgemäß „jenseits des Meeres“ liegt. Deshalb hat man Llyr oder Lir, ‚Sohn der Wogen‘, genannt; er darf jedoch nicht mit Shakespeares König *Lear* verwechselt werden, dessen tragische Geschichte bereits von Geoffrey of Monmouth erzählt wird. Auch sein Beiname ‚der Bewohner der Insel Man‘ ist dadurch zu erklären: Die Isle of Man liegt nämlich sowohl für die Brit(ton)en als auch für die Iren symbolisch gesehen „jenseits des Meeres“. Mananann/Manawyddan bedeutet also: der, der zur Autre Monde gehört. Dieser Beiname ist vermutlich ziemlich jung. Mananann könnte früher *Mider* geheißen haben: Mider, der Herr des *sidh* von Bri-Leith, ist ein Tuatha De Danann, der – obwohl er selten in den Sagen auftaucht – trotzdem König von Mag Mor genannt wird, also König der ‚Großen Ebene‘, einer anderen Bezeichnung für die Autre Monde. Tatsächlich erscheinen in den verschiedenen Versionen der *Brautwerbung um Etaine*[145] beide Figuren nebeneinander, sie sind also austauschbar. In der am meisten vom Christentum geprägten Fassung wird der Name Mananann verwendet. Es kann daher angenommen werden, daß Mider der ursprüngliche Name des Gottes war, zumal er nicht nur in den Inschriften, sondern auch in der gallo-römischen Plastik Ostgalliens zu finden ist. Ein Bas-Relief aus dem Wald von Haguenau zeigt zum Beispiel einen Krieger, der in der linken Hand eine Lanze hält und die rechte auf einen Stier stützt. Die Inschrift darunter lautet: *deo Medru Matutina Cobnerti filia* (Für den Gott Medros von Matutina, der Tochter des Cobnertus). Es muß also einen Gott *Medros* gegeben haben, dessen Name entweder von der Wurzel *med* (= ‚Maß') oder von *mid* stammt (= heute das alkoholische Getränk „Mydromel" in der Bretagne, deshalb auch die erweiternde Bedeutung von ‚betrunken'). Darin läge eine Anspielung auf das Unsterblichkeitsmahl, das durch die wunderbaren Schweine, die immer wieder zu neuem Leben erwachen, in Gang gehalten wird. Der Name *Medros* könnte aber auch ‚Mittelsmann, Schlichter' bedeuten, denn diese Rolle spielt Manannan offenbar bei den Tuatha. Medros ist noch durch ein anderes Bas-Relief bezeugt, das in Gunstett (bei Wörth) gefunden wurde, sowie durch eine römische Inschrift, die dem ‚Tutatis Medros' gewidmet ist. In einer Variante der *Brautwerbung um Etaine* verliert er ein Auge, wird aber durch Diancecht geheilt. Als Einäugiger kann er sein Herrscheramt nicht mehr ausüben, aber wie Nuada, der ebenfalls von Diancecht geheilt wurde, gewinnt er Würde und Macht zur rechten Zeit wieder zurück. Zweifellos handelt es sich hier um den fernen Nachklang eines Initiations- oder Wiedergeburtsrituals (der Fischer-König muß ähnliches bei der Gralsuche durchmachen). Mider gewinnt Etaine zur Gemahlin (eine Doublette von Boinn/Brigit), verliert sie aber zunächst durch die Zauberkünste seiner ersten Frau, der Magierin Fuamnach, bis es ihm schließlich doch gelingt, sie endgültig zu erobern: Er raubt sie dem König Eochaid (einer Doublette von Dagda) und schwingt sich mit ihr in Gestalt eines Schwanes in die Lüfte.[146]

Manannan/Mider wird also als großer und mächtiger Gott geschildert. Er herrscht allerdings nicht über eine Gesellschaft von kriegerischen Göttern, sondern seine Aufgabe besteht darin, eine Gruppe von heruntergekommenen und im wahrsten Sinne des Wortes *okkultierten*, also in einer Autre-Monde verborgenen Göttern wieder ins Gleichgewicht zu bringen. Erinnern wir uns, daß die keltische Autre Monde kein Totenreich ist, sondern ein *‚Anderswo'*, das *neben* der wirklichen Welt besteht und mit ihr in Berührung kommen kann. Aus diesem Grund muß Manannan auch darauf achten, daß die Beziehungen zwischen den Seinen, den Tuatha, und den Menschen im Gleichgewicht zu halten. Charakteristisch ist also für ihn die Rolle des Vermittlers, die der Name Mider treffend wiedergibt. Aber es ist nicht leicht, seine Funktion innerhalb der drei indoeuropäischen Klassen genau zu beschreiben, denn er ist nicht, wie die meisten anderen keltischen Gottheiten, ein auf die ,,Gesellschaft" bezogener Gott: Er befindet sich vielmehr außerhalb der Gesellschaft, verlängert das Leben der verborgenen Götter und wartet auf den richtigen Augenblick, der es ihm erlauben wird, ans Tageslicht zu treten und die göttliche Macht wieder herzustellen. Darin liegt die wahre Bedeutung der ,,Gabe der Unsichtbarkeit", die er den Göttern schenkt. Die Götter sind immer gegenwärtig und unter uns, aber man kann sie nicht immer sehen. In gewisser Weise sind sie in das Reich des Unbewußten zurückgedrängt, aber es bedarf nur eines geringfügigen Anlasses, um sie wieder auferstehen zu lassen.[147]

III
Die Rituale

Für die nichtchristlichen Völker stellen die mythologischen Erzählungen eine ähnlich wichtige Glaubensgrundlage dar wie die Evangelien für die Christen. Sie schildern in epischer Breite zahlreiche Rituale, die in den ältesten Zeiten wie Dramen erlebt wurden. In jedem Theaterstück findet man Spuren von etwas Sakralem. Jede Theateraufführung zeigt eine Handlung, deren Strukturen von dem Mythos geprägt sind, den sie verkörpert und plastisch vor Augen führt. So enthält die griechische Tragödie Elemente von wesentlich älteren religiösen Ritualen – wie etwa den Begriff des Opfers –, und auch im Spott der Komödie lassen sich kultische Urmuster erkennen. Das gilt für Tragödie und Komödie auf der ganzen Welt. Auch die katholische Messe ist noch eine dramatische Darstellung, und jede dramatische Darstellung ist ein der katholischen Messe vergleichbares sakrales Spiel. Aber wenn die Bedeutung des Rituals in einer Religion schwindet (etwa weil seine Aussagekraft schwächer wird, wie gegenwärtig in der katholischen Kirche, oder weil die Religion selbst untergeht), dann wird aus der dramatischen Darstellung entweder etwas rein Profanes, oder sie überlebt in irgendeiner epischen Erzählform.[1] Das geschah bei den Kelten. Als die Druiden-Religion nicht mehr praktiziert wurde, sah man in ihrem Kult, von dem man kaum noch etwas wußte, nur noch das kuriose Überbleibsel längst vergangener Zeiten oder den Aberglauben der Vorfahren.[2] Die Rituale wurden nicht mehr *gelebt*, sondern nur noch *erzählt* oder verstümmelt weitergegeben, und diese ,,Geschichte" ließen sich problemlos in die alten mythischen Erzählungen einbauen. Auf diese Weise sind sowohl die heroischen als auch die mythischen Epen größtenteils entstanden.

Wenn man den Kult des Druidentums in seinen Grundzügen erfassen will, müssen die mythischen Erzählungen also mit größter Aufmerksamkeit betrachtet werden. Geschichtliche Zeugnisse dafür sind selten, und auch der Beitrag der Archäologie ist hier gleich Null. Natürlich darf man nicht alles wörtlich nehmen, das gilt vor allem für die gnadenlosen Kriege, die phantastischen Kämpfe und Menschenopfer. Die meisten Erzählungen sind nämlich erst später von Mönchen zusammengestellt, aufgeschrieben und häufig verändert worden, da sie die Bedeutung und den Vorrang des Christentums möglichst stark hervorheben wollten. Dennoch stellen die irischen und walisischen Erzählungen sowie die Artussagen in ihrer überlieferten Form wichtige Zeugnisse der Vergangenheit dar. Unsere Aufgabe ist es, sie kritisch zu untersuchen und mit Geschichte und Archäologie zu vergleichen.

1. Das Heiligtum

Glücklicherweise betrachten wir heute nicht mehr jeden Dolmen irgendwo im Gebüsch sofort als ,,Druiden-Altar" und nicht mehr jeden ,,Schalen-Stein" automatisch als blutrünstigen Opfertisch. Man darf aber auch nicht in das andere Extrem verfallen und in jedem römischen Ziegelgemäuer ein gallisches Heiligtum sehen.

Es ist nämlich keineswegs eine Theorie, sondern eine erwiesene Tatsache, daß die Kelten vor der Unterwerfung durch die Römer und vor ihrer Assimilation an die Griechen *keine Tempel gebaut haben*. In den irischen und walisischen Erzählungen werden keine festen Tempel erwähnt, und weder bei den griechischen noch bei den römischen Schriftstellern gibt es vor der Eroberung Galliens Hinweise auf Tempel. Bei dem auf der britischen Insel lokalisierten Apollo-Tempel handelt es sich um Stonehenge, das aus der Bronzezeit stammt und nicht keltischen Ursprungs ist. Außerdem ist Stonehenge ein Heiligtum unter freiem Himmel und kein fester, geschlossener Tempel. Livius erwähnt einen Tempel bei den Bojern, Polybius einen bei den Insubrern, aber beide beziehen sich auf einen Ort im Wald ohne den geringsten Hinweis auf Aussehen oder Architektur. Cäsar spricht ausschließlich vom *locus consecratus* (*De bello gallico*, Vi, 13), also vom ‚geweihten Ort', und meint damit gewiß keinen Tempel in römischem Stil. Auch durch die Archäologie erfahren wir nichts, eben weil es keine Tempelbauten gab. Nur der Mittelmeerraum bildet eine Ausnahme, wo die unabhängigen Kelten – wie in Entremont in der Nähe von Aix-en-Provence – mit den Griechen und Römern in Berührung kamen und von ihnen beeinflußt wurden.

Erst nach der Eroberung Galliens entstehen viereckige Tempelbauten, aber sie sind römischen Gottheiten geweiht und haben nichts mit der Druidenreligion zu tun. Außerdem verbot die zur Zeit von Tiberius zum Gesetz erhobene Verbannung der Druiden jeden Hinweis auf sie im Zusammenhang mit Tempelbauten. Wenn es also überhaupt noch Kultorte des Druidentums gab, mußten sie sorgfältig geheim gehalten werden, wie Lucanus in der *Pharsalia* betont. Neben den rechteckigen Tempeln entstehen auf gallischem Boden nun auch runde und achteckige, wie man sie sonst nirgendwo im römischen Gebiet findet (eine Ausnahme dazu bilden nur die Vestatempel). Das muß ein Hinweis auf einen bestimmten, für diese Gegend einst typischen Brauch sein. Es wurde vorgeschlagen, die Form der Rundtempel durch ein altes Umschreitungs-Ritual zu erklären, das im Zusammenhang mit Heldengräbern belegt ist: Die ersten Tempel wären demnach um ein Heldengrab herum gebaut worden, und das hätte dann später in den christlichen Kirchen zum Säulengang geführt. Natürlich sind zahlreiche christliche Kirchen auf den Gräbern von Heiligen oder Märtyrern erbaut worden, aber was läßt sich dadurch beweisen? Wie die irischen Erzählungen berichten, war es in Irland üblich, eine Grabstele aus Holz oder aus Stein an der Stelle zu errichten, wo der Held gefallen war (also nicht unbedingt auf seinem Grab), und dann dort Gesänge zu Ehren des Toten zu singen. Solch ein Begräbnis- und Huldigungsritual ist nicht ungewöhnlich, aber es gibt in Irland nirgends Spuren von Tempelbauten. Die Kulthandlungen fanden im Freien statt, entweder auf den heiligen Hügeln oder inmitten der Wälder, und man könnte diese Orte durchaus mit einer Stele oder mit kreisförmig angeordneten Steinen gekennzeichnet haben. Die unterirdischen Kammern in den Megalithhügeln (Dolmen und Langgräber), die die heidnischen Iren für die Wohnsitze der Götter hielten, wurden sicher niemals als Kultorte benutzt, denn die Kammern waren ausschließlich den Göttern vorbehalten; außerdem konnte niemand dort hineingelangen, denn die Eingänge waren fast immer zugeschüttet.[3] Jan de Vries hat noch eine andere Erklärung für das Fehlen von keltischen Heiligtümern vorgeschlagen. Seiner Meinung nach waren die Tempel aus Holz gebaut, so daß man heute keine Spuren mehr von ihnen finden kann.[4] Dagegen ist einzuwenden, daß es in keiner einzigen irischen Erzählung Hinweise darauf gibt.

In Britannien liegen die Verhältnisse anders. Die römischen Eroberer gewährten den Brit(ton)en größere Freiheiten und behinderten sie wesentlich weniger als die Gallier bei der Ausübung ihres Kultes. Deshalb wurden hier auch einige Tempel gefunden, die zwar stärker von „druidischem“ Geist geprägt sind, deren Architektur aber eindeutig römische Merkmale aufweist. Als der Heilige Ninian die Süd-Pikten christianisierte, die in den Niederungen Schottlands siedelten, baute er eine Kirche, die so großes Aufsehen erregte, daß man sie *candida casa*, ‚weißes Haus‘ nannte, denn sie war ganz aus Stein gebaut. Man kann also annehmen, daß solche Stein-Tempel für die Kelten etwas Neues waren. Dio Cassius macht die Beobachtung, daß die von der Königin Bodicea beherrschten Brit(ton)en den Göttern ihre Opfer in Tempeln darbringen und verwendet dafür das griechische Wort *hierón*, das dasselbe bedeutet wie das lateinische *locus consecratus*, das wir von Cäsar her kennen. Wie andere Autoren erwähnt auch Dio Cassius die ‚heiligen Haine' und benutzt dafür das Wort *alsos*, das den lateinischen Begriffen *lucus* und *nemus* (= ‚Hain, Wald') entspricht. Die keltische Form des Wortes *nemus* haben wir bereits im Zusammenhang mit Nemed, einem der mythischen Eroberer Irlands, kennengelernt. *Nemed* heißt „der Heilige', und sein Name stammt von derselben Wurzel ab, die auch zu *nemus* geführt hat: sie bedeutet ‚Himmel' und entwickelte sich im Gälischen zu *niam*, im Walisischen zu *nef* und im Bretonischen zu *nenv*. Das typisch keltische Heiligtum scheint also das *nemeton* gewesen zu sein, die ‚heilige' oder ‚himmlische' Waldlichtung. Die Druiden liebten bekanntlich die Wälder, und alle Druiden Galliens versammelten sich einmal jährlich im berühmten Carnuten-Wald. Auch das Druidenheiligtum auf der Insal Mona (Anglesey) lag mitten in einem Wald, ebenso wie das von Lucanus in der *Pharsalia* beschriebene gallische Heiligtum bei Marseille, in dem gräßlichen Opferrituale zelebriert worden sein sollen; diese Opferstätte enthielt große Götterbilder *(simulacra maesta deorum)*, und ein Priester versah den Dienst zu Ehren des *dominus loci*.

> „Das Volk nahte sich niemals der Kultstätte, denn sie war ausschließlich den Göttern vorbehalten ... Selbst der Priester fürchtete sich davor, dem Herrn des heiligen Haines zu nahe zu kommen." (*Pharsalia*, I, 339 ff.)

Lucanus gibt uns noch weitere wichtige Informationen:

> „Die Druiden wohnten in den Tiefen der Wälder *(nemora alta)* und zogen sich dorthin zurück, wo es keine andere Menschenseele gab. Sie zelebrierten barbarische Rituale und einen düsteren Kult ... Ihre Götter beteten sie in Wäldern an, ohne dafür Tempel zu benutzen." (I, 452 ff.)

Auch Lucanus verwendet hier den Begriff *nemus*, und das führt uns wieder zurück zum *nemeton*. Strabo erwähnt, daß die Galater Kleinasiens „eine Ratsversammlung mit dreihundert Mitgliedern" hatten, die „an einem *drumeton* genannten Ort abgehalten wurde". (XIII, 5) *Drumeton* ist nicht der einzige von *nemeton* abgeleitete Ortsname. Nanterre zum Beispiel geht auf ein altes *Nemetodurum* zurück, und der Name des Waldes von Nevet in der Nähe von Locronan (Finistère) zeigt, wie sich das Wort im Neu-Bretonischen entwickelt hat. Auch

Belenton, der ursprüngliche Name der Quelle von Barenton, geht wahrscheinlich auf *Belnemeton* (‚dem Belenos geweihte Waldlichtung') zurück. Was ist das *nemeton* nun eigentlich wirklich?

„Das keltische Heiligtum ist enger mit dem symbolischen oder realen Begriff des ‚Mittelpunkts' verbunden, als mit einer konkreten Form oder Gestalt. Es wird in all seinen Aspekten mit dem Wort ‚das Heilige' bezeichnet und meint nicht nur einen bestimmten Ort, sondern auch einen bestimmten Zeitpunkt sowie eine bestimmte Person, ein Individuum, das sich von der übrigen Gesellschaft unterscheidet."[5]

Die Kelten waren davon überzeugt, daß man einen Gott oder die Götter nicht an einer bestimmten Stelle festhalten kann; sie glaubten vielmehr, daß sich die Welt der Menschen an bestimmten symbolischen oder realen Orten für die Welt der Götter öffnet und umgekehrt. Das *nemeton* war dieser Ort heiligen Austauschs zwischen Götter- und Menschenwelt: es konnte nicht nur eine Waldlichtung sein, sondern auch ein ganzer Wald, die Spitze eines Hügels oder eine Insel im Meer. Unzählige christliche Kirchen und Kapellen erheben sich dort, wo sich früher ein solches *nemeton* befand. Auch die Quellen und ihre Umgebung galten als heilige Orte, denn hier berührten sich nicht nur Erde und Himmel, sondern man konnte auch mit den lebendigen und fruchtbaren Kräften in Verbindung treten, die geheimnisvoll aus dem Mittelpunkt der Erde emporstiegen. In diesem Sinn veranschaulicht die Quelle von Barenton die Vorstellung der Kelten vom *nemeton* in vollkommener Form.[6] Jedes *nemeton* ist Mittelpunkt der Welt. Der Begriff des *omphalos* stimmt völlig mit diesem Begriff des Heiligtums überein. Es dabei keine Rolle, daß es unzählige solcher Heiligtümer gibt, denn jedes von ihnen ist einzigartig. Die Gottheit gleicht nämlich – um einen berühmten Satz aufzugreifen – einem Kreis, dessen Mittelpunkt überall und dessen Peripherie nirgendwo ist. Der Ort, der es dem Menschen erlaubt, mit der unsichtbaren Welt der Götter in Verbindung zu treten, muß ein absolutes Zentrum sein, aus dem die herbeigerufenen Kräfte hervorstrahlen. Der Mensch schafft diesen Mittelpunkt, er spürt, wo er liegen muß. Ein *nemeton* befindet sich niemals an einem zufällig gewählten Ort. Meistens hat es dort schon in prähistorischen Zeiten ein Heiligtum gegeben, denn nach der Tradition offenbart sich das Heilige nur an ganz bestimmten Orten. Wenn man von Erdstrahlen, Magnetkräften oder von günstiger Lage spricht, bedeutet das nicht, daß man unbedingt in pseudoesoterische Gedankengänge verfällt. Die sakralen Orte sind nämlich tatsächlich auserwählte Orte: entweder ereignen sich dort „übernatürliche"

Dinge, die wir nicht begreifen können, oder sie sind von der psychischen Kraft all der Menschen durchdrungen, die dort viele Jahrhunderte lang ihre Rituale zelebrierten. Deshalb erzählt die Überlieferung von so vielen heiligen (oder verfluchten) Orten.

Die Vorstellung eines Heiligtums, das ‚Mittelpunkt der Welt' bedeutet, läßt sich an rund 60 Ortsnamen im keltischen Europa ablesen, besonders deutlich aber an Ortsnamen wie *Mediolanum* (der alten Form von Mailand), das in der Gallia cisalpina lag) oder *Chateaumeillant* im Département Cher. Das Wort *mediolanum* bedeutet wörtlich ‚Ort der Mitte'. Dabei muß berücksichtigt werden, daß der genaue Sinn des darin enthaltenen Wortes *lanum* ‚Ort der Gründung' ist; es stammt aus derselben Wurzel wie das lateinische *planus* und das gallische *landa*, französisch *lande* (‚Heide'). Jede Gründung ist ein sakraler Akt, und deshalb hat der Ort, an dem sie vollzogen wird, auch die Funktion eines Heiligtums. Es überrascht bei diesen Zusammenhängen nicht, daß man in der christianisierten Bretagne auf so viele mit *lann* gebildeten Ortsnamen stößt. Das bretonische Wort *lann* bedeutet nämlich nicht nur ‚Heide', sondern bezeichnet ebenfalls den dort wachsenden Ginster sowie die Einsiedelei, die irgendein frommer Mann – vielleicht der Gründer einer Gemeinde – in der Heide oder in einer anderen abgelegenen Gegend errichtet hat. Darin finden wir dieselbe Lebenswirklichkeit wieder, die auch Lucanus schildert, wenn er von einem Heiligtum in den Wäldern und vom Priester, der in der Nähe wohnt, spricht. Das keltische Christentum hat zahlreiche Bräuche der Druiden rekuperiert. Der Ortsname *Lanmeur* mag vielleicht einfach eine ‚große Heide' bezeichnen, aber schon *Lanildut* bedeutet mit Sicherheit ‚Heiligtum von Ildut', ebenso *Lannedern* ‚Heiligtum von Edern' und *Languidic* ‚Heiligtum von Kidy'. All diese Orte stellen symbolisch gesehen Mittelpunkte der Welt dar, um die herum sich Gemeinschaften gebildet haben, die durch die Idee des Sakralen zusammengehalten wurden. So gesehen hat jedes bretonische *lann* und jedes keltische *nemeton* dieselbe Bedeutung wie das große Heiligtum von Tara, das irische *‚mediolanum'*, der *omphalos* der Welt.

Wichtig ist in diesem Zusammenhang auch der Begriff der Wildnis. Das Christentum entwickelte sich nämlich innerhalb der Zivilisation des römischen Kaiserreichs – einer ursprünglich griechischen Zivilisation, die durch die Idee der *polis* stark beeinflußt war. Die Distanz zur Natur war dort von Anfang an angelegt. Dessen waren sich die ersten christlichen Mystiker vollkommen bewußt, die sich nach dem Beispiel von Paulus in die Wildnis zurückzogen. Die Wildnis ist das vom Menschen nicht kultivierte, verlassene Land (lat. *deserta*), aber das heißt nicht, daß damit von Anfang an auch die Vorstellung von Wassermangel, Trockenheit und fehlender Vegetation verbunden war. Sich in die Wildnis zurückziehen bedeutete einfach: zur Natur zurückkehren. Und genau das haben die ersten christlichen Einsiedler getan. Aber weil die berühmtesten unter ihnen in Ländern lebten, wo Wassermangel herrschte und wo es vorwiegend Dürregebiete gab, entwickelte sich dann die Vorstellung, man müsse in die Wüsten Oberägyptens, Lybiens oder in die Sahara gehen, um ein wirlkiches Einsiedlerleben zu führen. Die Mönche des Mittelalters wußten noch, worum es ging: sie erbauten ihre Klöster an weltabgeschiedenen Orten und folgten darin dem Beispiel der irischen und bretonischen Einsiedler, die sich ihrerseits am Vorbild der Druiden orientierten.

Die keltische Vorstellung vom Heiligtum als Mittelpunkt der Welt, der überall und nirgends sein kann und sich immer in der freien Natur befindet, gehört zu den spezifischen Eigentümlichkeiten des Druidentums. Die Druiden wußten, daß der Mensch ein Teil des Kosmos ist und daß er auch dann nicht allein ist, wenn er in die *Wildnis* geht – im Gegenteil: dort hat er die große Chance, dem *Ganzen* oder der Gottheit zu begegnen, welchen Namen sie tragen und wer immer sie sein mag.

2. Pflanzenrituale

Aus dem Druidenkult ist uns kein einziger liturgischer Text überliefert. Das ist nicht weiter erstaunlich, denn die Kelten schrieben ihre sakralen Texte nicht auf, und selbst wenn sie es getan hätten, wären solche Schriften vermutlich während der Christianisierung untergegangen. Deshalb können wir nur anhand der verschiedenen Zeugnisse gewisse Elemente des Druidenkults rekonstruieren.

Alles, was wir über das Mistelritual wissen, verdanken wir Plinius d. Ä.

> „Die Druiden kennen nichts Heiligeres als die Mistel und den Baum, auf dem sie wächst; sie glauben, daß es sich dabei um Eichen handelt." (*Hist. nat.* XVI, 249)

Plinius betont, daß die Kelten die Bäume, auf denen Misteln wuchsen, *für Eichen hielten*: es müssen also nicht unbedingt Eichen gewesen sein, zumal die Mistel nur auf wenigen Eichenarten zu finden ist. Die Mistelernte fand „am sechsten Tag im Mondzyklus statt . . . denn der Mond verfügt dann zwar schon über eine ziemlich große Kraft, hat aber noch nicht die Hälfte seines Laufes vollendet". Wir finden hier nirgends einen Hinweis darauf, daß die Mistelernte nur zur Wintersonnenwende stattgefunden hat, wie einige Interpreten behaupten, die sich dabei auf den heute praktizierten, aber relativ jungen Brauch stützten, Mistelzweige zu Weihnachten oder zum Neujahrstag aufzuhängen. Plinius spricht lediglich vom sechsten Tag im Mondzyklus, eine genaue Zeitangabe fehlt. Wenn es sich um eine bestimmte Jahreszeit gehandelt hätte, würde er es sicher erwähnt haben. Außerdem ist nicht überliefert, daß die Druiden die Misteln nur pflückten, wenn sie Früchte trugen, was auf den Winter als Jahreszeit der Mistelernte hinweisen würde. Vermutlich konnten sie also (unter der Voraussetzung, daß es am sechsten Tag im Mondzyklus geschah) während des ganzen Jahres gepflückt werden.

Wir sind also durchaus berechtigt zu behaupten, *daß die Mistelernte weder mit der Wintersonnenwende, noch mit dem Weihnachtsfest etwas zu tun hatte.*

Die Bedingungen, unter denen sie stattfinden mußte, waren genau festgelegt: Der Druide schnitt die Mistelzweige persönlich „mit einer goldenen Sichel" ab, die Zweige wurden in einem „weißen Tuch" gesammelt, und der Druide trug dabei ein „weißes Gewand". Da die Farbe Weiß die Farbe des Priestertums par excellence ist, kann vermutet werden, daß es die Aufgabe des Oberhaupts der Druiden war, die Misteln zu ernten. Über die berühmte „goldene Sichel", die zu einem Klischeebild geworden ist, darf man ruhig ein wenig lächeln: Gold ist nämlich als Metall viel zu weich, als daß man damit etwas schneiden könnte. Vermutlich benutzten die Druiden vergoldete Sicheln aus Bronze oder Eisen. Unübersehbar und sicher nicht zufällig ist dabei die Mond- und Sonnen-Symbolik: Gold steht für die Sonne, die Sichel für den Mond.

Plinius berichtet weiterhin, daß auf die Mistelernte ein Opferritual folgte, bei dem weiße Stiere geopfert wurden, die offenbar sehr jung gewesen sein mußten, denn „ihre Hörner wurden zum ersten Mal unter das Joch gebunden". (XVI, 249) Bekanntlich war das Stieropfer ein Ritual, das die Inthronisation der Könige begleitete. Vermutlich handelt es sich bei der Mistelernte also nicht um ein selbständiges Ritual, sondern sie gehörte als Brauch wahrscheinlich in einen größeren, heute unbekannten Kultzusammenhang. Den Griechen und Römern erschien dieser Brauch für sich genommen jedoch offenbar so bemerkenswert, daß sie ihn besonders hervorgehoben, und dadurch gerieten die anderen Bestandteile des Rituals in Vergessenheit. Neben der Mistelernte gibt es in der Druidenreligion noch verschiedene andere Pflanzenrituale. Plinius berichtet:

> „Um die *selago* benannte Pflanze zu pflücken, darf man keine eiserne Klinge benutzen. Man muß mit der rechten Hand links unter das Gewand greifen, als ob man etwas stehlen wollte. Außerdem muß man weiß gekleidet sein, mit gewaschenen Füßen barfuß gehen und zuvor ein Brot- und Weinopfer dargebracht haben."
> (*Hist. nat.*, XXIV, 103)

Selago ist Bärlapp, eine Pflanze, die auch heute noch in der Homöopathie vielfach verwendet wird. Bekanntlich erfordert die Herstellung von homöopathischen Präparaten große Vorsicht; jede Berührung mit einem Metall muß vermieden werden, um gewisse charakteristische Wirkungen des Grundstoffes oder des fertigen Produkts nicht zu beeinträchtigen. Vor diesem Hintergrund wird nun auch verständlich, warum die Druiden angeblich eine „goldene Sichel" benutzten: Gold ist nämlich nicht nur ein neutrales Metall, sondern es werden ihm auch heilende Eigenschaften zugeschrieben. Das Ritual des Bärlapp-Pflükkens ist nicht schwer zu entschlüsseln. Bei den Kelten war die rechte Seite die Lichtseite, die linke dagegen die Schattenseite, die Seite des Mysteriums. Sie lag gegen Norden, denn die Kelten orientierten sich mit dem Gesicht nach Sonnenaufgang. Die Ernte des Bärlapps bedeutete also eine Aneignung der dunklen, geheimnisvollen Kräfte. Um diese Kräfte in ihrem Urzustand zu lassen, war es wichtig, als Priester gekleidet zu sein (deshalb das weiße Gewand) und die Erde nur mit den gereinigten und nackten Füßen zu berühren. Vermutlich war das *Selago*-Pflücken ebenso wie die Mistelernte nur ein Teil eines umfassenderen Rituals, denn mit ihm ist außerdem noch die Austeilung von Brot und Wein verbunden, wie Plinius erwähnt.

Auch *Samolus*, eine Sumpfpflanze, durfte nur unter bestimmten Bedingungen gepflückt werden. Bei Plinius heißt es darüber:

> „Derjenige, der sie pflückt, darf nicht zurückschauen und muß die gepflückte Pflanze dort niederlegen, wo man die Getränke niederlegt"; vor allem aber muß er sein Werk „mit der linken Hand" ausführen. (*Hist. nat.* XXIV, 104)

Die beschriebenen Bräuche waren vermutlich Bestandteile eines medizinischen Rituals mit sakraler Bedeutung, in dem die Pflanzen die wichtigste Rolle spielten. In diesem Zusammenhang sei noch einmal an die Quelle der Gesundheit von Diancecht erinnert, und Plinius weiß auch zu berichten, daß die Druiden das Eisenkraut bei ihren Weissagungen verwendeten. (*Hist. nat.* XXV, 106)

Man ist geneigt, bei diesen Ritualen von Pflanzen-„Magie" zu sprechen[7], aber das Wort „Magie" kann hier zu bedauerlichen Mißverständnissen führen.[8] Die geschilderten pflanzlichen „Verfahren" sind Teil eines Ganzen, man kann sie nicht einfach aus ihrem mythologischen Kontext – und das heißt letztlich: aus der Gedankenwelt der Druiden – herauslösen. Wenn man nur betont, daß die Druiden zur Zeit der römischen Eroberung schon zu einfachen Dorfhexenmeistern degeneriert waren, setzt man sich nicht nur über die Existenz und den Erfolg der Volksmedizin hinweg[9], sondern zeigt auch, daß man nichts vom Druidentum verstanden hat. Das Druidentum ist eine *soziale Religion*, es berührt alle Lebensbereiche, und dazu gehört die Heilkunde ebenso wie die Magie in ihrer vornehmsten Form.

Das *nemeton* befand sich nicht zufällig in der freien Natur, häufig sogar inmitten eines Waldes. Die Beziehung der Druiden zum Wald wurde bereits erwähnt, die Worte ‚Druide' *(dru-wides)* und ‚Wald' *(vidu)* hängen eng zusammen; Wissen und Wald sind also symbolisch miteinander verbunden. Vielleicht ging diese Verbindung sogar noch über das Symbolische hinaus. Die Tatsache, daß die magischen Formeln in Holzstücke geritzt wurden, integriert das Symbol in den Bereich des praktischen Lebens. Eibe, Hasel, Eberesche und Eiche sind Druiden-Bäume, das bedeutet: die Druiden benutzten sie für ihren Kult. Besonders verehrt wurde die Eibe. Die irischen Druiden und *fili* schnitzten ihre magischen Sprüche in Eichenstäbe, und der Name *Eochaid* (der königliche Name schlechthin) bedeutet wahrscheinlich ,,der mit Hilfe der Eibe Kämpfende". Die Namen bestimmter gallischer Stämme – wie etwa der *Eburones* in Belgien – enthalten das Wort *eburo*, ,Eibe'. Für ihre magischen Handlungen benutzten Druiden und *fili* auch das Holz der Hasel und der Eberesche. Nach Maximos von Tyros stellt die Eiche bei den Griechen ,,die Gottheit in sichtbarer Gestalt dar". (*Dissertationes*, VIII, 8) Auf jeden Fall ist die Eiche ein Symbol für Wissen und Macht, und die Mistel wächst auf ihr. Der Apfelbaum spielt als ,,Baum des Wissens um Gut und Böse" ebenfalls eine wichtige Rolle: er ist der Baum der Insel Avalon und Emain Ablach, und der Apfel ist die Frucht, die Unsterblichkeit, Wissen und Weisheit vermittelt. So überreicht die Botin aus der Autre Monde dem irischen Helden Bran einen Apfelbaumzweig und sagt zu ihm: ,,Ich bringe dir einen Zweig von den Apfelbäumen der Insel Emain. Seine Äste sind aus hellem Silber, und er trägt kristallene Blüten . . .".[10] Als Condla, Sohn des Conn der Hundert Schlachten, von einem zauberhaften jungen Mädchen eingeladen wird, ihr in die Autre Monde zu folgen, wirft sie ihm einen Apfel zu. Zwar gelingt es dann den Druiden von Conn, die Fee zu verjagen, aber Condla behält ihren Apfel:

> ,,Während eines ganzen Monats aß und trank Condla nichts. Es schien ihm, als ob er nur noch seinen Apfel essen könnte. Der Apfel wurde nicht kleiner und behielt seine volle Größe, wieviel er auch immer von ihm aß."[11]

Die magische Kraft des Apfels ist so groß, daß Condla sich beim zweiten Auftauchen der Fee sofort auf ihr kristallenes Schiff begibt.[12] Die Wunderäpfel aus Emain Ablach gleichen den Äpfeln von Morgane auf der Insel Avalon.

> ,,Sie haben die Farbe von glänzendem Gold und sind nicht kleiner als der Kopf eines einmonatigen Kindes. Sie schmecken honigsüß und heilen alle Wunden und Krankheiten. Sie werden niemals kleiner, auch wenn man sich lange oder dauernd davon ernährt. Wenn es einem Menschen gelingt, einen solchen Apfel an sich zu bringen, hat er damit die beste Tat seines Lebens getan, denn der Apfel wird ihn immer begleiten."[13]

Die Äpfel von Avalon sind also auf alle Fälle weit ungefährlicher als die des christlichen Paradieses.

Demjenigen, der mutig genug ist, sie zu pflücken, verleihen sie sogar Unsterblichkeit. Die Pflanzenrituale der Kelten sind an sich schon interessant, ihre wirkliche Bedeutung aber wird erst im Zusammenhang mit dem keltischen Urmythos vom Kampf der Bäume deutlich. Am vollständigsten ist uns dieser Mythos im berühmten *Cad Goddeu* überliefert. Diese dem walisischen Barden Taliesin zugeschriebene Dichtung von der *Schlacht der Bäume und Sträucher* enthält neben zahlreichen unverständlichen Passagen die Geschichte, wie Gwyddyon die (Insel-)Bretonen vor einer fürchterlichen Niederlage bewahrt, indem er sie in Bäume und Sträucher verwandelt und sie in dieser Gestalt ihre Feinde besiegen läßt.[14] Das Motiv vom Kampf der Bäume taucht in der irischen Erzählung vom *Tod des Cuchulainn* wieder auf, in der drei furchterregende Hexen, die Töchter von Callatin, „das Trugbild einer Schlacht zwischen zwei Heeren prachtvoller, dichtbelaubter, sich bewegender Eichen" heraufbeschwören.[15] Auch in der berühmten *Schlacht von Mag Tured* planen zwei Hexen etwas Ähnliches:

> „Wir wollen die Bäume, die Sträucher und die Erdschollen verzaubern, so daß sie wie ein bewaffnetes Heer aussehen, die Feinde in Furcht und Schrecken versetzen und sie in die Flucht schlagen."[16]

Nun wird auch klar, auf welche Tradition Shakespeare in *Macbeth* zurückgegriffen hat, wo er das Motiv der Hexen und des *„angreifenden Waldes"* verwendet.

Der Mythos vom Kampf der Bäume wird in historisierter und rationalisierter Form auch von Livius in seiner *Römischen Geschichte* überliefert: Der Konsul Postumius mußte sein Heer von rund 25 000 Soldaten durch einen ausgedehnten Wald führen, der in der Gallia cisalpina, also im feindlichen gallischen Gebiet lag:

> „Die Gallier hatten sich so weit wie möglich vom Weg zurückgezogen und am Waldrand verteilt. Sobald das römische Heer in den Wald eingedrungen war, versetzten sie den Bäumen, die am weitesten hinten standen und am Fuß angesägt waren, einen Stoß. Da stürzten diese sofort um und fielen auf die benachbarten Bäume, die genauso wenig Halt hatten und ebenfalls stürzten. Der ganze Wald fiel wie ein Kartenhaus zusammen und begrub Männer, Pferde und Waffen unter sich. Kaum zehn Soldaten kamen mit dem Leben davon." (XXII, 24)

Bei Livius heißt der Wald, in dem sich diese Geschichte ereignete, *Litana.* Im Walisischen ist *Litana* oder *Litava* zu *Llydaw* geworden und bezeichnet zum einen die Armorika, zum anderen aber auch die Autre Monde – ein Hinweis auf den mythischen Hintergrund der Geschichte.[17]

Im *Cad Goddeu* von Taliesin finden wir einen deutlichen Hinweis auf ein anderes Pflanzenritual:

„Als ich geschaffen wurde,
formte mein Schöpfer mich
aus der Frucht der Früchte...
aus den Stockrosen und den Blumen der Hügel,
aus den Blüten der Bäume und Sträucher...
aus den Blüten der Nessel...
Ich war verzaubert von Math...
Ich war verzaubert von Gwyddyon...
und von Maths weisen Kindern."[18]

Diese Verse des *Cad Goddeu* haben kaum etwas mit dem Hauptmotiv des Gedichts (dem Kampf der Bäume) zu tun, lediglich die Pflanzenmotive stellen eine Verbindung her. Das Ganze wird erst verständlich, wenn man den vierten *Mainogion*-Teil dazu betrachtet: Die Geschichte von Math, dem Sohn des Mathonwy, erzählt von Arianrod, der Tochter der Göttin Dôn, die ihren Sohn Lleu Llaw Gyffes nicht anerkennen will, weil er auf geheimnisvolle Weise – vermutlich durch eine inzestuöse Verbindung – gezeugt worden war. Sie belegt ihn deshalb mit dem Fluch, „niemals eine Frau von jener Art zu haben, die jetzt die Erde bevölkert". Gwyddyon, der Bruder von Arianrod, hat das Kind aufgezogen und wendet sich nun an seinen Onkel, den königlichen Magier Math. Dieser rät ihm folgendes:

„Laß' uns beide unsere magischen Kräfte und Zauberkünste einsetzen, um eine Frau aus Blumen für Lleu zu erschaffen". Gesagt, getan. „Sie vereinigten die Blüten von Eiche, Ginster und Wiesenkönigin und erschufen mit Hilfe ihrer Magie die schönste und vollkommenste Jungfrau der Welt."[19]

So wird Blodeuwedd, die ‚Blütengeborene', geschaffen, deren Schicksal einen tragischen Verlauf nimmt: Um sie für ihren Ehebruch und ihr Verbrechen zu strafen, verwandelt Gwyddyon sie in eine Eule.[20] Das ist nicht die erste magische Handlung von Gwyddyon, denn in einem anderen Gedicht von Taliesin heißt es:

„Der klügste Mensch, von dem ich je hörte,
war Gwyddyon, Sohn der Dôn, Herr der magischen Mächte,
der eine Frau aus Blüten erschuf...
aus der Erde des Hofes

formte er Rösser
mit gedrehten Ketten
und wunderbaren Sätteln."[21]

Auch dafür liefert der vierte Teil der *Mabinogion*-Erzählungen den Schlüssel. Weil Gwyddyon die Wunderschweine von Pryderi in seinen Besitz bringen will, verspricht er ihm ohne die geringsten Gewissensbisse herrliche Geschenke.

„Er zeigte seine Zauberkunst und seine magische Kraft: sogleich erschienen zwölf Hengste, zwölf schwarze Jagdhunde... und zwölf goldene Schilde. Diese Schilde aber waren nur Pilze, die er verwandelt hatte."[22]

Das erinnert an Merlin, welcher Schlösser, Gärten und Menschen herbeizauberte, die in Wirklichkeit nur Grasbüschel, Äste und Zweige waren, um die junge Fee Viviane zu verführen.

Das alles gilt als Magie, oder doch letzten Endes als Hypnotismus. Aber hier ist ebenfalls ein Urmythos zu erkennen, dessen Spuren in der ganzen gallischen Welt zu finden sind, und zwar nicht nur in der Gallia cisalpina, sondern auch in Britannien und Irland. Dazu kommen zahlreiche Volkssagen, die dasselbe Motiv abwandeln. Die „Herstellung" von Blodeuwedd, der „Kampf der Bäume", die Pflanzenheilkunde sowie die Rituale, mit denen das Pflücken bestimmter Pflanzen im Druidentum verbunden war, die enge Verbindung zwischen „Wald" und „Wissen", die Vertrautheit der Druiden mit der Pflanzenwelt und nicht zuletzt die Pflanzen-„Magie", – all das läßt sich nicht einfach als Aberglaube abtun, sondern muß tiefer liegende Ursachen haben.

Im Jahr 1919 schrieb der Anthroposoph Rudolf Steiner über Atlantis:

„Pflanzen wurden in der atlantischen Zeit nicht bloß angebaut, um sie als Nahrungsmittel zu benutzen, sondern auch um die in ihnen schlummernden Kräfte dem Verkehr und der Industrie dienstbar zu machen... So hatten die Atlantier Vorrichtungen, die sie – sozusagen – mit Pflanzensamen heizten und in denen sich die Lebenskraft in technisch verwertbare Kraft umwandelte. So wurden die in geringer Höhe über dem Boden schwebenden Fahrzeuge der Atlantier fortbewegt."[23]

Wenn man von Rudolf Steiners Science-fiction-Vorstellungen über Atlantis einmal absieht, liefert uns dieser Text interessante Anregungen. Steiner, der Goethe und vor allem dessen philosophische Schriften gut kannte, hat sich intensiv mit der Welt der Pflanzen und mit dem Ackerbau beschäftigt. 1897 veröffentlichte er einen Aufsatz über die *Metamorphose der Pflanzen*[24] und später eine Art „Landwirtschaftlichen Kurs“, in dem er die Grundlagen der *biologisch-dynamischen* Methode erläuterte.[25] Bei dieser Methode handelt es sich um ein Anbauverfahren, das auf alle künstlichen Düngemittel und Insektizide verzichtet, weil von der Voraussetzung ausgegangen wird, daß die natürliche Energie der Pflanzen ausreicht, um Boden und Pflanzen gesund zu halten. Es kommt nur darauf an, diese Energie nicht zu vergeuden und sie im richtigen Moment zu nutzen. Inzwischen sind Rudolf Steiners Theorien durch zahlreiche *praktische* Versuche in der Schweiz, in Deutschland, Belgien und Frankreich weitgehend bestätigt worden.[26]

Das Prinzip der „biologisch-dynamischen Methode“ ist nicht neu. Die traditionelle Alchemie hat sich nämlich nicht nur mit dem Reich der Mineralien beschäftigt: neben dem ‚*mineralischen* Stein‘ war auch der ‚*pflanzliche* Stein‘ ein wichtiges Thema. Zur Herstellung dieses ‚Pflanzen-Steins‘ muß die Lebensenergie der Pflanzen konzentriert und von den Schlacken gereinigt werden, die sie daran hindern, sich frei zu entfalten, mit anderen Worten: man muß den unheilvollen Zauber lösen, der über der Pflanzenwelt (und über der Tierwelt) zu liegen scheint, mit dem Ziel, die in den Pflanzen schlummernde unsichtbare Energie freizusetzen. Genau das wurde im Reich der Mineralien gemacht, um die Kernenergie zu gewinnen. Ein solches Verfahren für eine lebendige Materie zu entwickeln, ist wahrscheinlich komplizierter, aber es muß durchaus keine Utopie bleiben: Wissenschaftliche Experimente in den Laboratorien vieler Länder unserer sogenannten fortschrittlichen Welt beweisen das, und Rudolf Steiner war sich dessen zweifellos bewußt.

Kehren wir nun zu den Kelten und zu unserer Fragestellung zurück, so führt das zu überraschenden Ergebnissen. Kann man die beweglichen und kämpfenden Bäume nicht als symbolische Darstellung der Anwendung von Pflanzenenergie verstehen? Und verbirgt sich hinter der Geburt von Blodeuwedd, die aus Pflanzen „hergestellt“ wurde, nicht dasselbe Prinzip, – nur daß hier die Energie der Pflanzen zur Geburt eines anderen Wesens geführt hat? Schließlich sind wir ja doch das, was wir essen, und wir existieren nur, weil wir die Lebenskraft der Pflanzen (und Tiere) in uns aufnehmen und verdauen. Warum sollte es außer der Verdauung nicht noch andere Möglichkeiten geben, diese Kraft zu verwerten?

Durch die Beantwortung dieser Frage könnten wir vielleicht einige der sogenannten Wunderheilungen sowie verschiedene andere Phänomene erklären, die gegenwärtig noch für übernatürlich oder magisch gehalten werden. In der alchemistischen Überlieferung wird der Stein der Weisen hauptsächlich als Allheilmittel eingesetzt (und nicht zur Herstellung von Gold, wie landläufig angenommen wird). Auch im Druidentum gab es ein solches Allheilmittel oder ‚Lebenselixier‘: Nach dem Zeugnis von Plinius d. Ä. war das die Mistel:

„Die Gallier glauben, daß die Mistel, als Getränk genossen, unfruchtbaren Tieren ihre Fruchtbarkeit zurückgibt und ein Heilmittel gegen alle Arten von Gift darstellt.“(XVI, 249)

Das gallische Wort für Mistel ist nicht überliefert. Auf Irisch heißt die Mistel *uileiceadh*, wörtlich: ‚Allheilmittel, Wundermittel‘, und der walisische Name *oll-iach* hat dieselbe Bedeutung. Im Brit(ton)ischen wird sie *uhelvarr*, ‚großer Zweig‘ genannt, und im Vannetais benutzte man im 18. Jahrhundert die Umschreibung *deur derhue*, ‚Wasser der Eiche‘. Die Mistel ist nämlich in der Tat eine außergewöhnliche Pflanze. Sie ist ein Parasit, eine Art „Vampir-Pflanze“, die vom „Blut“ anderer Pflanzen lebt. Weil sie sich vom Saft der Bäume ernährt, ist sie tatsächlich das „Wasser der Eiche“. Außerdem gehört die Mistel zu den ältesten Pflanzen unserer Erde: Sie stammt aus sehr weit zurückliegenden Zeiten, in denen es ganz andere Lebensbedingungen gab als heute. Daraus kann man schließen, daß die Mistel verschiedene Stadien der Evolution überdauert hat und daß sie sich immer wieder an neue Bedingungen gewöhnen mußte – das war für sie eine Frage von Leben und Tod. Da die Mistel die Energie, die sie braucht, im Gegensatz zu den übrigen Pflanzen nicht selbst aus dem Boden gewinnen kann, holt sie sich diese Energie von den anderen Pflanzen. Das bedeutet: Die Mistel setzt die Energie des Baumes, auf dem sie wächst, frei und nutzt sie. Ist sie deshalb nicht das beste Beispiel für die Theorie von der Pflanzen-Energie?

Wir wollen hier nicht behaupten, die Druiden hätten das Geheimnis gekannt, wie man die Lebenskraft der Pflanzen freisetzt und nutzt, und möglicherweise Maschinen damit betrieben. Wenn das der Fall gewesen wäre, wüßte man das heute, denn die Zeit der Kelten ist ja nicht so unendlich fern. Außerdem hätten die Römer (die praktisch dachten und immer bereit waren, sich neues Wissen anzueignen) mit Sicherheit ihren Vorteil daraus gezogen. Aber es ist möglich und sogar wahrscheinlich, daß die Druiden das Prinzip der Pflanzenenergie kannten und ganz bestimmte Pflanzen, wie etwa die Mistel, für therapeutische oder magische Zwecke nutzten. Welcher Methoden sie sich dabei bedienten, ist eine andere Frage, denn darüber wissen wir nicht das geringste. Im Rahmen einer umfassenden Untersuchung des Druidentums ist es jedoch interessant festzustellen, daß der Mythos von der Pflanzendynamik in der gesamten keltischen Welt existierte. Hinter jedem Mythos verbirgt sich nämlich eine Realität, mag sie auf den ersten Blick noch so irrational anmuten.

Die große Bedeutung des Mistel-Rituals hängt also damit zusammen, daß die Eiche (oder der Baum, der symbolisch an ihre Stelle tritt) die göttliche Kraft und die kosmische Energie repräsentiert. Als ‚Wasser der Eiche' verkörpert die Mistel die Essenz des Göttlichen. Sowohl die Sorgfalt, mit der die Mistel gepflückt wurde, als auch der „Zaubertrank", den man aus ihr bereitete, weisen darauf hin, daß die Druiden unablässig den Kontakt mit den göttlichen Mächten suchten, um sie in das menschliche Leben zu integrieren und um auf diese Weise schließlich die Gottheit selbst zu inkarnieren.

3. Die vier Elemente

Wie alle Völker haben auch die Kelten über das Wesen der vier Grundelemente in ihrer Bedeutung als sichtbare Energie nachgedacht. Erde, Wasser, Luft und Feuer galten ihnen als „Formen des Übergangs", die es der Energie ermöglichen, sich zu verwandeln und zu regenerieren. Das lehren uns besimmte Zaubersprüche und vor allem die Dichtungen, die von Taliesin stammen oder ihm zugeschrieben werden. In ihnen spielt das Motiv der Metamorphose eine wichtige Rolle: „Ich war in vielen Gestalten, bevor ich die passende Form fand", heißt es bei Taliesin[27], dessen Metamorphosen häufig als Beweis dafür gelten, daß die Kelten an die Reinkarnationslehre glaubten. Aber mit Ausnahme weniger, genau bestimmbarer und eher symbolisch zu wertender Einzelfälle gibt es nichts, was diese These stützten könnte. Die Lehre von der Seelenwanderung ist den Kelten vollkommen unbekannt. Taliesins Metamorphosen zeugen lediglich von dem Bewußtsein, daß das Leben allen Bereichen und somit allen Elementen angehört und nicht vom Kosmos zu trennen ist. Ohne den Kosmos gibt es keine Erklärung für das Leben – aber umgekehrt gäbe es ohne das Leben auch keine Erklärung für die Existenz des Kosmos, weil diese Frage dann von niemandem gestellt und beantwortet werden könnte.

A. Erde und Luft

In der geistigen Welt der Druiden hat die Erde als Urelement offenbar keine besondere Bedeutung gehabt, genauer gesagt: es gibt in der keltischen Mythologie keine Erdgöttin. Tailtiu, die Ziehmutter des Gottes Lug, ist keine der griechischen Göttin Demeter vergleichbare Erdgottheit, und auch die keltischen Muttergöttinnen repräsentieren – besonders in Irland – weniger die Erde, als vielmehr die Gemeinschaft, die sich auf ihr entwickelt hat. Die Vorstellung einer Erdgöttin stammt nicht von den Kelten, sondern bereits von den Völkern der Megalithzeit. Übrigens ist das gälische Wort für ‚Erde' (*talamh*, das mit dem lateinischen *tellus* verwandt ist) männlichen Geschlechts. Das leuchtet ein, wenn man bedenkt, daß die keltische Gesellschaft ursprünglich aus Viehzüchtern und nicht aus Ackerbauern bestand. Die Erde war für sie weniger wichtig, weil die Gemeinschaft nicht an einem festen Ort lebte. Aber es gibt dennoch verschiedene Rituale, in denen die Beziehung zwischen Mensch und Erde eine Rolle spielte.

Der Mensch lebt auf der Erde und muß sich deshalb durch eine Art von Vertrag mit ihr verbinden. Am besten kommt diese Vorstellung im Ritual des Steins von Fal zum Ausdruck: In Tara befand sich ein *phallischer*, also ein maskuliner Stein, der immer schrie, wenn sich ein gegenwärtiger oder zukünftiger König auf ihn setzte. Daran erinnert noch deutlich der „Siège périlleux" (der „Gefährliche Sitz") in der Sage vom Gral. Der schreiende Stein ist ein Zeichen dafür, daß die Erde einen Menschen als König, das heißt als auserwählten Mittler zwischen sich und einer Gesellschaft anerkennt, deren Bestand von der Tüchtigkeit und dem Weitblick des Königs abhängt. Diese Vorstellung der Kelten vom Staat ist heute freilich schwer zu verstehen, denn wir sind an eine ganz andere Konzeption gewöhnt, nämlich an die Idee vom Nationalstaat und an Begriffe wie „Vaterland" oder „Land der Vorfahren". Den Kelten war die Vorstellung einer direkten Verbindung zwischen Erde und Volk oder Stamm fremd; das Bindeglied zwischen beiden war der König, dessen Herrschaft durch Wahl und priesterliche Anerkennung sowohl von der Gesellschaft als auch von der Erde legitimiert werden mußte. Die Erde nahm der König durch eine Art Vertrag in Besitz, denn sie galt als Allgemeingut, das niemandem allein gehörte.

In den Bestattungszeremonien erscheint deshalb die Erde als erstes und letztes Element. Zunächst wurde die Leiche in einem Fluß gewaschen, dann folgte die eigentliche Zeremonie. Cäsar spricht zwar nur von Leichenverbrennung, aber wir wissen heute, daß die Kelten ihre Toten ebenfalls in der Erde bestatteten. Leider läßt sich aber nicht mehr feststellen, ob diese Bräuche an bestimmte Gesellschaftsklassen gebunden waren oder nicht. Fest steht nur, daß die Toten der Erde zurückgegeben wurden. Cäsar berichtet:

> „Alles, was nach ihrer Ansicht dem Toten zu Lebzeiten teuer gewesen ist, werfen sie ins Feuer, auch Tiere, und es wurden sogar noch kurz vor unserer Zeit Sklaven und Hörige . . . zusammen mit ihm verbrannt." (*De bello gallico*, VI, 19)

Dieser Brauch ist ebenfalls von vielen anderen alten Zivilisationen überliefert und kann also nicht als typisch keltisch betrachtet werden.

Nach der Bestattung wurde eine Grabsäule errichtet, in die man einen bestimmten Spruch eingraviert hatte. Dann sang der Dichter das Klagelied. Dafür gibt es sowohl in den walisischen Dichtungen[28] als auch in den irischen Epen ausgezeichnete Beispiele, etwa die Klage um Ferdead, die Cuchulainn in dem berühmten Epos *Tain Bô Cualnge* anstimmt. Anschließend folgte die Lobrede auf den Verstorbenen, zweifellos in Form eines Gedichts und mit Sicherheit von einem Druiden vorgetragen. Auch dafür sind uns Beispiele überliefert, wie etwa die folgenden Zeilen von Taliesin, die als authentisch gelten:

„Uryen, Herr der wohlbestellten Ebenen,
Edelster unter den Getauften,
Überfluß und Fülle hast du
den Menschen gegeben . . .
Bis in mein hohes Alter,
bis zur Stunde des düsteren Todes,
werde ich voll Freude sein,
wenn ich Uryens Preislied singe . . .“[29]

Danach fanden die eigentlichen „Trauerfeierlichkeiten“ statt. Sie konnten aus Scheinkämpfen nach Art der mittelalterlichen Turniere, aus Theateraufführungen oder aus Fest- und Trinkgelagen bestehen. Sinn dieser Begräbnisfeiern war es, den Toten zwar nicht bis zu seinem letzten Wohnsitz, aber doch bis zu jenem symbolischen Ort zu begleiten, von wo er – der Erde anvertraut – seine Reise in die Autre Monde unternehmen konnte.

Sicher gibt es noch andere Rituale, in denen die Erde eine Rolle spielt. Die Legende vom Heiligen Patrick erzählt von einem blutigen Kult, der dem gräßlichen Götterbild von Crom Cruaich in Irland geweiht war.[30] Alle Beschreibungen stimmen darin überein, daß es sich dabei um einen Cromlech, also um einen Steinkreis aus der Megalithzeit, handelte. Das Ritual hat daher nichts mit dem Druidenkult selbst zu tun, sondern stellt ein Relikt älterer Bräuche und Glaubenslehren dar, das vom Druidentum mehr oder weniger toleriert wurde.

Die mit der Erde verbundenen Rituale der Druiden sahen völlig anders aus. Aber auch in ihnen ging es nicht darum, eine Erdgöttin anzubeten oder sich geneigt zu machen. Ziel dieser Rituale war es vielmehr, sich der Erde zu vergewissern und sie dem menschlichen Willen dienstbar zu machen. So hinderte die sogenannte „Druidenhecke“ jeden daran, eine bestimmte Grenze zu überschreiten, in das Innere eines Kreises einzudringen oder es zu verlassen. Dafür gibt es vor allem in *Tain Bô Cualnge* verschiedene Beispiele, etwa als Cuchulainn einen gegabelten Ast mit vier Spitzen bei einer Furt befestigt und *Ogam*-Zeichen in einen Stein ritzt. Nach dieser magischen Handlung kann die feindliche Armee die Furt nicht mehr durchqueren. Das erinnert an das „Unsichtbare Schloß“, in das Viviane – je nach Fassung der Sage – entweder Merlin oder einen Stein einschließt. Gelegentlich behaupten die Druiden auch, Landschaften umwühlen oder verwandeln zu können, indem sie die Erde umgraben und Hügel abtragen. So sagt Mathgen (= ‚Sohn des Bären‘), einer der Magier von Lug, kurz vor Beginn der Schlacht von Mag Tured, er werde „die Berge Irlands auf die Fomore schleudern, so daß ihre Gipfel zur Erde rollen würden ... Und er sagte auch, daß die zwölf größten Berge Irlands den Tuatha De Danann dienen und für sie kämpfen würden.“[31] Im *Kampf der Bäume* taucht ein ähnliches Motiv auf: Die im Gestein eingeschlossene Energie wird freigesetzt und für kriegerische Zwecke genutzt. In der Erzählung von der *Brautwerbung um Etaine* muß Oengus, der die junge Etaine für seinen Adoptivvater Mider-Manannann gewinnen will, bestimmte Bedingungen erfüllen, die Etaines Vater ihm gestellt hat. Unterstützt durch Dagda und durch die Tuatha De Danann rodete er zwölf Ebenen in einer einzigen Nacht und gräbt in derselben Zeit die Betten für zwölf Flüsse. Und als Mider später Etaine von König Eochaid zurückholen will, muß er alle Steine von Meath durch magische Mittel zusammensammeln und daraus einen Damm in den Sümpfen errichten.

Das zweite Element, die Luft, ist das geheimnisvolle, fließende Reich, das ausschließlich Zauberwesen und Gottheiten vorbehalten ist. Deshalb erscheinen die keltischen Götter und vor allem die Göttinnen so häufig in Gestalt von Krähen oder Schwänen. Und die sagenumwobenen „Druidinnen“ der Ile de Sein, von denen Pomponius Mela berichtet, sie hätten die Fähigkeit besessen, die Gestalt von Tieren anzunehmen, waren ebenfalls dafür berühmt, daß sie „durch ihre Zaubersprüche die Winde zu besänftigen“ vermochten (vgl. Pomponius Mela, III, 6). Daraus läßt sich schließen, daß die Druiden als Herrscher der Winde galten und sich ihrer für ganz bestimmte Zwecke bedienten.

In den keltischen Epen ist häufig vom sogenannten „Druidenwind“ die Rede. Als die Söhne von Mile nach ihrer ersten Landung in Irland auf ihre Schiffe zurückkehren, um dort Schutz zu suchen, schicken die Druiden der Tuatha De Danann „Zaubersprüche hinter ihnen her, durch die sie weit von Irland weggetrieben wurden“.[32] Und Fuamnach, die frühere Gemahlin von Mider, entfesselt einen „feindseligen

Druiden-Wind", um Etaine, die neue Gemahlin, loszuwerden: Sie hatte Etaine zuvor in ein Insekt verwandelt, das von diesem Wind dann in die Ferne getragen wurde.[33] Der Druiden-Wind kann außerdem bewirken, daß eine Kriegertruppe so in Verwirrung gerät, daß sich die einzelnen Kämpfer nicht mehr erkennen und sich gegenseitig umbringen. Ein solches Ereignis wird in der Erzählung *Die Belagerung von Druim Damhgaire* geschildert. Der Druide Mog Ruith entfaltet hier die wunderbare Kraft seiner Magie[34] und erklärt dazu:

> „Mein Gott hat mir versprochen, daß es mir gelingen wird, sie in Stein zu verwandeln, unter der Voraussetzung, daß sie sich in meiner Reichweite befinden und ich sie anhauchen kann. Er wird einen Druiden-Wind schicken und sie alle in Steine verwandeln."[35]

B. Wasser

Das dritte Element, das Wasser, spielte im Druidentum offenbar eine ausgesprochen wichtige Rolle. Symbolisch gesehen ist das Wasser der Quellen ein Geschenk der unsichtbaren Mächte des Erdinnern. Wasser macht die Erde fruchtbar, und sowohl Bäche als auch Flüsse und Ströme werden deshalb für heilig gehalten, weil ohne sie kein Leben möglich wäre. An vielen Flußquellen gab es Heiligtümer, vor allem an den Quellen der Seine, denn dort wurden zahlreiche Ex-votos gefunden. Wahrscheinlich waren alle Quellen und Brunnen *loci consecrati*, ‚heilige Orte'. Die Quelle von Barenton ist ein chrakteristisches Beispiel dafür, ebenso die Quelle der antiken Stadt Glanum (heute Saint-Rémy de Provence), bei der sowohl gallische als auch griechische und römische Spuren gefunden wurden. Der Name *Glanum* verweist auf eine Wurzel mit der Bedeutung ‚Reinheit': Die dortige Quelle hatte also reinigende Kraft, sie war – ähnlich wie die Quelle des Gottes Diancecht – ein Gesundheitsbrunnen.

Wasser wirkt tatsächlich heilend, und das nicht nur, wenn es (wie die erwähnte Quelle der Gesundheit) Pflanzen enthält, sondern im wesentlichen, weil es reinigt. Selbstverständlich sind hier der physische und der psychische Aspekt nicht voneinander zu trennen. Das Wasser, das den Körper reinigt, reinigt auch die Seele und umgekehrt. Für diese weit verbreitete Vorstellung gibt es zahlreiche Beispiele, man denke etwa an die christliche Taufe. Schon bevor die neuzeitliche Medizin sich die Thermalquellen zunutze machte, glaubte man, daß auch sie diese doppelte Heilkraft besäßen. Um ihre Wirkung zu entfalten, bedurfte es allerdings ganz bestimmter Rituale, Gesten und Anrufungen, wie man sie noch heute in den Volksbräuchen findet. Auch wenn wir kein einziges altes gallisches oder keltisches Ritual kennen, ist es doch legitim, sich vorzustellen, daß die heutigen Bräuche noch manche Gemeinsamkeiten mit den Bräuchen unserer keltischen Vorfahren aufweisen.

Ein Ritual im Zusammenhang mit dem Wasser auszuführen heißt, sich die geheimnisvollen Energien des flüssigen Elements dienstbar zu machen und zu beherrschen. Man kann es zwar auch als Magie bezeichnen, wichtiger aber ist dabei, daß hier bereits die unsichtbaren Kräfte der Natur nach gewissen Methoden bewußt eingesetzt und positiv oder negativ genutzt werden. In mehreren irischen Erzählungen wird berichtet, wie die Druiden die Wasser eines Sees oder Flusses verzaubern: Sie verschwinden spurlos und können dem Feind nicht mehr nützen. Vor der Schlacht von Mag Tured etwa erklärt der Mundschenk der Tuatha De Danann, er werde die Seen Irlands für die Augen der Fomore unsichtbar machen, so daß sie kein Wasser mehr finden können, „auch wenn sie noch so durstig sind".[36]

Übrigens scheint es ein besonderes Ritual gegeben zu haben, *um den feindlichen König verdursten zu lassen*. In der ersten *Schlacht von Mag Tured* fängt Eochaid, der König der Fir Bolg, von dem Moment an zu verdursten, an dem es sich abzeichnet, daß er die Schlacht verlieren wird, und zweifellos steht das mit der Macht der Tuatha De Danann in Zusammenhang. In der seltsamen irischen Erzählung vom *Tod des Muirchertach* lockt die Heldin Sin den König, an dem sie sich rächen will, in ihre magischen Fallen und läßt ihn schließlich so großen Durst erleiden, daß sich der König in einem Wasserbottich ertränkt. In der Geschichte der *Zerstörung des Palastes von Da Derga* wird der König Conaire von „Seeräubern" angegriffen. Mitten im Kampf verzaubern die Hexenmeister, die die Seeräuber begleiten, den König, so daß er unter „unlöschbarem Durst" zu leiden beginnt und vergeblich nach Wasser verlangt, denn es ist keines zu finden. Schließlich schickt er den Helden Mac Cecht auf die Suche nach Wasser. Aber obwohl dieser ganz Irland durchstreift, bleibt seine Suche erfolglos, weil alle Seen und Wasserläufe ausgetrocknet sind. Nur ein ganz kleiner Teich enthält noch ein wenig Wasser: Mac Cecht füllt einen Becher und eilt zum König zurück. Er kommt jedoch zu spät, denn Conaire ist bereits gestorben. „Weil er nichts zu trinken hatte, quälte ihn sein großer Durst so sehr, daß das Fieber ihn verzehrte." Um zu vermeiden, daß die Königsherrschaft den Feinden in die Hände fällt, schlägt

Mag Cecht Conaire das Haupt ab – allerdings nicht, ohne ihm vorher noch den Inhalt des Bechers über das Gesicht zu schütten. Da fängt das Haupt zu reden an und sagt:

„Mac Cecht, du tapferer und vortrefflicher Mann ... Du bringst etwas zu Trinken und rettest einen König ... Wenn ich noch am Leben wäre, würde ich dich belohnen, du tapferer Mann!“[37]

Diese Geschichte erinnert an Pantagruel, der Salz auf seine Feinde wirft, um sie durstig zu machen. Und da alles auch seine Kehrseite hat, sei hier auf die zahlreichen Legenden hingewiesen, die davon erzählen, wie christliche Heilige Quellen zum Sprudeln bringen, indem sie die Erde mit ihrem Stab berühren.

Bei den geschilderten Bräuchen geht es immer um Süßwasser. Wir kennen keine Kulthandlungen, die mit dem Meer in Zusammenhang stehen. Man könnte daher fast meinen, die Kelten – vor allem die Iren – hätten das Meer nicht gekannt. Zeremonien wie die „Segnung des Meeres“ durch die katholischen Priester in der Bretagne waren offenbar nicht üblich. Eine einzige Spur weist uns auf ein Ritual zur Beschwörung des Meeres hin. Strabo berichtet nämlich, daß die Kimbern (also die Kelten) „mit ihren Waffen das steigende Meer bedrohen und zurückdrängen“ (VII,2). Daß es ein solches Ritual gegeben hat, wird auch von Aristoteles bestätigt. In der *Eudemischen Ethik* (III, 1) macht er sich über die bedauernswerten Kelten lustig, „die sich bewaffnen, um sich gegen die Fluten zu verteidigen“. Offenkundig ging es hier um ein Sühne-Ritual, das die Griechen – weil sie seine Bedeutung nicht erfassen konnten – der Einfältigkeit der Barbaren zuschrieben. Wir stoßen hier auf ein neues, nicht unwichtiges Problem. Wie läßt sich erklären, daß das Meer in der Mythologie und in den Kulthandlungen der Kelten keine größere Rolle spielt? Wie bereits erwähnt, waren die Kelten ursprünglich nicht, wie allgemein angenommen wird, Seefahrer, sondern reine Landbewohner. Sie kamen alle aus Mitteleuropa, eroberten Westeuropa ausschließlich zu Lande und überquerten lediglich den Ärmelkanal und die Irische See. Die vielen Geschichten, die von Seereisen zu irgendwelchen wunderbaren Inseln berichten, dürfen nicht wörtlich genommen werden, denn sie illustrieren lediglich das Grundthema der ‚Suche‘ und unterstreichen das Motiv des ‚Umherirrens‘ durch Begriffe wie ‚grenzenlose Ausdehnung‘ oder durch die Beschreibung fremder Länder. Die Feinde Irlands kamen immer über das Meer (als erste die Fomore), und auch die Inseln Avalon und Emain Ablach liegen „irgendwo“ mitten im

Meer, *aber sie gehören zur Autre Monde*. Wir haben bereits darauf hingewiesen, daß Mananann lediglich aus diesem Grunde „jenseits des Meeres" seinen Wohnsitz hat – ob auf der Isle of Man oder woanders ist unwesentlich. Einzig und allein in der bretonischen *Sage von der Stadt Ys* spielt das Meer eine ausgesprochen wichtige Rolle. Diese Sage handelt von einer Stadt, die wegen der Sündhaftigkeit ihrer Bewohner mit einem Fluch belegt und eines Tages von den Fluten des Meeres mit Mann und Maus verschlungen wurde. Die irische Geschichte von der *Überschwemmung des Lough Neagh* berichtet ähnliches: Hier ist es allerdings ein Zauberbrunnen, der wegen der Nachlässigkeit seiner Hüterin die gesamte Umgebung überflutet und so den See Neagh bildet.[38] Und in der Bretagne (in Combourg) erzählt man sich, daß auf dem Grund der Quelle von Margatte ein weißer Stein liegt, der die Quelle daran hindert, das Umland zu überschwemmen.[39] Solle ein Unvorsichtiger diesen Stein entfernen, wäre die Katastrophe da. Aus all diesen Geschichten spricht deutlich die Angst vor Überschwemmungen.[40]

Vermutlich stehen wir hier vor dem fernen Nachklang von Katastrophen, die sich vor Urzeiten ereignet haben müssen. Möglicherweise spielt Ammianus Marcellinus noch darauf an, wenn er von „fremden Inselbewohnern" spricht, „die von weit übers Meer gekommen sind" und Gallien bevölkert haben sollen. Seiner Meinung nach ist Gallien eine Art ‚Rumpelkammer', die es erlaubt, auf alle anderen keltischen Länder Rückschlüsse zu ziehen. Aber wie läßt sich diese Information mit der Tatsache vereinbaren, daß die Kelten mit Sicherheit aus Mitteleuropa eingewandert sind?

Darauf läßt sich zunächst einmal antworten, daß die keltischen Einwanderer nicht sehr zahlreich waren und daß in den keltischen Ländern immer noch ein besonders hoher, ja überwiegender Anteil der Urbewohner lebte, die die Kelten unterworfen und assimiliert haben. Darüber hinaus gibt es noch eine zweite mögliche Antwort, die allerdings ein weiteres Problem aufwirft; es geht um den Stamm der *Veneter*, über den Cäsar folgendes berichtet:

> „Dieser Stamm genießt an der ganzen Küste bei weitem das größte Ansehen. Denn die Veneter besitzen die meisten Schiffe, mit denen sie regelmäßig nach Britannien fahren. Sie übertreffen alle übrigen an Erfahrung in der Seefahrt und haben, da in dem stürmischen offenen Meer nur wenige Häfen zur Verfügung stehen, die sie selbst in der Hand haben, fast alle dortigen Seefahrer tributpflichtig gemacht." (*De bello gallico*, III, 8)

Aus dieser Beschreibung geht unmißverständlich hervor, daß die Veneter, die an der Südküste der Armorika (etwa zwischen den Flüssen Vilaine und Odet) siedelten, als die erfahrensten Seeleute im Atlantik und Ärmelkanal galten. Wenn die Veneter – wie allgemein angenommen – Kelten waren, würde das also die Behauptung relativieren, daß alle Kelten Landbewohner waren. Oder aber die Veneter waren gar keine Kelten, sondern gehörten zu anderen, nur keltisierten Völkern und fuhren für die Kelten zur See.

Noch komplizierter wird das Problem dadurch, daß es nicht nur an der Atlantikküste seefahrende Veneter gibt, sondern auch an der Küste des Mittelmeers: gemeint sind die Venezianer, über die Polybios folgendes berichtet:

„Dieses alte Volk gleicht den anderen keltischen Stämmen in Tracht und Sitten, aber es spricht eine andere Sprache." (II,1)

Noch entschiedener äußert sich Strabo:

„Ich bin der Meinung, daß die Veneter des Mittelmeeres eine Kolonie der Veneter des Atlantischen Ozeans sind." (IV, 4)

Hinzu kommt, daß zwischen dem Namen der Veneter – *veneti* – und dem Namen des nordwestlichen Teils von Wales – *Venedotia* – ein Zusammenhang besteht und daß außerdem die im 6. und 7. Jahrhundert überwiegend aus Nordwales ausgewanderten Brit(ton)en sich – wie zufällig – in jenem Teil der Bretagne niederließen, der früher von den Venetern besiedelt war, also im heutigen Vannetais. *Venedotia* entwickelte sich im Walisischen zu *Gwynedd;* es war ein mächtiges walisisches Königreich und stand in ständigem Kontakt mit Irland. Einige walisische Erzählungen lassen auf gälische Einflüsse schließen; warum sollte es also nicht auch einen walisischen Einfluß auf Irland gegeben haben, auf jenes Land also, in dem die kriegerischen *Fiana* mit ihrem König *Finn* zu Hause sind?

Tatsächlich gehen sowohl die Namen *Finn* und *Fiana* als auch *Venedotia* und *Veneti* auf dieselbe Wurzel zurück. *Veneti* ergab im Italienischen *Venezia,* im Französischen *Vannes* (sowie als historisierende Neubildung *Vénètes,* ‚*Veneter*'), im Bretonischen *Gwened;* es stammt aus dem alten keltischen Wort *vindo,* das ‚weiß, hell, schön, von edler Abkunft und heilig' bedeutet. Bekanntlich war fWeiß die den Druiden vorbehaltene priesterliche Farbe, und die Druiden galten als „heilig". Zu fragen ist also, wer die Veneter waren und woher sie kamen. Genau läßt sich das nicht beantworten, aber wir wollen mit aller gebotenen Vorsicht versuchen, eine Hypothese zu formulieren.

Unser Ausgangspunkt ist dabei die Geschichte von Atlantis, die Platon im *Kritias* und im *Tiamaios* erwähnt. Demnach soll Atlantis eine Insel jenseits der Meerenge von Gibraltar gewesen sein, die sich durch eine hochentwickelte maritime Kultur und durch den Kult einer später an Poseidon assimilierten Gottheit auszeichnete. Rund 9000 Jahre vor unserer Zeitrechnung – gerade in dem Moment, als die Atlantier sich dazu anschickten, den Mittelmeerraum zu erobern – soll diese Insel dann „in einer einzigen Katastrophennacht" untergegangen sein, während die Länder Europas von Erdbeben heimgesucht und die Mittelmeerküsten von hohen Flutwellen verwüstet worden seien. Wenn man den Zeitpunkt der Katastrophe mehr an das Ende der Bronzezeit heranrückt und sie etwa zwischen dem 9. und dem 7. Jahrhundert ansetzt, klingt die Geschichte nicht unwahrscheinlich und würde sogar die Aussage von Ammianus Marcellinus bestätigen, der zu berichten weiß, daß Teile der keltischen Bevölkerung von fernen Inseln stammen, von denen sie durch Überschwemmungen vertrieben wurden.

Dagegen ist einzuwenden, daß die keltische Mythologie eine Fülle solcher Ereignisse enthält und daß natürlich alle Eroberer Irlands über das Meer kommen mußten. Außerdem ist Platos Zeugnis insofern mit kritischen Augen zu betrachten, als man sich fragen muß, ob er nicht die ganze Geschichte von Atlantis lediglich zu dem Zweck erfunden hat, um seine Theorie vom Aufstieg und Niedergang der Hochkulturen zu illustrieren. Nur der Hinweis auf Poseidon stimmt nachdenklich: er war ja in der griechischen Mythologie nicht nur der Herr der Meere, sondern auch der Erdbeben. Diese Übereinstimmung ist in der Tat überraschend; entweder hat Platon sich ihrer bewußt bedient, oder sie zeugt tatsächlich von einem tieferen Zusammenhang – eine Frage, die unser heutiges Wissen übersteigt.

Wenn man davon ausgeht, daß es Atlantis wirklich gegeben hat und daß es durch eine Katastrophe untergegangen ist, dann ist ebenfalls anzunehmen, daß einige diese Katastrophen überlebt haben müssen, möglicherweise die Atlantier, die nach Aussage von Platon gerade in den Mittelmeerraum vordrangen. Und wenn Atlantis im Atlantischen Ozean gelegen haben soll, kann man weiterhin annehmen, daß sich eine gewisse Zahl von Überlebenden auch an die westeuropäischen Küsten gerettet hat. An diesen Küsten stoßen wir auf die Veneter, also auf ein Volk nichtkeltischen Ursprungs, das sich aus geschickten Seefahrern zusammensetzte und eine Art Seereich errichtete. Dieses Volk hätte sicher großen Einfluß auf die Entwicklung Galliens gehabt, wenn es nicht von Cäsar besiegt und vernichtet worden wäre. Cäsar wußte genau, warum er im Jahre 56 v. Chr. einen so erbitterten Kampf gegen die Veneter eröffnete, denn durch den Sieg über sie traf er den Kern des gallischen Widerstandes gegen die römische Besatzung.

In diesem Zusammenhang ist ein Hinweis von Diodor von Sizilien interessant. Gestützt auf den griechischen Geschichtsschreiber Timäus (etwa 350–255 v. Chr.) berichtet Diodor nämlich, daß bei den am Atlantik lebenden Kelten die Dioskuren mehr als alle anderen Götter verehrt wurden, und er behauptet außerdem, *daß dieser Kult über den Ozean gekommen sei.* Das klingt glaubhaft, zumal in ganz Gallien *nur westlich der Loire* Münzen gefunden wurden, auf denen Spuren eines Dioskuren-Kults nachgewiesen werden können. In diesem Gebiet wurde der *deus Vintius Pollux* verehrt: der Name *Vintius* weist Ähnlichkeiten mit *Veneti* auf und bezeichnet wahrscheinlich eine gallische Pferdegottheit. Wie dem auch sei – die Dioskuren wurden vor allem von Seeleuten angerufen, denn man glaubte, daß sie für gute Fahrt sorgen und die Schiffer davor bewahren, sich in der Unendlichkeit des Meeres zu verlieren. Ebenso wie der Poseidon-Kult ist auch der Kult der Dioskuren charakteristisch für ein Volk von Seefahrern. Wenn es rund 300 Jahre v. Chr. westlich der Loire an der Atlantikküste nachweislich einen Dioskuren-Kult gegeben hat und wenn dieser Kult auf ein Seefahrer-Volk hinweist, so dürfte dies den Schluß zulassen, daß die Veneter dieses Volk waren. Nach Cäsar galten sie immerhin als die besten Seefahrer im Atlantik, und das läßt vermuten, daß bei ihnen sowohl die Meeresgottheiten als auch die Schutzgötter der Seefahrt besonders verehrt worden sind. Für diese Vermutung haben wir zwar keine Beweise, aber sie ist auch nicht völlig aus der Luft gegriffen.

Möglicherweise sind also sowohl die *Veneter* aus der Gegend um Vannes als auch die Männer von *Gwynedd* und die irischen *Fiana* Überlebende der Katastrophe von Atlantis, die sich an die westeuropäischen Küsten gerettet haben; und auch die *Veneter* der Mittelmeerküste könnten durchaus Überlebende einer atlantischen Expedition in den Mittelmeerraum sein. Das ist zwar lediglich eine Arbeitshypothese, aber sie hätte nicht nur den Vorzug, die Furcht der Kelten vor dem Meer und die damit zusammenhängenden Sagen zu erklären, sondern sie würde ebenfalls das von Strabo und Aristoteles erwähnte Beschwörungsritual besser verständlich machen.

Dagegen können wir die Kelten auf gar keinen Fall als mögliche Nachfahren der Atlantier betrachten. Zwar behaupten gegenwärtig manche Autoren (die sich im übrigen auf Fabre d'Olivet und Edouard Schuré berufen) mit Nachdruck, daß die Kelten Atlantier gewesen wären und daß das Druidentum das Erbe der alten Religion von Atlantis angetreten hätte.[41] Aber das ist nicht nur völlig falsch, sondern es zeugt darüber hinaus auch von einer absoluten Unkenntnis des ganzen Problems.[42] Sowohl die Geschichte als auch die Archäologie und die Mythologie zeigen deutlich, daß die keltische Zivilisation auf indoeuropäischen Grundstrukturen aufgebaut war. Das ist heute keine Vermutung mehr, sondern eine Gewißheit. Es wäre auch ebenso töricht, den Beitrag außer acht zu lassen, den einheimische und fremde Völker zur Entwicklung der keltischen Zivilisation und des Druidentums geleistet haben. Aus diesem Grund kann man durchaus Hypothesen wie die einer möglichen Beziehung mit Atlantis in Betracht ziehen, aber eben nur in bezug auf die Veneter, von denen man nicht weiß, woher sie stammen und wer sie wirklich waren.

Im übrigen enthält ein Taliesin zugeschriebenes walisisches Gedicht unter Umständen einen Nachklang jenes von Aristoteles erwähnten Rituals zur Beschwörung des Meeres. Der Bezug ist nicht ganz klar, aber so viel ist verständlich, daß der königliche Magier Math, *der aus Gwynedd stammt*, ,,die Elemente entfesselt hatte". Daraufhin ,,brach ein fürchterlicher Sturm aus, der vier Nächte lang tobte. Alle Menschen wurden umgeweht, und sogar die Bäume boten gegen den starken Seewind keinen Schutz mehr." Aber Maths Neffe, der Magier Gwyddyon (er ist nicht nur ein Held aus dem Epos von Gwynedd, sondern auch eine Gestalt, die wie Merlin das Druidentum recht gut verkörpert), berät sich mit einem gewissen Aeddon, hinter dem sich mit Sicherheit Amaethon (der ,Ackermann', Sohn der Göttin Dôn und Bruder von Gwyddyon) verbirgt. Und sie ,,stellten einen Schild her, der so viel Schutz bot, daß das Meer ihre besten Truppen nicht mehr verschlingen konnte".[43] In dieser Geschichte sind alle wichtigen Elemente versammelt: der Druidenwind, die Herrschaft der Druiden über die Elemente, die Feindschaft zwischen Math, dem Onkel mütterlicherseits (sein Name bedeutet ,Bär', das Emblem des Königs), und seinem Neffen, dessen ,,Wissen" sowohl mit den Bäumen als auch mit der Pflanzenenergie in Zusammenhang steht, und schließlich Gwyddyons Verbindung mit dem ,Ackermann' Amaethon. Man kann daran nicht nur den Gegensatz zwischen Landbewohnern und Seefahrern ablesen, sondern auch in Gwynedd ein Land erkennen, das von den Venetern, den „Weißen“ oder „Heiligen“, geprägt ist. Unklar bleibt nur, was der von Gwyddyon hergestellte Schild zu bedeuten hat. Die Spuren dieses Rituals führen weit zurück in eine Vergangenheit, deren Dunkel wir gegenwärtig noch nicht zu erhellen vermögen.

C. Feuer

Wie Strabo berichtet, sollen die Druiden gelehrt haben, daß „sowohl die Welt als auch die Seele des Menschen unvergänglich seien, daß aber eines Tages nur noch Feuer und Wasser herrschen werden“. (IV, 4) Dieser Satz ist zwar der einzige überlieferte Beleg für eschatologische Vorstellungen bei den Kelten, aber er weist deutlich auf die wichtige Rolle hin, die Wasser und Feuer im Kult wie im Denken der Druiden gespielt haben müssen.

Bevor wir uns näher mit dem Feuer beschäftigen, ist es notwendig, daß wir uns von einigen scheinbar selbstverständlichen Vorstellungen frei machen. Zunächst einmal: *Feuer ist kein Element, sondern entsteht durch die Transformation der drei anderen Elemente.* Die Energie von Erde, Luft und Wasser manifestiert sich im Feuer und wird darin umgewandelt. Ohne sie wäre kein Feuer möglich. Es gibt also nur *drei* Grundelemente, wie es nur drei Dimensionen des Raums gibt. Das war den Druiden genau bekannt, denn die Zahl Drei spielte in ihrem Denken nicht ohne Grund eine so wichtige Rolle. Schließlich verdankt das Christentum ihnen den Begriff der Dreieinigkeit! Wenn ein fester Stoff brennt, wird er gasförmig, das heißt: durch die Einwirkung des Feuers wird die Erde in Luft transformiert. Wenn ein gasförmiger Stoff brennt, wird er entweder in einen anderen gasförmigen Stoff umgewandelt, oder in eine Flüssigkeit (wie zum Beispiel Wasserstoff und Sauerstoff), oder in einen festen Stoff. Durch das Feuer wird also Luft in Wasser oder Feuer transformiert. Feuer bedeutet somit Transformation.

Bei den Kelten hat das Feuer eine bedeutende Rolle gespielt. Das ist nichts Außergewöhnliches, denn alle Völker haben für ihre Kulthandlungen Feuer benutzt; zum Teil geschieht das in säkularisierter Form noch heute, man denke nur an das olympische Feuer oder an das Ewige Feuer der Erinnerung. Interessant ist aber, daß die Kelten das Feuer offenbar als Indiz für die Transformation der kosmischen Energien betrachteten. So verbrennen etwa die Tuatha De Danann nach ihrer Landung in Irland ihre Schiffe und dokumentieren damit, daß eine

Metamorphose bei ihnen stattgefunden hat: etwas hat sich verändert, nichts wird mehr so wie früher sein, und dennoch bleibt alles ewig dasselbe. Bezeichnend dafür ist, daß die Ankunft der Tuatha auf den 1. Mai, also auf das Beltaine-Fest, fällt.

Das Beltaine-Fest, einer der beiden Höhepunkte des keltischen Jahres, ist nicht nur ein Fest des Sommeranfangs; es steht unter der Schutzherrschaft von *Bel* oder *Belenos*, dem ‚Strahlenden'. In der irischen Geschichte von *Emers Brautwerbung* heißt es, daß die Druiden während dieses Festes Zaubersprüche singen und Feuer anzünden, zwischen denen dann die Herden hindurchgetrieben werden. Und das *Glossar von Cormac* berichtet über Beltaine dasselbe:

> „Das ‚Bel-' oder ‚Segens-Feuer' ist ein Feuer, das die Druiden mit Hilfe von magischen Kräften oder Zaubersprüchen entfachten. Um die Herden gegen Krankheitsepidemien zu schützen, wurden sie jedes Jahr zu diesen Feuern gebracht und zwischen ihnen hindurchgetrieben."[44]

Wir haben keinen Grund, daran zu zweifeln, daß es dieses Ritual wirklich gegeben hat, denn noch heute findet man Spuren davon im Volksbrauchtum, etwa in den Mai-Feuern oder in den Johannisfeuern. Selbst das Christentum greift in Form des Osterfeuers noch darauf zurück.[45] Auch das Fackelfest in England, das während der Passionszeit gefeiert wird, ist in diesem Zusammenhang bedeutsam: Brennende Fackeln wurden durch Felder, Gärten und Wälder getragen, um eine reiche Ernte zu erzielen. Der Heilige Patrick kannte diesen Brauch genau, denn nach der Legende soll es ihm gelungen sein, das Osterfeuer zu entfachen, noch bevor die Druiden des Königs ihre Feuer auf dem Hügel von Tara entzündet hatten.[46]

Für das Druiden-Feuer gab es genau festgelegte Vorschriften. In der Erzählung von der *Belagerung von Druim Damghaire* weist der Druide Mog Ruith seinen Gehilfen an, das Feuer vorzubereiten:

> Dieser „schichtete das Holz in Form eines Butterfasses auf, nämlich mit drei Seiten und drei Ecken, aber im Gegensatz zum Nord-Feuer, das nur drei Öffnungen hat, besitzt es sieben Öffnungen. Das Holz war nicht besonders angeordnet, sondern einfach übereinandergestapelt."[47]

Wir wissen heute nicht mehr, wie das ganze Ritual ausgesehen hat, aber scheinbar hing der Aufbau des Holzfeuers auch von der jeweiligen geographischen Lage des Feuers ab, und dabei wurden offensichtlich nur drei Himmelsrichtungen berücksichtigt. Das führt uns zu einem anderen durch Cäsar belegten Ritual:

> „Sie haben große aus Weidenruten geflochtene Puppen, in die sie lebende Menschen stecken und das Ganze dann anzünden, so daß die von den Flammen Eingeschlossenen darin den Tod erleiden." (*De bello gallico*, IV, 16)

Die Lucanus-Scholien überliefern fast dasselbe über die dem Gott Taranis dargebrachten Opfer: „Eine bestimmte Zahl von Menschen wird in einem Holzkäfig verbrannt." Auch Strabo bestätigt, daß manche Gallier

> „einen riesenhaften Koloß aus Holz und Heu herstellen und darin nicht nur wilde und zahme Tiere, sondern auch Menschen einsperren, um dann alle zusammen zu verbrennen". (VI, 5)

Was mögen diese Feuer-Puppen oder -Käfige wohl bedeuten? Um zu verstehen, worum es hier geht, müssen wir einen Blick auf gewisse Volksbräuche werfen, die zum einen mit dem Karneval, zum anderen mit den Aussätzigen in Verbindung stehen. Es liegt nämlich nahe, die von Cäsar erwähnten Weiden-Puppen mit den grotesken Figuren, die zur Karnevalszeit verbrannt werden, zu vergleichen. Und die Aussätzigen leben bekanntlich in kleinen isolierten Gruppen abseits des Dorfes in Hütten; viele übten das Seilerhandwerk aus, denn sie hatten dort genügend Platz, um die Seile auszuspannen. In Frankreich werden die Karnevalsfeuer „häufig ‚*cabanou*' oder ‚*cabanelle*' genannt. Diese Namen bezeichnen eigentlich Hütten, wie man sie am Rand von Ansiedlungen baut, also die Hütten der Aussätzigen."[48] Der Volkstumsforscher van Gennep warf die Frage auf, warum die Karnevalsfeuer ausgerechnet „*cabanes*" (‚Hütten') heißen, denn es ist zwar für eine Hütte – nicht aber für einen Holzstoß – charakteristisch, inwendig hohl zu sein. Aber wie aus der irischen Beschreibung des Druiden-Feuers hervorgeht, besaß der Holzstoß nicht nur drei Seiten und drei Ecken, sondern auch sieben Öffnungen. Folglich muß es in ihm Hohlräume gegeben haben. Die Lösung des Problems wird nach Meinung von Claude Gaignebet durch die Hütten der aussätzigen Seiler geliefert.

> „Ursprünglich war der Holzstoß in Form einer Hütte gebaut. Er enthielt Hanfreste und erhob sich über einem Graben, den man im Boden ausgehoben hatte; solche unterirdischen Plätze sind meist flaschenförmig angelegt und mit einer Sitzbank ausgestattet. Erst als die Aussätzigen (oder die Mitglieder der Karnevalsgesellschaften) in den Graben gestiegen waren, wurde das Feuer über ihnen angezündet. Durch die Düfte des brennenden Hanfes wurden sie in jenseitige Welten entrückt."[49]

Denn auch wenn der europäische Hanf nicht dieselbe Kraft wie der „indische Hanf" hat, vermag er doch in Trancezustände zu versetzen, und wurde in ländlichen Gebieten lange zu diesem Zweck verwendet. Mit hoher Wahrscheinlichkeit kann man annehmen, daß die Druiden sich ebenfalls seiner bedienten.

Diesen Brauch illustriert treffend eine Sage aus der Bretagne. Am Ende einer verwickelten Abenteuerfahrt wird Yann, der Held der Geschichte, vom bretonischen König zum Tod auf dem Scheiterhaufen verurteilt. Sein wirklicher Vater – ein Zauberer in Pferdegestalt – erklärt ihm, wie er sein Leben retten kann:

> „Du brauchst nur zum König zu gehen und ihm zu sagen, daß du dir einen Unterschlupf im Scheiterhaufen vorbereiten möchtest... Außerdem solltest du um genügend Zeit zum Beten bitten... Nimm einen Schemel mit, auf den du dich setzt, sobald du in den Scheiterhaufen hineingegangen bist."[50]

Außerdem muß Yann noch seinen ganzen Körper mit einer Flüssigkeit bestreichen und sein Hemd damit durchtränken. Danach wird der Scheiterhaufen angezündet, und alle Leute bedauern schon den Tod des jungen Mannes. „Da sprang Yann, an allen Gliedern vor Kälte zitternd, mitten aus der Glut", und die Anwesenden sahen, daß er „noch viel schöner als früher war".[51] Diese wunderbare Geschichte schildert deutlich ein Widergeburtsritual, aus dem der Held in neuer Frische hervorgeht.

Vor allem in der Bretagne gibt es noch zahlreiche Sagen, die auf diese Form des Rituals anspielen. Besonders in den Volksmärchen kommt es häufig vor, daß jemand in einen Backofen eingesperrt wird, ohne daß er etwas verbrochen hat. Alle diese unglaublich klingenden Geschichten lassen sich mit einem wohlbekannten und ernst zu nehmenden Text in Verbindung bringen, nämlich mit einer Passage auf dem *Ersten Brief des Paulus an die Korinther*, in dem es heißt, es sei gleichgültig, ob man mit Holz, Stroh, Heu, Gold, Silber oder Edelsteinen baue, denn

> „... eines jeglichen Werk wird offenbar werden, der Tag (des Herrn) wird's klar machen. Denn mit Feuer wird er sich offenbaren; und welcherlei eines jeglichen Werk sei, wird das Feuer bewähren. Wird jemandes Werk bleiben, das er darauf gebaut hat, so wird er Lohn empfangen. Wird aber jemandes Werk verbrennen, so wird er Schaden leiden; er selbst wird gerettet werden, doch so wie durchs Feuer hindurch." (III, 12–15)

Liest sich das nicht wie eine symbolische Beschreibung des Fegefeuers? Immerhin beruht die christliche Konzeption des Fegefeuers auf Vorstellungen, die aus dem irischen Christentum stammen.

Wir haben es hier jedenfalls mit einem Ritual zu tun, von dem wir mit großer Sicherheit annehmen können, daß es spezifisch keltisch ist. Diese Annahme wird auch durch das zweite Epos der *Mabinogion*-Sammlung gestützt, in dem die Herkunft des Kessels der Wiederauferstehung, welcher Bran gehört, folgendermaßen erklärt wird: Eines Tages kommt ein großer rothaariger Mann zusammen mit seiner riesenhaften Frau vom Gipfel eines Erdhügels herab, der oberhalb eines Sees liegt. Auf dem Rücken trägt der Mann einen Kessel. Die beiden offensichtlich aus der Autre Monde stammenden Wesen siedeln sich in Irland an, werden aber nach kurzer Zeit wegen ihrer Gewalttaten von jedermann gehaßt. Die Iren beschließen daher, sich des Paares zu entledigen, was keine einfache Aufgabe ist.

> „Meine Lehnsmänner beschlossen daher, ein Haus aus Eisen zu bauen. Als es fertig war, häuften sie Kohle darum bis zum Dachgiebel und ließen alle Schmiede Irlands mit Zangen und Hämmern dorthin kommen. Dann versorgten sie den Mann, seine Frau und die Kinder der beiden reichlich mit Speis und Trank. Als diese betrunken waren, wurde die Kohle rund um das Eisenhaus angezündet und das Feuer mit Hilfe der Blasebälge so lange angefacht, bis alles glühte. Die Riesenfamilie beratschlagte mitten auf dem Boden des Zimmers, was zu tun wäre. Der Riesenmann wartete, bis die Eisenwand glühte. Als die Hitze unerträglich wurde, versetzte er der glühenden Wand einen heftigen Stoß mit der Schulter, sie flog heraus, und er konnte zusammen mit seiner Frau das Eisenhaus verlassen. Nur diese beiden blieben am Leben ... Da kam er zu mir und brachte mir den Kessel."[52]

Man beachte, daß der rothaarige Mann – der stark an Dagda erinnert – zu jedem beliebigen Zeitpunkt das glühende Haus hätte verlassen können, denn, wie man sieht, genügt ja ein Stoß, um die Wand zu durchbrechen. Dennoch wartet er damit, bis er die Hitze nicht mehr ertragen kann, und das sicher aus gutem Grund! Anschließend läßt sich das Riesenpaar in Brans Reich nieder. „Sie vermehrten sich und gediehen allerorts; überall, wo sie lebten, verzehnfachte sich die Zahl ihrer Männer und Waffen."[53] Offenbar hat sich das Riesenpaar also einem Wiedergeburtsritual unterzogen, das Kraft und Macht um ein Vielfaches mehrt.

Dasselbe Motiv taucht in der irischen Erzählung vom *Rausch der Ulates* auf. Nach endlosen Streitereien, Trinkgelagen und Irrfahrten gelangen die Ulates schließlich zufällig zur Burg ihrer erklärten Feinde Ailill und Medbh, des Königspaares von Connaught. Der König und die Königin fragen die Druiden, was zu tun sei, und erhalten folgende Antwort:

> „Die Ankunft der Ulates ist seit langem vorbestimmt, und wir haben uns darauf eingerichtet. Hört, was zu tun ist: Zwischen zwei Holzhäusern muß man ein Eisenhaus mit unterirdischen Gewölben errichten und dort auf einer starken Eisenplatte Kohlen und Reisigbündel aufschichten, bis das Gewölbe vollständig damit ausgefüllt ist. Es wurde vorausgesagt, daß sich alle Edlen von Ulster eines Tages in diesem Haus versammeln werden."[54]

Ailill und Medbh folgen dem Rat der Druiden. Nachdem das Haus gebaut und das Brennmaterial vorbereitet worden ist, lädt man die Ulates dorthin ein und versorgt sie mit Speisen und Getränken. Anschließend wird die Tür hinter ihnen verschlossen, das Haus mit sieben Eisenketten an sieben steinernen Pfeilern befestigt, und

> „drei mal fünfzig Schmiede wurden herbeigerufen, die das Feuer mit ihren Blasebälgen anheizen mußten. Sie bildeten drei Kreise um das Haus. Das Feuer wurde nicht nur unter, sondern auch über dem Haus angezündet, so daß die Hitze das ganze Haus durchdrang."[54]

Als die Ulates merken, daß sie in eine Falle geraten sind, machen sie Cuchulainn dafür verantwortlich, der verärgert gegen die Decke springt, das Dach zertrümmert und seine Gefährten auf diese Weise befreit. Daraufhin lädt König Ailill die Ulates reumütig in ein Eichenhaus ein und bewirtet sie großzügig.

Die beiden Erzählungen stimmen in allen wesentlichen Punkten überein, nur daß das Feuer in der irischen Fassung unter und über dem Eisenhaus, in der walisischen Fassung dagegen darum herum angezündet wird, was schließlich auf dasselbe hinausläuft. Bedeutsam ist nur, daß sich die „Opfer", ebenso wie Yann, der Held des bretonischen Märchens, im *Inneren der Feuersglut* befinden; dazu paßt ebenfalls die Beschreibung des Holzstoßes für das Druidenfeuer mit seinen sieben Öffnungen sowie der von Claude Gaignebet beschriebene Brauch in der „Aussätzigenhütte". Interessant ist auch, daß die „Opfer" mit Nahrung versorgt und betrunken gemacht werden. Das alles weist eindeutig auf ein Wiedergeburtsritual hin. An dieses Ritual erinnern nicht nur die Oster- und Karnevalsfeuer sowie das Fackelfest, sondern auch der am 1. Mai übliche Brauch, die Herden zwischen zwei Feuern hindurchzutreiben, oder der Sprung der Tänzer über das Johannisfeuer. In all diesen Bräuchen geht es sowohl um die ‚Reinigung' durch das Feuer als auch um die Regeneration der im Winter erstarrten Energie, mit anderen Worten: um ein Ritual, *das die Kräfte des Menschen vervielfacht.*

Es liegt nahe, die von Cäsar, Strabo und in den Lucanus-Scholien erwähnten Opferhandlungen ebenfalls dieser Art von Ritual zuzuordnen. Die Puppen oder Käfige, die vor den Augen der griechischen oder römischen Zeugen verbrannt wurden, befanden sich nämlich mit Sicherheit über unterirdischen Räumen, in denen die „Opfer" sich aufhielten, um dort – vermutlich mit Nahrung und Getränken wohlversorgt – so etwas wie ein Unsterblichkeits- oder Wiedergeburtsfest zu feiern. Und warum sollte das Brennmaterial nicht auch Hanf enthalten haben, dessen Düfte es den „Opfern" ermöglichten „abzuheben" und ihre Wiedergeburtsreise in die Autre Monde zu vollenden? Nebenbei bemerkt ist das berühmte *Pantagruelion*, jenes von Rabelais im *Tiers-Livre* so hoch gepriesene Kraut, nichts anderes als Hanf, und der mittelalterliche salzschleudernde Dämon Pantagruel ist ebenfalls ein Meister des Feuers. Die Zahl der Feuerrituale ist so unermeßlich, daß es unmöglich wäre, sie alle aufzuzählen und einzuordnen.[55] Nur mit einer einzigen, ganz besonderen Tradition wollen wir uns noch näher beschäftigen, nämlich mit dem Feuerrad.

> „Vor langer Zeit versammelten sich in der Gegend von Agen die heidnischen Gallier in einem *nemeton* (= Heiligtum). In einem bestimmten Augenblick öffneten sich wie von unsichtbaren Kräften bewegt, die Pforten des Heiligtums, und vor den Augen des staunenden Volkes erschien ein Flammenrad, das den Abhang hinunter bis zum Fluß rollte. Auf geheimen Wegen wieder zum Tempel zurückgebracht, begann es anschließend aufs neue seinen flammenden Weg."[56]

Dieser Bericht stammt aus einer Hagiographie über den Heiligen Vincent von Agen. Dieselbe Zeremonie wird auch in einem englischen Gedicht aus dem 16. Jahrhundert beschrieben:

> „Die Leute nehmen ein altes, verfaultes, nicht mehr benutztes Rad, umwinden es ganz und gar mit Stroh und Werg und tragen es auf den Gipfel eines Berges. Wenn es dunkel geworden ist, zünden sie es an und lassen es den Berg hinunterrollen. Ein merkwürdiges und ungeheures Schauspiel – man könnte meinen, die Sonne sei vom Himmel gefallen."[56a]

Das erinnert sowohl an die gallischen Darstellungen des Gottes mit dem Rad als auch an die gallischen Münzen, auf denen ein Rad abgebildet ist. Und schließlich darf auch der irische Druide Mog Ruith nicht vergessen werden, dessen Name ‚Sohn des Rades' bedeutet und der über außerordentliche Fähigkeiten verfügt, vor allem über die Gabe, das Feuer beherrschen zu können.

4. Opferhandlungen

Die Bedeutung des Feuer-Rituals kann nur dann richtig verstanden werden, wenn man sich über den Begriff des *Opfers* im klaren ist. In allen Religionen der Welt wurden oder werden Opfer dargebracht, seien es nun wirkliche Opfer oder nur Scheinopfer. Das „Opfer" in der katholischen Messe verewigt ein Blutritual, durch das sich die Menschheit in der Person von Jesus über ihren primitiven Urzustand erhoben und durch Tod und Wiederauferstehung auf die göttliche Ebene transzendierte. Auch die Druidenreligion kannte und nutzte die Bedeutung des Opfers. Das Wort ‚opfern' (lat. *sacrumfacere*) bedeutet eigentlich, ein Ding oder Wesen heilig zu machen, es in die Welt des Göttlichen hinüberzugeleiten und ihm auf diesen Weg all die Wünsche und Gefühle der Gemeinschaft, die das Opfer vollzieht, mitzugeben. Die ursprüngliche Konzeption des Opfers hat nicht das geringste mit den Opfervorstellungen der heutigen Religionen zu tun, die die Opferhandlung entweder dazu benutzen, um eine fürchterliche Gottheit durch Gaben zu besänftigen, oder um durch die „Erfindung" eines Sündenbocks einzelne Personen oder ganze Gesellschaftsgruppen von ihrer Schuld zu befreien. Wenn man das Opfer so seines metaphysischen Gehalts beraubt, ist es nur noch ein nutzloser Aberglaube. Deshalb setzt sich in den heutigen Religionen mehr und mehr die Tendenz durch, die Opferhandlungen ganz aus dem Kult verschwinden zu lassen.

Bei den Kelten wurden nicht nur Pflanzen, Zweige und Blumen als Opfergaben verwendet (diese Bräuche leben noch heute weiter), sondern auch Tiere, vor allem Stiere und Widder. Fast immer handelte es sich dabei um junge männliche Tiere, während bei den Herrschaftsritualen eine Stute, mit der sich der König vereinigte, den Opfertod fand.[57] Aus dem Fleisch des Opfertieres wurde meist eine Brühe bereitet, in der der König badete, und anschließend verzehrte er das Fleisch. In einem anderen Ritual, das mit der Königswahl in Verbindung stand, aß ein Mann das Fleisch eines weißen Stieres, trank die damit zubereitete Brühe und legte sich dann zum Schlafen nieder, wo er im Traum den zukünftigen König vor sich sah.[58] Auch das Fleisch des Schweines, eines heiligen Tieres, diente nicht nur während des Unsterblichkeitsfestes als Nahrung, sondern wurde ebenfalls für Rituale benutzt, die mit der Wahrsagekunst in Zusammenhang standen. Sogar Hunde sollen geopfert worden sein.[59]

Nachklänge dieser Opferhandlungen sind noch heute zu finden. Zwar haben sie inzwischen eine wesentlich profanere Form angenommen, aber die Spuren ihres ursprünglichen sakralen Charakters sind noch immer deutlich zu erkennen. So geht zum Beispiel die Parforcejagd vermutlich auf eine uralte Zeremonie zurück, in der ein Hirsch geopfert wurde. Auch die spanische Corrida ist nichts anderes als die heutige Form eines alten Stieropfers. Noch immer ist auch das Schlachten eines Schweines in bäuerlichen Gegenden ein besonderes Ereignis, bei dem sich die Familie oder sogar das ganze Dorf versammelt, wo rituelle Geschenke ausgetauscht oder Gastgelage abgehalten werden. In diesem Zusammenhang muß auch über das Problem der Menschenopfer gesprochen werden. Nicht nur Cäsar, sondern auch verschiedene andere antike Schriftsteller weisen darauf hin, daß die Kelten Menschen geopfert haben sollen. Nach Diodor von Sizilien hielten die Gallier „alle Übeltäter 5 Jahre lang gefangen, um sie dann aufzuspießen und den Göttern zu opfern". (V, 31) Strabo berichtet: „Sie töteten die Opfer entweder durch Pfeilschüsse oder indem sie sie im Heiligtum kreuzigten." (IV, 5) Lucanus erwähnt in der *Pharsalia* „barbarische Rituale" und „grausige Opferbräuche" (V, 451). In den Scholien dazu heißt es, die Gallier hätten ihre Opfer in einem Kessel ertränkt, an Bäumen aufgehängt, geschlachtet oder in Holzkäfigen verbrannt. Und nach Meinung von Pomponius Mela waren selbst unter römischer Herrschaft die letzten „Spuren eines barbarischen Brauches" noch nicht vollkommen beseitigt: „Obwohl sie keine Massenhinrichtungen mehr vornahmen, vergossen sie immer noch Blut auf ihren Altären." (III, 2) Diese griechischen und lateinischen Zeugnisse werden durch irische Texte gestützt, vor allem durch die Erzählungen über den Heiligen Patrick und die ersten Missionare, die den barbarischen Bräuchen ein Ende gesetzt haben sollen.[60] Für Britannien schließlich kann man auf Dio Cassius verweisen, der berichtet, die Königin Bodicea hätte der Göttin Andrasta römische Frauen geopfert. (LXII, 7)

All diese Zeugnisse sind nicht so eindeutig, wie es auf den ersten Blick aussehen mag. Die Römer wie die ersten Missionare waren nämlich daran interessiert, ein möglichst düsteres Bild vom Druidentum und von den Bräuchen zu malen, die ihrer Meinung nach im Widerspruch zu ihren eigenen Gewohnheiten standen. Die Römer konnten übrigens leicht ihr Mißfallen äußern, da sie die Praxis der Menschenopfer schon seit langem aufgegeben hatten – allerdings darf man dabei nicht übersehen, daß sie sie gewissermaßen in profanierter Form immer noch ausübten, nämlich bei den Gladiatorenkämpfen, oder wenn sie Verurteilte wilden Tieren auslieferten.[61] Die Römer haben übrigens auch häufig die ersten Christen verdächtigt, neugeborene Kinder zu opfern: entweder verstanden sie also das Ritual der christlichen Messe nicht oder sie waren schlecht informiert. So führen Unverständnis oder Verkennung von Tatsachen häufig zu Irrtümern und Übertreibungen.

Daher müssen die Zeugnisse für Menschenopfer bei den Kelten unbedingt mit kritischen Augen betrachtet werden, und es spielt dabei keine Rolle, ob es sich um die Gallier, die Bretonen oder um die Iren handelt. Ebenso wie die in den Epen geschilderten gnadenlosen Kämpfe als symbolische Handlungen verstanden werden müssen, so stellen auch die Menschenopfer lediglich mythische Realitäten dar, das heißt, es handelt sich um rituelle Tötungen. Das von Cäsar erwähnte Ritual des Verbrennens der Weidenpuppen war sicher wie alle Transformations-Rituale nur ein Scheinopfer mit symbolischem Tod und anschließender symbolischer Auferstehung. Dasselbe galt vermutlich für das Aufhängen am Baum sowie für das Ertränken im Kessel (daß es hier um ein Wiedergeburts-Ritual ging, belegt der Kessel von Gundestrup). Auch der Opfertod des Königs war mit Sicherheit eine Art dramatisches Spiel, in dessen Verlauf sich der König verjüngte und innerlich erneuerte, um so seine Macht zum Nutzen der ganzen Gemeinschaft zu stärken. Man kann deshalb durchaus die Behauptung aufstellen, daß es im Druidentum Menschenopfer nur in Form von Scheinopfern, Ersatzopfern[62] oder symbolischen Opfern gegeben hat. Die von den Römern und von den ersten Christen ausgesprochenen Beschuldigungen müssen also entweder als bewußte Verleumdungen betrachtet werden, oder sie sind aufgrund von ungenauen Informationen entstanden.

Dagegen ist an der Authentizität des Rituals der „Abgeschlagenen Köpfe“ nicht im geringsten zu zweifeln. Allerdings war das insofern kein blutiges Opferritual, als nicht der Kopf eines lebendigen Menschen abgeschlagen wurde, sondern der eines Toten. Sowohl Diodor von Sizilien als auch Strabo berichten, daß die Gallier ihren erschlagenen Feinden die Köpfe abhackten und diese Trophäen an die Türen Ihrer Häuser nagelten. Livius erzählt ähnliches über den Tod des Konsuls Postumius, dessen vergoldeter Schädel als heiliges Gefäß verwendet worden sein soll. Dieser Brauch wird ebenfalls im Ulster-Zyklus erwähnt: Im Schloß des Königs Conchobar gibt es nämlich eigens einen Saal, der für die Aufbewahrung der Schädel bestimmt ist. Und schließlich liefert uns auch die Archäologie Zeugnisse dafür, denn in den südgallischen Heiligtümern (vor allem in Entremont bei Aix-en-Provence) wurden nicht nur „Schädel-Gehänge" gefunden, sondern auch zahlreiche Darstellungen von abgeschlagenen Köpfen mit geschlossenen Augen. Es kommt auch vor, daß die Gefährten eines gefallenen Helden diesem den Kopf abschlagen müssen, damit er nicht in die Hände seiner Feinde fällt. So erzählt die Geschichte der *Zerstörung des Hauses von Da Derga*, Mac Cecht habe den Kopf seines Königs Conaire abgehauen und mitgenommen[63], und nach Cuchulainns Tod gerät sein Kopf zwar zunächst in die Hände seiner Feinde, wird dann aber von seinem Gefährten wieder zurückgeholt.[64] Der Besitz des Kopfes stand also offenbar symbolisch für den Besitz der ganzen Person, und zwar nicht nur physisch, sondern auch psychisch und geistig gesehen.[65]

Vergessen wir nicht, daß im *Peredur* der Gral weder ein Gefäß noch ein Kessel ist, sondern ein abgeschlagenes Haupt, das in seinem Blut schwimmend auf einer Platte getragen wird. Darin zeigt sich die Bedeutung des Kopfes als Gefäß des Lebens und der Gedanken sowie jener geheimnisvollen, zweifellos göttlichen Energie, die sich gelegentlich in der sogenannten „Aura" manifestiert, also in jenem Leuchten, das um den Kopf von außergewöhnlichen Menschen zu schweben scheint. Dabei spielt es keine Rolle, ob man diese Aura als „feinstofflichen Körper" oder als „Astralkörper" bezeichnet; entscheidend ist, daß es sich um Erscheinungen handelt, die die sichtbare Welt mit der unsichtbaren verbinden, also um etwas unendlich Kostbares. Dadurch erklärt sich sowohl der Eifer, mit dem Freunde und Feinde in den keltischen Erzählungen versuchen, die Köpfe der Helden in ihren Besitz zu bringen, als auch das Ritual der „Abgeschlagenen Köpfe" – ein Ritual, das mit Sicherheit als eigenständiges und charakterisches Merkmal der Druidenreligion gelten kann.

In dieser Bedeutung stellen die „Abgeschlagenen Köpfe" also einen „Schatz" dar. Fast alle Religionen kennen den Begriff des „heiligen Schatzes", der streng bewacht entweder im Heiligtum selbst oder in seiner unmittelbaren Nachbarschaft aufbewahrt wird. Er scheint eine Art „Sicherheitsgarantie" darzustellen, durch die die Menschen einen Vertrag mit den Göttern schließen, und darf keinesfalls mit dem von den Priestern erhobenen „Zehnten“ verwechselt werden (obwohl auch dieser „Zehnte“ so etwas wie ein Opfer ist, denn jeder materielle Schatz wird ja in einem spirituellen transzendiert). Unter diesem Aspekt muß man die von den Kelten angehäuften und in heiligen Teichen oder Seen aufbewahrten Schätze – es war vorwiegend Gold – betrachten. So berichtet etwa Strabo von einem Goldschatz, der in einem See nahe bei Toulouse versteckt worden sei und der für das Gold aus dem Heiligtum von Delphi gehalten wurde, das die Gallier angeblich bei ihrem Zug nach Griechenland im 2. vorchristlichen Jahrhundert geraubt haben sollen. Cäsar betont:

> „Es kam nur selten vor, daß jemand unter Mißachtung der Religion Erbeutetes bei sich zu verstecken oder das Geweihte wegzuschaffen wagte. Die furchtbarste, martervollste Hinrichtung ist hierfür festgesetzt.“ (*De bello gallico*, VI, 17)

Als der Römer Cepion Toulouse eroberte und plünderte, bemächtigte er sich auch des heiligen Schatzes der Stadt, der nach Strabo aus 15 000 Talenten bestand, also aus 300 Tonnen Gold. Da dieses Gold Cepion kein Glück brachte, nannte man es bald das „verfluchte Gold von Delphi“, denn die Kelten nahmen den Grundsatz sehr ernst, daß man ein Sakrileg nicht ungestraft begehen kann.[66]

5. Feste

Das keltische Jahr ist auf dem Mondkalender aufgebaut, deshalb wird alle 5 Jahre ein Schaltmonat eingeschoben. Ferner ist es durch eine zentrale Achse zwischen 1. November und 1. Mai deutlich in ein Sommer- und ein Winterhalbjahr unterteilt. Es sei noch einmal betont, daß der Festkalender der Kelten *nicht das geringste mit den Tagen der Sonnenwende zu tun hatte*, auch wenn diese Vorstellung im Neo-Druidentum immer wieder auftaucht.[67] Die Feste der Druiden fanden in Wirklichkeit 40 Tage nach einer Sonnenwende oder nach einer Tagundnachtgleiche statt. Das hängt damit zusammen, daß der Zeitraum von 40 Tagen als Periode der Erwartung, der Entwicklung und Vorbereitung auf das Fest betrachtet wurde, während das Fest selbst dann als Orgie, also als Kristallisationspunkt der freigesetzten Energien galt.

Samain, das höchste Fest, fand am 1. November statt; sein irischer Name *Samhuin* entspricht dem gallischen *samonios*, der im Coligny-Kalender erwähnt wird, jenem bedeutendsten Zeugnis für die Kalendereinteilung der heidnischen Kelten. *Samain* bedeutet etymologisch „Ende des Sommers" (mit anderen Worten: Winteranfang) und ist der erste Tag des neuen Jahres, genauer gesagt: die erste Nacht, da die Kelten nicht die Tage, sondern die Nächte zählten. Man mag sich darüber wundern, daß der Beginn des neuen Jahres mit dem Winteranfang zusammenfällt, aber vergessen wir nicht, daß im Druidentum nach Cäsar Dis Pater, also eine Gottheit der Finsternis, den Ursprung von Menschen und Dingen darstellt.

Das Samain-Fest war ein zentrales Ereignis für die keltische Gemeinschaft, an dem alle Mitglieder teilnehmen mußten. So heißt es in der Erzählung von der *Geburt des Conchobar*:

> „Jeder der Ulates, der nicht zur Samain-Nacht erschien, wurde wahnsinnig, und bereits am nächsten Morgen wurde sein Tumulus, sein Grab und sein Grabstein errichtet."[68]

Das Fest diente einerseits zur Versammlung aller Männer und Frauen der Gemeinschaft, dort wurden die politischen, ökonomischen und religiösen Angelegenheiten besprochen. Andererseits fanden endlose

Festgelage statt, bei denen Schweinefleisch verzehrt und Wein getrunken wurde, denn das Fleisch des Schweines verleiht Unsterblichkeit, wie die Sage von den „Schweinen des Mananann" zeigt, während der Wein trunken macht; Trunkenheit aber ist jener Zustand der Ekstase, in dem man die Realität verlassen kann, um sich für das Übernatürliche zu öffnen. Die *Samain*-Nacht ist nämlich die Nacht der Begegnung zwischen Lebenden und Toten: Die *sidh* (die Hügel, in denen Götter und Helden wohnen) werden zugänglich, und die beiden Reiche durchdringen einander. Das christliche *Allerheiligenfest*, das an die Stelle der *Samain*-Nacht getreten ist, hat diesen Aspekt der „Gemeinschaft der Heiligen" beibehalten, und in den angelsächsischen Ländern gehen viele Halloween-Bräuche auf die Riten und Maskeraden des keltischen Festes zurück.

Natürlich waren die Festgelage der herrschenden Klasse vorbehalten, das bedeutet, daß vor allem die Herrscher und Krieger daran teilgenommen haben werden. Es ist allerdings kaum anzunehmen, daß die Druiden davon ausgeschlossen gewesen sind. Dem Volk war der Jahrmarkt mit all den dazugehörigen Geschäften und Vergnügungen vorbehalten. Außerdem versammelten sich die Rechtsgelehrten, um die Beziehungen zwischen Individuum und Gemeinschaft zu regeln. Diese Versammlung stellte eine Art „Parlament" dar, in dem die rechtlichen und politischen Angelegenheiten debattiert wurden.

Über das Ritual des *Samain*-Festes wissen wir nur wenig. Fest steht aber, daß am Vorabend alle Feuer in Irland ausgelöscht werden mußten. Das war offenbar das Zeichen dafür, daß das Jahr „gestorben" war; seine Wiedergeburt begann in dem Augenblick, als die Druiden das neue Feuer anzündeten. Dieses Brauchtum ist von den Christen vom 1. November auf Ostern übertragen worden. In der *Samain*-Nacht spielen sich alle bedeutenden mythischen Ereignisse ab: Schlachten, Reisen in die Autre Monde, Auseinandersetzungen mit den Tuatha De Danann, der rituelle Tod des Königs oder der gewaltsame Tod des Helden, der ein gewichtiges Verbot übertreten hat. In der *Samain*-Nacht wurde schließlich Mac Oc sowohl empfangen als auch geboren, denn da sich die Welt der Götter mit der Welt der Menschen in dieser Nacht verbindet, ist in ihr auch der normale Zeitbegriff ausgelöscht: sie stellt eine neutrale Zeitzone dar. Als sich Mac Oc des Reiches seines Vaters bemächtigen will, läßt er es sich für einen Tag und für eine Nacht – also für den Zeitraum des *Samain*-Festes – übergeben, was der Ewigkeit entspricht. Diese Vorstellung lebt noch im christlichen Allerheiligenfest weiter (vor allem wie es in der Bretagne gefeiert wird), obwohl die enge Verbindung mit dem darauffolgenden Allerseelenfest, dem Gedenktag für die Toten, die ursprüngliche keltische Konzeption verschleiert. Für die Kelten bestand nämlich in dem *Samain*-Fest kein Unterschied zwischen Lebenden und Toten, zwischen Göttern und Menschen, denn alles war ein Ganzes.

Auch wenn wir keinen Beweis dafür haben, ist anzunehmen, daß anläßlich dieses Festes dramatische Spiele aufgeführt wurden, die die großen Urmythen vergegenwärtigen. Das Fest dauerte drei Tage lang und bot daher genügend Zeit für die verschiedensten Aktivitäten (und Gelage!).

Drei Monate nach dem *Samain*-Fest, also am 1. Februar, fand das *Imbolc*-Fest statt, dessen Schutzpatronin vermutlich die Göttin Brigit war. Das *Imbolc*-Fest, aus dem das Christentum *Lichtmeß* gemacht hat, bildete die Mitte des Winters, und sowohl das Feuer als auch das reinigende Wasser wurden dabei verehrt. Es war also ein Fest der Reinigung, und diese Bedeutung kommt noch heute im Lichtmeßfest zum Ausdruck. Wir wissen fast nichts über die einzelnen Elemente des *Imbolc*-Festes, denn die Christen haben alle heidnischen Zeugnisse vernichtet; vermutlich schuf ihnen die Göttin Brigit Probleme, die am 1. Februar gefeiert wurde und deren Züge noch in der Gestalt der Äbtissin Brigitte von Kildare zu erkennen sind. Davon abgesehen scheint das *Imbolc*-Fest weit weniger wichtig als das *Samain*-Fest gewesen zu sein, denn es betraf weder die Kriegerklasse noch den König und wurde vermutlich in wesentlich engerem Rahmen gefeiert.

Bedeutsamer als das *Imbolc*-Fest war dagegen das am 1. Mai gefeierte *Beltaine*-Fest, das den zweiten Höhepunkt des keltischen Festjahres darstellt. Der Name *Beltaine* bedeutet ‚Feuer des Bel' und evoziert die Vorstellung von Wärme und Licht. Weil dieses Fest das Ende des Winters und den Beginn des Sommers bezeichnet, ist es nicht nur besonders reich an Feuerritualen, sondern hebt auch die sakrale Bedeutung der keimenden Vegetation hervor. In einer Viehzüchter-Gesellschaft, wie sie bei den Kelten und vor allem bei den Iren bestand, ist der Zeitpunkt, an dem die Herden auf die Weiden getrieben werden, der wichtigste Monat des ganzen Jahres. Die *Fiana* des Königs Finn verbrachten gewöhnlich die sechs Wintermonate in den Häusern der Iren, die unter ihrem Schutz standen, aber vom 1. Mai an zogen sie wie Nomaden kreuz und quer durch Irland. Auch die mythischen Invasionen Irlands fanden am *Beltaine*-Fest statt, das offensichtlich den Anbruch von Licht und Leben sowie den Eintritt in das helle Reich des Tages darstellte, während das *Samain*-Fest die beginnende Herrschaft der Nacht, die „schwarzen Monate", wie man noch heute in der Bretagne sagt, ankündigte. Wie das Beltaine-Ritual im einzelnen aussah, wissen wir nicht mehr. Gewiß war es ein Fest der Priester, so daß die Druiden darin vermutlich die Hauptrolle spielten. Mit Sicherheit gab es Zeremonien, Spiele, Versammlungen und Festgelage. Der noch heute lebendige Brauch, Zweige in Felder und Gärten zu stecken oder auf Scheunen zu befestigen, ist wahrscheinlich ein ferner Nachklang des *Beltaine*-Rituals. Bei diesem Fest sollen auch die sogenannten Johannisfeuer abgebrannt worden sein. Der irische König genoß das Vorrecht, das Feuer als erster anzuzünden, und jeder, der das vor ihm zu tun wagte, soll zum Tode verurteilt worden sein. Bekanntlich gelang es dem Heiligen Patrick, diese Tat ungestraft auszuführen, was bei der Konversion der Iren zum Christentum offenbar eine wichtige Rolle spielte. Auch nach dem Untergang des Druidentums ist der 1. Mai ein volkstümliches Fest geblieben, an dem sicher nicht zufällig die menschliche Tätigkeit, die Arbeit, gefeiert wird. In den germanischen Ländern ist die Nacht des *Beltaine*-Festes als „Walpurgisnacht" bekannt; in ihr versammeln sich alle Hexenmeister und Hexen, und das bedeutet nichts anderes, als daß diese Nacht früher der Priesterklasse gehörte. Denn die Druiden haben zwar ihre Funktion als Priester, Philosophen und Rechtsgelehrte verloren, aber im Gedächtnis des Volkes leben sie in Gestalt von Hexenmeistern immer noch weiter. Die wichtige Rolle der Priesterklasse beim *Beltaine*-Fest läßt sich noch heute in den vielen Beschwörungsritualen erkennen, die sich im Brauchtum des 1. Mai erhalten haben; gemeint sind die Segnungen der Tiere und Ställe, das Treiben der Herden durch Feuer oder Glut, die magische Reinigung der Stallungen sowie die verschiedenen magischen Formeln, durch die die Herden vor Krankheiten oder wilden Tieren beschützt werden sollen.

Während das *Samain*-Fest sozusagen in den „Schlaf" versetzt, gibt das *Beltaine*-Fest das Zeichen zum Wiedererwachen. Während der Wintermonate ist das Feuer zwar unsichtbar unter Steinen und Holz versteckt, aber seine Energie besteht weiter, sie ist potentiell immer vorhanden. Am *Beltaine*-Fest erwacht diese Energie wieder zu neuem Leben, es tritt also eine wahrhaftige „Epiphanie" ein. Die Feuer, die auf dem Hügel von Tara auflodern und die der irische König unter dem Schutz der Druiden angezündet hat, waren keineswegs nur ein Symbol, sondern sie waren auch der Beweis dafür, daß sich im Kreislauf der Tage und Jahreszeiten aus dem Tod neues Leben entwickeln konnte.

Lugnasad, das vierte keltische Fest, wurde am 1. August gefeiert. Nach der Überlieferung soll dieses „Fest des Lug" von dem Gott selbst in Tailtiu ins Leben gerufen worden sein, und zwar zur Erinnerung an seine Ziehmutter, die Göttin Tailtiu, die das mütterliche Irland verkörpert. Während des Festes wurden verschiedene Spiele veranstaltet, wozu sich alle Teile der Gemeinschaft versammelten. *Lugnasad* war offenbar vor allem das Fest des Königs, denn der König überwachte die Pferderennen und die Wettkämpfe der Poeten; allerdings gab es weder Kampfspiele noch Todes-Rituale. Es heißt, daß die königliche Kraft zu diesem Zeitpunkt am größten ist, und diese wird auch für die nun einsetzende Erntezeit gebraucht. Vergessen wir nicht, daß dieses Fest unter der Schutzherrschaft einer Mutter-Göttin steht, die gestorben ist, um das Wohlergehen ihrer zahlreichen Kinder zu sichern. Im Lauf der Christianisierung ist das *Lugnasad*-Fest untergegangen, aber es lebt noch teilweise in anderen Festen weiter, die ebenfalls religiöse Gepräge haben, wie das *Erntedankfest* oder der Flurumgang. Alles in allem ist der Sommer jedoch nicht die richtige Jahreszeit für lange Festlichkeiten und ausgedehnte Gelage, denn man muß in dieser Periode des Jahres hart arbeiten, um die Grundlage dafür zu schaffen, daß die kommenden „schwarzen Monate" gut überstanden werden können.

Das keltische Jahr ist also in vier Feste eingeteilt, von denen zwei, nämlich das *Samain*- und das *Beltaine*-Fest, besonders wichtig sind. All diese Feste versammeln oder berühren so gut wie alle Teile der Bevölkerung, was wieder einmal beweist, daß das Druidentum eine *gesellschaftsbezogene Religion* gewesen ist und das Handeln jedes einzelnen Individuums in die Gruppe einbezog. Das bedeutet keineswegs, daß der einzelne keine Autonomie besaß, sondern es sieht im Gegenteil ganz danach aus, als hätte die Idee der Willensfreiheit im Druidentum eine große Rolle gespielt. Diese diente offenbar der Rechtfertigung des individuellen Handelns, das seine Bedeutung dann innerhalb des gesellschaftlichen Rahmens erhielt, und diese Gesellschaft stellte – so lautete zumindest ihr Anspruch – die Realisierung der von den Göttern entworfenen Gesellschaft dar. Deshalb waren sowohl die Feste als auch die Rituale Angelegenheiten der ganzen Gemeinschaft, und jeder, der nicht daran teilnahm, schloß sich dadurch selbst aus der Gemeinschaft aus. Und wenn aus irgendeinem Grund ein Fest nicht gefeiert werden konnte – was sicher nur selten vorkam – war das Gleichgewicht der Gesellschaft und damit der Welt bedroht. Rituale und Feste sind nämlich magische und religiöse

Handlungen mit dem Ziel, die Harmonie zwischen Wesen und Dingen, Menschen und Göttern, sichtbaren und unsichtbaren Kräften zu sichern.

6. Die Kraft des Wortes

Die mündliche Überlieferung ist ein Charakteristikum der keltischen Zivilisation. Wie Cäsar berichtet, war es den Druiden aus religiösen Gründen untersagt, „ihre Lehre schriftlich niederzulegen", allerdings sollen sie „in allen übrigen Angelegenheiten, in Staats- und Privatgeschäften, die griechische Schrift benutzt haben". (*De bello gallico*, VI, 14) Cäsars Hinweis bedeutet also keineswegs, daß die Druiden grundsätzlich des Schreibens unkundig gewesen wären, und aus zahlreichen Erzählungen geht hervor, daß zum Beispiel die irischen Druiden die *Ogam*-Schrift verwendeten, um magische Formeln auf Holz und Steine zu schreiben. Nur die epischen Erzählungen durften nicht schriftlich fixiert werden, weil sie die Lehre überlieferten. Entweder sollte dadurch das Gedächtnis geschult werden, oder es war eine Vorsichtsmaßnahme, um – wie Cäsar vermutet – die Lehre nicht an Uneingeweihte gelangen zu lassen. Möglicherweise gab es aber noch einen dritten Grund. Eine mündlich überlieferte Tradition ist nämlich etwas Lebendiges: Sie wird von Generation zu Generation weitergegeben, verändert und entwickelt sich organisch und nimmt immer neue Erfahrungen auf. Alles Geschriebene dagegen bringt die Entwicklung zum Erstarren und legt sie unwiderruflich fest. So gesehen ist eine auf mündliche Überlieferung aufgebaute Kultur wesentlich offener, flexibler und aufgeschlossener für Neues als eine Kultur, in der die schriftliche Überlieferung dominiert.

Dennoch benutzten die Druiden die Schrift, wenn sie es für notwendig erachteten, etwa *um die Beziehungen zu anderen Völkern zu regeln* oder *um die Ewigkeit zu beeinflussen*. Dann besaß die Schrift einen magischen und beunruhigenden Aspekt. Denn es war zwar möglich, jemanden zu verfluchen oder eine „Satire" gegen ihn auszusprechen und sie später wieder durch andere magische Formeln zu neutralisieren und zu lösen; eine Verfluchung schriftlich niederzulegen hieß jedoch, sie zu etwas Absolutem und Ewigem zu machen. Es war also eine äußerst schwerwiegende und unwiderrufliche Handlung, eine Verfluchung in einen Eiben- oder Haselzweig zu ritzen. Vor diesem Hintergrund versteht man besser, warum die Schrift etwas

Verbotenes war. Schreiben mußte etwas Außergewöhnliches bleiben, da es eine Gefahr darstellen konnte, und deshalb durfte dieses Wissen unter keinen Umständen an Leute gelangen, die nicht verstanden, damit richtig umzugehen.

Obwohl also die Schrift im Druidentum eine bedeutende Rolle spielte, war doch zweifellos das gesprochene Wort am wichtigsten. Dafür ist der Name des als *geis* bekannten und gefürchteten Verbots bezeichnend: Das Wort *geis* geht nämlich auf dieselbe Wurzel wie das Wort *guth*, ‚Stimme', zurück – eine Wurzel, die wir ebenfalls in *gutuater*, also im Namen des *file* wiederfinden, der als Meister des magischen Gesanges die Aufgabe hatte, die „Invokationen", das heißt die magischen Formeln auszusprechen. *Gutuater* bedeutet wörtlich ‚Vater der Stimme' oder ‚der, dessen Stimme magische Kräfte hat'. Georges Dumézil hat in diesem Zusammenhang die Hypothese aufgestellt, daß die Druiden, die während ihrer Ausbildung eine so gewaltige Menge von Versen auswendig lernen mußten, sich nicht eine vollständige Erzählung, sondern lediglich die wichtigsten Verse einprägten, genauer gesagt: „gewisse Formeln und rhythmische Kernstellen, die in einen Prosatext eingebettet waren, dessen Sinn, nicht aber dessen äußere Form der Tradition angehörte".[69] Tatsächlich weist die Struktur der irischen und walisischen Epen darauf hin, daß die Dichter von bestimmten Grundmustern ausgegangen sind und auswendig gelernte Formeln und Verse, die teilweise sehr archaisch wirken, in den Text eingestreut haben.

Magische Beschwörungsformeln

Immer wieder wird vergessen, daß magische Beschwörungsformeln in einem ganz bestimmten Rhythmus und Tonfall ausgesprochen werden müssen, um wirken zu können. Noch heute sind eine ganze Reihe von Handbüchern der Magie vor allem in ländlichen Gegenden weit verbreitet. Viele Leute kennen also die magischen Formeln und Gesten, ohne zu wissen, wie man sie richtig ausspricht. Denn das läßt sich in keinem Handbuch lernen, und gerade darin besteht das „Geheimnis", das die Eingeweihten an die Auserwählten weitergeben. Wenn man das Druidentum richtig verstehen will, muß man sich diese Tatsache stets vor Augen halten. Eine auswendig gelernte, fehlerfrei rezitierte magische Formel hat nicht die geringste Kraft, wenn sie nicht in der richtigen Art und Weise ausgesprochen wird. In der Vermittlung dieses Wissens und damit dieser Kraft liegt der Sinn der Initiation, die nur durch das gesprochene Wort vollzogen werden kann. Allein die Stimme vermag nämlich Schwingungen und andere feinste Nuancen zu vermitteln, die sich auf keinen Fall beschreiben lassen und die dennoch die Grundlage für eine wirksame magische Handlung sind. In jedem Ritual kommt es vor allem auf das gesprochene Wort an – das gilt sowohl für die Zeremonien der römisch-katholischen Kirche als auch für die Kulthandlungen der anderen Religionen –, und dabei müssen alle bestehenden Vorschriften genau befolgt werden.[70] Nur dann entfaltet sich die ganze Kraft des Wortes.

Zum Text einer magischen Beschwörungsformel gehörte bei den Kelten stets eine musikalische Begleitung: Der Druide spielte entweder auf einem harfenähnlichen Instrument, oder er psalmodierte und sang. Um wirksam zu sein, mußten dabei außerdem bestimmte Gesten vollzogen werden. So bewegte Lug zum Beispiel bei seinem magischen Gesang vor den Fomore in der Schlacht von Mag Tured „nur ein Bein und einen Arm und öffnete nur ein Auge: Dabei schritt er um alle Männer Irlands herum."[71] Dieses Umschreitungsritual scheint bei den Kelten eine genau festgelegte Bedeutung gehabt zu haben, wie die von Plutarch geschilderte Kapitulation von Vercingetorix belegt:

„Vercingetorix trug seine besten Waffen und hatte sein Pferd geschmückt ... Er beschrieb einen Kreis um Cäsar, sprang vom Pferd und warf dann seine Waffen auf den Boden." (Cäsar, 27)

Da sowohl Florus (III, 10) als auch Dio Cassius (XL, 41) denselben Vorgang erwähnen, kann mit Sicherheit angenommen werden, daß Vercingetorix hier ein Ritual vollzog, dessen Bedeutung wir heute nur erraten können: Vermutlich versuchte er, symbolisch von Cäsar Besitz zu ergreifen, und dabei vollzog er wahrscheinlich seinen Kreis von rechts nach links. Die Kelten orientierten sich nämlich nach dem Sonnenaufgang, also nach Osten: vorn befand sich der Osten, links der Norden (die Seite des Unheils), rechts der Süden (die Seite von Licht und Leben) und hinten schließlich der unsichtbare und deshalb zur Autre Monde gerechnete Westen. Noch im Christentum gilt der Norden als Aufenthaltsort von Dämonen und Teufeln, was den düsteren, unheilbringenden Aspekt des Nordens noch verstärkte.[72] Poseidonius bestätigt, daß man sich nach rechts, also zur Seite des Lichts, neigen muß, um die Götter angemessen zu verehren.[73] Und als der *file* Amorgen als erster Gäle bei der Landung in Irland das Schiff verläßt, achtet er sorgfältig darauf, den irischen Boden zuerst mit seinem rechten Fuß zu betreten und dabei eine Beschwörungsformel zu singen, um auf diese Weise Irland in Besitz zu nehmen.[74] Als Cuchulainn zu seinem letzten Kampf aufbricht, steckt sein Pferd ihm den Kopf dreimal „von der linken Seite" her entgegen; weil das als Zeichen des Unheils gilt, wendet der Kutscher den Wagen des Helden nach rechts und beschreibt in dieser Richtung einen Kreis, aber auch das kann Cuchulainn nicht mehr retten.[75] Um die Iren auf seine üblen Absichten aufmerksam zu machen, verläßt der Druide Athirne, der „Quälgeist von Ulster", Ulster über das westlich gelegene Connaught, das bedeutet: er wendet sich nach links.[76] Der Sinn all dieser Umschreitungsrituale liegt auf der Hand: Wenn man sich nach rechts, zum Süden hin wendet, folgt man dem Lauf des lebenspendenden Sonnenlichts, bewegt man sich aber nach links, zum Norden hin, wendet man sich gegen den Lauf der Sonne und zerstört damit die kosmische Harmonie. Dann muß man mit dem Schlimmsten rechnen.

Eine im richtigen Tonfall ausgesprochene und mit den dazugehörigen Gesten verbundene magische Formel hat furchterregende Kraft. Vor der Schlacht von Mag Tured verkündet der Dichter Cairpe:

> „Ich werde sie mit dem schwersten Fluch belegen, Satiren gegen sie aussprechen und sie in Schande bringen, so daß sie unseren Kriegern aufgrund meiner magischen Formeln keinen Widerstand mehr leisten können."[77]

Kurz vor seinem Tod erblickt Cuchulainn zwei kämpfende Männer; da spricht ein Dichter folgende magische Formel über ihn aus: „Schande komme über dich, wenn es dir nicht gelingt, sie zu trennen!" Cuchulainn muß gehorchen: Er tötet die beiden Männer und erbeutet den Speer, um den die beiden gekämpft haben. Aber dieser Speer ist die magische Waffe, die seit langem dazu ausersehen ist, Cuchulainn den Tod zu bringen; aufgrund einer weiteren magischen Formel wird der Held dann gezwungen, diese für ihn schicksalhafte Waffe wieder aus der Hand zu geben.[78] Im Epos *Tain Bô Cualnge* will die Königin Bedbh den Helden Ferdead dazu bringen, gegen Cuchulainn zu kämpfen; deshalb schickt sie

> „Druiden und Magier zu ihm, um die drei *glam dicin* über ihn zu sprechen, die ihn in Unrecht, Schuld und Schande stürzen. Wenn er dann nicht kommt, wird er entweder sofort oder binnen neun Tagen den Tod erleiden."[79]

Der *glam dicin,* der „zwingende Schrei", stellt die schwerste Form der Verfluchung dar. Das macht die walisische Erzählung von *Kulhwch und Olwen* deutlich. Als es dem Helden Kulwch nämlich nicht gelingen will, sich zu dem Saal Zutritt zu verschaffen, wo unter dem Vorsitz von König Artus gerade ein großes Fest stattfindet, greift er aus Verzweiflung zu seinem letzten Mittel: Er droht dem Pförtner, er werde ihn der Verachtung preisgeben und seinen Herrn in Schande stürzen, wenn er ihm nicht augenblicklich Einlaß gewährt.

,,Ich werde drei so entsetzliche Schreie ausstoßen, wie man sie noch niemals gehört hat; sie werden von Pengwaedd in Kernyw bis nach Din Sol im Norden und nach Esgeir Oervel in Iwerddon ertönen. Alle schwangeren Frauen werden eine Fehlgeburt erleiden, und alle anderen werden an einer fürchterlichen Krankheit elend zugrunde gehen."[80]

In diesem Zusammenhang muß außerdem erwähnt werden, daß das walisiche Recht des 10. Jahrhunderts den *diaspad*, den ,,durchdringenden Schrei", dessen magisch-religiöser Charakter außer Zweifel steht, als legales Mittel anerkannte, um vor Gericht Einspruch zu erheben.

Die magische Formel bezieht sich stets auf die gesellschaftliche Stellung der angesprochenen Person: Wenn sie der magischen Aufforderung nicht Folge leistet, drohen ihr Schmach und Schande; symbolisch manifestiert sich der damit verbundene Ausschluß aus der Gesellschaft meist in einer Krankheit oder in einer körperlichen Mißbildung, durch die der Tod des Widerspenstigen herbeigeführt wird. Die ,,Inkantation" (= magische Beschwörung) hat also einen über den magischen hinausgehenden *sozialen* Aspekt: Es geht hier um die Würde des Menschen, um die Würde des Individuums vor der Gesellschaft. Diese Konzeption zeigt, wie stark das Druidentum den Wert des einzelnen Menschen und seiner Handlungsfreiheit betonte, auch wenn das zunächst paradox klingen mag. Denn trotz der zwingenden Kraft einer Beschwörung bleibt es dennoch dem einzelnen überlassen, in völliger Freiheit und auf seine eigene Gefahr hin zu entscheiden, was er tun will. Darüber hinaus zeigt sich hier ebenfalls, welche Kraft die Kelten dem Wort, dem Atem und der Stimme zuschrieben. Man versteht nun, warum die Römer, wie Livius berichtet, die Gallierhorden so sehr fürchteten, die mit entsetzlichem Geschrei in Italien einfielen: Dieses Geschrei hörte sich vermutlich ebenso an, wie die drei Schreie von Kulhwch. In einem Text aus dem *Buch von Ballymote* finden wir eine späte und stark vom Christentum geprägte Beschreibung der Bedingungen, von deren Erfüllung das Gelingen einer Beschwörung abhing. Bevor damit begonnen werden konnte, war es notwendig, ,,im Reich des Königs, für den der magische Text hergestellt werden sollte", zu fasten. ,,Dreißig Laien, dreißig Bischöfe (sic!) und dreißig *fili*" mußten beim Abfassen der magischen Formel anwesend sein. Der mit dieser Aufgabe betraute Dichter versammelte sechs Gefährten um sich, die ,,sechs verschiedene Klassen in der Hierarchie der *fili*" repräsentierten; wichtig war die Präsenz eines Angehörigen der höchsten Klasse, eines *ollamh* (= ,der Mächtigste'). Der *ollamh* führte die ganze Gruppe bei Sonnenuntergang auf einen Hügel ,,an der Grenze von sieben Ländern" (die Zahl Sieben ist hier natürlich symbolisch gemeint), dann wurde das Beschwörungsritual vollzogen.

> ,,Alle standen mit dem Rücken gegen einen Weißdornbusch. Der Wind blies von Norden. Jeder hielt einen Schleuderstein und einen Weißdornzweig in der Hand und sang seinen Vers zur Verfluchung des Königs darüber hinweg ... Dann legte jeder den Stein und den Zweig auf die Wurzeln des Weißdorns ... Wenn sie im Unrecht waren, öffnete sich die Erde unter ihnen, um sie zu verschlingen. Wenn der König dagegen im Unrecht war, wurde er zusammen mit Frau, Sohn, Pferd, Waffen, Ausrüstung und Hund von der Erde des Hügels verschlungen."[81]

Dieses Ritual spricht die latent vorhandenen Kräfte der Natur an, die durch magische Formeln geweckt werden können. Die modernen Theorien über die unglaublichen Kräfte des menschlichen Geistes – man weiß inzwischen, daß wir nur rund 10% unseres gesamten Gehirns aktivieren – sollten sich nicht nur auf die in den Laboratorien durchgeführten Experimente stützen, sondern auch auf das Wissen, das sich hinter solchen alten Ritualen verbirgt.

Neben den bisher geschilderten magischen Verwünschungen und Verfluchungen gibt es auch magische Formeln mit positiver Wirkung. So erklärt ein irischer Dichter: ,,Ich werde eure Gedichte und Inkantationen sowie die Genealogien eurer Ahnen in eurer Gegenwart rezitieren, damit der Mut eurer Krieger wächst."[82] Und Diodor von Sizilien berichtet über die Kelten: ,,Die lyrischen Dichter werden bei ihnen Barden genannt; sie begleiten ihre Hymnen oder Satiren mit Instrumenten, die der Lyra gleichen." (V, 31)

Magische Beschwörungsformeln gehörten ebenfalls zu den Ritualen der Seher. Die Kunst des Weissagens stand bei den Kelten offenbar in hohem Ansehen, und nach Trogus Pompeius, einem Gallier aus dem Stamm der Vocontier, sollen die gallischen Auguren ,,alle anderen übertroffen haben". (Justinus, XXIV, 4) Sie stützten sich dabei sowohl auf den Vogelflug und auf die Opferschau als auch auf Inkantationen und Träume. Im Glossar von Cormac wird ein solches Weissage-Ritual ausführlich beschrieben:

„Der *file* kaut ein Stück vom Fleisch eines roten Schweins, eines Hundes oder einer Katze . . . Er preist die Götter am Altar mit einer Inkantation und ruft sie anschließend an . . . Dann spricht er über die Innenflächen seiner beiden Hände magische Formeln und legt beide Hände auf seine Wangen, bis er einschläft. Sein Schlaf wird behütet, damit er nicht gestört wird, bevor er von selbst erwacht."[82a]

In Irland nennt man solche Rituale *imbas forosnai*, und sie können durchaus mit den Zeremonien, die der „Reise des Schamanen" vorausgehen, verglichen werden.

Daneben gab es den *teinm laegda*, die ‚Illumination des Gesanges'. Dafür mußten sowohl Opfer dargebracht und magische Formeln gesungen als auch ein Stab, Gegenstand oder Wesen berührt werden, das etwas mit der gestellten Frage zu tun hatte; dann wurde der Daumen in den Mund gesteckt, vermutlich, um einen ‚Zahn des Wissens' zu berühren. Die Erzählungen des *Leinster-Zyklus* schildern Finn mac Cumail als Meister dieses Rituals: „Immer wenn er den Daumen in den Mund steckte und die Illumination des Gesanges anstimmte, wurde ihm alles offenbar."[83] Finn beherrschte außerdem das *inbas forosnai-* sowie das *dichetal do chenmaid*-Ritual, auch „Inkantation der Fingerspitzen" genannt. Dieses Ritual verlangte weder Opferhandlungen noch Anrufungen der Götter, und deshalb wurde es als einziges vom Heiligen Patrick toleriert und ging bei den irischen Christen nicht sofort unter. Ohne genaue Einzelheiten zu kennen, wissen wir lediglich, daß dafür „großes Wissen und viel Geschick" vonnöten war.[84] Meistens vollzog Finn jedoch das *teinm laegda*-Ritual, durch das ihm sogar sein Tod angekündigt wurde: „Er legte seinen Daumen unter seinen ‚Zahn des Wissens' und sang ein *teinm laegda.* Da offenbarte sich ihm, daß sich seine Zeit und sein Leben dem Ende zuneigten."[85]

Natürlich sind die einzelnen Elemente der Weissagungen zunächst dunkel und unverständlich und bedürfen eines „Wissenden", der sie erklären kann. Deshalb müssen Druiden und Seher eingeschaltet werden, deren besondere Begabung ihnen die Auslegung ermöglicht. So berichtet etwa die irische Erzählung *Baile an Scal*, wie der König Conn, Held der hundert Schlachten, einen Stein auf einem Erdhügel entdeckt, der anfängt zu schreien, sobald er seinen Fuß auf ihn setzt. Da fragt er seinen Druiden, „warum der Stein schreit, wie er heißt, wo er herstammt, wo er hinkommen wird und wer ihn nach Tara gebracht hat". Der Druide erbittet sich eine Frist von 53 Tagen, um diese Fragen beantworten zu können. Nach Ablauf der Frist enthüllt er dem König die Geschichte des Steins von Fal und fügt hinzu: „Die

Zahl der Schreie, die der Stein von sich gegeben hat, zeigt die Zahl der Könige an, die aus deinem Hause hervorgehen werden, aber ich werde sie dir nicht nennen." Manchmal sind die Elemente der Voraussage noch seltsamer oder widersprüchlicher. So sagen drei Druiden dem König Diarmaid seinen Tod voraus.

„Der erste verkündet: Du wirst ermordet werden, und in der Mordnacht wirst du ein Hemd aus der Wolle eines einzigen Schafes tragen ... Der zweite verkündet: Du wirst in jener Nacht ertrinken, und zwar in Bier, das aus einem einzigen Korn gebraut wurde ... Und der dritte verkündet: Du wirst verbrennen und den Speck eines noch nicht geborenen Schweines in jener Nacht auf deinem Teller finden."

Obwohl der König diese Prophezeiungen für sehr unwahrscheinlich hält, kommt alles wie vorausgesagt: Er wird von den Ulates tödlich verwundet, ertränkt und bei lebendigem Leib verbrannt.[86]

Diese Weissagungen erinnern an den Zauberer Merlin, dessen Zukunftsvoraussagen Geoffrey of Monmouth in seiner *Vita Merlini* überliefert hat. So soll Merlin den Tod eines Kindes mit folgenden Worten angekündigt haben: „Das Kind wird sterben, indem es von einem Felsen fällt; es wird außerdem in einem Baum und in einem Fluß sterben." Zwar halten alle Merlin für verrückt, aber seine Voraussage trifft ein: Das Kind fällt nämlich bei einer Hirschjagd in einen Abgrund, in dem ein Fluß fließt, und ertrinkt dort, weil es sich mit dem Fuß in den Zweigen eines Baumes verfangen hat.[87] Diese Geschichte basiert übrigens auf einer noch älteren Überlieferung, in der eine seltsame Gestalt namens Lailoken geschildert wird, auf die die Merlin-Figur vermutlich zurückgeht.[88]

Für den Merlin des Geoffrey of Monmouth und des Merlin-Romans ist es charakteristisch, in lautes Lachen auszubrechen, sobald ihm jemand eine Frage stellt. Dann gibt er entweder eine rätselhafte oder eine offensichtlich falsche Antwort. Merlins Lachen wirkt ziemlich spöttisch, so als ob man seine Prophezeiungen nicht ernst nehmen dürfte oder als ob sie unsinnig wären. Dadurch soll deutlich gemacht werden, daß wir uns hier im Reich des Irrationalen bewegen, wo man nur hingelangen kann, wenn man einen Bruch mit der Realität vollzieht. Merlins Gelächter hat nämlich die Funktion zu provozieren: Es will den Frager darauf aufmerksam machen, daß er die Antwort auf seine Frage selbst finden muß, denn der Seher hat lediglich die Aufgabe, ihn mit der Autre Monde in Verbindung zu bringen. Diesem Zweck dient sowohl das Lachen als auch die Kraft der Stimme, denn beide vermögen es, die Gesetze der Zeit außer Kraft zu setzen – eine notwendige Voraussetzung dafür, daß sich die Zukunft mit ihren Geheimnissen offenbart, die wiederum nur eine noch nicht festgelegte Vergangenheit ist. Der Seher galt bei den Kelten als Herrscher über Raum und Zeit, das bedeutet: als Herrscher über ein unteilbares Ganzes mit vielfältigen Aspekten.

Anschließend müssen wir uns noch eingehend mit jenem geheimnisvollen Handlungsmittel der Druiden beschäftigen, das unter seinem irischen Namen *geis* bekannt geworden ist. Das Wort *geis* (Plural *gessa*) ist unübersetzbar, man könnte es mit „Tabu" umschreiben, wenn dieser Begriff nicht zu eng mit den Zivilisationen des Pazifik verbunden wäre. Besser ist es, den *geis* als eine Art Verbot zu betrachten, auch wenn damit der negative Aspekt im Vordergrund steht, was nicht immer zutrifft. Ein *geis* ist nämlich durchaus ambivalent: Hinter seinem negativen Verbots-Aspekt kann sich durchaus ein positiver Aspekt verbergen und umgekehrt.

Ein *geis* ist eine magische Formel, die ursprünglich nur von einem Druiden oder einem anderen Mitglied der Priesterklasse ausgesprochen werden konnte, später aber auch von einer einfachen Privatperson, meist einer Frau, die dann als Prophetin, Dichterin oder Feenwesen angesehen wurde. Das sieht man zum Beispiel an der Geschichte der irischen Heldin Deirdre. Deirdre gilt als zukünftige Gemahlin des Königs Conchobar, verliebt sich aber in den schönen Noise und bietet sich ihm offen an. Dieser jedoch hat Prinzipien: Er stößt sie zurück, weil er nichts mit einem Mädchen zu tun haben will, das König Conchobar versprochen ist. Da stürzt sich Deirdre auf ihn, „packt ihn bei den Ohren und sagt: ‚Dies sind zwei Ohren der Schande und des Spotts, wenn du mich nicht zu dir nimmst!'"[89] Nun hat Noise keine andere Wahl: Er muß diesem fürchterlichen Gebot, das später seinen Tod herbeiführen wird, gehorchen. Ebenso wie Deirde handelt Grainne, die Frau des alten Königs Finn mac Cumail. Sie hat ihr Auge auf den jungen Diarmaid geworfen, der zu den Oberhäuptern der *Fiana* gehört, aber auch Diarmaid weist sie zurück. Da spricht Grainne, nachdem sie alle anderen *Fiana* mit einem Zaubertrank eingeschläfert hat, die folgenschweren Worte zu ihm:

> „Ich unterwerfe dich einem geis der Gefahr und der Zerstörung, o Diarmaid, wenn du mich nicht noch in dieser Nacht mit dir aus diesem Haus nimmst, bevor Finn und die Oberhäupter Irlands von ihrem Schlaf erwachen."[90]

Da kann Diarmaid nicht mehr ausweichen. Widerstrebend entflieht er zusammen mit Grainne, hat aber keine sexuellen Kontakte mit ihr. Da unterwirft sie ihn eines Tages einem neuen *geis*, der ihn der Impotenz anklagt; nun muß er sich auch hier Grainnes Willen fügen und die beiden werden Liebende.[91]

Die Struktur der Geschichte von Diarmaid und Grainne erinnert an die Sage von Tristan und Yseult. Grainne stellt das irische Urbild der blonden Yseult dar: Sie ist die Sonnen-Frau, die letzte Verkörperung der alten Sonnengöttin. Wenn man die Tristan-Sage aufmerksam liest und vor allem die archaischen Episoden aus dem *Tristan*-Roman heranzieht, wird deutlich, daß Yseult von Anfang an in Tristan verliebt ist. Aber Tristan verhält sich ihr gegenüber gleichgültig, es macht ihm nichts aus, bei Yseult den Brautwerber für seinen Onkel, den König Mark, zu spielen. Deshalb ist Yseult so wütend auf Tristan, als dieser sie zu Schiff in Marks Königreich bringt, und deshalb „irrt" sich Yseults Dienerin und Verbündete Brangwain mit voller Absicht und kredenzt Tristan und Yseult zusammen den Liebestrank, so daß sie sich lieben müssen. Tristan ist nun der Gefangene des Liebestranks, ebenso wie Diarmaid der Gefangene des *geis* ist: Der Liebestrank stellt also die volkstümliche, christianisierte und von jeglicher Schuld befreiende Spätform des keltischen *geis* dar.[92]

Aber Diarmaid ist nicht nur das Opfer der beiden *gessa* von Grainne, sondern er ist noch durch andere *gessa* wie von einem Netz umgeben. So ist es ihm zum Beispiel verboten, einen Eber zu jagen und zu töten, aber auch das Bellen eines jagenden Hundes kann er nicht hören, ohne sich der Jagd anzuschließen. Weiterhin hat er die Verpflichtung, niemals etwas zu verweigern, worum ihn seine Gefährten bitten. So kommt es, daß Finn, der sein Versteck aufgespürt hat, ihn auf geschickte Art dazu bringt, seinen Haupt-*geis* zu übertreten, indem er ihn einen Eber töten läßt. Damit ist der Untergang von Diarmaid besiegelt.[93] Ebenso ergeht es Cuchulainn: Er darf einerseits weder einen Hund toten, noch ihn essen, andererseits darf er auch keine Einladung zum Essen ablehnen. Seine Feinde richten es so ein, daß er einen *geis* nicht halten kann, und das hat zur Folge, daß er auf fatale Weise alle anderen *gessa* ebenfalls überschreiten muß und so unweigerlich in den Tod getrieben wird.[94] Bei der Fülle der Verbote kann es nämlich leicht geschehen, daß man sich zwischen zwei widersprüchlichen *gessa* befindet, und dann gibt es keinen anderen Ausweg als Schande und Tod.

Die in den *gessa* ausgesprochenen Verbote betreffen immer Helden oder Könige, niemals Druiden. Cäsar berichtet, daß der *vergobret*, ein hoher Beamter, der bei den Häduern an die Stelle des Königs getreten war, zahlreiche Verbote zu berücksichtigen hatte und etwa das Gebiet seines Stammes nicht verlassen durfte. Cormac, der Sohn von König Conchobar, durfte zum Beispiel den Klängen einer bestimmten Harfe nicht lauschen, die Vögel der Da Cheo-Ebene nicht jagen, in Senath-Mor keine Frau treffen und trockenen Fußes nicht den Shannon überqueren.[95] König Conaire der Große, der Held der Erzählung *Die Zerstörung des Hauses von Da Derga*, ist ebenfalls zahlreichen Verboten unterworfen:

„Von Geburt an war es dir verboten, Vögel zu töten ... Du darfst um die Stadt Tara nicht südlich herumgehen und um die Ebene von Breg nicht nördlich. Du darfst die wilden Tiere von Cerna nicht jagen. Du darfst Tara nicht in jeder neunten Nacht verlassen. Du darst nicht in einem Haus schlafen, dessen Herdfeuer nach Sonnenuntergang von draußen gesehen werden kann ... Während deiner Herrschaft darf kein Diebstahl geschehen ... Und schließlich ist es dir verboten, bei einem Streit deiner Diener untereinander einzuschreiten."[96].

Alles geht gut und Irland gedeiht, solange der König alle *gessa* beachtet. Aber eines Tages greift er doch in eine Auseinandersetzung seiner beiden Ziehbrüder ein und verstößt damit gegen den ersten *geis*, was zur Folge hat, daß er nach und nach alle anderen ebenfalls überschreitet und sterben muß. Es mag heute so aussehen, als ob es völlig unmöglich wäre, alle *gessa* zu beachten, und einige mögen außerdem unverständlich erscheinen, aber man muß berücksichtigen, daß die meisten *gessa* eine symbolische Bedeutung haben; andere wiederum sind gerechtfertigt, weil sie vom König eine moralische Strenge und Vorbildlichkeit erwarten, die er besitzen muß, wenn er ein gerechter und effektiver Herrscher sein will. Er muß die Kraft haben, Gewicht und Drohung von unzähligen Verboten zu tragen, sonst wäre er für das Amt des Königs untauglich.

Der *geis* ist also ein absolutes Gesetz und gilt sowohl auf der sakralen als auch auf der profanen Ebene. Das ist nicht erstaunlich, denn im Denken der Druiden waren diese beiden Ebenen nicht voneinander getrennt: Die irdische und die spirituelle Existenz gehörten zusammen und bildeten ein Ganzes. Damit dieses System richtig funktioniert, sind diese *gessa* notwendig. Wenn man nämlich etwas fest Umrissenes verbietet, ist damit immer auch ein positiver Wert verbunden, der durch das respektierte Verbot verwirklicht wird.

Aber selbst der zwingende Charakter des Verbots läßt dem Menschen freie Wahl: er kann auf eigene Gefahr hin handeln und seine Absichten in die Tat umsetzen. Der keltische *geis* hat nichts mit dem griechisch-römischen *fatum* zu tun, also mit jener blinden und anonymen Macht, die die Geschicke von Göttern und Menschen lenkt. Der *geis* dagegen betrifft durch seine magisch-religiöse Komponente ausschließlich das bewußte Handeln des einzelnen Individuums und seine Verantwortung gegenüber der Gesellschaft. Diese Konzeption prägt die geistige Welt der Druiden und unterscheidet sie zutiefst vom klassisch-mediterranen Denken.

Jeder einzelne kann sich schließlich mit vollem Bewußtsein selbst durch einen *geis* binden: nämlich dann, wenn er einen Eid schwört. Durch die Formel „Ich schwöre bei dem Gott, bei dem mein Stamm schwört" erhält der keltische Eid eine sakrale Dimension; er wird zu einer feierlichen Verpflichtung, deren Zeugen entweder Götter oder Naturmächte sind, wie etwa Sonne, Wind oder Erde. Als der König Loegaire eine Schlacht verlor, mußte er schwören, keinen Tribut mehr von seinen Untertanen zu fordern, und bei diesem Schwur wurden „Sonne und Mond, Wasser und Wind, Tag und Nacht, Meer und Land" als Zeugen angerufen. Leogaire aber hielt seinen Eid nicht, und deshalb mußte er sterben, „denn niemand wagte es in jenen Zeiten, sich gegen Sonne, Mond, Wasser oder Wind zu vergehen".[97]

Das alles zeigt die außergewöhnliche Bedeutung, die das lebendige, gesprochene Wort, nicht der tote Buchstabe, in der Welt des Druidentums hat. Und diese Kraft des Wortes kann nicht ohne einen *gutuater*, also ohne einen ‚Vater der Stimme', der die geheimnisvollen Kräfte der Natur anruft, zum Leben erweckt werden, anders gesagt: das Wort bedarf stets des Menschen, um seine ganze Kraft zu entfalten.

7. Totemismus und Schamanismus

Die Techniken, derer sich die Druiden in ihren Ritualen bedienten, gehen auf Traditionen zurück, die offenbar aus ältesten Zeiten stammen, aber nicht unbedingt indoeuropäischen Ursprungs sein müssen. Die Kelten, das sei an dieser Stelle noch einmal betont, stellten in Westeuropa lediglich eine Minderheit dar und mußten sich mit den dort lebenden autochthonen Völkern arrangieren. Die Lehre der Druiden enthält also mit Sicherheit Relikte aus prähistorischer Zeit. Für das Konzept der Sonnengottheit ist das erwiesen, für die Gottheit mit dem Namen Cernunnos ist es ziemlich wahrscheinlich. Möglicherweise trifft das ebenfalls für die Rolle der Tiere und Pflanzen in der Mythologie oder zumindest in jenen Erzählungen zu, in denen Figuren mit Tiergestalt oder Tiernamen auftreten, und man ist deshalb versucht, in diesem Zusammenhang von Totemismus zu sprechen.

Dieses Problem führte zu kontroversen Auffassungen. Zu Beginn des Jahrhunderts, als in der Forschung der Einfluß von Frazers Werk *Der goldene Zweig* weithin dominierte, wurde die These einer Existenz des Totemismus bei den Kelten angesichts des häufigen Auftretens von Tieren in den Epen allgemein akzeptiert. Heute herrscht eher die Tendenz, das Vorkommen totemistischer Elemente in der Druidenreligion anzuzweifeln. Dieser Zweifel scheint jedoch nicht berechtigt zu sein. Mit Sicherheit wurden die Namen der Menschen deshalb aus Tiernamen zusammengesetzt, weil den Namensträgern damit der Symbolwert der betreffenden Tiere verliehen wurde, aber manche Elemente lassen sich ohne eine bestimmte Form von Totemismus kaum erklären.

Der Totemismus wird im allgemeinen definiert als Glaube daran, daß bestimmte Tiere die Urahnen eines Individuums oder einer Gesellschaftsgruppe sind. Dieser Glaube manifestiert sich in einem Kult, der den Tier-Ahnen gewidmet ist, sowie in verschiedenen Verboten, besonders auf dem Gebiet der Ernährung. So darf das Fleisch des betreffenden Totemtiers nicht gegessen werden, außer am Tag des rituellen Festes, wo – wie die Ethnologen festgestellt haben – die Überschreitung des „Tabus“ erlaubt, wenn nicht gar obligatorisch ist.

Mit dieser Argumentation versucht übrigens Freud unter Berufung auf Frazer in *Totem und Tabu* die Geburt der Religion durch das Schuldgefühl zu erklären, welches aus dem Mord am Vater (das heißt an dem Ahnen aus der Urhorde) erwächst, und dieser Mord werde dann, so Freud, im Totem-Mahl rituell wiederholt.

Dabei stellt sich zunächst die Frage, ob in allen beobachteten Formen des Totemismus wirklich an die reale Existenz eines Tier-Ahnen geglaubt wurde. Denn ein Name wie ‚Sohn des Bären' bedeutet ja noch nicht unbedingt, daß der Namensträger sich für den Ur-Urenkel eines Bären hält. Häufig wurde nämlich von den Ethnologen wörtlich genommen, was lediglich bildliche Vorstellung war. Mit der Argumentation, daß der Fisch bei den Urchristen ein gegenseitiges Erkennungszeichen war, welches Christus symbolisierte, könnte man demnach zu dem Schluß kommen, die Christen hätten geglaubt, von einem Tier, nämlich vom Fisch, abzustammen. In Wirklichkeit ist der Totemismus ein wesentlich komplexeres System, da hier zusätzlich verschiedene, mit Hilfe von Symbolen kodierte und tradierte Überlieferungen eine Rolle spielen. Außerdem muß man sich davor hüten, die „Primitiven" für geistig Unterentwickelte zu halten. Der Begriff „primitiv" darf nur im Sinn von „früher" oder „einem anderen Kulturkreis angehörig" verwendet werden. Nur in diesem Sinne kann man dem Phänomen des Totemismus und seinen wahren Dimensionen gerecht werden und in ihm einen Glauben sehen, der im Individuum oder in einer Gemeinschaft eine Abstammung erkennt, deren verbindendes Zeichen (eine Art Emblem also) eine Tier- oder Pflanzen-Darstellung ist. Die Motivation für die Auswahl des „Totem"-Tiers (oder der „Totem"-Pflanze) ist dabei symbolisch oder auch soziologisch begründet.

In diesem Sinne hat es den Totemismus bei den Kelten zweifellos gegeben. Der Stammesname der gallischen Eburovici, der auf einem Wort mit der Bedeutung ‚Eibe' basiert, bezeugt das. Die Verbindung von Finn mac Cumail und seiner ganzen Familie sowie der Fiana in Irland mit dem geweihtragenden Schalenwild ist ein weiterer Beweis dafür. Da es sich hier – wie bereits an anderer Stelle näher ausgeführt – offensichtlich um einen uralten Clan handelt, dessen Ahnen bis auf die prähistorischen Rentierjäger zurückgehen dürften, ist der totemistische Bezug zu den Hirschen zum Beispiel rein soziologisch, das heißt aus der ursprünglichen Gesellschaftsform zu erklären. Ähnliches gilt für die Zentralfiguren des *Ulster-Zyklus*: sie sind alle durch einen Bezug zum Stier oder Hund gekennzeichnet. Die Figur des Cuchulainn ist dafür ein Musterbeispiel. Sein ursprünglicher Name ist Setanta, und erst nachdem er einen – eher der Hölle als der Wirklichkeit entstammenden – Hund umgebracht hat, erhält er den Beinamen ‚Hund des Culann'. Das erinnert stark an ein Initiationsritual. Als er nämlich den Hund des Schmiedes getötet hat, klagt dieser, er werde nun keinen Beschützer und Verteidiger mehr haben. Setanta, der sich offensichtlich im Unrecht befindet, entschädigt ihn: In Zukunft wird er selbst der Beschützer (also Culanns Hund) sein. Er wählt somit den Namen seiner Funktion, mit anderen Worten: er tritt einer Bruderschaft, einem Clan bei. Und der Druide Cathbad ratifiziert diesen Akt mit den Worten, Setanta werde von Stund an nie mehr anders als Cuchulainn heißen.[98] Es handelt sich hier um ein Übergangsritual, das den Zugang zu einem bestimmten Clan ermöglicht; das Emblem dieses Clans ist der Hund, wie der Name Clan-Königs *Conchobar* bezeugt, der zugleich Onkel und Vater des jungen Helden ist. Außerdem vollzieht sich die ganze ruhmreiche „Karriere" des Cuchulainn zwischen zwei Hundemorden: Der erste gibt ihm seinen Namen und führt ihn in die Kriegerklasse ein; unmittelbar vor seinem Tod muß dann ein zweiter Hund sterben, und zwar als der Held durch einen *geis* gezwungen wird, Hundefleisch zu essen, das von Calatins Tochter, einer Hexe, gebraten wurde. „‚O Jammer!' rief Cuchulainn, ‚nach dem Mord an diesem Tier werde ich nie mehr einen Menschen töten. Ein Hund war das Ziel meiner ersten Heldentat, und mir ist geweissagt worden, daß die Tötung eines Hundes auch die letzte sein wird.'"[99]

Der Held Diarmaid, der Prototyp der Tristan-Figur, steht in Bezug zu einem Wildschwein. In manchen Fassungen der Sage heißt es, Diarmaids Bruder wäre, als er aus Versehen getötet wurde, in ein Wildschwein mit magischen Kräften verwandelt worden, weshalb das wichtigste Verbot für Diarmaid darin bestand, niemals Jagd auf diesen Eber zu machen, denn sonst müsse er sterben.[100] Das magische Wildschwein ist auch in der walisischen Überlieferung bekannt, und zwar nicht nur in der Erzählung *Kulhwch und Olwen*, wo Artus und seine Gefährten das Wildschwein Twrch Trwyth jagen, sondern auch in mehreren walisischen *Triaden* sowie in der *Historia Brittonum* des Nennius.[101] Auch in Gallien taucht das Wildschwein als Emblem häufig auf. Nahezu alle gallischen Kriegsstandarten, die gefunden wurden, tragen an der Spitze die Bronzedarstellung eines Wildschweins. Auf einer Schmuckplatte des Kultkessels von Gundestrup, auf der die Szene eines Ertränkungsrituals dargestellt ist, tragen alle Krieger ebenfalls ein stilisiertes Wildschwein als Zeichen auf dem Helm. So stellt sich die Frage, ob das Wildschwein (bzw. der Eber) die „ungesellig-einzelgängerische" Körperkraft des Kriegers repräsentiert (in diesem Falle müßte man von Symbolismus sprechen) oder ob es sich hier um das mythische Tier handelt, das die Krieger-Klasse als Ahnen betrachtet.

In anderen Dichtungen ist die Verbindung zwischen einer menschlichen Figur und einem Tier weniger klar gekennzeichnet. So wird Kulhwch inmitten einer Rotte von Hausschweinen geboren[102], und der junge Pryderi, der Sohn von Rhiannon, wird direkt nach seiner Geburt in einen Pferdestall entführt, wo gleichzeitig ein Fohlen zur Welt kommt.[103] Auch hier scheint mehr als nur Symbolismus vorzuliegen, und in diesen mysteriösen Vorgängen muß man wahrscheinlich Relikte einer totemistischen Beziehung sehen. Man müßte auch einmal untersuchen, weshalb der irische Art (= ‚Bär'), Son des Conn (= ‚Sohn des Hundes'), unter größten Gefahren als Braut ausgerechnet die Tochter des Coinchend Cenfada zu erwählen hat, dessen Name soviel wie ‚Hundeköpfe' bedeutet.[104] Der Name des Königs Artus (oder Arthur) stammt ursprünglich, anders als bisher angenommen wurde, nicht aus dem Lateinischen, sondern ist aus *artu* oder *arto* gebildet, einem Stamm mit der Bedeutung ‚Bär'.[105] Ferner ist der Name des Königs Math aus *matu* gebildet, was ebenfalls ein keltisches Wort für ‚Bär' ist.[106] Der Name von König Mark(e) verweist auf ‚Pferd', *march*. Gewiß sind dies symbolische Bedeutungen, das heißt die einem bestimmten Tier zugeschriebenen Eigenschaften werden symbolisch auf die Person übertragen, die das Tier in ihrem Namen führt. Das schränkt aber keineswegs die Gewißheit ein, daß hierin auch Relikte des Totemismus gesehen werden müssen.

Das Verbot, das Tier zu töten, welches man im Namen führt, ist dabei die Regel. Es gilt, wie wir gesehen haben, für Cuchulainn – theoretisch müßte es also auch für Artus gelten. Das läßt sich tatsächlich durch einen archaischen Text, dem *Roman von Yder* belegen: Yder/Edern, der Sohn des Nudd, der nicht unbedenkliche Beziehungen zur Königin Guénièvre unterhält und damit die Eifersucht des Königs erregt, tötet einmal einen in die Kemenate der Königin eingedrungenen Bären. Die eine Interpretationsmöglichkeit ist, daß dieser Bär den gehörnten Artus repräsentiert, die andere, daß Yder hier die Beschützerrolle von Artus übernehmen muß, da dieser sich ja nicht erlauben kann, einen Bären zu töten.[107] Auf jeden Fall ist nachweisbar, daß solche Verbote für viele Figuren mit Tiernamen galten: Finn, dessen richtiger Name eigentlich Demne ist, konnte kein Damwild töten, Oisin kein Hirschkalb, Art keinen Bären und König Mark kein Pferd. Entsprechende Tabus auf dem Gebiet der Ernährung dürften diese Verbote ergänzt haben.

All das reduziert aber das Druidentum gewiß nicht auf die hybride Form eines Totemkults primitiver Kulturen. Die Rolle der Tiere wie der Pflanzen in der keltischen Mythologie muß genau untersucht werden, denn die große Vertrautheit zwischen Mensch und Natur beweist beileibe noch nicht alles. Der Symbolismus überlagert stets ältere Vorstellungen, indem er sich seine Zeichen aus Objekten entwickelt, die als allgemein bekannt gelten können und somit einer alten und fest in der Erinnerung verwurzelten Überlieferung angehören. Wenn der Totemismus eine entscheidendere Rolle gespielt hätte, dann wäre er gewiß im System der Clans stärker in Erscheinung getreten. Nun gibt es aber die Clans als solche nicht in der keltischen Gesellschaft. Wenn man nämlich das Wort ‚Clan' gelegentlich benutzt, so ist dies nur eine bequeme Bezeichnung für eine durch gemeinsame Interessen oder durch eine gemeinsame Abstammung verbundene Gruppe von Familien. Aus rein juristischer Sicht hat es den Clan als formale Einheit jedoch nie gegeben. Wenn in der Druidenlehre also Spuren eines Totemismus vorhanden sind – und wir haben gesehen, daß dies der Fall ist – so sind sie Relikte von Vorstellungen aus der Zeit vor der Ankunft der Kelten, die aber weder voll anerkannt, noch in das Denksystem integriert wurden. Wenn eine Religion jeden Bezug zu Auffassungen oder Bräuchen einer älteren Religion offiziell eliminiert, dann werden diese verbannten Denkmuster und Gewohnheiten wieder in anderen, nur oberflächlich angepaßten Formen mit deutlichen Zeichen ihrer Heterogenität zu neuem Leben erweckt.

Der große Stellenwert der Tiere und Pflanzen in der keltischen Mythologie und in den Ritualen des Druidentums wirft noch eine ganz andere Frage auf – nämlich, ob es im Druidentum nicht eine Komponente des Schamanismus gegeben haben könnte, oder ob nicht zumindest Elemente zu finden sind, die sich als schmanische Praktiken erweisen.

Auf den ersten Blick ist man geneigt, diese Frage mit Nein zu beantworten, da das Druidentum eine hierarchische Religion mit indoeuropäischen Mustern darstellt, während der Schamanismus nie etwas anderes gewesen ist, als die Summe von Glaubenselementen und Riten, die aus den verschiedensten Ursprungsvölkern und Kulturen stammen. Der Schamansimus ist im östlichen Asien bei als asiatisch geltenden Völkern ebenso beheimatet wie in den sibirischen Regionen mit indoeuropäischer Bevölkerung. Außerdem war er früher lange auch im nördlichen Europa sowie in den russischen Steppen und im Kaukasus verbreitet. Gesichert ist ferner, daß der Schamanismus mit der Zivilisation der Skythen im Zusammenhang steht. Auch die germanische Mythologie ist keineswegs frei von schamanischen Elementen: Man betrachte nur die Figur des Odin/Wotan, der sich als Schamanen-Gott par excellence erweist. Die Verbindung der Kelten mit den Skythen müssen hier nicht mehr eigens nachgewiesen werden, denn bereits ihre Einflüsse auf die Plastik dürften weithin bekannt sein. Wahrscheinlich verwendeten die Skythen ähnliche Muster und Begriffe wie die im Schamanismus erkennbaren, und wie wir heute wissen, wurden von Rom „sarmatische Hilfstruppen" (also Skythen), zusammen mit mehr oder weniger unabhängigen brit(ton)ischen Stämmen mit der Sicherung des Hadrians-Walls in England beauftragt. „Den Skythen war", betont Dumézil,

> „eine besonders wichtige kulturelle Rolle bestimmt, nämlich nicht nur die Rolle der Gebenden in ihrer eigenen Kultur, sondern auch die der Ver- und Übermittler auf einem anderen Gebiet, das die Forschung heute interessiert, nämlich in den Beziehungen zwischen der japanischen Mythologie und dem indoeuropäischen Denken ..."[108]

Diese Bemerkung entfernt uns im einzelnen sicher weit von unserem Thema, aber sie wirft zumindest Licht auf die Existenz einer kulturellen Strömung im Norden Asiens und in Nordeuropa, die sich fundamental von der Kultur Südasiens und der Mittelmeer-Kultur unterscheidet. Diese Strömung, die sich einmal lückenlos vom Pazifik bis zum Atlantik erstreckt haben muß, könnte man als „barbarische" Strömung bezeichnen. Es ist kaum denkbar, daß sich die einzelnen Völker dieser Strömung nicht gegenseitig beeinflußt haben.

Tatsächlich gibt es Beweise für das Vorhandensein indoeuropäischer Elemente (besonders der „Dreiteilung" bestimmter Funktionen) in der Mythologie Koreas sowie in der des alten Japan, vor allem in der Aino-Tradition. Diese Präsenz des Indeoeuropäischen ist in den Glaubensstrukturen und Praktiken der Schamanen vieler Völker nachweisbar. Weshalb sollte aber nicht auch ein umgekehrter Einfluß möglich gewesen sein? Kategorisch zu behaupten (wie es verschiedentlich getan wird), es gäbe keinerlei Spuren von Schamanismus in der Welt der Druiden, hieße den Kopf in den Sand stecken. Wir verfügen heute über eingehende Informationen über das Phänomen des Schamanismus, daher ist es möglich, solide Vergleiche anzustellen. Jeglichen schamanischen Aspekt im Druidentum abzulehnen, hieße außerdem, den Schamanismus zu verachten und zu einfachem Hexenzauber zu degradieren. Wie Mircea Eliade betont, ist aber der Schamanismus „die tiefste mystische Erfahrung innerhalb der archaischen Religionen", und sehr oft haben seine rituellen Praktiken, gestützt auf tief empfundenen Glauben und metaphysische Betrachtung, „nicht weniger Strenge und Adel als die Erlebnisse der großen Mystiker des Westens und Ostens".[109] Die religiöse Praxis gehört unbedingt zu jeder religiösen Lehre. Was wäre also die Lehre der Druiden ohne die dazugehörigen Rituale?

Der ständige Bezug der Kelten auf Tiere und Pflanzen bietet bereits eine Vergleichsmöglichkeit mit dem Schamanismus. Der Kontakt zwischen dem Schamanen und der Pflanzenwelt im allgemeinen ist ebenso erwiesen wie der zwischen Druiden und Bäumen. Der Weltenbaum der Schamanen ist meist die Birke, ein Baum, der besonders weit nördlich verbreitet ist. In der berühmten *Cad Goddeu*-Dichtung nimmt Gwyddyon, als er die Brit(ton)en in Bäume verwandelt, selbst die Gestalt einer Birke an. Viele von Gwyddyons Taten gemahnen in der Tat an einen Schamanen. Er ist ein göttlicher Magier mit der Fähigkeit, die Kräfte der Pflanzen zu erwecken und Menschen und Tiere zu verwandeln (etwa indem er Blodeuwedd zu einer Eule werden läßt) und umgekehrt Tiere in menschliche Wesen, wie im Falle des Lleu Llaw Gyffes, der zuerst ein Adler war und dann durch Gwyddyon wieder in einen Menschen verwandelt wird.[110] Man weiß, daß die Schamanen mit Hilfe ihrer magischen Formeln und Ekstasepraktiken zu Tieren werden können, indem sie entweder den Geist des Tieres verkörpern oder indem sie sich umgekehrt in das betreffende Tier hineinprojizieren. Die Transformation vollzieht sich zwar sicher nicht auf der Ebene der *materiellen* Wirklichkeit, aber dennoch auf der Ebene der *psychischen* und *mystischen* Wirklichkeit und Erfahrung. Die Tuatha De Danann hatten die Fähigkeit dieser Transformation auf beiden Ebenen. Und von solchen Metamorphosen ist in der keltischen Literatur immer wieder die Rede.

Ein gutes Beispiel dafür ist die Geschichte von Tuan mac Cairill, einer hochinteressanten Figur der irischen Tradition. Seit der Zeit von Partholon überlebte er immer wieder, indem er ständig seine äußere Gestalt verwandelte; so wurde er zum Augenzeugen aller fünf großen Invasionen Irlands. Zunächst war er ein Mensch, und zwar ein Druide, dann wurde er nacheinander Hirsch, Eber, Falke und Lachs, um sich schließlich wieder zum Menschen zurückzuverwandeln. Man hat seine Verwandlungen gelegentlich als Reinkarnationen bezeichnet, jedoch handelt es sich hier nur um verschiedene aufeinanderfolgende Metamorphosen ein und desselben Körpers und Geistes, dem ungewöhnliche Kräfte beschieden waren. Dieser Tuan mac Cairill ist das Urbild des Menschen, der noch fähig ist – wie Mircea Eliade im Zusammenhang mit den Schamanen ausgeführt hat –, das Goldene Zeitalter des Anbeginns der Menschheit wiederherzustellen, jene Zeit also, in der Menschen und Tiere noch die gleiche Sprache sprachen und sich noch nicht gegenseitig töteten. Die Verwandlungen des Tuan sind zwar symbolisch gemeint und fügen sich in das System der Zivilisation, die ihn hervorgebracht hat, aber sie zeugen doch von dem aufkommenden Bewußtsein, daß der Mensch im Universum nicht allein ist, sondern Teil eines Ganzen, das alle Elemente und Energien umfaßt.[111] Die irische Überlieferung kennt noch eine andere solche Figur, nämlich Fintan. Sein Name bedeutet ‚alter Heiliger' *(Vindo-Senos)* und weist wieder auf die Wortwurzel *finn-gwynn-vindo*. Auch er macht ganz ähnliche Metamorphosen durch, so daß er wahrscheinlich eine Doublette des eben erwähnten Tuan ist.[112] Der Barde Taliesin ist ebenfalls besonders bekannt für seine Metamorphosen. Das *Cad Goddeu* sowie andere seiner Dichtungen[113] erwähnen es, und seine sagenhafte Geschichte beweist (auch wenn sie erst spät aufgezeichnet wurde), wie alt der Glaube an die Möglichkeit solcher Transformationen ist.[114] Auch viele Volksmärchen und -sagen lassen diese Motive noch erkennen, und wir wissen, daß sich gerade in der mündlichen Überlieferung die schamanischen Elemente seit ältesten Zeiten in ganz besonderem Maße erhalten haben. So gibt es in einem Märchen aus der Bretagne einen jungen Helden – er ist Diener des Teufels –, der an verschiedenen Objekten wie auch an seiner eigenen Person erstaunliche Verwandlungen vollführen kann, nachdem er seinem Meister einige Geheimnisse abgeschaut hat.[115] Besonders viele schamanische Züge scheinen die Figur des Cuchulainn zu umgeben. Seine berühmten „Verrenkungen und Verstümmelungen" gleichen einer Metamorphose, nur verwandelt er sich nicht mehr in ein Tier, sondern er „deformiert" sich unter der Wirkung eines wahrhaftigen „Krieger-*Furors*" bis ins Monströse:

„Der Knabe erhob sein Gesicht von der Erde, berührte es mit der Hand, wurde purpurrot und nahm von Kopf bis Fuß die Gestalt einer Mühle an."[116] „Er verdrehte seinen Körper in der Mitte des Leibes; seine Beine ... gingen nach hinten ... Er zerrte an den Nerven auf dem Scheitel seines Kopfes und zog sie bis hinter den Nacken zurück, so daß ein jeder einen runden Buckel bildete ... Dann entstellte er seine Züge, ja, sein ganzes Gesicht .'.. Sein Mund verzerrte sich zum Maul eines Monsters ...".[117] „Seine Haare standen starr von seinem Kopf ab wie Zweige des Rotdorns über einem Gebüsch ... Der Lichtschein des Helden trat ihm aus Kopf und Stirn, so lang und breit wie die Faust eines Kriegers ...".[118]

Hier geht es natürlich um Anfälle von Trance bzw. Ekstase; es fällt auch auf, daß Cuchulainn häufig die Form eines gewaltigen Flammenrades annimmt, daß alle Krieger überragt, wenn es einmal ins Rollen kommt. Im *Fest des Bricriu* durchschlägt dieses Rad das Dach des Palastes und spaltet sogar den Boden des Hofes. In *Emers Brautwerbung* muß Cuchulainn die „Ebene des Jammers" durchqueren, in der es so bitter kalt ist, daß die Menschen zu Eis erstarren. Er erhält von einem Krieger ein Rad und wird aufgefordert, in Gestalt dieses Rades jene Ebene zu durchfahren. Diese Szene erinnert an den Gott mit dem Rad der gallo-römischen Plastik sowie an den Brauch, brennende Räder rollen zu lassen, wie er etwa in der *Vita des Vincent d'Agen* beschrieben wird. Aber das Rad ist als Substitut des Donners auch ein schamanisches Symbol. Auch muß Cuchulainn, als er sich in Schottland in die Kunst der Waffen und der Magie initiieren läßt, eine ganz besondere Probe bestehen: er muß eine magische Brücke überqueren. „Sobald man den Fuß auf die Brücke setzte, verengte sie sich, bis sie nur noch so breit war wie ein Haar und so hart und glatt wie ein Fingernagel." Andererseits konnte sie auch höher werden als ein Mast. Bei dieser Brücke denkt man sogleich an die „Schwertbrücke", die Lancelot im höfischen Roman vom *Chevalier à la Charrette* des Chrétien de Troyes überqueren muß, um in die rätselhafte Stadt Gorre zu gelangen, in die Méléagant die Königin Guenièvre entführt hat, jene Stadt, die nichts anderes als die Autre Monde ist. Nach zahlreichen vergeblichen Anläufen packt Cuchulainn schließlich die Wut:

„Er sprang mit einem Satz in die Luft und versuchte, wie im Winde sein Gleichgewicht zu halten, so daß er schließlich in zornigem Sprung mitten auf der Brücke landete und sich aufrecht halten konnte. Da verengte sich die Brücke nicht mehr und wurde nicht mehr hart und glatt unter ihm."[119]

Diese Probe hat zweifellos den Charakter einer Initiation und erinnert deutlich an schamanische Praktiken.

„Die Schamanen müssen", bemerkt Mircea Eliade, „wie die Abgeschiedenen im Lauf ihrer Unterweltsreise eine Brücke überschreiten. Wie der Tod enthält auch die Ekstase eine ‚Veränderung', welche der Mythos plastisch durch einen gefährlichen

Übergang ausdrückt... Andererseits hängt dieses Brückensymbol mit der Initiationssymbolik der ‚engen Pforte' und des ‚paradoxen Übergangs' zusammen".

Eliade deutet diesen mythologischen Komplex so:

„In illo tempore, zur Paradieszeit der Menschheit, verband eine Brücke die Erde mit dem Himmel, und man kam ohne Hindernis vom einen Ende zum anderen, weil es den Tod nicht gab."

In diesem Sinn kann auch das keltische *Samain*-Fest als eine Brücke zurück zur Zeit des Anbeginns betrachtet werden, die für die Dauer einer Nacht und eines Tages wieder errichtet wird.

„Als aber die leichten Verbindungen zwischen Erde und Himmel unterbrochen waren, überschritt man die Brücke nur noch ‚im Geist', das heißt im Tod oder in der Ekstase; ... dieser Übergang ist schwierig, anders ausgedrückt, mit Hindernissen übersät, und nicht allen Seelen gelingt er; es gilt Dämonen und Untieren zu begegnen, die die Seele verschlingen möchten, oder die Brücke wird für die Gottlosen schmal wie die Schneide eines Rasiermessers, nur die ‚Guten', besonders die eingeweihten, überschreiten die Brücke leicht (die Eingeweihten kennen in gewisser Hinsicht den Weg, weil sie im Ritual Tod und Auferstehung bereits durchgemacht haben); gewisse Privilegierte vermögen sie dennoch zu Lebzeiten zu überschreiten, sei es in der Ekstase, wie die Schamanen, sei es ‚mit Gewalt', wie bestimmte Heroen, sei es ‚auf paradoxe Weise', durch ‚Weisheit' oder durch die Initiation."[120]

Dem ist im Grunde wenig hinzuzufügen. Auf alle Fälle kann ein schamanischer Aspekt solcher Art in der keltischen Überlieferung nicht bestritten werden, und zwar um so weniger, als das Motiv der Brücke bzw. Furt, die überquert werden muß, ohne jeden Zweifel das symbolhaft verkleidete Grundelement der spirituellen Suche im Druidentum kennzeichnet. Alles scheint sich nämlich auf diese „Brücke" als Berührungspunkt zwischen den beiden Welten zu konzentrieren. Man denke auch an jene „Seelenfurt" im walisischen *Peredur,* wo die weißen Schafe bei ihrer Durchquerung in der einen Richtung schwarz werden und bei entgegengesetzter Richtung wieder weiß werden. Oder man erinnere sich an all die Kämpfe auf Brücken oder an Furten, die die archaischen keltischen Dichtungen ebenso durchziehen wie die späteren Artus-Romane. Die Volksmärchen und -sagen sind ebenfalls voll von solchen zu überwindenden Passagen, und hier wird besonders die rätselhafte Figur des *Grenzgängers* in den Vordergrund gerückt, der die beängstigende Mittlerfunktion einer Person hat, welche beiden Welten zugleich angehört. Das ist aber noch nicht alles.

Cuchulainn, der sich gräßlich und monströs entstellen, das heißt:

ein *anderer* werden kann, versetzt sich durch diese Fähigkeit von einem menschlichen in einen über-menschlichen, quasi göttlichen Zustand, der in der Erzählung durch die A-Normalität symbolisiert wird. Anschließend muß er aber wieder seine Menschengestalt zurückgewinnen, er muß wieder auf die Erde herabsteigen. Dies ist aber ebenso schwierig wie vorher der Aufstieg in höhere Regionen. Durch seinen „Krieger-Furor", den Zustand höchster Ekstase, läuft der junge Held nämlich Gefahr, die ganze Gemeinschaft, der er angehört, ins Chaos zu stürzen, wenn nicht gewisse Vorsichtsmaßnahmen ergriffen werden. In der Erzählung *Die Kindheitsabenteuer des Cuchulainn* trifft der König Conchobar, als er seinen Neffen Cuchulainn aus der Schlacht zurückkehren sieht, klare Anordnungen, um den Furor des Helden zum Erlöschen zu bringen. Zuerst läßt er die Frauen und Töchter von Emain Macha erscheinen, „damit sie dem jungen Helden ihre Blöße zeigen". Der Furor des Kriegers ist unbestreitbar mit dem Sexualtrieb verbunden, und im Fall des Cuchulainn gilt es nun, seine blutdürstige Kampflust in sexuelle Lust zu verwandeln. Das gelingt ihm auch – aber vergessen wir dabei nicht, daß er, obwohl für sein Alter ziemlich begabt, immerhin noch ein Junge ist; also wendet er sich ab, um die Nacktheit der Frauen nicht ansehen zu müssen.

> „Da ließ man ihn aus dem Wagen steigen. Um seinen Zorn abzukühlen, brachte man drei Zuber frischen Wassers herbei. Man setzte ihn in den ersten hinein, aber er gab dem Wasser so viel siedende Hitze ab, daß es die Bretter und Ringe des Zubers zum Bersten brachte wie die Schale einer Nuß. Im zweiten Zuber warf das Wasser noch brodelnde Blasen auf, so dick wie eine Faust. Im dritten war die Hitze immer noch von der Art, wie manche Männer sie gerade ertragen, andere jedoch mitnichten. Da legte sich allmählich der Zorn des Knaben." Anschließend führt Cuchulainn, in frische Gewänder gekleidet, eine Art Triumphzug auf „und formt dabei mit seinem Körper *so etwas wie ein Rad*".[121]

In der Tradition der Narten, eines sagenhaften skythischen Volkes, gibt es einen Helden mit Namen Batradz, der Cuchulainn in vielem gleicht. Im Grunde scheint er die östliche Variante des indoeuropäischen Heldentyps zu sein, den Cuchulainn im äußersten Westen vertritt. Batradz kommt ebenfalls unter außergewöhnlichen Umständen zur Welt. Seine Mutter, eine Frosch-Frau (Cuchulainns Mutter Dechtire ist eine Vogel-Frau!) stirbt während der Schwangerschaft, aber der Fötus des ungeborenen Kindes ist in der Rückenhaut seines Vaters eingebettet worden, und so kann er weiter reifen. Seine Tante Satana trifft die Vorbereitungen zu seiner Geburt und öffnet schließlich den *Abszeß*:

„Einer Windhose gleich stürzt das Kind heraus und steckt alles in Flammen, ein Kind aus glühendem Stahl, und nicht einmal sieben Kessel Wasser können es hemmen. ‚Wasser! Wasser!‘ schreit es, ‚sonst schmilzt mein Stahl.‘ Seine Tante Satana eilt mit zehn Krügen zu einer Quelle, um Wasser zu schöpfen, aber sie wird an der Rückkehr gehindert, denn der Teufel läßt sie nur dann Wasser holen, wenn sie sich ihm hingibt . . . Schließlich kehrt sie zurück, schüttet Wasser über das Kind, und so kann der Narte Syrdon ihm einen Nahmen geben: Er nennt ihn Batradz.“[122]

Diese Geschichte ist eine deutliche Parallele zu der Geschichte von Cuchulainn. Die Narten sind ein zentralasiatisches Steppenvolk und stehen daher in eingem Kontakt mit dem Schamanismus, obwohl sie selbst Indoeuropäer sind. Die Sage von Batradz geht auf älteste Zeit zurück und wurde auch von benachbarten Völkern übernommen. Sie gehört zu einem Fundus, aus dem zahlreiche Traditionen gemeinsam schöpften, die alle den Feuer-Charakter der Batradz/Cuchulainn-Figur betonen. Und diese „magische Glut“ ist wiederum ein schamanisches Element:

„Ganz wie der Teufel im Glauben der europäischen Völker, sind auch die Schamanen nicht nur ‚Meister des Feuers‘; sie können sich auch den Geist des Feuers einkörpern und während ihrer Sitzung durch Mund, Nase und den ganzen Körper Flammen aussondern.“[123]

Im Anschluß an einen kurzen Überblick über Glaubensrichtungen dieser Art erläutert Eliade:

„Oft tritt die schamanische Ekstase erst nach der ‚Erhitzung‘ ein . . . Die Darbietung fakirischer Proben (ergibt sich) in bestimmten Momenten der Sitzung aus der Verpflichtung des Schamanen, den durch die Ekstase erreichten ‚zweiten Zustand‘ zu beglaubigen.“

Wie aber läßt sich diese Erhitzung erreichen, zu der nur Helden vom Typ des Cuchulainn die angeborene Fähigkeit haben?

„Man darf sicherlich annehmen, daß der Gebrauch von Narkotika durch das Streben nach ‚magischer Hitze‘ angeregt wurden. Der Rauch gewisser Kräuter, die ‚Verbrennung‘ gewisser Pflanzen hatte die Eigenschaft, die ‚Kraft‘ zu vermehren. Der Vergiftete ‚erhitzt sich‘; der narkotische Rauch ist ‚brennend‘. Da die mystische Ekstase einem vorübergehenden ‚Tod‘, einem Verlassen des Körpers gleichkam, waren damit alle Vergiftungen, die zu demselben Resultat führten, in die Ekstasetechniken einbezogen.“[125]

Das mag auch bei den Kelten so gewesen sein. Wir haben zwar keine direkten Beweise dafür, daß sie halluzinogene Drogen verwendeten, aber da das Wissen über die Pflanzen bei ihnen einen so hohen Stellenwert hatte, ist wohl kaum daran zu zweifeln, daß sie die „erhitzende" Wirkung einiger Pflanzen kannten. Man kann sogar mit Sicherheit davon ausgehen, daß sie bei ihren Ritualen manche Pilze, wie zum Beispiel den Fliegenpilz, verwendeten, der bei sorgfältig dosiertem Genuß Visionen und Trancezustände hervorruft. Auch die Wirkung des Hanfs, der zur Herstellung von Stoffen und Tauwerk weit verbreitet war, dürfte ihnen nicht unbekannt gewesen sein: Die karnevalartigen Bräuche und die brennenden Puppen aus Korbgeflecht, von denen Cäsar berichtet, deuten darauf hin, daß die „erhitzenden" Wirkungen nicht nur bekannt, sondern auch bei Initiationsritualen und Sitzungen von „Sehern" in Gebrauch waren. Ganz sicher kannten die Kelten aber den Alkohol. Sie standen schon bei den griechischen und römischen Autoren der Antike im Ruf, passionierte Liebhaber berauschender Getränke zu sein. Die Trunkenheit ist ein weit verbreitetes Thema in den Epen, vor allem in Irland. Götter und Helden rivalisieren miteinander in schier unlöschbarem Durst auf Alkohol in Form von Wein, Bier oder Hydromel, dem auch heute noch bekannten keltischen Met. Kein religiöses Fest wurde ohne hemmungslose Trinkgelage begangen, was sich bis heute in (angeblich) volkstümlichen Bräuchen erhalten hat. Das Entscheidende an diesem Ritual ist das *Abheben*, die *Entfesselung*, durch die man vergißt, daß der Mensch ein erdgebundenes Wesen ist. Die Königin Medbh in der irischen Literatur ist geradezu die Personifikation des Rausches! Und wenn sie all den vielen Kriegern „die Freundschaft ihrer Lenden" gewährt, dann verschafft sie lediglich denjenigen einen sakralen Rauschzustand, die sie dazu ausersehen hat, eine bestimmte Mission im Namen der Allgemeinheit zu erfüllen, über die sie herrscht. Der keltische Hang zur Trunkenheit geht nicht zuletzt auf diese Gründe zurück; mit der Zeit ist dieser sakrale Rausch arg heruntergekommen und zu der profanen Degenerationserscheinung einer religiösen Tradition der Vorfahren abgesunken. Dabei trägt sie aber immer noch alle entscheidenden Züge der ursprünglichen Funktion, besonders auf der Ebene des Unbewußten, da der Rausch ja den Menschen befähigt, „die Brücke zu überschreiten".

Nun bleibt aber noch die Frage, ob diese Ekstasetechniken auf alkoholischer oder pflanzlicher Basis wirklich so alt sind. Eliade merkt dazu an:

„Doch bei aufmerksamerem Studium dieser Frage hat man den Eindruck, daß der Gebrauch der Narkotika eher die Entartung einer Ekstasetechnik oder ihre Ausbreitung zu ‚niedereren' Völkern oder sozialen Schichten anzeigt. Jedenfalls ist festgestellt, daß der Gebrauch der Narkotika (Tabak usw.) im Schamanismus des äußersten Nordostens ziemlich jung ist."[126]

Tatsächlich gibt es auch „höhere" Praktiken, um einen Zustand der Ekstase zu erreichen, bei denen keine halluzinogenen oder „erhitzenden" Mittel eingenommen werden müssen: Es handelt sich um Techniken, die – wie etwa das indische Yoga – die unbewußten Kräfte in uns erwecken. Auch diese scheinen den Kelten bekannt gewesen zu sein, wie die rituellen „Deformationen" des Cuchulainn vermuten lassen; aus ihnen spricht nämlich eine vollkommene und totale Macht des Geistes über den Körper, mit anderen Worten – wenn man die Idee des Dualismus zwischen Körper und Geist aufgibt – die Fähigkeit, eine innere Transformation äußerlich sichtbar zu machen. Denn schließlich ist die Schaffung einer *inneren Hitze*, mit deren Hilfe man „auf die andere Seite" gelangen kann, das Entscheidende. Das einzige Problem ist, daß und wie man wieder „auf den Boden zurückfindet", – daher die Umsicht der Schamanen, die sich niemals allein in verbotene Gefilde begeben. Zu Beginn ihres Weges lassen sie sich nämlich stets von einem älteren Schamanen begleiten, der ihnen nicht als Führer, sondern vielmehr als Beschützer dient. Nur die zum Helden Geborenen oder die ganz erfahrenen Schamanen können es sich erlauben, ohne Risiko die „Brücke" zu passieren und gefahrlos wieder zurückkehren. Daher bieten sich die verschiedensten Techniken an. Eine davon ist der Traum, eine andere das Delirium der Ekstase oder auch der Orgasmus, denn wenn man einmal den sozio-psychologischen Kontext beiseite läßt, so lassen die Untersuchungen von Wilhelm Reich den Grundcharakter des Orgasmus deutlich zutage treten: Er setzt gewaltige Ressourcen an Energie frei, die sinnvoll eingesetzt und nicht, wie allgemein üblich, ungenutzt verschwendet, als Hilfe dazu dienen können, um wichtige Etappen der „Brücken-Überschreitung" zu meistern. Außerdem ist der Orgasmus selbst ein Punkt, an dem die raffiniertesten Verbindungen zwischen den beiden Welten zustande kommen können. Heißt es denn nicht, der Orgasmus sei „ein kleiner Tod"? Entscheidend ist nur, daß man dabei wieder auf den Boden zurückfindet. Mit Sicherheit ist der endgültige Tod ein Orgasmus ohne Wiederkehr – und zwar deshalb, weil es keine Technik gibt, mit deren Hilfe man aus ihm wieder zurückkehren könnte.

Dieses Denken ist der keltischen Welt nicht fremd und fehlt auch nicht in den anderen indoeuropäischen Zivilisationen: Der göttliche

Furor, die ,,Frenesie", die einige griechische Helden erreichen, der Name des Schamanen-Gottes par excellence Wotan/Odin, der Furor des Fergus, jener seltsamen Figur der irischen Mythologie, deren Name von *ferg* kommt, was ebenfalls ,Furor', ,Kraft' bedeutet, und schließlich die ,,innere Hitze" des Cuchulainn – all das läuft auf das gleiche ursprüngliche indoeuropäische Motiv hinaus, das auch heute noch in den schamanischen Gesellschaften fortlebt, die im Prinzip keine indoeuropäischen sind. Die Druiden dachten nach indoeuropäischen Mustern, soviel steht fest, aber dennoch wird man zugestehen müssen, daß eine große Zahl ihrer Denkmuster und Praktiken auf die eine oder andere Art mit Glaubensformen und Ekstasetechniken verwandt sind, die für den Schamanismus typisch sind.

Das Ritual zur Wahl des künftigen Königs, in dessen Verlauf der Druide Schweinefleisch kaut und aufputschende Mixturen trinkt, worauf er einschläft und besondere Träume hat, während seine Diener bei ihm sind und ihn beschützen, deckt sich voll und ganz mit dem Muster eines schamanischen Rituals, mit der ,,Sitzung", während der sich der Schamane auf die Reise in die Autre Monde begibt. Hier handelt es sich nicht um zufällige Übereinstimmungen, sondern um Identisches. Der Druide, der als Mann der Wälder in engster Verbindung zur Pflanzenwelt in einer geweihten Waldlichtung praktiziert, erinnert in vieler Hinsicht an einen Schamanen, der – sei es im Mythos oder in der Wirklichkeit – ebenfalls seinen privilegierten sakralen Ort hat, einen Ort, an dem sein Baum mit zwei Idolen steht. Auch hier hat man den Eindruck, es würde sich um die Beschreibung eines *nemeton* handeln. Wenn der Schamane stirbt, wird angenommen, daß mit ihm auch sein Baum verdorrt und stirbt, was im Schamanentum wie im Druidentum die starke Bindung zwischen der Pflanze und dem Priester unterstreicht. Noch in den volkstümlichen Erzählungen lebt diese Art von Symbiose zwischen einem Baum und einem Menschen, *der wissend und sehend ist*[127], weiter. Was die kriegerischen Frauen anbelangt, die den jungen Cuchulainn initiierten und die ,,Schmale Brücke" überqueren lassen, so gleichen auch sie in hohem Maße den Schamaninnen, die ebenfalls häufig in Erscheinung treten und nicht weniger erfolgreich sind als die männlichen Schamanen. Die Fähigkeiten der Schamanen, sich zu verwandeln, und ihre in verschiedenen Geschichten belegte Gewohnheit, sich unter Umständen in Tiergestalt gegenseitig zu bekämpfen[128], sind weitere Elemente der Ähnlichkeit zwischen Schamanen und Druiden, denn auch diese bekriegen einander zuweilen in magischen Kämpfen. Der ,*Kampf der Bäume*' ist ein

Beispiel dafür, weiterhin die kühnen Taten des Mog Ruith in der *Belagerung von Druim Damhgaire*. Auch die irische Erzählung *Die zwei Schweinehirten* tendiert in diese Richtung: Sie handelt von den Abenteuern, Metamorphosen und Kämpfen zweier Schweinehirten und Magier, die ihre Kräfte miteinander messen.[129] Die Kämpfe keltischer Helden gegen Monster, Drachen oder furchterregende übernatürliche Wesen von der Art der Fomore entsprechen dem Muster jenes Kampfes, den alle Schamanen kämpfen, um den Urzustand der Welt und die direkte Verbindung zwischen Himmel und Erde wieder herzustellen, indem sie jeden vernichten, der in der Nähe der ,,Schmalen Brücke" lauert.

Um ein Held, das heißt ein Schamane und Druide zu werden, sind außergewöhnliche Fähigkeiten vonnöten. Über diese verfügen etwa die Tuatha De Danann, jedoch handelt es sich hier um Götter, die an sich schon auf einer höheren Stufe als die Menschen stehen – was aber nicht bedeutet, daß sie von diesen nicht auch besiegt werden könnten. Ähnlich außergewöhnliche Fähigkeiten hat auch Gwyddyon in der walisischen Überlieferung: Er verkörpert das Bild des Druiden und Schamanen in reinster Form. Dasselbe gilt für die Gestalt des Zauberers Merlin, selbst in den Fassungen der Sage, die besonders stark christianisiert sind.[130] Merlin ist das Musterbeispiel dessen, der nicht nur zu seinem eigenen Nutzen die Brücke zwischen den beiden Welten schlägt, sondern auch anderen hilft, sie zu begehen: Genau in diesem Sinne interveniert er für Uther Pendragon und Artus. Diese Funktion hat auch das Varuna-Element innerhalb des traditionellen Paars König – Druide. Der König führt zwar das Heer an, aber derjenige, der den Weg über die Brücke ermöglicht, ist der Druide.[131] In der ursprünglichen Artussage, nämlich in dem *Mabinogi* von *Kulhwch und Olwen* zeichnen sich alle Gefährten des Königs Artus durch besondere Fähigkeiten aus, die für den Schamanismus charakteristisch sind. So kann Kai, der Milchbruder und älteste Gefährte von Artus, nicht nur neun Tage und neun Nächte lang ohne Wasser auskommen, sondern auch so groß wie der höchste Baum des Waldes werden. Außerdem besitzt er noch folgende besondere Eigenschaften:

> ,,Selbst wenn der Regen noch so gewaltig niederging, blieb alles, was er in den Händen hielt, im Abstand einer Handbreite über und unter der Faust trocken, *so stark war seine natürliche Hitze*. Sie diente seinen Gefährten sogar als Zündstoff zum Entfachen des Feuers, wenn sie die Kälte schüttelte."

Dieses auf den ersten Blick überraschende Phänomen rückt ihn in die Nähe von Cuchulainn und Batradz sowie von all den Wolf- und Bären-Menschen der germanischen Mythologie, welche – von Wotans Furor besessen – im Kampf ihre Kräfte entfesseln. Die archaische Mythenfigur Kai ist meilenweit entfernt von jenem plumpen Prahlhans und Großmaul, dem wir in der späteren christianisierten Form der Artussage unter dem Namen Kai begegnen. Ein anderer Gefährte von Artus, Bedwyr (der Béduier der französischen höfischen Romane) ist einarmig wie Nuada und Tyr und doch mit dem Schwert unbesiegbar. Schließlich muß auch Gwalchmai (= ‚der Maifalke') genannt werden, der unter seinem späteren Namen Gauvain/Gawan besonders bekannt ist. Auch er weist eine interessante Besonderheit auf: Morgens nimmt seine Kraft zu, mittags erreicht sie den Höhepunkt ihrer Intensität, um anschließend wieder abzunehmen. Daraus haben manche Interpreten geschlossen, daß Gauvain ein ‚Sonnenheld' sein müsse, was jedoch nicht stichhaltig ist. Im Gegenteil: Gauvain stellt eine Art Medium dar, das die Kraft der Sonne aufzufangen vermag, um anschließend diese Energie in seinen verschiedenen Tätigkeiten einzusetzen. Dabei ist er aber weder die Sonne selbst, noch ihre Personifikation, sondern immer noch ein Mensch, wenn auch ein Mensch mit besonderen Gaben: Er empfängt im wahrsten Sinn des Wortes die Sonnenenergie – ganz wie eine Solarzelle. So lehrt uns der Mythos, daß jeder beliebige Mensch in der Lage sein müßte, die Kräfte der Natur zu nutzen, vorausgesetzt, er vermag sie zu empfangen und sinnvoll einzusetzen. Nach der Überlieferung versteht nämlich auch Satan, sich die Naturkräfte zunutze zu machen, aber zu destruktiven Zwecken. Die Naturkräfte, jene kosmischen Energien, sind ambivalent: Sie können nützlich und schädlich sein und sind daher immer das, was wir aus ihnen machen.

Ein anderer Gefährte von Artus hat die besondere Fähigkeit, alle Sprachen, auch die der Tiere, zu beherrschen: Er ist also eine Art Druide/Schamane, der symbolisch das Goldene Zeitalter wiederherstellt oder zumindest an jene fernen Zeiten erinnert, wo Mensch und Tier einander verstehen konnten. Und Menw schließlich konnte seine Gefährten mit einem Zauber belegen, „wodurch sie für jedermann unsichtbar wurden, selbst aber alles sehen konnten". Das ist unverkennbar jene „Gabe des Unsichtbarwerdens", die Manannann den Tuatha De Danann nach der Schlacht von Tailtiu verleiht. Menw (dessen Name ‚Intelligenz', ‚Einsicht' bedeutet) kann daneben auch die wilden Tiere verzaubern, was ebenfalls an das Goldene Zeitalter erinnert. Menw ist also eine Figur vom Typ des Dagda mit der zweifach wirkenden Keule, jenes Meisters der Magie, sowie vom Typ des Königs Math aus den *Mabinogion*; Menw ist aber auch der ,,Verzauberer" der Tiere und somit eine ähnliche Gestalt wie Merlin.[132] Manche Artus-Ritter sind später zu Figuren von Volksmärchen geworden: Hier kann dann einer schneller rennen als der Wind, ein anderer sagenhafte Lasten heben, ein dritter schier endlos viel in sich hineinfressen.[133] Wir wissen heute, daß die volkstümliche Überlieferung zum großen Teil das Erbe vorchristlichen Wissens in ihren Fundus übernommen hat und häufig Züge von schamanischen Denkmustern oder Praktiken aufweist.

In diesem Kapitel muß schließlich auch der Bereich des Traums angesprochen werden. In der keltischen Erzähltradition spielt nämlich der Traum eine wesentliche Rolle, da sie die aristotelische[134] Trennung zwischen Realität und Imagination nicht kennt. Hier gibt es also keinen Unterschied zwischen Wahrscheinlichem und Unwahrscheinlichem, sondern alles ist *möglich*. Ob auf natürliche Weise, ob durch besondere Techniken, ob durch halluzinogene Essenzen oder durch berauschende Getränke hervorgerufen – stets ist der Traum im Druidentum wie im Schamanismus ein elementarer Bestandteil der Welt. Der Traum gibt der Welt wieder ihr Gleichgewicht zurück, er regeneriert das Individuum und gibt ihm die Fähigkeit, die Grenzen seiner *conditio humana* zu überschreiten und – gelegentlich auf obskuren Wegen – die berühmte ,,Brücke" zu finden. Dort reicht zwar möglicherweise der Traum allein zu weiteren Schritten nicht mehr aus, so daß man noch über andere geeignete Mittel verfügen muß, um die Dämonen, die die ,,Brücke" bewachen, verjagen zu können; aber der Traum hilft zumindest dabei, die Richtung des gesuchten Ziels zu finden. Und bereits im täglichen Leben ist der Traum mit seiner Imaginationskraft die sicherste Methode, etwas Neues zu entdecken. Jede Erfindung ist die Verwirklichung eines vorausgegangenen Traumes – sie ist der Beweis dafür, daß das, was unwirklich ist, unter bestimmten Voraussetzungen Wirklichkeit werden kann. Um dieses Ziel geht es im Schamanismus, und um dieses Ziel geht es auch den Druiden. Es gibt somit zu viele Übereinstimmungen, als daß eine Verwandtschaft zwischen beiden Systemen geleugnet werden könnte. Diese Verwandtschaft hat tiefe Wurzeln. Man müßte geradezu blind sein, um sie nicht zu sehen.

8. Die Neo-Druiden

Weit verstreut über die Erde – besonders aber in Europa, Amerika und Australien – gibt es heute etwa eine Million Menschen, die behaupten, selbst Druiden zu sein oder zumindest druidischen Orden, Logen oder Bruderschaften anzugehören.

Die Zahl dieser Bruderschaften ist alles andere als gering. Aufgrund der Lehre, des Rituals und der Ziele sowie aufgrund der sozialen Herkunft ihrer Mitglieder können sie sich stark voneinander unterscheiden (und gegeneinander opponieren). Reine Druidenorden sind sehr selten; die einen lassen eine gleichzeitige Zugehörigkeit zu einer anderen Glaubensgemeinschaft (wie etwa der katholischen, orthodoxen oder der protestantischen Kirche) zu, die anderen haben eher den Charakter von Freimaurerlogen als die Form authentisch druidischer Systeme. Das Schlimme ist aber, daß all diese Vereinigungen von sich behaupten, als einzige die treuen Erben der Druidentradition zu sein. Aber sichtlich meinen nicht alle damit dasselbe. Man ist sich allgemein darüber einig, daß es keine offiziellen schriftlichen Texte aus der ursprünglichen, echten Druidentradition gibt. Das ist natürlich sehr praktisch, denn so kann jeder verkünden, er sei der Erbe einer Tradition, die seit Jahrhunderten mündlich weitergegeben und nun von ihm empfangen worden sei. Dabei wäre es vollkommen zwecklos, von jenem Druiden, die behaupten, Glied in der Kette einer mündlich tradierten Genealogie zu sein, einen Beweis für eine solche Abstammung zu fordern, denn es gibt ja per definitionem keine sichtbaren Beweise dafür. Also ist nichts greifbar, aber alles möglich. Da auch die Traumwelt zu den typischen Merkmalen der keltischen „Mentalität" gehört, ist das beschriebene Phänomen natürlich durchaus keltischer Natur. Es ist nicht leicht, sich in einem solchen Labyrinth zurechtzufinden. Man kann die Druidenvereinigungen neueren Datums[135] aber prinzpiell in vier Gruppen einteilen. Die erste ist die „Lineage" von John Toland (1669–1722), einem irischen Katholiken, der seinen Orden am 22. September 1717 gründete. Es handelt sich um eine Bewegung mit starkem Protestcharakter, die heute unter dem Namen *Druid Order* bekannt ist. Ihre ursprüngliche, durch den Gründer bestimmte, heidnische Tendenz wurde mit der Zeit durch anglikanische Einflüsse gemäßigt. In diesem Orden wird man reines Druidentum, sofern es das überhaupt noch gab, jedoch vergeblich suchen. Der Einfluß des großen Dichters William Blake, der diesem Orden angehörte, scheint diese rein esoterische Druidenrichtung, die den Charakter einer Geheimgesellschaft annahm, wesentlich geprägt zu haben.

Die zweite „Lineage" geht auf Henry Hurle zurück, der 1781 den *Ancient Order of Druids* gründete. Henry Hurle gab seiner Bruderschaft die deutliche Prägung einer Freimaurer-Loge (er selbst war Zimmermann) sowie humanitäre Zielsetzungen, besonders auf dem Gebiet der gegenseitigen Hilfe (Mutualismus) und Sozialfürsorge. Ihr soll William Blake ebenfalls angehört haben. Das Ritual dieser Gruppe scheint besonders von der schottischen Freimaurerei inspiriert gewesen zu sein.

Die dritte Druiden-„Lineage" ist die von Jolo Morganwg (– sein richtiger Name war Edward Williams –), einem Maurer, der 1747 in der Grafschaft Glamorgan (Wales) geboren wurde. Dieser geniale Autodidakt interessierte sich leidenschaftlich für die alte keltische Kultur, unternahm umfangreiche Studien und publizierte einige Texte, deren Authentizität jedoch immer noch nicht unbestritten ist. Es ist möglich, daß Jolo Morganwg volkstümliche Überlieferungen aus seiner Zeit aufgezeichnet hat. Auf jeden Fall kannte er sich aber auch recht gut in der walisischen Literatur des Mittelalters aus. Festzuhalten ist, daß er am 21. Juni (also am Tag der Sommersonnenwende) im Jahre 1792 in London die erste *Gorsedd* (= „Versammlung") von Druiden und Barden ins Leben rief. Daß das Ganze nicht bis ins letzte seriös war, mag man daran messen, daß die alten Druiden so eine Sommer-Sonnwendfeier nicht kannten, wie aus allen überlieferten Zeugnissen hervorgeht. Aber das Neo-Druidentum war damit geboren. Die walisische *Gorsedd* entwickelte sich in der Folgezeit zu einer Art offiziellen Druidenformation, und zu dieser Linie gehört auch die heutige *Fraternité des Druides, Bardes et Ovates de Bretagne*. Ihre Hauptinteressen waren zunächst ziemlich nationalistisch orientiert, haben sich aber mittlerweile in Wales stärker auf die Erforschung der Literatur und in der Bretagne mehr auf die Erforschung von Kultur und Wissenschaft konzentriert. Auf keinen Fall aber betrachten sich die Mitglieder dieser Linie etwa als Priester einer alten Religion. Sie akzeptieren problemlos die Zugehörigkeit zu verschiedenen anderen Gemeinschaften und sind sich dessen bewußt, daß ihr Druidentum lediglich in der ständigen Forschung auf dem Gebiet des keltischen Wissens bestehen kann.

Zu einer vierten Gruppe können schließlich all die unzähligen Bünde,

Bruderschaften, Gruppen oder Sekten zusammengefaßt werden, die sich nicht ausdrücklich zu einer der drei genannten Linien rechnen. So werden manche dieser Bünde allein durch den ephemeren Willen ihres Gründers zusammengehalten. Andere wiederum beziehen sich auf völlig andere Traditionen. Jede Gruppe hat ihre eigene Auffassung vom Druidentum, aber meist ist zu beobachten, daß diese Konzeptionen auf einem Synkretismus beruhen, in dem sich die konträrsten, um nicht zu sagen unvereinbarsten Elemente sammeln. Wieder andere, angeblich druidische Vereinigungen sind rein „heidnisch" fixiert und streben danach, wieder an das antike Heidentum anzuknüpfen. Besonders zu erwähnen ist auch die sogenannte *Eglise Celtique Restaurée* (Keltisch Reformierte Kirche), die zwar noch mit der christlichen Orthodoxie verbunden ist, aber den Versuch macht, über das keltische Christentum, wie es von den ersten irischen und bretonischen Gemeinden praktiziert wurde, die Harmonie zwischen dem alten Druidentum und der neuen Religion wiederherzustellen. Bekanntlich rekrutierte der Heilige Patrick Priester und sogar Bischöfe aus den Reihen der irischen *fili,* und diese haben ihre doppelte Tradition jeweils an ihre Nachfolger weitergegeben. Dafür beansprucht die *Keltisch Reformierte Kirche* für sich, den Beweis für ihre Zugehörigkeit zur „Lineage" der wahren Druiden erbracht zu haben. Aus dem bisher Gesagten geht hervor, daß abgesehen von der keltischen Kirche in den verschiedenen Bünden das druidische Ritual nur eine rein hypothetische Rekonstruktion dessen ist, was nach Meinung ihrer Gründer seine ursprüngliche Form gewesen sein soll. Keines dieser komplexen und vielfältigen Rituale kann aber dasjenige gewesen sein, das die Druiden vor der Einführung des Christentums tatsächlich praktizierten. Jede andere Behauptung muß als unseriös angesehen werden. Daran zu glauben, zeugt von Naivität und mangelnder Information. Wenn man starken Glaubens ist, kann man im Druidentum natürlich immer finden, was man ganz persönlich sucht, und das ist zweifelsohne ein positiver Aspekt. Lückenhafte Information, eindeutige Irrtümer (besonders was die angeblichen Festtage betrifft), die Neigung zur Esoterik, die jedweder Kursabweichung Tür und Tor öffnet, Synkretismus, die verwirrende Einbeziehung von Lehren und Riten aus östlichen bis fernöstlichen Traditionen tragen weder zur Klärung des Problems noch zur besseren Kenntnis des keltischen Charakters bei. Hier soll kein Werturteil gefällt werden, denn jeder Anhänger der einzelnen Bruderschaften wird seine eigene Motivation, seine eigene Spiritualität haben und damit ein besonderes Ziel verfolgen, was durchaus seriös und zu respektieren ist. Wir wollen hier lediglich feststellen, daß diese Rituale und die damit verbundene Lehre wenig mit dem gemein haben, was man aufgrund von historisch-wissenschaftlicher Forschung heute von den Druiden weiß.

Es ist keinesfalls ausreichend, sich für einen Druiden zu halten, seine Worte in irgendeine x-beliebige keltische Sprache zu kleiden und sich in weiße wallende Gewänder hüllen, um ein wahrer Druide zu sein.

Wie wir oben ausgeführt haben, hatte das Druidentum nur im Rahmen der keltischen Gesellschaft seine Daseinsberechtigung, da das druidische System in gewissem Sinn das Bewußtsein dieser Gesellschaftsordnung verkörperte. Von dem Augenblick an, als die keltische Gesellschaftsform untergegangen war, mußte aber als logische Folge auch das Druidentum untergehen, und zwar deshalb, *weil es nicht in Form einer Religion gelebt werden konnte.* Was übrigblieb, waren die geistigen Prinzipien des Druidentums. Und daß diese nicht voll und ganz mit untergegangen sind, ist sicher! So ist jenes leidenschaftliche Streben der Neo-Druiden zu erklären, in welcher Form auch immer das wiederzufinden, was einmal das druidische Denken, das druidische Ritual gewesen ist. Und diese Quête, – denn es handelt sich wahrhaftig um die *Quête du Graal,* die Gralsuche! – ist zweifellos eine interessante Aufgabe. Nur muß sie mit aller Vorsicht und Garantie gegen Irrwege unternommen werden. Eines ist nämlich gewiß, – und das kann nicht oft genug betont werden –: ohne die keltische Gesellschaft kann es kein Druidentum geben. Somit ist auch das „Neo-Druidentum" nichts anderes als Archäologie![136]

IV
Die geistige Welt der Druiden

Eines sei sofort zugegeben: Über das Weltbild der Druiden wissen wir noch weniger Konkretes als über die einzelnen Elemente ihrer Liturgie, was wieder dadurch zu erklären ist, daß die Druiden aus der Geschichte verschwunden sind und kein dogmatischer Text überliefert ist. Die einzige Hilfe zur Erforschung dieser Lehre bieten uns einige wenige Zeugnisse der griechischen und römischen Autoren aus der Antike sowie die Analyse der mythischen oder heroischen Texte. Es wird sich also immer um eine *Interpretation* handeln mit all den damit verbundenen Risiken. Beurteilt man eine Epoche der Vergangenheit, so wird man immer wieder Irrtümer begehen, da man Fakten der Vergangenheit nach Kriterien der Gegenwart einschätzt. Das gilt um so mehr, als es sich im vorliegenden Fall um eine Form der Zivilisation handelt, die sich von der unseren erheblich unterscheidet, um nicht zu sagen, der unseren fundamental entgegengesetzt ist. Will man die Kelten, ihre Zivilisation, ihre intellektuellen und spirituellen Vorstellungen verstehen, so ist es – das sei noch einmal betont – unbedingt erforderlich, das aristotelische Weltbild der humanistischen Zivilisation des Abendlandes zu verlassen. Das Keltentum basiert auf einem *anderen* Humanismus, auf einer *anderen* Art die Dinge zu sehen, auf einer *anderen* Art zu leben, auf einer *anderen* Methode zu denken. Wenn man diesen Umstand nicht berücksichtigt, läuft man Gefahr, zu einer völlig falschen Ansicht zu gelangen. Für einen Gallier zur Zeit des Vercingetorix hatte ein und dasselbe Wort nicht unbedingt die gleiche Bedeutung wie für einen Franzosen des zwanzigsten Jahrhunderts. Außerdem hat ein Wort, isoliert betrachtet, noch wenig Bedeutung, sondern wird erst in einem bestimmten Kontext faßbar. Und solange man nicht versucht, diesen Kontext genau zu definieren, wird man kaum den ganzen Sinn eines Wortes, eines Sachverhalts, einer Denkstruktur ermitteln können. Da das Druidentum eine Ausdrucksform des Keltentums ist, kann es nicht davon isoliert betrachtet werden; und da das Druidentum als Institution das allgemein charakterisierende Kennzeichen der keltischen Zivilisation ist, hat man das Prinzip des Keltischen begriffen, sobald man die geistige Welt des Druidentums versteht und umgekehrt. Dies ist aber nicht unbedingt einfach.

Da aus Mangel an detaillierten Informationen das Druidentum, seine Rituale und Denkmuster vom Schleier des Geheimnisses umgeben sind, öffnet sich natürlich der Phantasie ein entsprechend weites Feld. Zwar ist zufällig gerade die Phantasie, das Imaginäre eines der Hauptmerkmale des keltischen Denkens, nur hatten die Kelten ihre eigene Art der Imagination. Dabei muß berücksichtigt werden, daß ihre Welt der Phantasie und Imagination ebenso wie die unsere durch das zeitgenössische System der Philosophie definiert wurde. Diese Dichotomie fällt bereits auf, wenn man die folkloristische Überlieferung studiert, die – jahrhundertelang mündlich tradiert – ihre eigenen Regeln, ihre eigene Logik entwickelte. Schon die Griechen und Römer haben die Kelten nicht verstanden, obwohl sie noch Zeitgenossen der Gallier waren, häufigen Kontakt mit ihnen pflegten und sogar ursprünglich mit ihnen aus einem gemeinsamen Sprach- und Kulturraum stammten. Ihre Verständnislosigkeit gegenüber den Kelten haben die antiken Autoren sogar zugegeben, sei es auch nur, um sich über sie lustig zu machen. Sie haben sie schließlich kategorisch als „barbarisch" eingestuft. Und genau dieses „Barbarentum" scheint – so faszinierend es auch sein mag – nur schwer begreifbar zu sein, da es sich so stark der gewohnten Logik entzieht. Es dürfte Heraklit näher liegen als etwa Sokrates, denn es hatte nicht die Entwicklung des „griechischen Geisteswunders" durchlaufen. Mit dem „griechischen Geisteswunder" steht es jedoch nicht anders als mit einem „Wirtschaftswunder": man braucht nicht unbedingt an das „Wunderbare", also Einmalige, zu glauben, denn das Abenteuer des menschlichen Geistes kennt die verschiedensten Wege! Zweifellos ist dieses Abenteuer einmalig – und doch muß man seine Vielfalt anerkennen, so paradox das klingt. Versetzt man sich aber direkt in die keltische Mentalität, so sehen die Dinge schon nicht mehr so paradox aus, was freilich an der Unvereinbarkeit fremder Systeme mit den eigenen, vertrauten kaum etwas ändert.

1. Polytheismus?

Nach offizieller und allgemein anerkannter Auffassung entwickelte sich die Geschichte der Religionen nach folgendem Leitschema: Der Monotheismus hat sich in den einzelnen Gesellschaften erst relativ spät, langsam und nicht ohne Schwierigkeiten aus einem ursprünglichen Polytheismus heraus entwickelt, welcher seinerseits aus den Spätformen eines Animismus und Naturismus hervorgegangen ist. Dennoch ist dies ein reines Postulat und durch nichts zu beweisen. Auch das *Alte Testament* der Hebräer kann keine zufriedenstellende Antwort auf diese Frage liefern, obwohl es gemeinhin als Muster der traditionellen sakralen Texte gilt. Erstens ist nämlich die Bibel ein *nationalistischer* Text im modernen Sinn des Wortes und hatte zunächst nur für ein relativ spät seßhaft gewordene Nomadenvolk Bedeutung. Zweitens liefert die Bibel das Bild eines *nicht einzigen* Gottes, denn nach dem Glauben der Hebräer konnten andere Völker durchaus ihre eigenen Götter haben, welche nur die *besonderen* Götter des betreffenden Volkes waren – also etwa nach Art des Teutates im keltischen Sinn, so daß der einzelne Gott der Beschützer nur eines bestimmten Stammes war. Und wenn die Hebräer zu einer bestimmten Zeit ihrer Geschichte zum Polytheismus überwechselten, so hatte dies seine Ursache im Einfluß benachbarter Völker. Auch der endgültige Monotheismus der Hebräer scheint übrigens durch Moses von ägyptischen Anhängern des Sonnenkultes übernommen worden zu sein. In Wirklichkeit waren nämlich die Hebräer Vertreter des Materialismus und glaubten nicht einmal an das Fortleben der Seele nach dem Tode. Ihre einzige Forderung war ein besonderer Gott für sich, ein Schutzgott, der ihnen ein möglichst sicheres und langes Leben garantierte. Noch zur Zeit von Jesus war diese Haltung bei den Sadduzäern lebendig. Die Bibel gibt also keinerlei Aufschluß über die Frage, ob der Monotheismus als Weiterentwicklung des Polytheismus angesehen werden kann. Es ist überhaupt sinnvoller, sich zu fragen, ob die Anbetung zahlreicher Götter im Grunde nicht nur ein praktisches Mittel ist, um eine einzige, unbekannte Gottheit unter Berücksichtigung der vielfältigen, ihr zugeschriebenen Funktionen zu verehren.

Die Götter des Polytheismus erweisen sich nämlich alle als personifizierte Symbole einer bestimmten Funktion gesellschaftlicher Natur, die mit der besonderen Lebensart der Gruppe zusammenhängt und ihre Hauptinteressen und -beschäftigungen spiegelt. So gab es bei den Iren keinen Gott der Landwirtschaft, denn die Iren sind ursprünglich keine Ackerbauern, sondern Hirten und Jäger gewesen. Somit hatten sie keinen Bedarf an einem Beschützer der Ernten, denn die Landarbeit war Angelegenheit der Sklaven und Ausgestoßenen. Personalisierte Götter gibt es also immer dort, wo eine bestimmte gesellschaftliche Gruppe auf sie, das heißt auf die besondere Funktion, die sie repräsentierten, angewiesen ist. Und dies relativiert den Begriff des Polytheismus erheblich.

In besonderem Maße gilt das bei der Betrachtung der Religion der Druiden. Über das so figurenreiche, bunte, ja verwirrende keltische „Pantheon" darf man sich keine falschen Vorstellungen machen, denn auch der außenstehende Beobachter, der mit dem Christentum nicht vertraut ist, könnte ja auf die Idee kommen, das römisch-katholische Christentum sei eine Art Polytheismus, wenn er eine Kirche betritt, den einzelnen Teilen der Messe folgt, die vielen Heiligenfiguren und ihre besonderen Schutzpatron-Funktionen entdeckt und wenn er von den „Heiligen Jungfrauen" namens „Jungfrau Maria", „Maria Magdalena" „Unsere Liebe Frau der Schmerzen" oder „Unsere Liebe Frau des Sieges" etc. reden hört. Man betrachte auch das christliche Dogma der Trinität: ein einziger Gott in dreierlei Gestalt, was bei aller Logik drei göttliche Wesen, drei personalisierte Gottheiten, drei *deivos* im indoeuropäischen Sinn ergibt, die zusammen trotzdem als ein einziger Gott betrachtet werden. Argumentiert man auf der Grundlage der hegelianischen Dialektik, die nichts anderes als die des Heraklit ist, so ist Gott als das Absolute gleichbedeutend mit dem Nichts, da er kein Seinsbewußtsein hat. Dieses Bewußtsein des Seins kann er nämlich nur gegenüber einem anderen von ihm unterschiedenen Wesen oder gegenüber der Emanation seiner selbst haben. Der Vater ist nur angesichts des Sohnes Vater und umgekehrt, wobei der Heilige Geist die Funktion der dialektischen Beziehung zwischen den beiden Oppositionen hat. Um sich zu manifestieren, muß sich die Gottheit in ihre verschiedenen Gestalten teilen. Und das ist der Übergang vom Absoluten zum Relativen. So gesehen sind die keltischen Götter Manifestationen der vielfältigen Funktionen *eines* absoluten, unbekannten, unfaßbaren, unbenennbaren und damit unendlichen Gottes, den man sich als Ursprung alles Seienden denkt.

Gewiß mag der Gott Lug, der „Herr aller Künste", sich ziemlich gut in das Bild der totalen Gottheit fügen. Aber der Schein trügt, denn er ist nur der „vielseitige Künstler und Handwerker", das heißt in der Welt der gesellschaftlichen Wirklichkeiten aktiv. Zusätzlich steht er noch im Kampf mit den Kräften des Chaos, die durch die Fomore symbolisiert werden, obwohl er von ihnen selbst abstammt. Lug ist also nicht der ursprüngliche Schöpfer alles Seienden, sondern nur der ausführende Organisator und Leiter von allem. Auch wenn er alle erdenklichen Funktionen erfüllt, verkörpert er deshalb noch nicht die Totalität des Göttlichen. Seine Polyfunktionalität ist in Wirklichkeit nur eine Funktion höherer Ordnung. Als Lug aus der Ordnung (den Tuatha De Danann) und aus der Unordnung (den Fomore) geboren wird, existiert die Welt bereits, und Lug hat lediglich die Aufgabe, dafür zu sorgen, daß diese Welt nach dem Gesamtplan, wie er sich in den Strukturen der keltischen Gesellschaft offenbart, auch funktioniert: Er hat also das unerläßliche Gleichgewicht zwischen Kohärenz und Inkohärenz herzustellen und aufrecht zu erhalten. Dies ist der tiefere Sinn des Kampfes zwischen Lug und seinem Großvater Balor. Dieser stellt wiederum nur eine Peripetie innerhalb einer ganzen Serie von Abenteuern dar, die die dramatische Darstellung der internen Widersprüche der Gottheit sind.

Aus diesem Grunde wird man kaum von einem Polytheismus bei den Kelten sprechen können, zumindest nicht auf der höchsten Ebene, das heißt nicht auf der Ebene der Priesterklasse. Daß das Volk die göttlichen Konfigurationen wörtlich genommen haben könnte, liegt natürlich im Bereich des Möglichen, aber nicht einmal das ist sicher. Je weiter man sich freilich von einer intellektuellen und abstrakten Doktrin von der Art, wie sie vom Klerus rezipiert wurde, entfernt und je weiter man sich auf der sozialen Leiter nach unten bewegt, desto eher trifft man auf so etwas wie den berühmten „Köhlerglauben". Bei diesem handelt es sich um einen Glauben, der sich keine komplizierten Fragen stellt und unreflektiert alle Bilder akzeptiert, die man ihm vorsetzt. Es ist aber längst nicht erwiesen, ob die göttlichen Figuren in den keltischen Epen unbedingt die ganze Entität einer Gottheit darstellten. Auf der narrativen Ebene der mythischen Texte florieren vereinfachende Formulierungen besonders, und daher sind die personalisierten Götter der Ependichtung Simplifikationen, die man auf den ersten Blick für Realitäten halten könnte, wie sie im religiösen Leben im engeren Sinn gelebt wurden. Wir dürfen niemals außer acht lassen, daß wir die keltische Mythologie nur aus stark literarischen Erzähltexten kennen, die literarische Adaptationen und Umformungen von essentiell theologischen Elementen auf der Ebene der erzählenden Dichtung sind. Wenn man uns also erzählt, daß die Götter aktiv werden, daß sie kämpfen, sich betrinken, sich paaren, ja sogar sterben, dann vermittelt man uns von ihnen nur ein anthropomorphes Bild. Aufgrund der berühmten Reaktion von Brennus, dem Führer der Gallier auf dem Zug durch Griechenland, als er in jenem Tempel auf das Bild zweier griechischer Götter stieß, darf man sicher sein, daß die Druidenlehre keine Darstellung der Gottheit in Menschengestalt zugelassen hat. Wenn man Diodor von Sizilien (*Fragm.* XXII) glauben will, ist es im Grunde völlig ausgeschlossen, daß die Kelten ihre Götter in dieser Form hätten darstellen können. Er sagt nämlich: „Brennus brach in Lachen aus angesichts der Tatsache, daß man den Göttern menschliche Gestalten zugemutet und sie aus Holz und Stein hergestellt hatte." Diese Passage läßt keinen Zweifel zu. Aus dem Verhalten von Brennus spricht einerseits die Ablehnung einer anthropomorph-figürlichen Darstellung der Götter und andererseits die Unmöglichkeit, sie sich überhaupt als menschliche Wesen vorzustellen.

Wer sind aber dann diese göttlichen Gestalten, die sich in den mythischen Erzählungen organisieren, bekämpfen, berauschen, begatten und töten? Wenn man an die Reaktion des Brennus denkt, dann können dies konsequenterweise keine Götter sein.

In diesen Fragen wird man immer wieder auf die von Cäsar gegebene Wissensgrundlage zurückgreifen müssen. Und diese ist insofern verläßlich, als der Prokonsul sich alle erdenkliche Mühe gab, die Denkstrukturen seiner Gegner zu verstehen, um sie desto besser zum eigenen Vorteil ausnutzen zu können. Wenn Cäsar seine eigene Person hervorhebt und die historischen Tatsachen hie und da etwas „korrigiert", so tut er dies, um seine Rolle in besonders günstiges Licht zu rücken. Wenn er dagegen von Sitten und Charakter der Gallier spricht, hat er keine Veranlassung, an dieser Wirklichkeit etwas zu ändern. Cäsar hat dabei die gallischen Gottheiten *nach den Kriterien ihrer gesellschaftlichen Funktion betrachtet*: Auf diese Weise haben wir die drei indoeuropäischen Funktionsklassen in der Trias Apoll-Mars-Jupiter wiederfinden können, ferner eine dreifache Funktion, vereint in der Figur der Minerva mit den drei Gesichtern, und schließlich eine Position, die außerhalb aller Klassen und Funktionen steht und durch Merkur verkörpert wird. Diese gallischen – und damit auch irischen – Götter sind also außerhalb der gesellschaftlichen Funktion, die ihnen zugeteilt wird, nicht zu begreifen. Das führt zu dem Schluß, daß die in den mythischen Erzählungen dargestellten Figuren göttlichen Charakters symbolische und bildliche Projektionen der funktionalen Aktivitäten der einzelnen gesellschaftlichen Gruppen sind.

Wie bereits festgestellt, gibt es angesichts der komplexen Struktur der Epen, die mehr oder weniger direkte mythologische Spuren aufweisen, keinerlei Anhaltspunkte für eine Kosmogonie oder Theogonie. Die Entstehung der Welt kommt selten zur Sprache, und wo es geschieht, ist es erst auf die Christianisierung mit ihrem bewußten und immer wieder betonten Willen zurückzuführen, die irische Tradition mit der biblischen direkt zu „verknüpfen“. Dort wo also Elemente einer Kosmogonie auftreten, kann es sich nur um Elemente handeln, die der ursprünglichen keltischen Überlieferung fremd waren. Das gleiche gilt auch für die Theogonie. Die Verweise auf eine hebräische Abstammung, die relativ spät in den Texten auftauchen und katastrophale Folgen hatten[1], zeugen ebenfalls von der Absicht, *um jeden Preis alles biblisch zu machen*. Woher die Götter kommen, wird dabei nie näher angedeutet. Sie landen in Irland, das ist alles, und in der Folge werden sie allmählich durch andere Götter verdrängt, die ebenfalls einfach ankommen, die Insel in Besitz nehmen, um dann ihrerseits wieder – wie im Falle der Tuatha De Danann – vertrieben zu werden. Dies muß auf jeden Fall irgendeinen Grund haben, und der liegt darin, daß alle Götter Druiden sind. Wenn aber alle Götter Druiden sind, *dann sind auch alle Druiden Götter*. Aber die Druiden sind Menschen. Natürlich – nur sind diese Menschen außergewöhnliche Naturen, und ihnen werden furchterregende und wunderwirkende Kräfte zugeschrieben. Dies aber war die beste Methode, um klar und plastisch die intellektuelle, spirituelle und magische Macht der Priesterklasse verständlich zu machen. Tuan mac Cairill, eine der seltenen Figuren in der epischen Dichtung, die ihre Gestalt vollkommen verwandeln können (und zwar so sehr, daß man an eine bestimmte Art von Metempsychose glauben könnte), ist vielleicht das beste Beispiel für diesen Druiden-Gott, der die Jahrhunderte durchwandelt, von seinen Erfahrungen berichtet, die Tradition weitergibt und damit genau die Rolle des Druiden verkörpert. Während seiner letzten Inkarnation unter den Söhnen des Mile (das heißt den Gälen) erzählt er all seine Abenteuer dem Heiligen Patrick, läßt sich taufen und stirbt schließlich als gläubiger Christ. Dieser Schluß ist vollkommen logisch: Der Druide und Gott hat nun keine Funktion mehr, denn ein neuer Druiden-Gott ist gekommen und verkündet die Botschaft des Glaubens und der Auferstehung. Patrick ersetzte also als Zeuge Christi und damit des unbekannten Gottes von früher alle Druiden und *damit zugleich auch alle Götter*. Das ist einer der wichtigsten Gründe, weshalb die Iren, die niemals von Invasionen durch die Römer heimgesucht worden waren und stets von den einzelnen Transformationen Europas verschont blieben, sich so leicht und ohne dazu gezwungen worden zu sein zur christlichen Religion bekehrt haben.[2]

Diese Feststellung ist nicht nur graue Theorie. Bei eingehender Lektüre findet sie in allen Texten ihre Bestätigung. Sogar die Helden, die nicht in Gestalt von Druiden auftreten, sind Druiden und damit Götter. In der Erzählung von der *Brautwerbung des Emer* sagt Cuchulainn, daß der Druide Cathbad sein Lehrer war, bis er „mit allen Künsten des Gottes der Druiden vertraut war".[3] Damit geht es um einen Prozeß der Initiation, die mit einer Heroisierung verbunden ist und die Einweihung in die „Künste" des Gottes der Druiden (das heißt des Ur-Druiden) zum Ziel hat. Und mit diesem Ur-Druiden kann nur der eine und vielfältige, unnennbare Gott gemeint sein, der am Anfang aller Erkenntnis und aller Schöpfung steht, da Erkenntnis und Schöpfung ein und dasselbe sind. Für die Kelten ist die Welt nichts anderes als das Druidentum selbst, und die verschiedenen kulturellen Praktiken sind für sie Äußerungen der ununterbrochen fortdauernden Schöpfung der Welt.

Aus dieser Perspektive wird verständlich, daß nach der Lehre der Druiden Gott nicht etwas *Seiendes*, sondern etwas *Werdendes* ist. Und dieses Werden umfaßt die Welt; die Druiden wirken als Lenker dieses Werdens. Gott bedarf also der Menschen. Der Gott in diesem Sinn ist unbenennbar und kann weder in die anthropomorphen Konturen einer Statue, noch in die Fesseln eines *Namens* gepreßt werden, denn wer den Namen einer Person trägt, ist auch im Besitz dieser Person. Der Name des Gottes ist unaussprechbar. Auch wenn er irgendwo geschrieben steht, ändert dies nichts daran. Die Lilith der hebräischen Legende war sich dessen bewußt. So erklärt sich, weshalb sie sich stets im Schatten hält, und in ständig wechselnder Gestalt erscheint. Auch in der keltischen Sage kennt der Druiden-Gott diesen Namen, zieht es aber vor, ihn nicht auszusprechen. Er wäre dazu zwar in der Lage, doch wenn er es täte, brächte er das ganze System in Gefahr, denn da Gott das Werden ist, muß dieses Werden ewig währen. Die Gesamtheit der Schöpfung hat an diesem Werden teil. Daraus darf die These abgeleitet werden, daß die Lehre der Druiden ein ontologisches Konzept von größter Tragweite enthält, *daß nämlich auch Gott geschaffen werden muß*.

Ein tiefer Graben trennt also diese fundamentale Idee von dem blassen Begriff eines Polytheismus. Nun wird auch die besondere Haltung des keltischen Helden zum großen Teil verständlich, welcher immer zum Äußersten, ja zum Unmöglichen bereit ist. Diesem Heroismus begegnen wir bei den Heiligen des keltischen Christentums wieder. Ein Held sein, ein Heiliger sein, das bedeutet nicht passives Hinnehmen der Ratschlüsse einer unverrückbar und reglos im All herrschenden Gottheit. Ganz im Gegenteil: wenn die großen Geheimnisse, das heißt die höheren göttlichen Pläne, einmal erkannt worden sind, dann müssen sie in die Tat umgesetzt und bis ins kleinste Detail verwirklicht werden. Dazu bedarf es der Kraft, ja sogar der Gewalt sowie eines grenzenlosen Maßes an Energie und Willen und das Gefühl, daß man nur durch totale Überwindung seiner selbst und der Welt überleben kann. Weiterhin bedarf es der Erkenntnis und des Wissens. Dieses vermittelt der göttliche Druide, und an den Menschen liegt es, seine Tragweite zu begreifen.

Das Universum der keltischen Götter ist niemals stabil. Das Schicksal des Gottes duldet keine Atempause. In praktischer Konsequenz bedeutet das, daß niemals etwas endgültig ist, solange der höhere Plan Gottes nicht bis ins letzte erfüllt ist – ein Zustand, der wahrscheinlich nie erreicht wird. Das ist auch die einzige Chance für das Überleben der Menschheit. Wenn die Götter sterben, sterben auch die Menschen. Dann wird auch der eine Gott nicht mehr existieren. Daher wirken die Druiden an allen entscheidenden Schaltstellen der keltischen Gesellschaft als Führer mit dem Bewußtsein, den göttlichen Plan auf die menschliche Gesellschaft anzuwenden, ohne deren Existenz ja niemand dem Werden Gottes Nahrung geben könnte.

Über dieser druidischen Gottesauffassung liegt eine Aura von großer Schönheit und Heiterkeit, sie enthält aber *auch* den ständigen Appell an das Sein. Wenn das Sein sich selbst schon genügen würde, dann wäre es Leere, und zwar das *vacuum*, das verschiedene philosophische Systeme des Ostens suchen. Das Druidentum vertritt jedoch die Gegenposition zu dieser Theorie des Nicht-Seins, des Nicht-Wollens, der Negation des Lebenswillens. Die druidische Lehre, wie sie aus allen Erzählungen, aus den Taten und Leiden der Helden, Götter und Menschen spricht, kann auf die Formel eines leidenschaftlichen, hemmungslosen *Lebenswillens* gebracht werden. Gott ist das Ziel, doch Gott, dieser einzige und namenlose Gott weicht ständig vor dem menschlichen Streben zurück. Und dies wird er ewig tun und dabei lächelnd wie jener Ogmios, den Lukian schildert, die Schar der Menschen führen, die ebenfalls lächeln und guter Dinge sind, weil sie wissen, daß ihrer Reise ewige Dauer beschieden ist.

2. Monismus

Der Gott der Druiden ist also, wie wir gesehen haben, ebenso wie der christliche Gott Alpha und Omega, Anfang und Ende aller Dinge. Wenn die irischen *fili*, die Hüter der Druidenlehre, so problemlos zu christlichen Priestern werden konnten, so ist dies darauf zurückzuführen, daß ihre Theologie in den Grundprinzipien mit der neuen Religion übereinstimmte. Allem Anschein nach wurden aber all jene Elemente der Überlieferung bewußt eliminiert, die diese theologische Identität beweisen und deshalb zu Verwirrungen hätten führen können, weil sie das Druidentum als zu nahe verwandt mit den christlichen Auffassungen erscheinen ließen. Die vorchristlichen griechischen und römischen Autoren haben ihre Hochachtung vor dem hohen geistigen Niveau der Druidenlehre, die sie mit der des Pythagoras verglichen, nicht verschwiegen, während die ersten Christen – die Kirchenväter nicht weniger als die irischen Mönche – mehr den „Aberglauben" und die „Schlachtopfer" der Druiden, die sie ablehnten, in den Vordergrund rückten und dabei die theologische Argumentation des Druidentums unerwähnt ließen. Sie haben alle symbolischen Elemente bewußt verschwiegen, obwohl diese das druidische Dogma von dem einen und namenlosen Gott gestützt und anschaulich gemacht hätten. Das einzige Zeugnis findet sich bei Plinius d. Ä. Freilich ist es ziemlich unklar, da Plinius die Tragweite des Rituals, das er beschrieb, nicht begriffen hatte und daher zu einem simplen Akt von Magie degradierte. Dieses Zeugnis enthält auch den einzigen echten Hinweis auf eine Kosmologie der Kelten, den wir besitzen. Plinius erwähnt

> „eine Art Ei, von dem bei den Griechen nirgends die Rede ist, das aber bei den Galliern weithin bekannt ist. Im Sommer bündeln sich unzählig viele Schlangen mit Hilfe des Speichels ihrer Mäuler und der Sekrete ihrer Körper zu einer harmonisch gerollten Umarmung. Dieses Bündel wird ‚Schlangenei' genannt. Nach Aussagen der Druiden kann dieses Ei durch Pfiffe zu einem Sprung bewegt werden, und man muß es, bevor es wieder zu Boden fällt, in einem Mantel auffangen. In diesem Augenblick muß derjenige, der es auf diese Art gereizt hat, sich eilends auf sein Pferd schwingen und fliehen, denn die Schlangen verfolgen ihn und können nur durch die Barriere eines Flusses aufgehalten werden. Man erkennt dieses Ei daran, daß es wider die Strömung auf dem Wasser treibt und selbst dann weitertreibt, wenn es an Gold

gebunden ist. Die Raffiniertheit der *magi* (= Druiden) im Tarnen ihrer Täuschungen ist so groß, daß sie behaupten, man könne nur während einer bestimmten Phase des Mondes in Besitz dieses Eies gelangen, so als wäre es möglich, diese Handlung mit dem menschlichen Willen in Einklang zu bringen. Ich habe das Ei selbst gesehen: Es hat die Größe eines mittelgroßen runden Apfels und seine Schale ist so knorpelig wie das Armgewirr des Kraken." (*Hist. Nat.* XXIX, 52)

Die Kommentatoren dieses Textes sind allgemein der Ansicht, daß es sich bei dem hier beschriebenen Schlangenei um einen „versteinerten Seeigel"[4] handeln muß. Diese Auffassung wird durch archäologische Funde bestätigt: In viele gallische Gräber oder Grabhügel wurden tatsächlich absichtlich fossile Seeigel gelegt. So scheint ein Tumulus in Saint-Amand-sur-Sèvre (Deux-Sèvres) eigens zur Aufbewahrung eines kleinen Schreins errichtet worden zu sein, in dem die Versteinerung eines solchen Tieres gefunden wurde. Daher muß man annehmen, daß der fossile Seeigel bei den Galliern eine symbolische Bedeutung ganz besonderer Art hatte. Betrachtet man jedoch den zitierten Text von Plinius, so scheint etwas nicht zu stimmen. Plinius war nämlich Naturforscher, und obwohl diese Wissenschaft zu seiner Zeit erst rudimentär entwickelt war, hieße es doch an seinem Verstande zweifeln, wenn man ihm unterstellte, er hätte einen fossilen Seeigel nicht von einem unversteinerten unterscheiden können. Er beschreibt schließlich ein Ei, welches er mit eigenen Augen gesehen haben will, und diese Beschreibung paßt mitnichten zur Beschreibung eines fossilen Seeigels.

Zweifellos handelt es sich bei dem Ei, von dem Plinius spricht und welches „wider die Strömung" treibt, selbst wenn es auf irgendeine Art mit Gold angebunden ist, um ein magisches, wundertätiges Objekt. Man kann also darin auf jeden Fall ein Pendant zum *Kosmischen Ei* der Hindu-Tradition sehen, der Hülle des Goldenen Embryos, der Ur-Keims des kosmischen Lichtes, der in der Urflut treibt und von dem „Einzigartigen Vogel", das heißt von dem Schwan Hamsa ausgebrütet wird. Was Plinius über das „Wider-den-Strom-Schwimmen" oder über die „goldene Bande" sagt, gestattet keinen Zweifel daran, um so weniger, als das gallische Ei häufig auf keltischen Münzen dargestellt ist. Dort bildet es meist ein schmückendes Ornament in Verbindung mit einem Reiter, einem Pferd oder einem Kopf; es hat eine vage eiförmige oder kugelförmige Gestalt und ist an einer oder mehreren Ketten aufgehängt. Dieses Motiv ist weit verbreitet, besonders auf den Münzen der *Parisii* und der Bretonen.[5] Und doch hat die keltische Variante des Mythos vom Goldenen Ei ihre Besonderheiten. Der Text von Plinius enthält mit Sicherheit nicht die Beschreibung eines Rituals, sondern der Autor hat das, was er da erfuhr, nur als solches aufgefaßt. Vermutlich wurde ihm eine mythische Geschichte erzählt, die er zwar nicht recht verstand, von der er aber die wichtigsten Elemente behielt: das eingerollte Knäuel der Schlangen, das heißt das „Vipern-Knäuel", das offensichtlich von den Schlangen produzierte Ei, den Raub des Eies durch einen Reiter, die Verfolgung durch die Schlangen, und schließlich die Tatsache, daß die Schlangen keinen Fluß durchqueren können. Diese Details ergeben bereits ein ganzes Epos. Ein Reiter, also ein Kultur-Heros, raubt das Kosmische Ei aus einem Land, das die Autre Monde sein muß, und flieht mit seinem Schatz. Die Bewohner der Autre Monde nehmen seine Verfolgung auf, aber sie können über bestimmte Grenzen nicht hinausgelangen. Der Reiter dagegen überwindet die Grenze, so daß das Ei, das er herüberbringt, sich nun dank der Courage des Helden im Besitz der Menschen befindet.

Ein solches Epos wird erst dann in vollem Umfang verständlich, wenn man es mit den volkstümlichen mündlichen Überlieferungen vergleicht, die tatsächlich noch Reminiszenzen des ursprünglichen Schemas aufweisen. Dabei handelt es sich zunächst um einen weit verbreiteten Märchentypus, in dem ein junger Mann sich Zutritt zu dem Wohnsitz eines Zauberers oder Teufels verschafft, oder gar dessen Bediensteter wird. Der junge Mann gelangt zufällig in Kenntnis von Geheimnissen, befreit ein junges Mädchen, das in dem Haus gefangen ist, und flieht mit ihr auf seinem Pferd. Bei dieser Gelegenheit nimmt er auch noch die Schätze des Zauberers oder Teufels mit. Dieser macht sich auf ihre Verfolgung, aber es gelingt ihnen noch rechtzeitig, über einen Fluß zu setzen, den der Verfolger nicht überqueren kann.[6] Was Plinius berichtet, schließt sich eng an dieses Schema an: Man muß sich in den Besitz des Schlangeneies (das heißt der Schätze der Autre Monde) bringen und fliehen. Die Wesen der Autre Monde, die Schlangen, stürzen hinter dem Tollkühnen her, und dieser kann sich nur durch die schnelle Flucht zum anderen Ufer des Flusses retten. Seine Verfolger aber können ihre eigene Welt nicht verlassen. Das Ei, das heißt ein bestimmtes geheimes Wissen, kann jedoch geraubt werden. Auch noch ein anderer Vergleich bietet sich hier an, nämlich der Vergleich mit den verschiedenen Sagen und Legenden um Schlangen bzw. Schlangenfrauen, die Quellen und Brunnen aufsuchen, um daraus zu trinken. Ihr Körper ist meist in Flammen gehüllt, und oft haben sie an Stelle eines Auges einen Karfunkel oder einen anderen kostbaren Edelstein oder tragen einen magischen Stein am Schwanzende. Während sie trinken, legen sie diesen Stein ab, und nur dann ist es möglich, ihn zu rauben, vorausgesetzt, man ist anschließend schnell genug, um ihrer Verfolgung zu entgehen.[7] Zweifellos haben der Karfunkel oder ähnliche Edelsteine die gleiche Funktion wie das Schlangenei.[8] Die Reihe möglicher Vergleiche geht sogar noch weiter: Im walisischen *Peredur* muß der Held zum Beispiel einen riesigen Lindwurm besiegen, der sich in einer Höhle verbirgt:

> „Der Schwanz dieser Schlange" heißt es dort, „birgt einen Stein. Der Stein hat die besondere Tugend, daß derjenige, der ihn in einer Hand hält, in die andere Hand soviel Gold bekommen kann, wie er sich nur wünscht".[9]

Auch hier taucht also das Motiv des Schlangeneies auf. Natürlich ist es wieder das Kosmische Ei, da es alles Gold der Welt verheißt, was als Sonnensymbol des Wissens zu betrachten ist, durch das man soviel Reichtum erwerben kann, wie man wünscht. Damit es aber auch gleichzeitig der Stein der Weisen in der alchemistischen Tradition – jener Stein also, mit dessen Hilfe nicht nur Gold gemacht werden kann, sondern der daneben auch das universale Arkanum der Schöpfung darstellt, die Einheit in ihrer Vielheit, die Kristallisation aller scheinbaren Widersprüche der Welt.

Das Kosmische Ei, das Weltei oder der Stein der Weisen steht in engem Zusammenhang mit der Schlange, die ebenso das Symbol der Erkenntnis wie der grenzenlosen Mobilität des Geistes ist. Die Schlange ist das stets umherschweifende Wesen, das selbst in die kleinsten Schlitze und Risse der Erde einzudringen vermag. Die Schlange, die sich in den Schwanz beißt, der Uroboros, ist außerdem der vollkommene Kreis, das Bild der Totalität in ihrer ursprünglichen Einheit. Ferner ist das Schlangenknäuel, der Knoten, auch der Punkt, in dem alle Energien zusammenlaufen. Und genau aus dieser Bündelung entsteht das Ei – oder der Stein der Weisen. Aus diesem Ei ist alles einmal hervorgegangen, da es bereits alles Künftige in sich birgt.

Die Symbolik des Eies gibt keine Rätsel auf. Es ist die *Einheit in konzentrierter Form*. Dabei ist es aber nicht der Ursprung selbst, *weil es den absoluten Ursprung nicht gibt*. Das Ei wird von Schlangen gelegt, und diese Schlangen symbolisieren die in einer früheren Phase frei schwebenden Energien, die zu einem bestimmten Zeitpunkt in der Geschichte des Universums ihre weitere Evolution beenden und eine Involution oder Konzentration beginnen. Das so entstehende Ei wird später neue Energien festsetzen, die sich ihrerseits zuerst ausbreiten, um sich dann wieder auf dem Wege einer Involution zusammenzuziehen und ein weiteres zu produzieren und so fort. Diese Vorstellung ist uns heute als Theorie vom „Urknall" von der Initialexplosion bekannt – eine Theorie, die davon ausgeht, daß das Universum sich nach einer Phase der Expansion eines Tages wieder zusammenziehen wird und daß nach einem weiteren „Knall" der künftigen Initialzelle alles wieder von vorn beginnt. Diese zyklische Theorie von der Entstehung des Universums und des Lebens stimmt verblüffend mit dem von Plinius beschriebenen Pseudo-Ritual, mit den volkstümlichen Erzählungen vom Raum der Geheimnisse und Schätze des Magiers oder Zauberers sowie mit den Darstellungen in der Bildplastik überein, wo das Motiv der Spirale häufig zu finden ist, das bekanntlich eine für die Kunst der Kelten besonders charakteristische Form ist. Die Spirale stellt nämlich das Bild der Entwicklung des Universums dar, seiner Bewegung zwischen Evolution und Involution. Solche spiralförmigen Motive (in Form von konzentrischen Kreisen oder als Triskell) verwendeten die keltischen Künstler mit voller Absicht, da die archaische Tradition Kunst, Alltagsleben und Religion nicht voneinander trennt. Das Schlangenei bildet also gleichzeitig den Anfang eines neuen Zyklus und das Ende des vorhergehenden Zyklus; es symbolisiert sowohl den Tod als auch das Leben. Daher ist das Schlangenei die umfassendste Darstellung der Grundlage des druidischen Glaubens, wonach – wie aus der *Pharsalia* des Lukanus hervorgeht – „der Tod die Mitte eines langen Lebens" ist.

Dies scheint überhaupt die Basis der geistigen Welt der Druiden zu sein. Und von hier aus läßt sich die streng monistische Position begründen, die auch mühelos aus jeder keltischen Überlieferung ablesbar ist. Diese Denktradition, die aus allen mythischen, heroischen und folkloristischen Erzählungen Westeuropas spricht, stützt sich auf wissenschaftliche Grundlagen. Es versteht sich dabei von selbst, daß die ‚Wissenschaft' der Druiden sich vom Stand unserer heutigen wesentlich unterschied und über keine technisch hochentwickelten Erkenntnismittel verfügte, und doch hatte sie einen Wert, den die antiken Autoren ohne Zögern anerkannten: Die Druiden „sind Lehrer in vielen Gebieten" (Pomponius Mela) und „diskutieren ebenso eingehend über die Gestirne und ihre Bewegung, die Größe der Welt und der Erde, wie über die Natur aller Dinge" (Cäsar); sie studieren „die Wissenschaft der Natur" (Strabo), „Rechenlehre und Arithmetik" (Hippolytos) und erforschen und lehren „die Gesetze der Natur, das, was die Griechen ‚Physiologie' nennen" (Cicero). Durch besonders intensive Beobachtung der Naturerscheinungen, durch ständige Meditation über die Probleme des Lebens und seiner Entwicklung, durch die allmähliche Erkenntnis, daß der Mensch als Wesen von seiner Umwelt abhängig ist und sie beeinflussen kann, haben die Druiden schließlich einen hohen Grad an Wissenschaftlichkeit in der Naturkenntnis erreicht. „Die Gallier haben die Harmonie zwischen den Biorhythmen und ihrem Lebensstil verwirklicht."[10]

Tatsächlich repräsentiert das Bild der Spriale am treffendsten dieses Denken der Druiden, besonders dann, wenn sie in der dreifachen Form des Triskell dargestellt wird. Die Druiden konnten nicht nur kraft ihrer Macht im Umgang mit dem Wort, das heißt durch bewußte Einsetzung seiner *Schwingungsphänomene* auf die menschliche Psyche, ja sogar auf äußere Gegenstände[11] manipulierend einwirken, sondern sie haben auch bestimmte Phänomene der Wellenmechanik entdeckt und waren nicht mehr weit von der Auffassung entfernt, daß im Kosmos alles, sei es Materie oder Geist, eine Form von *schwingender Energie* ist. Wenn sie die Welt auch nicht in Gleichungen auflösten oder wenn sie noch nicht die berühmte DNS-Formel aufstellten, die später zu einem Eckpfeiler wissenschaftlichen Denkens werden sollte, so heißt das nicht, daß ihnen diese Probleme nicht bewußt gewesen wären. Wir wissen heute, daß

> „das DNS-Molekül auch aus der Entfernung ein Signal von einer bestimmten Frequenz, Amplitude und Dichte zu vermitteln vermag. Wir können sagen, daß *die Spirale schwingt* und daß diese Schwingung einem bestimmten Bereich übermittelt wird, der von dem Punkt, an dem das Signal empfangen wird, in einer gewissen Entfernung liegt; auf das Signal hin wird nun in dem betreffenden Bereich zum Beispiel die Produktion von Messenger-DNS und Proteinen ausgelöst."[12]

Diese DNS ist programmiert – im Prinzip schon seit Adam, welcher *in nuce* bereits die gesamte künftige Entwicklung der Menschheit in sich enthält. Dieses Programm ist definitiv festgelegt, aber – und hier beginnt das Faszinierende daran – *es ist ein offenes Programm,* das heißt es enthält zugleich alle Möglichkeiten der Variation, anders ausgedrückt, der Mutation, der Verwandlung. Das ist insofern ein ganz entscheidender Gedanke, als alles darauf hindeutet, daß das metaphysische Denken der Kelten auf genau dieser Auffassung des Lebens beruhte, nämlich auf der Idee einer beständigen Evolution eines Werdens, in dem die Grenzen zwischen Schöpfer und Geschöpf verschwimmen.

Die Spirale ist das klarste Kennzeichen der keltischen Metaphysik, ein allgemeines Symbol, das das gesamte spekulative Denken der Druiden umfaßt. Spuren davon enthält zweifellos auch noch das berühmte „Jeu de l'Oie" (= „Gänse-Spiel"; der auf der Struktur von Spirale bzw. Labyrinth aufbauende Archetyp aller „Wegspiele" bis hin zu „Mensch-ärgere-dich-nicht", „Monopoly" etc; A. d. Ü.); Spiele dieser Art sind das Bild der *Quête*, der (Gral-)Suche, aber auch des Kosmos' allgemein, in dessen Inneren sich das menschliche Individuum bewegt mit seiner langsamen Annäherung an das Zentrum, seinem Zögern, seinen Rückwegen, ausgedehnten Wartezeiten und Irrwegen.[13] Im Bereich der Kunst, deren Semiotik nicht als Stütze, sondern als „Grundwortschatz" der metaphysischen Spekulation zu betrachten ist, war die Spirale das keltische Ornamentmotiv par excellence und wurde in der Dreistrahligkeit des Triskell besonders betont. Ganz allgemein ist die Triade, die Dreiheit in der Kunst und in der Mythologie der Kelten „eine Manifestation der Vielfältigkeit als untergeordneter Begriff der Einheit".[14] Alles wird als Paradoxon begriffen. Das Schicksal der Wesen und Dinge ist im voraus festgelegt und dennoch für Modifikationen offen. Die letzte Einheit aller Wesen und Dinge, die Einheit von Subjekt und Objekt, ist eine unumstößliche Gegebenheit, aber diese Einheit hat vielerlei Gestalt.

Ob man es nun aus der Sicht der antiken Autoren oder aus der Perspektive der irischen und walisischen Epen, der Artusromane und der traditionellen Volkserzählungen betrachtet, stets ist das Denken der Druiden durch eine *totale Ablehnung des Dualismus* in jedweder Form gekennzeichnet. Auf der uns vertrauten Ebene der Moral läßt sich hier tatsächlich keine scharfe Trennung zwischen Gut und Böse erkennen. *In der Tradition des druidischen Denkens ist die Idee der Sünde unbekannt.* Von einem Vergehen wird nur dann gesprochen, wenn sich der einzelne als unfähig erweist, das zu leisten, was ihm aufgegeben ist, wenn er unfähig ist, sein eigenes Selbst zu überwinden. Aber diese Idee des Vergehens hat eher mit einem Eingeständnis der Schwäche zu tun, als mit der Übertretung einer im voraus aufgestellten und klassifizierten Norm. In der Moralauffassung der Druiden ist eine Auflistung von schweren und leichten Sünden, die mit dem Tod oder geringeren Strafen zu ahnden sind, undenkbar. Es gibt lediglich die Unterscheidung zwischen dem Verhalten, das die Erfüllung des eigenen Schicksals oder desjenigen der Gemeinschaft fördert, und dem entgegengesetzten Verhalten, das dem Erreichen dieses Ziels hinderlich ist. Die Hinderungsgründe liegen außerhalb der Macht des Individuums. Entweder ist das Individuum sich der Schwierigkeit seines Unternehmen nicht ausreichend bewußt, nicht genügend darauf vorbereitet oder unzureichend informiert. Außerdem kann der einzelne einen falschen Weg einschlagen, was aber nicht unbedingt auf einen Mangel an Weitsicht zurückzuführen ist. Jedes Individuum, das dieser Bezeichnung würdig ist, muß selbst ein wahrer Druide werden, also ein „Sehender" und „Wissender". Das ist nichts Abschreckendes, geschweige denn Negatives, sondern im Gegenteil die ständige Aufforderung zu aktivem Handeln und stetiger Vervollkommnung. Im Grunde ist das die eigentliche Definition von Moral, auch wenn sie durch die Einwirkung verschiedener Religionen, vor allem des Christentums, zu einem Repertoire dessen geworden ist, was man nicht tun darf, also zu einer Negation des Handelns durch passives Akzeptieren des Gesetzes. Die Verbote, die *gessa*, sind niemals negativ in diesem Sinne zu verstehen[14a], sondern sie beschränken sich lediglich darauf, die Grenzen zu benennen, jenseits derer das Individuum sich verirren könnte. Man darf nicht vergessen, daß ein *geis* sich immer nur gegen einen einzelnen und nie allgemein gegen die ganze Gesellschaft richtet; er enthält nichts, was auf eine abstrakte und fest definierte Norm deuten könnte.

Dieses Fehlen einer Grenze zwischen Gut und Böse bringt die Relativität aller Dinge zum Ausdruck. Eine Handlung kann gut oder schlecht sein, je nachdem, wie und wozu man sie ausführt, sie kann aber nicht nach bestimmten objektiven und absoluten Wertmaßstäben beurteilt werden. Auch auf der Ebene der Metaphysik gibt es das absolute Gute oder Böse nicht. Niemals haben sich die Kelten einen Gott des Guten im Kampf gegen einen Gott des Bösen und umgekehrt vorstellen können. Der Kampf der Tuatha De Danann gegen die Fomore ist lediglich der Kampf des aufkommenden Ordnungsbewußtseins gegen die Unordnung, und dabei spielen keinerlei moralische Beweggründe eine Rolle. Die Götter der keltischen Mythologie sind weder gut noch böse, *sondern sie sind*! Und da diese Götter jeweils die einzelnen Funktionen repräsentieren, die der verborgenen, absoluten Gottheit zugeschrieben werden, wird man davon ausgehen müssen, daß auch dieser große, höchste Gott nicht als gut oder böse aufgefaßt wurde. In Wirklichkeit ist er nämlich beides zugleich, da die Idee des Bösen ohne die Idee des Guten nicht existieren kann und umgekehrt. Entsprechend ist auch das Leben nicht ohne den Tod möglich, den Tag gibt es nicht ohne die Nacht, die Nacht nicht ohne den Tag. Und Gott, der große Gott ohne Namen, kann ohne seine inneren Widersprüche, insbesondere ohne seine Schöpfung, nicht existieren. Diese druidische Vision der Totalität kommt im Bild des Schlangeneies faszinierend und prägnant zum Ausdruck.

All dies erklärt verschiedene Verhaltensweisen, die den Kelten zugeschrieben werden: Verachtung des Todes, glühende Lebenslust, eine gewisse Spottlust, eine enge Bindung an die Natur (das Christentum hat mit dazu beigetragen, daß diese Bindung ausgerottet wurde, indem es den Menschen zum Herrn über die Schöpfung erklärte), eine metaphysische Heiterkeit, vollkommenes Vertrauen auf die Freiheit des Menschen und schließlich die Weigerung, das *Wirkliche* als *Absolutes* zu betrachten. Denn jenseits des *Wirklichen* gibt es noch etwas anderes, so daß die aristotelische Unterscheidung zwischen *wirklich* und *unwirklich* keine Gültigkeit hat. Ähnliches gilt auch für den Begriff der Wahrheit: Im Gegensatz zum Christentum gibt es für die Druiden keine absolute und offenbarte Wahrheit, da die Wahrheit lediglich das Resultat eines Urteils ist, das der Geist zu einer bestimmten Zeit der Geschichte gefällt hat. So bietet die geistige Welt der Druiden vermutlich das einzige bekannte Beispiel für einen philosophischen Ansatz, in dem der Monismus konsequent zu Ende gedacht wurde.

3. Geist und Materie

Die monistische Geisteshaltung hat eine entscheidende Konsequenz: Die grundsätzliche Trennung zwischen Geist und Materie existiert nicht. Die Verfechter des reinen Spiritualismus, die das Primat des Geistes als Schöpfer der Materie postulieren, denken ebenso einseitig wie die Verfechter des reinen Materialismus, die verzweifelt den Beweis dafür erbringen wollen, daß der Geist aus der Materie entspringt. Für die Kelten ist dies ein Scheinproblem: Der Geist *ist* die Materie, die Materie *ist* der Geist. Die scheinbare Dualität ist nur die Folge der Relativität der Welt: Der Geist, der sich nicht mit der Materie auseinandersetzt, denkt nicht und weiß somit nicht, daß er existiert. Der Geist ist nur eine funktionale Erscheinung der Totalität des Seins, während die Materie die Manifestation einer anderen Funktion ist, nämlich der Verdoppelung oder Auflösung des ursprünglichen *Es*. In der Lehre der Druiden liegt der Akzent auf der Handlung, und Handlung ist sichtbar gewordene Energie. Alles ist Energie, die Materie ebenso wie der Geist: beide haben ihre spezifische Funktion, beide sind untrennbar miteinander verbunden. Der Körper wird als vorübergehende Erscheinungsform des Geistes betrachtet, der auf diese Weise seine Existenz bestätigt; daneben sind aber durchaus noch andere Formen des Lebens vorstellbar, die sich von dem menschlichen Leben unterscheiden.

In der Welt der Relativität – also in der Welt des gegenwärtigen Lebens – wäre die Materie jedoch gleichbedeutend mit dem Chaos, wenn sie sich nach dem Prinzip der Anarchie ungehemmt entwickeln könnte. Genau das bringt sowohl der Mythos der Fomore zum Ausdruck als auch die Geschichten über Monster und Drachen, über jene Wesen also, die nach jüdisch-römisch-christlicher Moralauffassung als unheilbringend gelten. Indem Lug seinen Großvater Balor tötet, sichert er die Vorherrschaft des höherentwickelten *Geistes* über die ursprüngliche, unverfeinert-brutale Materie. Lug unterwirft die *Materie, deren Enkel er ist,* einer Ordnung und bestätigt dadurch, *daß er trotz der in ihm verkörperten Dualität eine Einheit darstellt.* Nun kommt es darauf an, sich der grenzenlosen Macht des Geistes bewußt zu werden – und nur heroische Charaktere sind in der Lage, aus dieser Macht den größten Nutzen zu ziehen. Gerade das macht sie übrigens zu Helden, und deshalb werden später auch die ersten Heiligen des keltischen Christentums Helden sein. Seit der Zeit des ‚Kosmischen Welteies', seit dem Ursprung hat sich das Universum unaufhörlich weiterentwickelt, und der Geist hat sich allmählich aus seiner Schale befreit, die ihn beengte und am Denken (mit anderen Worten: am Handeln) hinderte. Wenn er die höchste Stufe seiner Kraft erreicht, kann er sogar aktiv auf die Transformation des Universums einwirken. Denn die Entwicklung des Universums liegt in den Händen aller Wesen, aus denen es besteht. In die Sprache der Soziologie übersetzt, wäre von dem Begriff der ‚Selbstverwaltung' zu sprechen. Aber damit eine ‚Selbstverwaltung' funktioniert, ist stets als Voraussetzung das Bewußtsein der Einheit aller Teile trotz ihrer äußerlichen Verschiedenheit notwendig.

Aus diesen Gründen kann nur der Geist das Universum lenken und der Geist kann wiederum nur durch das Universum gelenkt werden, da er ein Teil davon ist. Jedes Versagen, jede Schwäche, jeder Irrtum bedeutet für das Universum eine Verzögerung seines Entwicklungstempos. Dies setzt natürlich eine Haltung voraus, die heute nicht gerade in Mode ist, nämlich die der *Verantwortung*. Durch den Determinismus der Wissenschaft verblendet (er hat die gleiche Wirkung wie der religiöse Fatalismus vergangener Zeiten) und eingelullt durch die Gesetze der Vererbung sowie durch die Anerkennung der Rolle des Unbewußten im Leben der Psyche, sind wir uns nicht einmal mehr dessen bewußt, daß Freiheit ohne Verantwortung undenkbar ist. Frei zu sein setzt ebenso das volle Bewußtsein von Ursachen und Wirkungen des Handelns wie die volle Verantwortung für jede Handlung voraus. Das gilt auf der Ebene der Moral, auf der Ebene des täglichen Lebens und auf der Ebene der Metaphysik.

Die Kelten scheinen das begriffen zu haben. Obwohl sie jeden Begriff von Sünde aus ihrem Denken verbannten, haben sie die Idee der Verantwortung keineswegs verbannt. Da es weder Bestrafung noch Buße in der Autre Monde gibt, hat jeder für seine Taten direkt einzustehen und erfährt ihre Konsequenzen am eigenen Leibe. Auch auf juristischer Ebene ist es nicht anders: Das Reglement der Wiedergutmachung sieht keine Strafen vor, sondern nur einen angemessenen Beitrag zur Wiederherstellung des Gleichgewichts in der Gesellschaft – und damit im Kosmos –, wenn es durch irgend eine Tat aus dem Lot gebracht worden sein sollte. Dieses Denken prägt auch die Doktrin des heiligen Pelagius, eines zum Christentum konvertierten Brit(ton)en, der Moral-Theologe wurde und versucht hat, seine Lehre in der christlichen Kirche zu verbreiten; dabei stieß er jedoch auf den Widerstand der römischen Dogmen von der Schwäche und Sündhaftigkeit des Menschen, die durch Augustinus heftig verteidigt wurden. Der Grundgedanke von Pelagius bestand darin, daß der Mensch im Vollbesitz des absolut freien Willens ist: Aus eigener Kraft ist der Mensch in der Lage, sich zu retten oder zu verdammen, sich also für Gott zu entscheiden oder ihn zu verlassen; die Konsequenzen aus seiner Entscheidung hat er selbst zu tragen. Auf dieser Grundlage leitete die pelagianische Lehre die Nichtexistenz der göttlichen Gnade sowie die Infragestellung der Aufgabe der Kirche ab. Bekanntlich hat die Kirche mit äußerster Härte auf die pelagianische „Häresie" reagiert und sie fast vollkommen zum Schweigen gebracht, obwohl diese Lehre von den Brit(ton)en und Iren problemlos aufgenommen worden zu sein scheint.[15] Dies ist bezeichnend, denn das pelagianische Denken ist zum großen Teil das Erbe der geistigen Welt der Druiden.

Die dem Geist zugesprochene Vorrangstellung bedeutet jedoch keineswegs eine Negation der Materie und nicht einmal ihre Deklassierung in einen niedereren Rang. Das Verhalten der Druiden gegenüber der Materie und die Art, wie sie über sie verfügten, wie sie die Elemente beherrschten und nutzten, ist vielmehr ein Beweis dafür, daß der Geist ohne die Materie, die seinen komplementären Gegenpart bildet, keine Wirkung hat. Bei den Kelten wurde der Körper nie vernachlässigt oder geleugnet. Die Kelten gehörten nicht zu den „Disinkarnierten" oder „Körperlosen", und man kann bei ihnen keinerlei Hang zur Askese feststellen, wie er im Christentum des Mittelalters herrschte. Anders als im paulinischen und augustinischen Christentum gab es im Druidentum nicht die Leugnung des Fleisches. Dabei darf man nicht vergessen, daß Paulus und Augustinus den Freuden des Lebens durchaus zugetan waren, bevor sie sich von ihrem Körper distanzierten. Ihre Abwendung vom ‚Sein im Fleische' setzte in dem Moment ein, als sie gesättigt und überfüttert, ja angewidert, diesem Sein keine Faszination mehr abgewinnen konnten. Unter diesen Bedingungen fällt es natürlich nicht schwer, Abstinenz und Askese zu predigen. Diese Art von „Moral" war den Druiden fremd.

Aus dieser unbeschwerten Haltung resultiert eine aktive Partizipation des Körpers und der Materie ganz allgemein am Leben des Geistes. Parallel zur Evolution des Universums entwickelt sich die Menschheit durch Nutzung von Geist und Körper. Zur Wirklichkeit des Heroen gehört Intelligenz, Kraft des „Sehens", Nützlichkeit und Effizienz ebenso wie physische Stärke, Schönheit, edles Verhalten und die Fähigkeit, die Anstrengung des Kampfes und nicht weniger die des Rausches zu ertragen, oder die Kraft, eine „Begegnung mit dem Weibe" – wie es in den alten Texten heißt – erfolgreich zu bestehen. Als Dagda nach der ‚Freßorgie', zu der die Fomore ihn zwingen, nicht mehr die Kraft hat, mit der Frau zu schlafen, der er anschließend begegnet, überhäuft ihn diese mit Spott und heftigsten Vorwürfen – zum Leidwesen der Spiritualisten jedweder Couleur, nach deren Vorstellung die Menschheit nur auf dem Weg der Entsagung und Selbstkasteiung ihr Ziel erreicht. Im Grunde war Abaelard nur *vor* seiner peinlichen Bestrafung ein großer Philosoph. Der zweite Teil seines geistigen Lebens war lediglich eine Folge von Wiederholungen, auch wenn dabei eine gewisse Transzendenz der Sexualität zum Ausdruck kommt. In dieser Hinsicht verhält sich die Figur des *Gargantua* bei Rabelais wie das Muster des keltischen Helden und der *Frater Jean des Entommeures* wie das Musterbeispiel eines Druiden. Die *gallischen* Traditionen sind nämlich für Rabelais nicht nur leere Worte. In der geistigen Welt der Druiden stellt sich also das Problem der Dichotomie zwischen Materie bzw. Körper und Geist nicht. Entscheidend ist nur, daß man mit dieser Gegebenheit umzugehen versteht. Wir haben alle Beweise dafür, daß die Druiden in Evokation und Einsetzung des Geistes einen hohen Grad an Meisterschaft erreichten. Sicher wird man in den angeblichen ‚Wundern', die sie bewirkt haben sollen, lediglich symbolische Bilder zu sehen haben, die meist beschrieben wurden, um die Imagination zu erregen und diese Macht zu dokumentieren. Aber dennoch ist dabei zu bedenken, daß die Druiden durch ihre Predigten, Worte und Gesten vor allem die Aufgabe hatten, ein Schöpfungswerk zu erhalten und fortzusetzen, das *in illo tempore* begonnen hatte, um sich *in saecula saeculorum* ununterbrochen weiterzuentwickeln. Die Druiden vollbrachten niemals ein ‚Wunder' ohne Grund oder einfach auf Anfrage. In der ersten Zeit nach der Christianisierung kam es zu Machtkämpfen zwischen Druiden und christlichen Klerikern. Die Geistlichen forderten die Druiden auf, Proben ihrer Kraft zu zeigen, also ‚Wunder' zu tun. Darauf haben sich die Druiden nie eingelassen. Weshalb hätten sie das auch tun sollen? Sie waren ja schließlich nicht dazu da, die herablassende Neugier einiger Kleriker zu befriedigen, die mit Leib und Seele ihrem neuen Glauben huldigten. Die Kraft des Geistes manifestiert sich zuweilen auch durch das Nicht-Handeln, was ja ebenfalls eine Form von Handeln ist. Das wahre Wunder liegt im Bereich des Intellekts, da alle Materie letztlich die Verwirklichung eines Gedankens ist. Und nachdem die dreigesichtige Göttin Birgit aus der druidischen Welt verschwunden war, tauchte die heilige Brigitta als legendenumwobene Äbtissin des Klosters Kildare auf, jener „Kirche der Eichen", in der – wie erzählt wird – die Mönche und Nonnen das Ewige Feuer der Vergangenheit weiterhin unterhielten.

Das Feuer, das im Grunde kein Element ist, sondern die drei Aggregatzustände der Materie transzendiert, indem es sie verwandelt und ersetzt, ist nämlich das treffendste Symbol für die Energie des Geistes, ohne die nichts existieren kann. Dabei ist das Feuer aber nicht identisch mit Gott, sondern nur mit dem Wort Gottes, mit jenem Wort also, das beständig die Schöpfung auslöst und das Universum im Gleichgewicht hält; die Druiden sind die Erben und Hüter dieses Wortes.

Hieraus bezieht die Druidenreligion ihre Rechtfertigung. Wenn Gott unbekannt, verborgen, unbenennbar ist, so ist er es deshalb, weil er die Gesamtheit, das All ist. Das Wort Gottes repräsentiert aber die Energie dieses ‚Alls' in voller Aktion. Daher müssen die Menschen dieses Wort anerkennen und sich nach ihm richten, um den göttlichen Plänen gemäß handeln zu können, was die *conditio sine qua non* dafür ist, daß das Universum überhaupt existieren kann. Daher auch die Notwendigkeit von Erkenntnis und Wissen: Der Mensch kann sich nicht dem gegenüber indifferent verhalten, was scheinbar die Grenzen seines Fassungsvermögens übersteigt, was ihn in Wirklichkeit aber sehr wohl angeht, da auch er Teil dieses Ganzen ist. Und wenn der druidische Gott im Grunde nicht die Vorsehung im christlichen Sinn ist, so verhält sich dieser Gott dem Geschick des Individuums ebenfalls nicht indifferent gegenüber, da das Schicksal des einzelnen sich wiederum auf das Ganze auswirkt. Unter diesen Bedingungen wird das Gebet des Menschen bedeutsam: Sein Gebet wird der Versuch sein, sich in das kosmische Ganze zu fügen, und das, worum er bittet, kann in Erfüllung gehen, wenn es dem göttlichen Plan entspricht. Wenn außerdem das mündliche Gebet, mit anderen Worten die eigentliche rituelle Invokation, von besonders vielen gesprochen wird, dann wird es um so mehr Kraft haben, da sich die individuellen Energien zu einer einzigen spirituellen Energie bündeln, deren kraftvolle Wirkung das Resultat einer sozusagen universalen Harmonie ist. Die meisten großen Religionen haben nie etwas anderes behauptet, insbesondere das Christentum nicht, das so sehr auf der Kraft des gemeinsamen

Gebetes insistiert.[16] Wenn die von den Druiden organisierten, praktischen Rituale von allen Beteiligten ernsthaft praktiziert und alle Kraft der einzelnen Energien vereint wird, so wirken sie auch auf das Werden Gottes ein, da dieses göttliche Werden zugleich auch das Werden des Universums ist. Für einen Kelten, der an die druidischen Prinzipien glaubt, manifestiert sich in der Handlung des einzelnen wie der Gemeinschaft der große unbenennbare Gott in jedem Augenblick der relativen Zeit. Nichts, kein einziges unbelebtes oder belebtes Wesen, ist von diesem Werden ausgeschlossen. Die vielen Beschreibungen, die die Verwandlung eines Wesens durch alle Elemente, alle Formen, alle Zustände schildern[17], sind Zeugnisse dieses Glaubens. Die Grundlage des druidischen Denkens ist *die universale Harmonie der Wesen und Dinge*, die ununterbrochen Wirklichkeit wird.

Das bedeutet aber nicht, daß deshalb „alles zum besten steht in der besten der Welten", wie es in Voltaires *Candide* heißt. „Finstere Kräfte" wirken nämlich ebenfalls in der Welt und bringen sie in Gefahr. In der Religion der Germanen spielten die Riesen diese Rolle, die ständig damit drohten, in Asgard einzufallen, das heißt in den Wohnsitz der Gottheiten, die das Gleichgewicht des Universums sichern: daher die Notwendigkeit der Walhalla, oder besser gesagt der *Valhöll*, jener Bastion aus Kriegern, die die Aufgabe haben, den Riesen den Eintritt zu verwehren. Im Denken des alten Iran repräsentierte ferner Arhiman das Prinzip der Finsternis, gegen den Ahura-Mazda, das personifizierte Prinzip des Lichtes, kämpfte. Diese altiranische Auffassung hat die Tradition des jüdisch-christlichen Denkens beeinflußt, indem Arhiman das Modell des Satans als Widersacher und Negation Gottes liefert. Die symbolische Bedeutung der Opposition zwischen Ahura-Mazda und Arhiman wurde jedoch nur noch oberflächlich verstanden. Ursprünglich ein einfaches Bild der vitalen Subjekt-Objekt-Dynamik, der Quelle alles Seienden in der Welt der Relativität, hat sich diese Opposition zu Dualismus und Manichäismus entwickelt und mündete schließlich auch außerhalb des Katharer-Glaubens in eine christliche Theologie bar jeder ontologischen Wirklichkeit, zu einem weltlichen Moral-System von Gut und Böse, das eher unverständlich ist, da es seiner Wurzel beraubt wurde. Diese Opposition wird im druidischen Denken äußerlich nicht empfunden, da jedes Ding, jedes Wesen eine doppelte Natur hat und dadurch seine inneren Widersprüche durch ein ganzheitliches Bewußtsein zu lösen vermag.

Damit ist das Problem der Unvollkommenheit der Welt jedoch

nicht gelöst. Die sogenannten finsteren Mächte sind phantasmatische Projektionen der Unentschlossenheit des Menschen. Wenn er mit höheren Wirklichkeiten konfrontiert wird, weiß der Mensch oft nicht, wie er handeln, wie er reagieren soll. Er partizipiert nicht vollkommen am universalen, kosmischen *Handeln,* und die Folge davon sind jene Unzulänglichkeiten, Abweichungen, Sackgassen und das metaphysische – nicht aber das moralische – Böse. Wenn alle Menschen in der Lage wären, bis zur letzten Konsequenz von ihrem Denken und Wissen Gebrauch zu machen, dann wäre das Gleichgewicht des Universums nie in Gefahr. Unter den gegenwärtigen Umständen ist das menschliche Denken aber noch nicht fähig, sich vollkommen zu verwirklichen. Die Religion der Druiden zeigt dem Menschen, auf welchem Weg er diese Stufe erreichen kann, von der aus die falschen Oppositionen als das erkennbar werden, was sie wirklich sind, nämlich ein rein dialektischer Streit. Daher die Notwendigkeit, die Allmacht des Geistes zu stützen, daher die Notwendigkeit des Rituals, das den Menschen mit Hilfe von Symbolen auffordert, beständig seinen Horizont zu überschreiten. Letztendlich ist das Wirkliche, die Realität, nur die Illusion einer Barriere, die der Mensch aus Bequemlichkeit oder Unwissenheit in seiner Einbildung vor sich sieht. Es gibt aber keine Barriere. Der Horizont existiert nicht.

4. Autre Monde – die Andere Welt

Der spirituelle Weg zur Überwindung der scheinbaren Wirklichkeit, jene im wahrsten Sinn des Wortes ‚sur-realistische' Haltung, ist nur dann möglich, wenn man das Dahinterliegende, das Jenseits objektiviert. Alles menschliche Tun ist auf ein Ziel gerichtet, und selbst wenn man dieses Ziel nicht erreicht, gelangt man zumindest zu irgendeinem Resultat – es mag von dem ursprünglichen Ziel weit entfernt sein oder ihm ganz nahe liegen. Für die Kelten ist das avisierte, objektivierte Ziel des Lebens die Autre Monde (= ‚Andere Welt'). Mit dem christlichen Jenseits oder mit jenen unscharfen Zonen des Nicht-Bewußtseins, das sich die Römer und Griechen aufgrund ihres materialistischen und rationalistischen Denkens vorstellten, hat diese Welt wenig Ähnlichkeit.

„Eurer (= der Druiden) Ansicht nach gelangen die Schatten nicht in die stillen Gefilde von Erebus und in die bleichen Reiche von Dis; es herrscht also weiterhin der gleiche Geist, nur in einem anderen Körper und in einer anderen Welt."(Lucanus, *Pharsalia,* V. 450 f.) – „Die Seelen sind unsterblich; nach dem Tode gehen sie von einem Körper in einen anderen über." (Cäsar, *De bello gallico,* VI, 14)

Diesem Glauben an die Unsterblichkeit der Seele standen Griechen und Römer fassungslos gegenüber. Als raffinierter Stratege vermutet Cäsar dahinter eine List der Druiden: „Sie glauben, daß diese Lehre die Todesfurcht beseitigt und zur Tapferkeit anspornt." (ibid.) Zu demselben Schluß gelangt auch Pomponius Mela: „Die Seelen sind unsterblich, und es gibt für die Toten ein anderes Leben, was ihren Mut im Kampf steigert." (III, 3) Obwohl sie sich darüber wundern, bezeugen alle Autoren der Antike ohne Ausnahme das Dogma von der Unsterblichkeit der Seele und der Wiederauferstehung bzw. Existenz in einer *anderen* Welt. Valerius Maximus findet diese Auffassung zwar töricht, er bewundert aber an ihr, daß sie sich mit der des Pythagoras deckt. (II, 6) Auf jeden Fall war eine solche Auffassung dem Denken der klassischen mediterranen Epoche, ja sogar auch der Mentalität vieler Juden vollkommen fremd, für die der Messias nichts anderes hätte sein können, als ein durchaus irdischer König und Rächer des

Unrechts. Nun stellt sich die Frage, wie die Kelten diese *Autre* Monde, die sie zu Recht als eine *andere* bezeichneten, gesehen haben. Man hat Cäsars Äußerung („... von einem Körper in einen anderen ...“) wörtlich genommen und deshalb vermutet, die Kelten hätten an die Seelenwanderung geglaubt. Doch alle Autoren sagen unmißverständlich, daß die verheißene Wiederauferstehung an einem *anderen* Ort stattfinden wird; außerdem gibt es in der gesamten keltischen Überlieferung keinen einzigen Hinweis auf Metempsychose, Seelenwanderung oder Reinkarnation in der Welt der Wirklichkeit. Die zur Stützung dieser These immer wieder ins Feld geführten Beispiele (Tuan mac Cairill, Fintan oder Taliesin) sind nur Ausnahmen und stehen im Zusammenhang mit einem bestimmten Mythos, da diese Figuren die ewige Transformation aller belebten und unbelebten Wesen personifizieren. Das ändert aber nichts an der Tatsache, *daß es in der keltischen Tradition nichts gibt, was auch nur entfernt an die hinduistischen oder buddhistischen Lehren der Reinkarnationszyklen erinnert!* Jede gegenteilige Behauptung, jeder Versuch, das Denken der Druiden über eine nebulose „Rückkehr ad fontes“ auf das orientalische Denken zurückzuführen, ist intellektuelle Spekulation bar jeder gesicherten Grundlage und beruht auf einer völligen Fehleinschätzung der vorhandenen Textdokumente.

Die Autre Monde ist das *Anderswo.* In den irischen und walisischen Erzählungen und sogar in den Artusromanen wird sie immer wieder beschrieben. Man könnte auch noch die Volkssagen und -märchen aus ganz Westeuropa anführen, denn auch sie sparen nicht an detaillierten Schilderungen des Seins nach dem Tode. Dieses Sein ist alles andere als düster – zumindest vor dem Aufkommen des römisch geprägten Christentums und der damit verbundenen Kulpabilisierung vieler menschlicher Handlungen, der Einführung des Begriffs von Teufel und Hölle sowie von der Bestrafung der Sünder. Den Kelten war der Begriff der Sünde unbekannt. Ebenso wenig gab es die ewige Verdammung oder die Hölle im christlichen Sinn.

Die Autre Monde ist der zeit-lose und raum-lose Ort, wo die Welt der Imagination nach dem göttlichen Plan Wirklichkeit geworden ist. In ihr gibt es also weder negative Erscheinungen, noch den Unterschied zwischen den drei Funktionen, die zur Einführung der göttlichen Gesellschaft auf Erden unumgänglich sind, denn in der *Anderen* Welt existiert die göttliche Gesellschaft bereits vollkommen. Keine Funktion, das bedeutet: keine Klassen mehr. Es gibt auch keine ‚Arbeit‘ mehr, da die Arbeit als das ‚Leiden‘ (lat. *labor* bedeutet

‚Arbeit' = ‚Leiden'!), als Anstrengung zum Erreichen dieser Vollkommenheit überflüssig geworden ist. Das Altern gibt es ebenfalls nicht, da die Zeit nicht mehr existiert, zumindest nicht mehr in ihrer relativen Form. Ebenso der Tod, da er transzendiert wurde. So entstehen die paradiesischen Bilder von der Insel Avalon oder von Emain Ablach. Diese Insel wird geschildert als

„Insula Fortunata, weil hier alle Vegetation bereits vorhanden ist. Die Bewohner der Insel brauchen die Pflanzen also nicht anzubauen, denn die Natur selbst sorgt für alles. Die Ernten sind reich, und die Haine hängen voller Äpfel und Trauben. Alles spendet der Boden . . . Man wird dort hundert Jahre alt und älter. Neun Schwestern herrschen mit mildem Gesetz und machen jeden, der aus unseren Gefilden zu ihnen kommt, mit diesem Gesetz vertraut. Unter diesen neun ist eine, die alle anderen an Schönheit und Macht übertrifft. Ihr Name ist Morgane; sie lehrt, wozu die Pflanzen dienen und wie man die Krankheiten heilt . . .".[18]

„Es gibt eine Insel in weiter Ferne; um sie herum die prächtigen Rosse des Meeres; herrlicher Lauf gegen die schäumenden Wogen; eine Verzückung dem Auge, dehnt sich glorreich die Ebene, auf der die Heere sich regen im Spiel . . . Anmutige Erde, gespannt über die Jahrhunderte der Welt, über die sich Blumen breiten ohne Zahl. Drauf steht ein alter Baum in Blüten, in seinen Wipfeln rufen die Vögel die Stunden . . . Unbekannt die Klage oder der Verrat, der so bekannt ist auf der kultivierten Erde; nicht Schnödes oder Schroffes gibt es hier, stattdessen dringt sanfte Musik ans Ohr. Weder Leid, noch Trauer, weder Tod, noch Krankheit oder Siechtum, – daran erkennt man Emain, die Insel; selten wurde ein solches Wunder geschaut. Schönheit einer Erde voller Zauber, unvergleichlich sind ihre Nebel . . ., Reichtümer, Schätze aller Art birgt dies stille Land, frische Pracht, die von sanfter Musik widerhallt bei herrlichstem Wein . . ."[19]

„Mit kühnem Schritt habe ich ein Land betreten, das voller Wunder war und doch vertraut . . . Am Portal des Schlosses wächst ein Baum; nicht ungefällig ist die Harmonie, die ihm entströmt, ein Baum von Silber, darin die Sonne funkelt; goldgleich ist sein Glanz. Dreimal zwanzig Bäume wachsen da; ihre Wipfel berühren sich und berühren sich wiederum nicht; dreimal hundert Männer ernährt ein jeder Baum mit seiner vielgestaltigen, doch simplen Frucht . . . Dort lockt ein ganzer Kessel lustigen Hydromels, den man mit dem ganzen Hausstand teilt; er geht nie zur Neige, ewig ist er bis zum Rand gefüllt, so ist es Brauch."[20]

Diese Insel voller Wunder wird aufgesucht von den heidnischen Helden wie Bran, dem Sohn von Febal, und Cuchulainn, von nur schwach christianisierten Figuren wie Maelduin[21] oder von König Artus nach jener Schlacht, in der er tödlich verwundet wurde, sowie von den Heiligen des keltischen Christentums wie Brendan „auf der Suche nach dem Paradies".[22] Aber auch die griechischen Autoren berichteten von diesem Glauben an wunderliche Inseln, die irgendwo in der Richtung der untergehenden Sonne liegen müssen. Plutarch berichtet von einer Insel Ogygia, die „vier Tagereisen zu Schiff weit entfernt im Westen der Britischen Insel" liegen soll. Auch von drei anderen Inseln ist die Rede:

„Auf einer davon soll nach den Fabeln, die die Barbaren erzählen, Kronos von Zeus gefangen gehalten werden. Sein Sohn, der ihn bewachte, hatte seinen Wohnsitz auf der entferntesten dieser Inseln . . ."

Gelegentlich gelingt es sterblichen Menschen, diese Insel zu betreten:

„Es ist ihnen erlaubt, die Insel wieder zu verlassen, wenn sie dreizehn Jahre lang dem Kult des Gottes geopfert haben. Die meisten unter ihnen ziehen es jedoch vor, zu bleiben, die einen, weil sie sich an das Leben dort gewöhnt haben, die anderen, weil sie dort ohne Mühe und ohne Arbeit im Überfluß leben, sich dem Opferdienst und Kult widmen, oder Wissenschaft und Philosophie pflegen."[23]

Das erinnert an das Epos von der *Meerfahrt des Bran*. Nachdem sie einige Zeit auf der Insel Emain Ablach gelebt haben, werden Bran und seine Gefährten von Heimweh nach Irland ergriffen. Man gestattet ihnen, die Heimfahrt anzutreten, sie werden aber davor gewarnt, den Fuß an Land zu setzen, sobald ihre Heimat in Sicht kommt. Als sie aber landen, müssen sie feststellen, daß zwei Jahrhunderte vergangen sind, seitdem sie Irland verlassen haben, während sie selbst meinen, nur einige Wochen fort gewesen zu sein. Als einer von ihnen den heimatlichen Boden berührt, zerfällt er auf der Stelle zu Asche.[24] Dieses Motiv ist in zahlreichen mittelalterlichen Epen ebenso bekannt wie in den mündlich überlieferten Volkssagen.[25]

Dieses „Land der Seligkeit" ist dadurch gekennzeichnet, daß die Zeit nicht existiert, und es gibt hier weder Altern noch Krankheit, Krieg oder Tod. Speise und Trank sind in Fülle vorhanden, Symbole dieses Überflusses sind der Apfel und der Wein (oder Hydromel). Die Insel der Seligen ist auch die „Insel der Frauen", auf der eine göttliche Gestalt (meist Morgane) herrscht, die Fremden freundlich empfängt, Speise und Trank spendet und jede Art von Lust befriedigt. Denn auch der erotische Aspekt fehlt in solchen Paradiesvorstellungen nicht. Es gibt keine Klassen, also keine Krieger mehr – außer im Spiel –, und es gibt natürlich auch keine Druiden mehr, da alle Bewohner der Autre Monde einen so hohen Grad an Weisheit erreicht haben, daß sie alle zu Druiden und Göttern geworden sind. Damit steht nun die dritte Funktion ganz im Vordergrund: sie umfaßt die beiden anderen und steht über ihnen. Um mit Baudelaire zu sprechen: *„Tout n'est que luxe, calme et volupté"* – ‚alles ist nur Prunk und Ruh' und Sinneslust'!

Hinzuzufügen wäre der Überfluß: Der Kessel des Dagda, mit anderen Worten der Gral, ist das Gefäß aller Reichtümer, und je mehr man daraus schöpft, desto voller wird es. Somit sind alle Widersprüche der Welt gelöst.

Die Autre Monde wird nicht immer nur fern am Ende der Welt lokalisiert, sondern zuweilen auch unter der Oberfläche von bestimmten Hügeln, in den sogenannten *sidh*, was so viel wie ‚Frieden' bedeutet. Auch hier gibt es eine ausgedehnte Ebene, auf der Pferde dahinjagen, Viehherden weiden oder Turnierspiele ehemaliger Krieger stattfinden; wunderliche Obstgärten, in denen zu jeder Jahreszeit Äpfel reifen; ein Land voll himmlischer Musik, ewig heiteres Wetter, Reichtum und Schönheit, feenhafte Frauen, göttliche Getränke . . .

Diese Welt befindet sich *neben* den Menschen, zu ihren Füßen, in der Welt der Seelenhügel, jenseits der Welt des Sichtbaren. Die Nichteingeweihten sehen darin nur feuchte, kalte Unterwelten. Nichteingeweihte, Nichtwissende sind diejenigen, die über die Wirklichkeit des Sichtbaren nicht hinausgelangen können und die „surreale" Welt, die sich vor ihren geblendeten Augen öffnet, nicht sehen.

Aber diese Welt der Wunder ist nicht von ewiger Dauer, denn die unendliche Existenz der Autre Monde wäre das genaue Gegenteil von der metaphysischen Konzeption der Druiden: Alles ist hier nämlich im Fluß, alles in ewigem Wandel begriffen, und wenn auch nichts definitiv stirbt, so bleibt doch nichts stabil. Die paradiesische Vision der Autre Monde ist eine Vision der Stabilität, und damit unvereinbar mit der These von der ewigen Bewegung. Plutarch hat als erster darauf hingewiesen:

„Nach Demetrios sind einige der weit verstreuten Inseln in der Umgebung der Britischen Insel öde und unbewohnt, und manche haben ihren Namen von Heroen oder Dämonen. Als er auf Befehl des Königs diese Gegenden bereiste, um Informationen über sie zu sammeln, landete Demetrios einmal auf der nächstliegenden dieser öden Inseln. Sie hatte in der Tat nur wenige Bewohner, aber diese waren nach Ansicht der Brit(ton)en heilig und geschützt gegen jedes Unrecht. Bei seiner Ankunft entstand eine gewaltige Turbulenz in den Lüften, begleitet von zahlreichen Himmelserscheinungen. Die Winde fegten donnernd einher, und an verschiedenen Stellen schlug der Blitz in den Boden. Als sich die Elemente wieder beruhigt hatten, erklärten ihm die Bewohner, daß dieses Ereignis durch das momentane Entschlummern eines höheren Wesens verursacht worden wäre. Sie fügten hinzu, daß ähnlich einer Lampe, deren Anzünden mit keinerlei Gefahr verbunden ist, während ihr Löschen mit üblen Begleiterscheinungen verbunden sein kann[26], die großen Seelen niemals Böses tun, sondern ihre Wohltaten verteilen, solange sie leben, daß sie aber Wind und Hagel entfesseln – ganz wie heute – sobald sie verlöschen oder, was häufig vorkommt, zugrunde gehen. Oft können sie auch pestartige Emanationen in den Lüften verursachen. Auf diesen Inseln, sagt Demetrios weiter, würde Kronos – schlafend und von Briareos bewacht – gefangen gehalten ..."[27]

Es fällt auf, das Kronos, die ‚Zeit', schläft. Ebenso auffällig ist, daß von häufigen Todesfällen die Rede ist. Aus dem Text geht nicht eindeutig hervor, ob es sich um das mehrmalige Sterben ein und derselben „höheren Seele", oder nur um die Häufigkeit des Todes allgemein handelt. Auf jeden Fall zeigt diese Passage, daß in der keltischen Autre Monde auch die „großen Seelen" *verlöschen*, bzw. *sterben* können. Wo gehen sie aber dann hin, da es ja hier den Tod nicht gibt?

Die Antwort auf diese Frage ist nicht schwer. Sie gelangen an einen *anderen*, also an einen noch anderen Ort. Auch die Autre Monde ist also nur ein Übergangsort, auch hier gilt mehr denn je: „Der Tod ist die Mitte eines langen Lebens." Innerhalb des Zyklus der Zeit kann es unendlich viele Welten geben, und die Wesen können von einer in die andere überwechseln. Daher ist die von den Kelten beschriebene Autre Monde *nur eine unter unendlich vielen*. Aber die Pforten zu dieser Autre Monde werden niemals geschlossen, und es gibt keinen endgültigen, nicht mehr veränderbaren Zustand. Nach der Auffassung der Druiden ist die ewige Bewegung der Evolution eine periodische Bewegung mit bestimmten Frequenzen. *Energie ist in Wirklichkeit Frequenz*, was sich vollkommen mit den modernen wissenschaftlichen Theorien deckt. Diese Idee der Frequenz wird in der keltischen Dichtung dadurch illustriert, daß man – sei es als Lebender oder als Toter – besonders leicht von einer Welt in eine andere gelangen kann. In der *Samain*-Nacht steht die Welt der *sidh* jedem offen, der sie betreten will. Die Bewohner der *sidh* begeben sich immer wieder unter die Lebenden, und die Lebenden – vorausgesetzt, sie sind ‚Initiierte' –, verbringen ebenfalls eine Weile in den *sidh* – sei es auch nur im Traum, wie der Schamane es zu tun pflegt. Von solchen „Expeditionen in die Autre-Monde" („Fahrten zur Insel der Feen" oder Reisen ins Paradies) gibt es zahlreiche Beispiele in der irischen und walisischen Epik, in den Artusromanen und in den Volksmärchen und -sagen. In diesem Zusammenhang ist auch der Mythos von der *Seelenfurt* bezeichnend. Es handelt sich um die bekannte Geschichte von den Schafen, die weiß oder schwarz werden, je nachdem, in welcher Richtung sie einen Fluß überqueren. Damit ist jeder Zweifel ausgeschlossen: Nach der Auffassung der Kelten ist die Autre Monde eine Art Warteraum, in dem sich die einzelnen Menschen sammeln, sei es, um wieder in die gewohnte irdische Welt zurückzukehren, oder um in eine neue, *andere* Welt aufzubrechen.

Jeder Mensch muß also aufgrund seines Wesens, seiner Natur und seiner Funktion einmal die Autre Monde passieren. Damit zeichnen sich zwei Spekulationen in der keltischen Metaphysik ab: Zum einen ist es in jedem Fall gut, den Weg zu kennen, der in die Autre Monde führt, selbst wenn sie nur unter der Bedingung des Todes zu erreichen ist; zum anderen sind bestimmte Wissende, Eingeweihte auch zu Lebzeiten in der Lage, diese Reise zu bestehen, ohne vorher sterben zu müssen. Und damit berühren wir ein Thema, das in der Literatur immer wieder großen Erfolg gehabt hat, obwohl es im Grunde nichts anderes als ein Initiationsritual ist: das Motiv der *Quête* – der Suche.

5. La Quête – die Suche

Ohne Mühe ist die Autre Monde nicht zu betreten: Zum einen ist sie für die Augen der Menschen, die sich durch die Wirklichkeit des Scheins blenden lassen, unsichtbar; zum anderen haben die Menschen – anders als die Tuatha De Danann – nicht die Gabe zu sehen, ohne selbst gesehen zu werden; – und schließlich ist der Weg, der in die Autre Monde führt, deshalb nicht ohne Schwierigkeit zu begehen, weil auf ihm ebenso viele Gefahren, ebenso viele Fallen lauern wie auf der ‚Brücke' der Schamanen. Was das Druidentum lehrt, ist die Art, wie der einzelne sich auf diesem schwierigen Weg in die Autre Monde zurechtfinden kann, wobei es wohlgemerkt viele und unterschiedliche Wege gibt. Daher ist die Erfahrung aller nie die Erfahrung eines einzelnen, multipliziert mit der Zahl der anderen. Es geht immer nur um die persönliche Erfahrung, denn in dieser Welt der Relativität ist der Mensch vollkommen isoliert, total autonom. Im übrigen wird gerade dadurch seine Freiheit gesichert, und jede Lehre, jede Initiation, die dieses Namens würdig ist, hat dem Rechnung zu tragen, wenn sie wirksam sein will. Im Gegensatz zum Christentum, das bestrebt ist, eine einzige, allgemein gültige Wahrheit zu lehren, nach der sich jeder zu richten hat, scheint die Lehre der Druiden – wie manche östlichen Philosophien – die Absicht gehabt zu haben, jeden einzelnen auf den Weg vorzubereiten, der für die verschiedenen Schritte der persönlichen Quête (= ‚Suche') geeignet erscheint.

Um zu einem Ziel zu gelangen, hat derjenige, der nach Initiation strebt, zuerst allen Hindernissen zu begegnen und sie erfolgreich zu überwinden. Das erste Hindernis besteht darin, daß die Gefilde, die den Eingang zur Autre Monde umgeben, nur höchst ungenau, möglicherweise sogar überhaupt nicht lokalisierbar sind und wegen der dort lauernden Gefahren wenig einladend erscheinen. Die Volkserzählungen verstehen es meisterhaft, die Schwefeldampf-Atmosphäre dieser Grenzgebiete zu schildern: Die Wege werden immer schmaler oder sind voller Dornenranken und Wurzelfallen, die Herrenhäuser oder Burgen wirken düster und unheilschwanger, aus den sie umgebenden Mauern oder Gittern spricht Verfall oder Verlassenheit, und doch vermutet man hinter ihnen das heimliche Treiben phantastischer Wesen, gelegentlich ist ein reißender Fluß zu überqueren. Diese Stimmung kennzeichnet auch die Artusromane: Riesen und andere widerwärtige Wesen versperren den Zugang zu Furten oder Brücken, die wiederum halsbrecherisch schmal und gefährlich sind, und in den Wäldern lauern wilde Bestien. In den alten keltischen Erzählungen ist der Zugang zur Autre Monde dagegen noch einfacher zu finden und weniger behindert durch kulpabilisierende Phantasmen, denn hier konnte das Christentum noch nicht die archaische Welt verfälschen, in der die Idee der Sünde unbekannt ist. Was dem archaischen keltischen Helden den Zutritt zur Autre Monde erschwert, ist mangelnde Berufung und das Fehlen von Wissen oder Mut; die Verbote sind hier also wesentlich stärker verinnerlicht. Ganz allgemein ist das Überschreiten von Grenzzonen keine einfache Sache. Der Mensch lebt in einer im wahrsten Sinn des Wortes unvollkommenen, das heißt un-vollendeten Welt: daher all die Erlebnisse von Schmerz, Krankheit, Kummer, Gewalt und Bloßstellung, die die zögernde Haltung des Geistes angesichts des zu gehenden Weges repräsentieren. Ähnlich wie etwa im Verhalten der Stoiker gilt es hier, die inneren Hemmungen abzubauen. Ihre Überwindung ist der erste Schritt zur Befreiung der Seele. Das gelingt nicht ohne Kämpfe, und diese werden im allgemeinen durch heroische, kriegerische Schlachten symbolisiert. Außerdem muß auch die eigene Verzweiflung, das eigene Zögern besiegt werden. Und schließlich kommt es vor, daß man den Eingang zur Autre Monde nicht erkennt; er wird nämlich nur von Zeit zu Zeit sichtbar oder ist nur dann zu erkennen, wenn man wirklich mit dem inneren Auge sucht, denn nur dieses Sehen zählt bei der Quête. Der Mensch, der sich auf die ‚Suche' begibt, muß mit anderen Worten durch sein Handeln alle Unvollkommenheiten der Welt beseitigen. Wenn es ihm gelungen ist, alle „Ungeheuer", die diese Unvollkommenheiten repräsentieren, aus der Welt zu schaffen, ist vielleicht das Ziel erreicht. Aus diesem Grunde erhält nach der Lehre der Druiden jeder Mensch die „Mission", aktiv zu handeln. Diese Haltung ist also nicht passiv, wie die der östlichen Erleuchteten, die sich darauf beschränken, die *maya*, die Welt als Illusion, abzulehnen und Verzicht und Abkehr als einzige Quelle von Harmonie und Freude zu betrachten. Der Druide strebt vielmehr nach Aktivität, nach Handeln: Jeder Mensch hat eine bestimmte Rolle mit dem Ziel, die Welt zu vollenden, und diese Vollendung kann nur durch den aktiven Beitrag des einzelnen innerhalb des gemeinschaftlichen Handelns erreicht werden.[28]

Hier stoßen wir auf ein weiteres Problem, nämlich auf die Frage, ob die Druiden an die universale Weltseele glaubten – wie die (indoeuropäischen) Hindus – oder an die individuelle, speziell an eine Person gebundene Einzelseele. Betrachtet man die druidische Auffassung von dem all-einen Gott, an dessen Werden die Menschen aktiv teilhaben, so wäre man geneigt, die Frage dahingehend zu beantworten, daß sie an die kollektive Weltseele glaubten. Die Autoren der Antike behaupten jedoch, daß nach druidischer Auffassung „die Seelen unsterblich sind" und vergleichen diese Konzeption mit dem pythagoreischen System, in welchem von der Einzelseele ausgegangen wird. Wenn die Kelten sich so leicht für das Christentum entschieden, so liegt das außerdem auch daran, daß das Christentum ihnen eine Lehre zum Wohl des *Individuums* bot. Daher läßt sich das druidische Denken nicht mit dem buddhistischen auf einen Nenner bringen, sondern es handelt sich um zwei parallele, aber vollkommen gegensätzliche Konzeptionen. Der Glaube an die Einzelseele des Individuums ist schon daraus ersichtlich, mit wieviel Genauigkeit in allen keltischen Geschichten das individuelle Handeln, der persönliche Weg, die Verantwortlichkeit des einzelnen und damit seine freie Entscheidung geschildert werden. Wie nach der pelagianischen Lehre ist der Mensch hier frei in der Wahl seines Weges, frei in der Erfüllung seines Schicksals. Er selbst trifft die Wahl. Daher auch die Bedeutung der individuellen Quête als Mittel der Erkenntnis und Versuch der eigenen Vervollkommnung. Das Entscheidende ist dabei *die heroische Überwindung des Selbst.*

Handeln ist also oberstes Gesetz, und das steht im Gegensatz zur Philosophie des Ostens. Der keltische Held lebt in der Welt und wirkt auf die Welt ein, da er danach strebt, die Welt zu verändern, um ihre Gestalt dem göttlichen Plan immer mehr anzugleichen. Das Reich des Kelten ist „*von dieser Welt u n d von der Anderen Welt.* Daher wäre es nutzlos, passiv und resigniert ein besseres Jenseits zu erwarten. Schon auf Erden muß man sich alle Mühe geben, Recht und Gesetz zu respektieren. Daher sind die Druiden auch Richter, die die Anwendung der göttlichen Gesetze überwachen. In ihrem Interesse liegt es, die Autre Monde nach Möglichkeit im Diesseits zu verwirklichen, und dies ist vielleicht das einzige Mittel, um dem Tod zu entgehen.

Damit aber die Vollkommenheit auf dieser Welt verwirklicht werden kann, muß man natürlich wissen, wie die Vollkommenheit in der Autre Monde aussieht, um so die Notwendigkeit der Quête rechtfertigen zu können. Jeder einzelne, der als autonom, frei und mit besonderen Fähigkeiten ausgestattet gilt, hat diese Quête zu unternehmen, um anschließend zurückzukehren und zu berichten, was er gesehen hat. Alle ‚Suchenden' sehen nämlich nicht dasselbe, so daß jede individuelle Erfahrung die Allgemeinheit bereichert. Die beste Illustration dieses Weges ist wahrscheinlich der Weg der Artus-Ritterschaft, deren Konzeption weitgehend aus der geistigen Welt der Druiden stammt. Jeder Ritter unternimmt eine einsame und einzigartige Suche nach einem besonderen Ziel, zum Beispiel nach dem Gral. Wenn der Ritter wieder an den Artushof zurückkehrt und berichtet, welche Konsequenzen er aus dem Gesehenen bzw. Er-Fahrenen gezogen hat, so fühlt man deutlich, wie stark die Verantwortlichkeit und das Engagement der Gruppe für die Handlung, die ‚Aventiure' eines ihrer Mitglieder ist.

Die Suche ist obligatorisch – keiner kann ihr entrinnen. Keiner kann sich heimlich aus dem Staub machen, ohne sich in den Augen der Gemeinschaft den Makel der „Schande" zuzuziehen, jener magischen und heiligen Schande, die das Schrecklichste ist, was nach der Lehre der Druiden das Individuum treffen kann. Nichts anderes meinte auch Blaise Pascal in seinem berühmten „Argument der Wette": Jedes menschliche Wesen ist dazu *verpflichtet*, am Spiel des Lebens teilzunehmen, es hat die Wette anzunehmen. Die Quête, die ‚Suche', ist eine solche Wette, und es ist am besten, den Gewinn so hoch wie möglich anzusetzen.

In der irischen Erzählung von der *Meerfahrt von Art, Sohn des Conn* wird der junge Held nach einer Schachpartie gegen die – unwürdige – Konkubine seines Vaters gezwungen, sich auf die Suche nach einem bestimmten Mädchen zu begeben, das er anschließend als Braut heimführen muß.[29] Aber er hat keine Ahnung, wo diese junge Frau zu finden ist, und auch niemand anderer scheint zu wissen, wo sie wohnt.[30] Er hat keine Möglichkeit, sich dieser Aufgabe zu entziehen. Also begibt er sich auf die verzweifelte Suche nach der Frau, von Insel zu Insel, von Aventiure zu Aventiure, von Gefahr zu Gefahr. Irrwege und Leiden bleiben ihm nicht erspart. Als er schließlich mit der gefundenen Braut heimkehrt, begrüßt ihn das Volk der Iren mit Jubel und Seligkeit, da der Erfolg des Unternehmens seinen Schein auch auf die Gruppe wirft. Das Glück des einzelnen ist das Glück aller. Im übrigen hat der Held als Gewinn dieser Suche nicht nur seine Braut, sondern auch alle Schätze, derer er habhaft werden konnte, aus der Autre Monde mitgebracht.

Alles nur ein Traum ...? Vielleicht. Aber es gibt Träume, die die höheren Wirklichkeiten wesentlich besser wiedergeben als der tägliche Anblick einer Welt, die in beständigem Wandel begriffen ist. Die Druiden waren ‚Sehende'. Sie waren des Glaubens, daß jeder einzelne ebenfalls einen überdurchschnittlichen Grad an innerer Sicht erreichen kann. Sie hatten Vertrauen in das Wesen des Menschen und behaupteten, daß es für den Menschen nichts Unmögliches gibt, da die Macht des Menschen nach dem Bilde der göttergleichen Druiden und des unnennbaren Gottes unendlich groß ist, nur daß er gelegentlich außerstande ist, ihr Ausmaß einzuschätzen, und nicht immer weiß, wie sie genutzt werden kann.

In diesem Sinn lehrt das Druidentum einen *sakralen* Humanismus. Da es aufgrund der monistischen Konzeption der Druiden keinen Unterschied zwischen dem Sakralen und dem Profanen gibt, ist der Mensch also heilig. Nur weil er das vergessen hat, ist der Kosmos, die Welt, zur Beute der dunklen Mächte geworden. So erweist sich das Druidentum als ein bis ins letzte kohärentes System, das auf der Ebene des Göttlichen wie des Menschlichen bis ins letzte durchdacht und organisiert ist – ein System, das dazu verhelfen soll, den Gestaden der „Insel der Wunder" möglichst nahe zu kommen, mit anderen Worten: jenes Land zu entdecken, wo die Widersprüche als das erkennbar werden, was sie sind, nämlich sterile Spielereien eines Denkens, das an sich selbst zweifelt. Und dies ist ein edler Versuch, den Menschen wieder mit sich selbst zu versöhnen.

Das Druidentum ist heute tot. Es ist als Institution und als Religion endgültig ausgestorben, da es außerhalb seines soziokulturellen Rahmens nicht existieren kann. Und doch ist die Botschaft der Druiden nicht vollkommen von der Erdoberfläche verschwunden. An uns liegt es, sie unter der trügerischen Blüte der Feengärten, die die Zauberer aus dem Sand der Wüste haben sprießen lassen, wiederzufinden. Merlins Lachen kann uns in die Irre führen – aber vielleicht hat er uns gerade dadurch auf die Spur eines der kurvenreichen Pfade gebracht, die zu den *sidh* führen.[31]

Schlußbemerkung

Je tiefer man in die Welt des Druidentums einzudringen versucht, desto stärker scheint sie sich den Augen des Forschers zu verschließen. Der Mangel an verläßlichen Dokumenten läßt nur eine Betrachtung von außen zu, und wenn diese Position auch ein gewisses Maß an Objektivität, eine Art Gesamtüberblick garantiert, so ist sie doch eher unbequem, wenn man den tiefen Sinn jener Lehre erfassen will, die die Druiden in ihren dunklen Refugien inmitten der keltischen Wälder in zwanzigjährigem Unterricht von Generation zu Generation weitergaben. Notgedrungen muß also unvollkommen bleiben, was als objektive Vision gedacht ist, und diese muß gar zur Fälschung geraten, wenn man dabei nach den Kriterien eines aus dem Mittelmeerraum stammenden Humanismus die vorgefundenen Phänomene allzu sehr rationalisieren möchte. Die vorliegende Untersuchung des Druidentums kann also lediglich eine Annäherung an diesen Gegenstand sein, – eine Annäherung, die aus geduldiger Sichtung der repräsentativsten Elemente des Druidentums zur Zeit der keltischen Unabhängigkeit in Gallien, Irland und England allmählich ihre Gestalt gewann.

Was aus dem Druidentum geworden wäre, wenn die Römer Gallien und die Britische Insel nicht erobert hätten, können wir nicht wissen. Das Beispiel Irland (der Insel, die von einer römischen Invasion verschont blieb) zeigt jedoch, daß das Druidentum vermutlich dennoch auf dem Kontinent und in England untergegangen und im beginnenden Christentum aufgegangen wäre. *Die Lehre des Druidentums hat sich also im Schoß des Christentums der ersten Jahrhunderte aufgelöst.*

Am einleuchtendsten läßt sich diese Tatsache damit erklären, daß die Lehre der Druiden und die christliche Botschaft damals nahe verwandt gewesen sein müssen. Dabei kann es sich nicht bloß um die Verwandtschaft in der Form gehandelt haben, sondern um die Identität der Vision von der Unsterblichkeit der Seele und von der Auferstehung. Jesus erbrachte in gewissem Sinn den Beweis für das, was die Lehre der Druiden behauptete. Die folgenden Auseinandersetzungen zwischen Druiden und christlichen Missionaren waren lediglich Rivalitäten und Machtkämpfe um die besten Plätze innerhalb der Gesellschaft. Sobald sich nämlich zwei Traditionen in den Grundpositionen begegnen, kommt es zu einer Synthese und nicht zu einem Synkretismus. Genau dies ist eingetreten, auch wenn der Einfluß der Druidenlehre auf das Christentum der ersten Zeit stets geleugnet, bekämpft und bewußt eliminiert wurde. Verfolgt man aber die Zeit bis zu den Spekulationen des keltischen Christentums, wie es in Irland und in den bretonischen Gemeinden zu beiden Seiten des Kanals gelebt wurde, so wird schließlich doch erfaßbar, was die Religion der Druiden einmal gewesen sein könnte. Eine religiöse Tradition, vor allem wenn ihr Einfluß so stark gewesen ist wie der des Druidentums, verschwindet nie vollkommen.

In dieser Hinsicht sind die Ereignisse des 27. Juni 1970 während eines christlichen Gottesdienstes der Keltisch-Reformierten Kirche, die sich immer noch innerhalb der Orthodoxie bewegt, zutiefst aufschlußreich. Folgendes war geschehen: Einer der Angehörigen der keltischen Kirche wollte aus dieser Glaubensgemeinschaft austreten und erbat von seinem kirchlichen Vorgesetzten, dem Erzbischof Iltud, den apostolischen Segen oder zumindest die Bestätigung für seine initiatische Filiation. Der Erzbischof gab nicht nur sein Einverständnis, sondern erklärte in einem einleitenden Hinweis folgendes:

> „Ich beabsichtige, die initiatische Abstammung, die ich kraft meines Amtes repräsentiere, in allen Teilen auf X. zu übertragen, darunter insbesondere diejenigen Teile, welche seit der Zeit der Druiden, die meine Vorgänger waren, durch die Weihung von Druiden zu Bischöfen in die christlichen Kirchen haben eingehen können."[1]

Tatsächlich ist nachgewiesen, daß der Heilige Patrick und seine ersten Schüler zahlreiche Mitglieder der druidischen Priesterklasse getauft, ordiniert und zu christlichen Priestern geweiht haben. Häufig findet man gerade dort Druiden, wo man sie am wenigsten vermutet, und so kann man in einem Vertreter der christlichen Kirche, ohne es zu wissen, in Wirklichkeit einen Druiden verehren. Wir können sogar noch einen Schritt weiter gehen und davon ausgehen, daß es Erben der Druiden gibt, die sich selbst überhaupt nicht dessen bewußt sind, daß sie Angehörige einer initiatischen Linie sind.

Nach dem, was bisher gesagt wurde, und unter der Voraussetzung, daß man all die Ammenmärchen ausklammert, die über dieses Thema verbreitet wurden, dürfte es möglich sein, sich zumindest einen Gesamteindruck über das Druidentum zu verschaffen.

Wie wir gesehen haben, handelt es sich um eine Religion, die – wie die Religion Indiens, Griechenlands, Roms und Germaniens – mit

Sicherheit indoeuropäischen Ursprungs ist. Da aber jede Religion, die mit einem bestimmten Land fest verwurzelt ist, auf alte Glaubensinhalte der Urbevölkerung stößt, hat auch das Druidentum gewisse Elemente aufgenommen, die nicht zum ursprünglichen indoeuropäischen Fundus gehörten. Wenn daher die eigentliche Struktur der Priesterhierarchie und die Funktions-Dreiteilung, die das ‚Pantheon' der druidischen Lehre charakterisiert, mit Sicherheit im Kern indoeuropäisch sind, so scheint sie doch auch zahlreiche Glaubenslehren und Rituale zu enthalten, die anderen Ursprungs sind. Daher das besondere Gesicht des Druidentums – daher auch mögliche Bezüge zu älteren Religionen, wie etwa zu den Megalithkulturen oder zu den Sonnenkulturen der skandinavischen Bronzezeit. Im Verhältnis zu den südländischen Religionen hat das Druidentum in der Tat auffällig *nordische* Züge. So scheint es der germanischen Religion und sogar den finnougristischen Religionen wesentlich verwandter zu sein als der Religion des antiken Hellas oder des republikanischen Roms. Aufgrund dieser ‚nordischen' Prägung, die alle Kulturen der europäisch-asiatischen Ebene zwischen Pazifik und Atlantik miteinander verbindet, kennt das Druidentum Glaubensinhalte und Praktiken, die denen des Schamanismus gleichen. Darin ist das Erbe der Skythen, die die kulturellen Mittler zwischen dem Osten und dem Westen in den nördlichen Breiten waren, noch deutlich zu spüren. Die griechischen Autoren der Antike hatten möglicherweise recht, wenn sie sowohl Kelten als auch Germanen dem vagen Begriff der „Hyperboräer" unterordneten und beide Völker miteinander verwechselten. Wenn dies auch nicht genau den Tatsachen entspricht, so bleibt es doch ein interessanter Hinweis.

Was jedoch noch heute nachgewiesen werden kann, ist der *soziale* Charakter des Druidentums. Nie war eine Religion ähnlich eng mit der Gesellschaft verbunden und gab dieser ihr Gleichgewicht und ihre Daseinsberechtigung, indem es König und Druide als Paar so miteinander verband, daß weder der König ohne den Druiden, noch der Druide ohne den König auskommen konnte. Hierin liegt der Beweis für den grundsätzlichen Monismus, der für das Denken der Druiden so typisch ist. Er zeigt sich in der vollkommenen Ausklammerung des Scheinproblems der Dualität, in der dialektischen Vision des Universums bzw. des Kosmos sowie in der Einheit der Gottheit trotz vielfältiger Gestalt, worin die monistische Tendenz am deutlichsten zum Ausdruck kommt.

Das Druidentum hat sich also keineswegs darauf beschränkt, eine bestimmte Zahl von rituellen Praktiken mehr oder weniger magischen Charakters zusammenzufassen und in eine gewisse Ordnung zu bringen, sondern es erreichte vielmehr eine spirituelle Tiefe, die die Griechen und Römer durchaus bewunderten, wenn sie das System auch im einzelnen nicht verstanden; auf jeden Fall maßen sie dieser Lehre so viel Bedeutung bei, daß sie sie der Überlieferung für würdig hielten. Mit Sicherheit gehört das Druidentum zu den außergewöhnlichsten Abenteuern des menschlichen Geistes, denn es machte den Versuch, Unvereinbares in Einklang zu bringen – das Individuum mit der Gemeinschaft, Gott mit der Schöpfung, das Gute mit dem Bösen, den Tag mit der Nacht, die Vergangenheit mit der Zukunft, das Leben mit dem Tod –, indem es in *heterologischen* Mustern dachte und das *Werden* als ewige Bewegung in einem zeit-losen Kontinuum zum Kern seiner metaphysischen Spekulation machte.

Gewiß ist es heute nicht mehr möglich, besonders tief in die Welt der Druiden vorzudringen. Der Grund dafür ist, daß sie zum Teil in rätselhaftem Dunkel liegt, was häufig von den Druiden selbst beabsichtigt war, da ihnen wenig daran lag, daß sich ihre Lehre und ihr Wissen auf beliebige Art und in beliebige Regionen verbreitete. Daher regte das Druidentum seit jeher besonders stark die Imagination an. Und doch ist – wenn auch vage – zu spüren, daß hier die Wurzeln einer wahrhaft *abendländischen Tradition* zu suchen sind, die dem Wesen der europäischen Völker in besonderem Maße entsprechen. Diejenigen, die ihre spirituellen Wurzeln im nordwestlichen Europa nicht finden können, glauben gelegentlich, sich in die umgekehrte Richtung, nach Osten, wenden zu müssen.

Aber auch der Osten ist nicht frei von falschem Schein. Auf jeden Fall hat der Osten seine eigene Logik, die sich nicht unbedingt mit der unseren deckt, und das Christentum, das ja ebenfalls aus dem Orient kommt, hat den normalen Gang der Entwicklung der westlichen Welt zu ihrem Nachteil beeinträchtigt. Mehr denn je müssen uns in dieser Zeit der Zweifel und Umwälzungen daher folgende Fragen interessieren: Wer sind wir? Hätte uns das Druidentum darauf eine Antwort geben können? Oder ist es womöglich bereits zu spät, diese Antwort zu finden? Es liegt in den Händen und in der Macht jedes einzelnen, mit seiner persönlichen Suche ans Ziel zu gelangen und die Antwort selbst zu finden.

Bieuzy-Lanvaux 1984

Anmerkungen

Vorwort:

1 In der deutschen Fassung des Vorwortes wurden die Passagen gestrichen, die sich speziell an den französischen Leser wenden.

I. Die Druiden

1 Vgl. Jean Markale (im folgenden abgekürzt: J. M.): *Le Christianisme celtique et ses survivances populaires*. Paris 1983.

2 Der Begriff ‚Satire' wird hier nicht in der heute üblichen Bedeutung verwendet, sondern bezeichnet eine höchst wirkungsvolle „Verfluchung", die den Betroffenen nicht nur der gesellschaftlichen Ächtung, sondern auch der Rache der Götter und den unterirdischen dämonischen Kräften aussetzt. Vgl. Kap. I/3 dieses Buches: „Druiden und Gesellschaft". (A. d. Ü.)

3 Markale spricht hier vom „satiriste", später von den „druides satiristes". Gemeint sind die Druiden, die die „Satiren" (= Verfluchungen) aussprechen, vgl. Anm. 2 dieses Kapitels. (A. d. Ü.)

4 Das ist leider der Fall bei denjenigen, die immer noch behaupten, bei der Sammlung *Barzaz Breiz* von Hersart de la Villemarqué – vor allem bei den ersten sogenannten „historischen" Gesängen – handle es sich um authentische Volksüberlieferungen. Einerseits weiß man heute aufgrund der kritischen Analyse des bretonischen Textes, daß diese „auf wunderbare Weise" in der Erinnerung des bretonischen Volkstums „wiedergefundenen" Gesänge zuerst in französischer Sprache gedichtet und danach ungeschickt ins Bretonische übersetzt worden sind. Andererseits war La Villemarqué überaus begabt und hatte die ehrenwertesten Absichten: Er wollte der Bretagne etwas schenken, das dem entsprach, was die mittelalterlichen Handschriften aus Wales und Irland enthielten. Daher hat er, vielleicht auf der Grundlage von Volksliedfragmenten, das, was ihm am Herzen lag, zusammenphantasiert, arrangiert und weitergesponnen und dabei alles, was er von den walisischen Barden kannte, nebenbei verfälscht. Der erste Gesang von *Barzaz Breiz* wird von La Villemarqué als Dialog zwischen einem Kind und einem Druiden ausgegeben. La Villemarqué macht daraus einen Katechismus druidischer Weisheit. Freilich, man kann La Villemarqué, der gewiß ein großer Dichter war, alles verzeihen, aber was ist von jenen zu halten, die sich bemühen, diesen Bluff gegen alle Regeln der Logik zu decken? (La Villemarqué hat den Schwindel übrigens selbst gegen Ende seines Lebens in einem Brief an Francois-Marie Luzel eingestanden, der ihn als einer der ersten des Betruges angeprangert hatte.) Der angebliche Dialog zwischen dem Kind und dem Druiden, den La Villemarqué *Ar Rannou* (‚Die Gewichte') betitelt, ist eine wahrhafte Vergewaltigung des authentischen Volksliedes *Gosperou ar Raned* (= ‚Abendmesse der Frö-

sche'), eine mnemotechnische Litanei, wie sie in der bretonischen Volksüberlieferung häufig vorkommt und von der wir mehrere Fassungen besitzen. Natürlich ist hier von keinem „Druiden" die Rede, und wenn man dieses Wort hier fände, wäre es sicher hinzugefügt. Das soll nicht heißen, daß die ‚Abendmesse der Frösche' keinerlei Reminiszenzen einer druidischen Tradition enthielte – auch wenn das ziemlich problematisch ist –; aber es ist schwierig, wenn nicht unmöglich, Druiden in einem Volkslied ausfindig zu machen.

5 Bei dieser Art von Etymologie ist man sogar noch einen Schritt weiter gegangen: Um Jesus das Schicksal zu ersparen, Jude sein zu müssen, hat man einen Kelten aus ihm gemacht, denn schließlich war er ja *Galiläer*, das bedeutet, er war Galater oder Gallier (diese beiden Begriffe sind nämlich Varianten ein und desselben Wortes)! Rabelais hat sich häufig über solche Etymologien lustig gemacht, vor allem durch Wortspiele wie mit ‚Gargantua' („que grand tu as", – zu ergänzen ist ‚Schlund' oder ‚Kehle') oder mit der Landschaft ‚Beauce' („que beau ce!").

6 J. Zwicker: *Fontes Historiae Religionis Celticae*. Berlin 1934 f., Bd. I, S. 50.

7 J.M.: *L'Épopée celtique en Bretagne*. Paris 1975, S. 59–76.

8 In meinem Buch *Le christianisme celtique* (Paris 1983) habe ich mich ausführlich darüber geäußert, vgl. S. 28–48.

9 Vgl. zu diesem Thema J.M.: *Vercingétorix*. Paris 1982, S. 160 f. und 184 ff.

10 Zitiert nach Guyonvarc'h-Le Roux: *Les Druides*. Rennes 1978, S. 58 f.

11 So die Auffassung von Joseph Loth. Die wichtigsten Argumente, die dafür angeführt werden können, sind folgende: die Grenzen der Carnuten, Senonen, Häduer und der Biturigen; dieselbe Entfernung vom Bodensee, vom Raz de Sein, von der Rheinmündung und vom Tal der Garonne; Mittelpunkt eines Dreiecks, in dem zahlreiche archäologische Funde aus gallischer Zeit gemacht wurden, vor allem in Neuvy-en-Sulias; die Basilika von Saint-Benoit mit ihren keltisch inspirierten römischen Kapitellen; eine Benediktinerabtei, die sich dort erhebt, wo sich früher ein keltisches Heiligtum befand; und schließlich Spuren von drei Opferstätten. Aber Cäsar, der diesen Ort kannte, hätte sicher darauf hingewiesen, daß sich hier das große Heiligtum im Land der Carnuten befand.

12 Folgende Argumente sprechen für Suêvres: es liegt im Schnittpunkt zahlreicher Römerstraßen, und das heißt: im Schnittpunkt gallischer Wege, die die Römer erneuert hatten (Paris-Blois, Chartres-Bourges und Poitiers, Orléans-Tours); prähistorische, gallische und römische Spuren; ein merkwürdiger Stein mit symbolischen Zeichnungen, der ein *omphalos* gewesen sein könnte (er befindet sich heute im Museum von Blois).

13 Bekanntlich werden die keltischen Völker nach ihren Sprachen in zwei Hauptgruppen eingeteilt: Einerseits in die goidelische oder gälische Gruppe, die noch heute das Irische, die Sprache der Insel Man (das Manx) sowie das schottische Gälisch umfaßt; andererseits die brit(ton)ische Gruppe, zu der früher das Walisische, die Sprache der

Galater und das alte Bretonisch gerechnet wurden; heute umfaßt sie die gallische, die kornische sowie die bretonische Sprache. Kennzeichnend für das Brit(ton)ische ist vor allem die Verschiebung des indoeuropäischen *kw* zu *p* (vgl. etwa das bretonische Wort *pemp* oder das gallische Wort *pymp* für ‚fünf'), während das Gälische auf den archaischeren Lautstand zurückweist und sein *kw* bewahrt hat (vgl. das irische Wort ‚*coic*' = fünf).

14 In diesem Zusammenhang wurde sogar behauptet, das bretonische Vannetais, das sich stark von den drei anderen Dialekten der Bretagne unterscheidet, stamme ursprünglich vom Gallischen ab und sei dann nach der Übersiedlung der Brit(ton)en in die Armorika durch den Einfluß des Brit(ton)ischen modifiziert worden. Diese These von Francois Falc'hun ist zwar interessant, aber umstritten.

15 Vgl. J. M.: *Vercingétorix*, S. 58–65 sowie J. M.: *Le Roi Arthur et la société celtique*. Paris [2]1981, S. 351–396.

16 Ich habe diesen ganzen Komplex im ersten Teil meines Buches *Le christianisme celtique et ses survivances populaires* (Paris 1983) analysiert und kommentiert, so daß es nicht notwendig ist, hier noch einmal ausführlicher darauf einzugehen.

17 Um der Wahrheit willen ist man verpflichtet, einzugestehen, daß vor allem die begüterten Gallier sehr schnell zu der neuen Ordnung übergegangen sind. Die Romanisierung Galliens ist zwar mit Sicherheit das Resultat einer militärischen Eroberung und einer Niederlage (Alesia), aber sie wurde keineswegs mit Gewalt durchgeführt, sondern mit dem Einverständnis der Betroffenen, zumindest derer, die das Recht hatten, sich zu äußern. In diesem Zusammenhang wären viele nationalistische Klischees zu korrigieren.

18 J. M.: *Le christianisme celtique*.

19 Übs. von Guyonvarc'h in: *Ogam* XII, S. 497.

20 *Oratio*, XLIX.

21 Cäsar: *De bello gallico*, VII, 33.

22 Vgl. dazu das ausgezeichnete Buch von Jean Hani: *La Royauté sacrée*. Paris 1984. Obwohl einige Behauptungen darin durchaus anfechtbar sind, gelingt Hani doch eine im großen und ganzen umfassende historische Synthese.

23 Der König war vor allem von *gessa* (das heißt von magischen Verboten) umgeben; auf einige solcher *gessa* stößt man zum Beispiel im *Gallischen Krieg* im Zusammenhang mit bestimmten gallischen Beamten, die als Nachfolger der Könige gelten können (es handelt sich besonders um das Verbot, die Grenzen des Königreiches oder der Stadt zu verlassen).

24 Alles beruhte damals auf folgender Voraussetzung: der von Gott direkt erleuchtete Papst fungiert als Berater; der König entscheidet, nachdem er die Ratschläge des Papstes zur Kenntnis genommen hat. Diese theoretisch absolut stimmige Kon-

zeption konnte niemals richtig verwirklicht werden, vor allem weil das Papsttum weltliche Ambitionen entwickelte. Damit waren die Voraussetzungen für den berühmten Investiturstreit zwischen Kaiser und Papst gegeben. Da der Druide aufgrund der keltischen Gesellschaftsstrukturen keine Möglichkeit hat, König zu werden – es sei denn, es träten völlig außergewöhnliche Umstände ein –, und weil er große Privilegien genießt, stellt sich das Problem weltlicher Ambitionen für ihn gar nicht erst.

25 Georges Dumézil: *Les Dieux des Germains*. Paris 1959, S. 61.

26 *Ibid.*, S. 59.

27 Darüber sollten heute einmal gewisse Leute nachdenken, bevor sie *urbi et orbi* verkünden, sie seien Druiden, obwohl ihnen jede auch nur im geringsten seriöse Legitimation dafür fehlt.

28 Vgl. J. M.: *Merlin l'Enchanteur*. Paris 1984.

29 J. M.: *Le Christianisme celtique* . . . S. 44 f.

30 *Die Belagerung von Druim Damghaire*. In: *Revue Celtique* XLIII, S. 82.

31 Cäsar: *De bello gallico*. II, 5.

32 J. M.: *L'Epopée celtique d'Irlande*. Paris 1978, S. 139 f.

33 *Ogam* XI, S. 325.

34 *Ogam* XV, S. 153.

35 Cäsar: *De bello gallico*. VI, 13.

36 Die frappantesten Beispiele dafür liefern die „Gallier-Kriege“, also die gallischen Züge nach Norditalien, die im Jahr 387 v. Chr. zur Eroberung von Rom führten und die späteren Auseinandersetzungen zwischen Römern und Galliern. Berühmt ist die Geschichte vom Tod des Konsuls Postumius, der zusammen mit seinen Legionären in einem gallischen Wald von fallenden Bäumen begraben wurde: es handelt sich bei dieser Geschichte um die Übertragung eines der wichtigsten keltischen Mythen, nämlich des Mythos vom „Kampf der Bäume“ auf die Geschichte; in einem schwer verständlichen Gedicht des Barden Taliesin wird dieser „Kampf der Bäume“ besungen. Vgl. dazu J. M.: *Les Celtes*, besonders das Kapitel „Rome et l'Epopée celtique“.

37 So etwa im Zusammenhang mit einem Ritual der Meeresbeschwörung, über das Aristoteles sich mokiert, weil er nicht versteht, was es bedeuten soll.

38 Das hat zum Teil zu großen Verwirrungen geführt. Ausgehend von einem tatsächlichen Zug der Gallier nach Griechenland, der mit historischen Reminiszenzen aus den Perserkriegen vermischt wurde, haben griechische Autoren wie Diodor von Sizilien und Pausanias eine Eroberung Delphis durch die Gallier beschrieben, die

vermutlich niemals stattgefunden hat. Vgl. J. M.: *Les Celtes*, besonders das Kapitel „Delphes et l'Aventure celtique". Und der berühmte, den Galliern zugeschriebene Glaubenssatz, sie hätten nur vor einem Angst, nämlich, daß ihnen der Himmel auf den Kopf fiele, geht auf die allzu wörtliche Interpretation einer Antwort zurück, die Söldner aus Galatien Alexander dem Großen gegeben haben sollen.

39 J. M.: *L'Epopée celtique d'Irlande*, S. 61–64.

II. Die Wurzeln des Druidentums

1 In diesem Zusammenhang wird man mit großem Gewinn das Buch von Jacques Ellul *La subversion du Christianisme* (Paris 1984) lesen. Der Autor, ein überzeugter Kalvinist, weist zum einen nach, warum die Botschaft des Christentums auf die mediterrane Gedankenwelt zerstörerisch wirken mußte, und er zeigt zum anderen, wie diese Botschaft rekuperiert wurde, so daß sie schließlich einen völlig anderen Sinn bekam.

2 J. M.: *Le Christianisme celtique.*

3 Fabre d'Olivet: *Histoire philosophique du genre humain*, Bd. I.

4 *Revue Celtique*, 1879, S. 47.

5 Der vollständige Titel des Buches lautet: *Les grands Initiés, Esquisse de l'histoire secrète des religions*; es handelt von Rama, Krischna, Hermes, Moses, Orpheus, Pythagoras, Platon und Jesus. Bei seinem Erscheinen wurde das Werk fast gar nicht beachtet, seine Wirkung setzte erst nach dem Ersten Weltkrieg ein, und seit damals sind zahlreiche Neuauflagen erschienen.

6 Es ist aufschlußreich, daß Schuré ein anderes Buch über *L'Ame celtique et le génie de la France à travers les âges* geschrieben hat. Ebenso aufschlußreich ist der Titel eines Buches von Jean Bornis über Schuré: *Un Celte d'Alsace. La vie et la pensée d'Edourd Schuré.* Schuré hat übrigens mit allen Mitteln versucht, seine Ideen mit der Anthroposophie von Rudolf Steiner in Einklang zu bringen, obwohl ihm dieser offenbar höchst mißtrauisch gegenüberstand. Das hat Schuré nicht davon abgehalten, Steiners Werke zu übersetzen und ein Buch mit Essays auf der Grundlage von Steiners Vorträgen zu veröffentlichen.

7 Schuré behauptet, die Weißen wären jahrhundertelang die Sklaven der Schwarzen gewesen, aber natürlich nicht die Sklaven irgendwelcher „degenerierter Neger", sondern vielmehr einer in Abessinien und Nubien beheimateten Elite (vgl. *Les grands Initiés*, S. 6). Auch gegenüber den Frauen zeigt sich Schuré als echter Rassist: Er machte sie nämlich für alle häretischen Bewegungen in den archaischen Religionen verantwortlich.

8 Schuré war in die Dreyfus-Affäre verwickelt und war nicht der einzige Schriftsteller, der damals antisemitisch dachte. Er greift in diesem Zusammenhang die Hypothesen

von Fabre d'Olivet zur semitischen Schrift auf, die von rechts nach links geschrieben wird: Die Semiten sollen das Schreiben von den Schwarz-Afrikanern gelernt haben. Da diese in der südlichen Hemisphäre leben, wenden sie sich beim Schreiben in Richtung Südpol und ihre Hand bewegt sich nach links, zum Orient hin, dem Ursprung allen Lebens; um das nachzuahmen, mußten die nordischen Weißen sich nach rechts, also zum Nordpol hin wenden. Die Hartnäckigkeit, mit der hier behauptet wird, die semitische Kultur habe das Erbe der „Neger" angetreten, hat ihre tieferen Gründe. Versuchen wir lieber gar nicht erst zu erklären, warum die Chinesen von oben nach unten schreiben! Folgte man nämlich den Überlegungen von Fabre d'Olivet und Schuré, dann käme man vielleicht auf die Idee, die Chinesen als Erben einer außerirdischen Zivilisation zu betrachten.

9 Schuré sieht sich selbst als „Kelte aus dem Elsaß" und nimmt damit eine Ideologie vorweg, die für uns heute mit schlimmen Erinnerungen verbunden ist. Noch einmal sei aber betont, daß er nicht der einzige gewesen ist, der sich durch die damals in Europa kursierenden Ideen hat verblenden lassen. Selbst in völlig unbedeutenden Texten vom Ende des 19. Jahrhunderts liest man höchst seltsame Dinge, so etwa in einem Buch aus dem Jahre 1898/99 über eine *Reise zu den Magiern und Hexenmeistern von Corrèze*. Es heißt da doch tatsächlich, die Bevölkerung des Limousin sei von „hergelaufenen Fremden" durchsetzt, die sich durch „glatte schwarze Haare, dunkle Schlitzaugen und gelbliche Haut" auszeichnen. Der Verfasser dieses phantastischen Mischmaschs, ein gewisser Gaston Vuillier, hat von den Grundzügen der Anthropologie offenbar nicht viel gehört, aber sein Elaborat verrät eine ganz bestimmte Ideologie. Auf die „Keltomanen" des beginnenden 19. Jahrhunderts, auf den „gallischen" Nationalismus und auf die Begeisterung für Vercingetorix folgte nämlich die Begeisterung für die Kelten. Obwohl Henri Gaidoz, d'Arbois de Jubainville, Joseph Loth und all die anderen „celtisants" der *Revue Celtique* ihr Möglichstes getan haben, um diese Bewegung in den ihr angemessenen kulturellen Dimensionen zu halten, hat dieser „celtisme" nicht nur zu politischen und rassistischen Auseinandersetzungen geführt, sondern auch zu spirituellen Spekulationen. Damals wurde in der Bretagne das „Collège des druides, bardes et ovates" nach dem Vorbild von Wales gegründet.

10 Allerdings gibt es heute noch abenteuerlichere Vorstellungen, so etwa in dem Buch von André Savoret über das Druidentum (*Visage du Druidisme*, Paris 1977). Savoret, der sich selbst als Druide ausgab und seine Artikel gelegentlich mit Ab Galwys (was angeblich ‚Sohn der Gallier' bedeuten soll) unterzeichnete, stellt dort die erstaunlichsten Behauptungen auf, Christus sei Schüler der Brahmanen und der Druiden gewesen! Er scheint vergessen zu haben, daß sich Gallien damals schon seit rund sechzig Jahren unter römischer Herrschaft befand und daß den Druiden längst untersagt worden war, zu unterrichten. Im übrigen folgt Savoret getreu den Phantasmen von Fabre d'Olvivet und von Schuré, macht aber seine Leser immerhin darauf aufmerksam, daß er „weder Sprachwissenschaftler noch Philologe" sei und dadurch zwar „nicht zu Fachidiotie neige, aber um so leichter kritisiert werden könne".

11 In der englischen Überlieferung wird das Monument von Stonehenge auch *Chorea Gigantum* (‚Chor der Riesen') genannt. Außerdem erzählt man sich, Merlin habe mit Hilfe von magischen Kräften die Steine von Irland nach Stonehenge gebracht;

das ließe auf den Kult einer archaischen Gottheit schließen, die durch die Figur von Merlin überdeckt wird. Immerhin steht fest, daß einige Steine von Stonehenge aus der Grafschaft Pembroke in Wales stammen, also aus ziemlicher Entfernung. – Das Zeugnis von Diodor ist einigermaßen verwirrend: Diodor hat von 63 v. Chr. bis 19 n. Chr. gelebt, sein Informant Pytheas rund hundert Jahre vor ihm; die Aussage von Pytheas bezieht sich also auf eine archaische Zeit noch vor der römischen Eroberung. Der Apollo-Kult von Stonehenge müßte demnach schon in keltischer Zeit archaischen Charakter gehabt haben und auf ein prä-keltisches Substrat verweisen. Aber auch das löst nicht das Problem der Integration dieses Kults in das Druidentum.

12 Der Sonnenkult zeichnet sich sowohl durch Sonnenwagen oder Sonnenbarken aus als auch durch die Anbetung von goldenen oder kupfernen Sonnenrädern. Vgl. dazu Régis Boyer: *La Religion des anciens Scandinaves.* Paris 1981.

13 Vgl. J. M.: *Le Christianisme celtique,* S. 88 f.

14 Vgl. Georges Dottin: *L'Epopée irlandaise*, Paris 1980 (neue Ausgabe), S. 17, weiterhin Ch. J. Guyonvarc'h: *Textes mythologiques irlandais*, Rennes 1980, I, S. 61 (wird im folgenden zitiert als: *Textes mythologiques*).

15 Vgl. Jürgen Spanuth: *Das enträtselte Atlantis.* Stuttgart 1953.

16 Vgl. dazu meine Thesen in J. M.: *Les Celtes*, S. 45–63.

17 Das Germanische scheint sowohl Begriffe aus dem Bereich des Kriegswesens als auch aus dem Bereich des Handwerks von den Kelten übernommen zu haben. Das deutsche Wort *Volk* stammt aus einer keltischen Wurzel, die man auch im Namen der *Volcae* Tectosages wiederfindet, und das Wort deutsch hat dieselbe Wurzel wie das irische *tuath* (,Volk, Stamm') und das bretonische *tut* (,Leute'). Daher kommt der Name der *Tuatha De Danann.*

18 Vgl. Guyonvarc'h-Le Roux: *Les Druides,* S. 389.

19 Guy Rachet: *La Gaule celtique,* des origines à 50 av. J.-C. In: R. Philippe (Hg.): *Histoire de la France.* Paris 1975, S. 146.

20 *Ibid.,* S. 147.

21 Etienne Renardet: *Vie et croyances des Gaulois avant la conquête romaine.* Paris 1975, S. 138.

22 Georges Dumézil: *Mythes et Dieux des Germains.* Paris 1939, S. 8.

23 In seinem Buch *La religion des Celtes* (Paris 1963, S. 207) stellt Jan de Vries die Behauptung auf, daß diese *simulacra* Statuen gewesen seien, die Merkur abbildeten. Diese These ist unhaltbar und steht im Gegensatz zur Meinung der meisten Archäologen und Historiker, die darin gestaltlose Säulen sehen. Bei den Kelten gab es nämlich vor ihrem Kontakt mit den Bewohnern der Mittelmeerländer keine

menschenähnlichen Abbildungen. Die existierenden anthropomorphen Darstellungen sind entweder nach der Romanisierung entstanden oder sie stammen aus Gebieten, in denen es einen starken griechischen Einfluß auf die unabhängigen Gallier gab, wie zum Beispiel in der Provence (vgl. dazu vor allem die „Abgeschlagenen Köpfe" von Entremont im Museum von Aix-en-Provence). Einen unwiderlegbaren Beweis für diese Auffassung liefert Diodor von Sizilien (*Fragment* XXII), der die berühmte Geschichte von dem Gallier Brennus erzählt, der beim Eintreten in einen griechischen Tempel in Lachen ausgebrochen sein soll, weil er die Götter in menschlicher Gestalt dargestellt sah. Ein weiterer Beweis ist in der *Pharsalia* von Lucanus (III, V.412) zu finden, denn der Autor hebt hier das ungeschlachte Aussehen jener *gestaltlosen* Statuen hervor. Außerdem verwendet er – wie Cäsar – das Wort *simulacra*, nicht *statuae* oder *signa*. Und schließlich ist die Hauptbedeutung von *simulacrum* ‚an Stelle von', auch wenn Jan de Vries anhand eines einzigen Beispiels das Gegenteil nachzuweisen versucht. Das Wort *simulacrum* bezeichnet also jede Art von symbolischer Darstellung, sei sie in Stein gehauen oder in Holz geschnitzt, aber es hat keinerlei künstlerische Konnotation. Salomon Reinach geht sogar so weit zu behaupten, daß Cäsar einfache Menhire mit Hermessäulen an Wegkreuzungen verwechselt hat (vgl. *Revue Celtique* XIII, S. 189 f.). Das ist durchaus möglich, wenn man an die unzähligen Monumente aus der Megalithzeit denkt, die es in Gallien gab und noch heute gibt.

24 *Textes mythologiques* I, S. 51.

25 *Ibidem.*

26 Auch in der walisischen Überlieferung taucht die Gestalt von Balor auf. In der Erzählung von *Kulhwch und Olwen* wird der Vater der jungen Olwen, Yspaddaden Penkawr (‚Großkopf') fast genauso beschrieben: Er ist einäugig, sein Auge bringt Verderben, und zwei Männer sind nötig, um sein Augenlid mit einer Heugabel hochzuheben (vgl. Joseph Loth: *Mabinogion.* Paris 1979, S. 119). Balor und Ysapaddaden sind zwar auch Zyklopen, aber vor allem sind sie Titanen: Die letzte große Schlacht, in der sie gegen ihren Enkel und zukünftigen Schwiegersohn kämpfen, rückt sie ganz in die Nähe des griechischen Kronos; er ist ebenfalls ein Titan und verschlingt seine Kinder, bis sie ihn schließlich entthronen und entmannen.

27 „Wenn die Tiefen unseres Geistes seltsame Kräfte bergen, die imstande sind, die der Oberfläche zu mehren oder gar zu besiegen, so haben wir allen Grund, sie zuerst einzufangen, und danach, wenn nötig, der Kontrolle unserer Vernunft zu unterwerfen." (André Breton: *Die Manifeste des Surrealismus* (1924). Hamburg 1983, S. 15 f.). Es liegt auf der Hand, in den Tuatha das Bewußte und in den Fomore das Unbewußte zu sehen – ein Beweis dafür, daß den alten Gesellschaften die Menachismen vollkommen bekannt waren, nach denen das Unbewußte das Bewußte steuert, auch wenn es die Thesen der Psychoanalyse noch nicht gab.

28 *Textes mythologiques* I, S. 51. In der walisischen Erzählung von *Kulhwch und Olwen* gibt es zwei analoge Szenen. Als der junge Held Kulhwch Einlaß in den Saal begehrt, in dem unter der Schutzherrschaft von König Artus gerade ein Fest stattfindet, erwidert ihm der Pförtner, der gefürchtete Glewlwyt „mit der starken Umarmung": „Nur der Sohn eines Königs, der über ein bekanntes Königreich herrscht, oder der Künstler, der seine Werke mitbringt, darf hier eintreten." (J. Loth: *Mabi-*

nogion, S. 102.) Später versuchen Kulhwch und die Gefährten von König Artus, in das Schloß von Gwrnach einzudringen, aber der Pförtner gibt wieder dieselbe Antwort: „Die Tür wird nur für den Künstler geöffnet, der seine Werke mitbringt." (*Mabinogion*, S. 130.) Kai, der Milchbruder von Artus und sein ältester Gefährte, erfindet für sich sofort den Beruf des Schwertschleifers. Man läßt ihn tatsächlich eintreten, aber er muß sich sofort einer praktischen Prüfung unterziehen und beweisen, daß er wirklich ein Schwert zu schleifen versteht. Offenbar hing dieser sowohl in Irland als auch in Wales bekannte Brauch, der auf die Prüfungen der Initiation hinweist, mit der Konstituierung einer bestimmten ritterlichen Gemeinschaft zusammen, wie wir sie dann später in der Tafelrunde finden.

29 *Textes mythologiques* I, S. 52.

30 *Ibidem.*

31 So muß Odin/Wotan zum Beispiel für eine gewisse Zeit von seinem Platz als König der Götter zurücktreten. Nach Saxo Grammaticus (*Gesta Danorum* 3, IV, 9–13) war Odin der *ergi* (also des als Schande angesehenen passiven homosexuellen Verhaltens) verdächtigt oder angeklagt worden; er mußte daraufhin in die Verbannung gehen, während seine Gemahlin Frigg sich Ullr als Liebhaber nahm, der bis zu Odins Rückkehr den Platz des Königs einnahm und seine Funktion ausübte. Régis Boyer meint dazu: „Diese Geschichte ist nicht leicht zu interpretieren: vielleicht liegt ihr ein Naturmythos tellurischen oder solaren Charakters zugrunde, der mit einer Gottheit zusammenhängt, deren periodische oder möglicherweise jahreszeitlich bedingte Abwesenheit den Kreislauf des Jahres nachvollzieht?" (*La religion des anciens Scandinaves.* Paris 1981, S. 162.) Auch Nuada hat ja wegen seines körperlichen Gebrechens seinen Platz als König bereits für einige Zeit verlassen müssen, und derselbe Mythos wird in der *Quête du Graal* erzählt, wo der Fischer-König wegen seiner Verletzung seine königlichen Funktionen nicht mehr ausüben kann.

32 *Fidchell*, das irische Schachspiel, stimmt vermutlich nicht in jeder Einzelheit mit unserem Schachspiel überein, folgt aber grundsätzlich demselben Prinzip: Es handelt sich um den Kampf zwischen zwei Parteien, bei dem es um den König geht; dieser nimmt zwar die zentrale Position ein, greift selbst aber kaum aktiv in die Handlung ein. Tatsächlich kann man die Rolle des Königs im Schachspiel mit der des Königs in der keltischen Gesellschaft vergleichen (vgl. J. M.: *Le Roi Arthur*, Paris 1976, S. 219–239). In fast allen irischen Erzählungen kommt dem Schachspiel große Bedeutung zu und es wird immer von königlichen Personen gespielt. Dasselbe gilt für die Artursromane, vor allem für die Suche Percevals (oder Peredurs) nach dem Gralkönigtum, bei der die Rolle des Schachspiels als Initiationsritual besonders deutlich wird (vgl. J. M.: *Le Graal.* Paris 1982).

33 Das ‚Land der Verheißung' ist das geheimnisvolle Land, in dem die Tuatha De Danann leben, nachdem sie in der Schlacht von Tailtiu geschlagen und von den Söhnen von Mile vertrieben worden sind. Es handelt sich also um eine andere Bezeichnung für die Autre Monde.

34 *Textes mythologiques* I, S. 66 f.

35 *Ibidem.*

36 Die Römer teilten Gallien in der Regel in folgende Hauptregionen ein: Belgien zwischen Rhein und Seine; die Keltika im engeren Sinn zwischen Seine und Garonne; Aquitanien (mit stark eingeschränktem keltischen Bevölkerungsanteil) südlich der Garonne; schließlich mit dem Mittelmeer als südlicher Begrenzung das Gebiet der römischen Provinz Gallia narbonensis (vgl. J. M.: *Vercingétorix.* Paris 1982, S. 29–52).

37 Es heißt dort: ,,Mercurius lingua Gallorum Teutates dicitur" (,In der Sprache der Gallier wird Merkur Teutates genannt'), vgl. Johannes Zwicker: *Fontes Religionis Celticae.* Bd. I, S. 18 und S. 51. In einer anderen Scholie wird Teutates allerdings an Mars assimiliert, was die Unsicherheit der antiken Kommentatoren in bezug auf die Funktion der gallischen Götter beweist.

38 *Textes mythologiques* I, S. 47.

39 Die Lanze wird nämlich auch als ,,flammend" dargestellt. Sie erscheint in den verschiedenen Erzählungen der Gralsuche, vor allem in den Texten, die auf Robert de Boron zurückgehen. Die spätere christliche Deutung hat aus ihr die berühmte Waffe des Centurio Longinus, den ,Longinus-Speer' gemacht; dabei berief man sich auf die Gralprozession, in der die Lanze mit einem Blutstropfen an der Spitze geschildert wird, und darauf, daß Perceval/Parzival die Lanze benutzt, um den Fischer-König gesund zu machen. Zu einer ausführlichen Darstellung der Lanzen-Symbolik vgl. J. M.: *Die keltische Frau.* München 1984: dianus-trikont 2. Auflage, S. 257 ff.

40 Vgl. dazu J. M.: *L'Epopée celtique en Bretagne.* Paris 1975, S. 60–76; J. M.: *Les Celtes*, S. 362–382; J. Loth: *Mabinogion*, S. 59–81. Außerdem sei daran erinnert, daß Gwyddyon der Sohn der Göttin Dôn ist, die der irischen Göttin Dana entspricht. Leider ist aber die walisische Mythologie durch die mittelalterlichen Abschreiber wesentlich stärker entstellt als die irische, und es ist daher sehr schwierig, sich darin zurechtzufinden. Dennoch besteht an der Verbindung zwischen Lug und Gwyddyon kein Zweifel.

41 J. M.: *Les Celtes*, S. 49–63.

42 *Zweite Schlacht von Mag Tured* in: *Textes mythologiques* I, S. 54.

43 *Ibid.*, S. 49.

44 *Ibidem.*

45 Miach ist also auf wunderbare Weise wieder lebendig geworden, wie man sieht.

46 *Textes mythologiques* I, S. 55.

47 *Ibid.*, S. 56.

48 J. Loth: *Mabinogion*, S. 30.

49 *Ibid.*, S. 38.

50 Dieser berühmte Kessel wird nun im Nationalmuseum von Kopenhagen aufbewahrt; die Darstellungen auf den Schmuckplatten sind wichtige Illustrationen der keltischen – vor allem der walisischen – Mythologie.

51 Eine Reproduktion dieser Szene ist auf dem Umschlag der 2. Ausgabe meines Buches *L'Epopée celtique en Bretagne* zu finden (Paris 1975).

52 Zwicker: *Fontes religionis Celticae*, Bd. I, S. 18 und 51.

53 J. Loth: *Mabinogion*, S. 221 f.

54 Das Thema wird in mehreren Szenen der Perceval-Erzählungen behandelt, vgl. dazu J. M.: *Le Graal.* Paris 1982, S. 231 ff.

55 Vgl. dazu ausführlicher J. M.: *Contes populaires de toute la France.* Paris 1981, S. 155–157.

56 J. M.: *L'Epopée celtique en Bretagne*, S. 168 f.; vgl. dazu vor allem J. M.: *Merlin l'Enchanteur*. Paris 1981, S. 135–145.

57 J. Loth: *Mabinogion*, S. 132–135.

58 Es handelt sich dabei um die deutsche Version eines verlorenen anglo-normannischen Textes, der seinerseits vermutlich auf einer bretonischen oder walisischen Urfassung basiert. Die Archaismen und die völlig andere Handlungsführung dieser Lancelot-Geschichte wiesen darauf hin, daß sie wesentlich früher als Chrétiens *Chevalier à la Charrette* entstanden sein muß. Vgl. dazu ausführlicher J. M.: *La Tradition celtique en Bretagne armoricaine*, Paris 1984, S. 109–132.

59 Vor allem in der *Geschichte von Etaine* und in *Diarmaid und Grainne*, vgl. J. M.: *L'Epopée celtique d'Irlande*, S. 43–55 und S. 159 f. In der *Geschichte von Etaine* und in der Erzählung von der *Speise des Hauses der zwei Becher* eignet Mac Oc sich widerrechtlich das Reich seines vermeintlichen Vaters an und rechtfertigt sich dabei durch einen bemerkenswerten philosophischen Exkurs über Zeit und Ewigkeit. Vgl. *Textes mythologiques* I, S. 243 f. und S. 257–259.

60 In Bourbonne-les-Bains gibt es eine dem Apollon-Maponos gewidmete Inschrift.

61 Balin hat eine Doublette: seinen Bruder Balaan; die beiden Brüder schlagen sich, ohne einander zu erkennen, und bringen sich gegenseitig um.

62 Zur Sommersonnenwende geht die Sonne direkt über dem „Heelstone" in der Mitte des „Sarsentores" auf; zuvor haben die Sonnenstrahlen das „Trilithon-Hufeisen" passiert. Es sei noch einmal darauf hingewiesen, daß weder zur Sommersonnenwende noch zur Wintersonnenwende ein keltisches Fest gefeiert wurde.

63 G. Rachet: *La Gaule celtique.* Paris 1975, S. 148.

64 *Textes mythologiques* I, S. 14.

65 Paul-Marie Duval: *Les Dieux de la Gaule.* Paris 1979, S. 83.

66 Ich habe diese These ausführlich in meinem Siegfried-Buch dargestellt und durch zahlreiche Zeugnisse untermauert (vgl. J. M.: *Siegfried ou l'Or du Rhin.* Paris 1984). Meiner Meinung nach ist der sogenannte Sonnenheld in Wirklichkeit ein „Kulturheros" bzw. „Zivilisationsheros": seine Kraft stammt nicht aus ihm selbst, sondern er holt sie sich von der Sonnen-Frau, der wahren Trägerin der Herrschergewalt. Vor diesem Hintergrund muß man nicht nur die Siegfriedsage ganz anders sehen, sondern auch die Geschichte von Tristan, Cuchulainn, Finn und Cumail, den irischen Epenhelden. Meine These beweist außerdem, daß es weder bei den Kelten noch bei den Germanen einen Sonnengott gegeben hat und daß vielmehr die Züge einer alten weiblichen Sonnengottheit selbst noch durch die halb-historische Form der Epen hindurchschimmern.

67 Dieser Topos spielt in zahlreichen Volkssagen eine Rolle, vgl. dazu eine besonders typische Erzählung aus der Bretagne in J. M.: *La Tradition celtique en Bretagne armoricaine.* Paris 1975, S. 186–191.

68 Vgl. das Kapitel „Yseult oder die Herrin des Gartens" in: J. M.: *Die keltische Frau.* 2. Auflage 1984, S. 307–371.

69 J. M.: *L'Epopée celtique en Bretagne,* S. 168f. und S. 210–215.

70 Vgl. *„Die Brautwerbung um Finnabair"* in: G. Dottin: *L'Epopée irlandaise.* Paris 1980, S. 75–90.

71 Die große Bedeutung von Diancecht offenbart sich vor allem dadurch, daß er auch nach der Christianisierung weiter verehrt wurde. So kann man in einer gälischen Handschrift aus der Abtei St. Gallen einen magischen Spruch gegen Schnittwunden finden, in dem Diancecht neben dem Heiland angerufen wird. Vgl. dazu J. M.: *Le Christianisme celtique,* S. 145.

72 Dieselbe Entwicklung läßt sich bei den Griechen beobachten. Aus der alten skytischen Sonnengöttin Artemis wurde Diana/Artemis, die nachts bei Mondlicht Hirschkühe jagt, und der Mond wurde dann ihr Symbol. Ursprünglich war Artemis mit Sicherheit keine Mondgöttin: diese Funktion hatte entweder die Schrecken erregende Hekate oder die zur Heldin stilisierte Helena. Die Sonnen-Merkmale der alten Göttin wurden auf andere Figuren übertragen, vor allem auf den hyperboreischen Apoll, aus dem man schließlich ihren Bruder gemacht hat. Möglicherweise verbirgt sich hinter Latona/Leto, der Mutter von Apoll und Artemis, das wahre Gesicht der alten Sonnen-Göttin. Apolls enge Bindung an das Weibliche zeigt sich übrigens nicht nur darin, daß seine Vertraute und Priesterin in Delphi seine Frau ist (die delphische Pythia), sondern sie wird auch in seiner Funktion als Apollon Musagetes (= ‚Führer der Musen') deutlich.

73 J. M.: *L'Epopée celtique d'Irlande,* S. 139 ff.

74 Diese Meinung vertritt J. Vendryes in seinem Buch *La Religion des Celtes,* Paris 1948, S. 255. Er sieht eine Beziehung zwischen *Nodens* und dem gotischen Wort *nuta,* ‚Fischer'. Vgl. dazu weiterhin A. Brown: *The origin of the Grail Legend.* 1943, S. 145 ff. und J. M.: *Le Graal.* Paris 1982, S. 225 ff und 261 ff.

75 Mac Neill: *Duanaire Finn,* S. XLIII.

76 *Zweite Fassung der Schlacht von Mag Tured* in: *Textes mythologiques* I, S. 60.

77 Die Schriften des Griechen Lukian (eigentlich: Lukianos aus Samosata, um 120–185) sind wichtige Zeugnisse für Glaubenslehren, Rituale und Mythologie der Antike, vor allem die „Wahren Geschichten" und die „Totengespräche". Lukian ist nicht zu verwechseln mit dem römischen Schriftsteller Lucanus (eigentlich: Marcus Annaeus Lucanus, 39–65), dem Autor des *Pharsalus-Epos,* das Cäsar zu Ehren geschrieben wurde und wertvolle Informationen über die Kelten und das Druidentum enthält.

78 Lukian: *Gespräche,* Herakles, 1–7.

79 Zitiert nach Guyonvarc'h-Le Roux: *Les Druides.* Rennes 1978, S. 253.

80 Vergl. Francoise Le Roux: *Le dieu celtique aux liens.* In: *Ogam* XII, S. 209–234. Über die Beziehung zwischen Ogme/Ogmios und Herakles wäre noch viel zu sagen. Interessant ist vor allem, daß zahlreiche antike Autoren (unter anderem Diodor von Sizilien) ein Abenteuer von Herakles in Gallien erwähnen, das die griechische Überlieferung nicht kennt: Herakles soll in die Keltika gekommen sein, dort Alesia (welches?) gegründet und mit der Tochter eines einheimischen Königs einen Sohn namens Galates gezeugt haben, auf den die Galater, das heißt die Gallier, ihren Namen zurückführen. Diese merkwürdige Sage macht also Herakles zum Ahnherrn der Gallier, aber es ist völlig unklar, um *welchen* Herakles es sich dabei handelt. Vermutlich wurde Herakles hier an die Stelle eines gallischen Helden gesetzt, der sich durch „herkuleische" Eigenschaften auszeichnete. Anzunehmen ist, daß es sich mit Ogmios ähnlich verhält: der griechische Name steht wahrscheinlich für eine einheimische Gottheit; er verbreitete sich im ganzen keltischen Gebiet und wurde dann in Irland zu Ogme (oder Ogma).

81 *Textes mythologiques* I, S. 53.

82 J. M.: *L'Epopée celtique d'Irlande,* S. 119.

83 *Ogam* XIII.

84 J. Loth: *Mabinogion,* S. 169.

85 *Textes mythologiques* I, S. 58 f.

86 G. Dottin: *L'Epopée irlandaise,* S. 17.

87 J. M.: *L'Epopée celtique en Bretagne,* S. 94–100.

88 J. M.: *Le Graal*, S. 186–199.

89 *Textes mythologiques* I, S. 53.

90 *Ibid.*, S. 54.

91 *Ibid.*, S. 242 f.

92 J. Loth: *Mabinogion*, S. 35.

93 *Ibid.*, S. 39–42.

94 Vgl. das Kapitel „Delphi und das keltische Abenteuer" in J. M.: *Les Celtes*, S. 91–119.

95 J. M.: *Die keltische Frau*, S. 194.

96 Vgl. J. M.: *Le Graal*, S. 225 ff.

97 Gargantuas Eltern werden durch Merlins magische Kräfte gezeugt, vgl. J. M.: *Le Roi Arthur*, S. 92–95 und J. M.: *Merlin*, S. 37 ff.

98 Vgl. J. M.: *L'Epopée celtique en Bretagne*, S. 237.

99 In gewissen universitären Kreisen wurden die Arbeiten von Henri Dontenville wegen ihres Mangels an wissenschaftlicher Exaktheit scharf kritisiert, und das sicher zu Recht. Andererseits muß aber auch hervorgehoben werden, daß wir Dontenville nicht nur wertvolle Hinweise für die Deutung der Gestalten von Gargantua und Melusine verdanken, sondern daß er auch Figuren, die nur noch als „folkloristisch" galten, in ein neues Licht gerückt hat. Außerdem ist er der Gründer der „Société de Mythologie Française", deren Arbeit ständig wertvolle Informationen und Anregungen liefert.

100 Dieser Gedanke findet sich weder bei Paul Sébillot, noch bei Henri Dontenville oder Claude Gaignebet, obwohl sie alle vom keltischen Ursprung Gargantuas überzeugt sind.

101 Vgl. die Geschichte von *König Konomor* in: J. M.: *La Tradition celtique en Bretagne armoricaine*, S. 22–26.

102 P. M. Duval: *Les Dieux de la Gaule*. Paris 1979, S. 74.

103 *Revue Celtique* XLIII.

104 Bei allen Menschenopfern der Kelten handelt es sich im übrigen um solche symbolischen Scheinopfer. Erst die Römer und dann später die Christen haben den blutigen Aspekt dieser Rituale hervorgehoben, weil sie entweder ihren Sinn nicht richtig verstanden, oder weil sie den Druidenkult systematisch schlecht machen wollten, um ihn dann um so leichter verbieten zu können.

105 Vgl. A. Varagnac, *Revue de Folklore français* XII, S. 20.

106 *Textes mythologiques* I, S. 269.

107 *Ibid.*, S. 270.

108 Das erinnert an den phantastischen Abenteuerroman *Sie* von Henry Rider Haggard, dessen Heldin – eine geheimnisvolle, sehr schöne Frau, die in einem unterirdischen Palast wohnt und die Gabe des ewigen Lebens besitzt – versucht, sich in einer Feuerquelle zu verjüngen, um einen jungen Geliebten für sich einzunehmen. Aber das Ritual mißlingt: Sie wird so alt, wie sie wirklich ist – nämlich mehrere Jahrtausende –, zerfällt in Asche und stirbt.

109 Man darf diese Art von Sagen nicht ganz wörtlich verstehen, denn sie machen lediglich die symbolischen Beziehungen zwischen den konkreten Dingen und den abstrakten Vorstellungen deutlich. Boinn, die die Fruchtbarkeit darstellt, ist zwar als „Weiße Kuh" verschwunden, aber sie lebt weiter im Bild des Flusses, der Leben und Fruchtbarkeit symbolisiert. Dieselbe Idee ist im römisch-katholischen Glauben zu finden: Jesus ist zwar als Mensch gestorben, aber die Eucharistie ist das konkrete Zeugnis, das sein Weiterleben „im Geiste" symbolisiert.

110 *Textes mythologiques* I, S. 241–281. Zusammenfassung und Kommentar in J. M.: *L'Epopée celtique d'Irlande*, S. 43–55.

111 Ausgehend von einer Hypothese von Arthur Brown, der im Namen Viviane die Weiterentwicklung des „befionn" ausgesprochenen Namens *Be Finn* zu erkennen glaubt, habe ich mich ausführlich zu diesem Problem in meinem Buch *Merlin l'Enchanteur* geäußert, vgl. dort S. 89–110.

112 *Textes mythologiques* I, S. 257–266.

113 J. M.: *Mélusine*, S. 132–172.

114 *Textes mythologiques* I, S. 53.

115 *Ibid.*, S. 57.

116 *Ibid.*, S. 59.

117 *Ibid.*, S. 60.

118 J. M.: *L'Epopée celtique d'Irlande*, S. 58 f.

119 J. Loth: *Mabinogion*, S. 1–23 und 43–57. Vgl. weiterhin J. M.: *Die keltische Frau*, s. 104–114.

120 *Textes mythologiques* I, S. 56.

121 Vgl. J. M.: *Siegfried ou l'Or du Rhin*, S. 115–120.

122 Vgl. J. M.: *L'Epopée celtique d'Irlande,* S. 81–85.

123 *Ibid.,* S. 143 f.

124 J. M.: *Contes occitans.* Paris 1981, S. 161–172.

125 J. M.: *Le Christianisme celtique,* S. 144.

126 J. M.: *L'Epopée celtique en Bretagne,* S. 149–151.

127 Sie stammen vor allem aus der Gegend um Edern (Finistère). In diesem Zusammenhang muß auch der Heilige Korneli oder Cornely von Carnac erwähnt werden, der Schutzpatron aller Hörnertiere. Er wird immer von einem Rind begleitet, das vermutlich eine alte Gottheit mit Hörnern ersetzt hat.

128 Vgl. dazu die Geschichte der Jagd auf den weißen Hirsch im *Erec* von Chrétien de Troyes sowie die Hirschjagden in den verschiedenen Versionen der Gralsuche. Vgl. weiterhin J. M.: *Le Graal,* S. 231 ff.

129 Verbindungen zu dem berühmten „Baphomet" der Templer (einem angeblichen, geheimen Götzenbild) sind auch nicht auszuschließen.

130 Vgl. J. Loth: *Mabinogion,* S. 59 f.

131 Auf dieser Grundlage beruht das Konzept meines Buches über die keltische Frau. In *Le Roi Arthur* werden die Artusromane unter diesem Aspekt betrachtet, vgl. *Ibid.,* S. 239–269.

132 Vgl. dazu J. M.: *Die keltische Frau,* S. 114–125.

133 *Ibid.,* S. 134–148.

134 Diese Etymologie ist allerdings umstritten. Nach Ch. J. Guyonvarc'h hat sich der Name *Eochaid* aus *ivo-katus* (= ‚der, der mit der Eibe kämpft') entwickelt; darin läge eine Anspielung auf die Doppelrolle der Eibe: In Eibenholz wurde zum einen die Ogamschrift eingeritzt, zum anderen wurden daraus Speere hergestellt. Vgl. Guyonvarc'h: *Les Druides,* S. 384.

135 Vgl. J. M.: *Die keltische Frau,* S. 104–114.

136 Die *Isle of Man* gehört nicht direkt zu England, sondern hat einen Sonderstatus, der den alten Bräuchen der Kelten und Wikinger noch Rechnung trägt. Der gälische Dialekt der Insel, das „Manx", klingt ein wenig anders als das irische oder schottische Gälisch.

137 *Die Speise des Hauses der beiden Becher* in: *Textes mythologiques* I, S. 259.

138 *Ibid.,* S. 258. Emain Ablach entspricht genau der Insel Avalon.

139 Vgl. J. M.: *La Tradition celtique en Bretagne armoricaine,* S. 143 f.

140 Vgl. G. Dottin: *L'Epopée irlandaise,* S. 117–141.

141 Vgl. *Textes mythologiques* I, S. 203–232.

142 Vgl. G. Dottin: *L'Epopée irlandaise,* S. 35–46.

143 Vgl. J. Loth: *Mabinogion,* S. 43–57.

144 Vgl. J. M.: *L'Epopée celtique en Bretagne,* S. 266 f.

145 Vgl. *Textes mythologiques* I, S. 241–281.

146 Vgl. J. M.: *L'Epopée celtique d'Irlande,* S. 43–55.

147 Wir kennen im keltischen „Pantheon" noch verschiedene andere Götter, deren Funktion sich relativ klar eingrenzen läßt. Der Fomore Balor etwa ist eine Art Kronos, und im Helden Curoi mac Daire lebt vermutlich eine alte, vielgestaltige Gottheit weiter. Cuchulainn hat viele Züge von Herakles, aber er ist mehr Held als Gott. Von einem bestimmten Augenblick an kann man im keltischen Epos nicht mehr zwischen Göttern und Helden unterscheiden, und wahrscheinlich bestand ursprünglich zwischen ihnen kein Unterschied. Dasselbe gilt für die walisische Überlieferung und sogar für die Artussagen, denn obwohl Artus eine historisch faßbare, christliche Gestalt ist, hat er dennoch gewisse göttliche Züge bewahrt. Außerdem sind zahlreiche Figuren aus den Artussagen literarische Adaptationen von alten keltischen Göttern. Vgl. dazu J. M.: *Le Roi Arthur,* Kapitel „Le mythe d'Arthur", S. 221–304.

III. Die Rituale

1 Mit der Beziehung zwischen Sakralem und Theater habe ich mich ausführlich in zwei Aufsätzen auseinandergesetzt, vgl. J. M.: „Des liturgies ambiguës" in: *Question de,* Nr. 52, S. 32–45 sowie J. M.: „Drôles de jeux" in: *Corps Ecrit,* Nr. 10, S. 167–174.

2 Vom Standpunkt der Gegenwart aus gesehen sind die Anschauungen der Vorfahren immer „naiv". So werden auch unsere Nachkommen dazu neigen, die heutigen Ansichten und Gewißheiten als Aberglauben zu betrachten. Dieses Verhaltensmuster erklärt, warum die Kirchenväter gewisse Glaubenslehren und Rituale der Druiden überliefert haben: sie wollten zeigen, wie lächerlich der „Aberglaube" der Heiden gewesen ist.

3 Erinnern wir uns daran, daß sich sowohl Dolmen als auch Langgräber ursprünglich unter einem künstlich aufgeschütteten Hügel befanden, der entweder aus Erde *(Tumulus)* oder aus einer Mischung aus Erde und Steinen *(Galgal)* bestehen konnte: In beiden Fällen war der Eingang unsichtbar. Nur Menhire, Steinreihen und Crom-

lechs lagen schon in keltischer Zeit völlig im Freien. Im Lauf der Zeit haben dann die Bauern die Hügel abgetragen und die Monumente teilweise als Steinbruch benutzt.

4 Vgl. Jan de Vries: *La Religion des Celtes*, S. 200–206.

5 Guyonvarc'h-Le Roux: *Les Druides*, S. 217.

6 Im Gegensatz zu anderen Quellen ist die Quelle von Barenton seltsamerweise niemals „christianisiert" worden, vgl. dazu J. M.: *Merlin*, S. 127–145.

7 Vgl. Guyonvarc'h-Le Roux: *Les Druides*. Das Wort Magie hat hier keinerlei negative Konnotation.

8 So ist es eines der Mittel, um die Gallier und natürlich vor allem die Druiden lächerlich zu machen. Viele sogenannte „Gelehrte" haben das Wort „Magie" am Ende des 19. Jahrhunderts in diesem Sinn benutzt, darunter zum Beispiel Alexandre Bertrand in seinem Buch *La Religion des Gaulois*. Paris 1897.

9 Die Volksmedizin wird mehr und mehr von der offiziellen Schulmedizin geduldet, ja unterderhand sogar gefördert, indem Heiler oder Magnetopathen anerkannt werden. Eigentlich sollten diese traditionellen „Praktiken" nicht im Widerspruch mit der Schulmedizin stehen, sondern sie ergänzen.

10 G. Dottin: *L'Epopée irlandaise*, S. 37.

11 Übs. Guyonvarc'h: *Les Druides*, S. 158.

12 Eine mittelalterliche Erzählung aus der Bretagne handelt fast von derselben Geschichte, lediglich der Apfel ist hier durch einen Schleier ersetzt. Vgl. J. M.: *La Tradition celtique en Bretagne armoricaine*, S. 30 ff.

13 *Textes mythologiques* I, S. 152.

14 Vgl. J. M.: *Les grands Bardes gallois*, S. 74–81.

15 Übs. Guyonvarc'h in: *Ogam* XIII, S. 512 f.

16 *Textes mythologiques* I, S. 74.

17 Vgl. J. M.: *Les Celtes*, S. 65–90.

18 J. M.: *Les grands Bardes gallois*, S. 78 f.

19 J. Loth: *Mabinogion*, S. 73.

20 Vgl. J. M.: *Die keltische Frau*, S. 209–253, Kapitel „Der Aufstand des Blütenmädchens".

21 J. M.: *Les grands Bardes gallois*, S. 90 f.

22 J. Loth: *Mabinogion*, S. 62f.

23 R. Steiner: *Unsere atlantischen Vorfahren*. Berlin 1918, S. 11f.

24 Die von Markale benutzte Ausgabe erschien in den Editions Triades in Paris (A. d. Ü.).

25 Vgl. R. Steiner: *Geisteswissenschaftliche Grundlagen zum Gedeihen der Landwirtschaft*. Breslau 1924.

26 Vgl. die Berichte der *Association Olivier de Serres, Issigeac* (Dordogne).

27 Vgl. J. M.: *Les grands Bardes gallois*, S. 74.

28 Vgl. *ibid.*, S. 29f. und 48–57.

29 *Ibid.*, S. 100. Der walisische König Uryen Rheged lebte im 6. Jahrhundert n. Chr., Taliesin soll Barde bei ihm gewesen sein. Aus dem historischen Uryen wurde im Lauf der Zeit ein Sagenheld, ebenso wie sein Sohn Owein, den wir später bei Chrétien als Yvain wiederfinden.

30 Vgl. J. M.: *Le Christianisme celtique*, S. 140ff.

31 *Textes mythologiques* I, S. 68.

32 *Ibid.*, S. 16.

33 *Ibid.*, S. 245.

34 Vgl. *Revue Celtique* XLIII, S. 28.

35 *Ibid.*, S. 114.

36 *Textes mythologiques* I, S. 53.

37 J. M.: *L'Epopée celtique d'Irlande*, S. 182f.

38 Mit der Sage von der Stadt Ys habe ich mich ausführlich in meinem Buch *Die keltische Frau* beschäftigt, vgl. dort das Kapitel „Die Prinzessin auf dem Meeresgrund", bes. S. 51ff. Zu der Sage von der *Überschwemmung des Lough Neagh* vgl. J. M.: *L'Epopée celtique d'Irlande*, S. 39ff.

39 Vgl. J. M.: *Contes populaires de toutes les Bretagne*. Rennes 1977, S. 48f.

40 Es sei daran erinnert, daß *mor*, das bretonische Wort für ‚Meer', männlich ist. Der Kampf gegen das Meer war also der Kampf gegen ein schreckliches männliches Wesen, gegen den alten Okeanos.

41 Die Phantasievorstellung mancher Autoren gehen sogar so weit, das Druidentum mit außerirdischen Wesen in Verbindung zu bringen!

42 In diesem Zusammenhang, allerdings auf einer völlig anderen Ebene, muß das Werk von René Guénon erwähnt werden. Guénon, der für viele spirituell denkende Menschen eine wichtige Rolle spielt, verbreitet überwiegend falsche Vorstellungen über die Kelten, die wohl vor allem durch mangelnde Informationen zu erklären sind. Leider rückt das auch andere Aspekte seines Werkes in ein schiefes Licht.

43 J. M.: *Les grands Bardes gallois,* S. 110.

44 W. Stokes: *Three Irish Glossaries,* S. 6.

45 Vgl. J. M.: *Le Christianisme celtique,* S. 195–203.

46 Vgl. *ibid.,* S. 33 f.

47 *Revue Celtique* XLIII, S. 109.

48 Claude Gaignebet: *La Carnaval.* Paris 1974, S. 74.

49 *Ibid.,* S. 74.

50 J. M.: *La Tradition celtique en Bretagne armoricaine,* S. 166.

51 *Ibid.,* S. 167.

52 J. Loth: *Mabinogion,* S. 30 f.

53 *Ibid.*

54 Übersetzung Guyonvarc'h in: *Ogam* XIII. Vgl. weiterhin Zusammenfassung und Kommentar bei J. M.: *L'Epopée celtique d'Irlande,* S. 114–122.

55 Vgl. dazu das umfassende Werk vom Paul Sébillot: *Le Folklore de la France,* das nun in einer Neuausgabe wieder vorliegt (Paris 1981–1984).

56 *Bulletin de la Faculté des Lettres de Poitiers,* 1892.

56a Ibid.

57 Dieses Ritual wird von Giraldus Cambrensis (einem lateinisch schreibenden Gallier des 13. Jahrhunderts) erwähnt, vgl. dazu J. M.: *Die keltische Frau,* S. 108.

58 Vgl. *Die Krankheit von Cuchulainn* in: *Ogam* X, S. 294.

59 Vgl. J. M.: *L'Epopée celtique d'Irlande,* S. 81 f.

60 Vgl. J. M.: *Le Christianisme celtique,* S. 141.

61 Vgl. Roland Auguet: *Les Fêtes romaines.* Paris 1970.

62 Vgl. dazu die irische Erzählung vom *Fest des Bricriu,* die ein charakteristisches Beispiel für ein solches Scheinopfer enthält. In: J. M.: *Die keltische Frau,* S. 270.

63 Vgl. J. M.: *L'Epopée celtique d'Irlande,* S. 183.

64 *Ibid.,* S. 136.

65 Eine ausführliche Untersuchung des Rituals der „Abgeschlagenen Köpfe" findet man in J. M.: *Die keltische Frau,* S. 270 ff. sowie in *Le Graal,* S. 205–212. Zu den bildlichen Darstellungen dieses Motivs vgl. weiterhin François Salviat: *Entremont antique.* Aix-en-Provence 1973.

66 Um das Bild zu vervollständigen, müssen die zahlreichen volkstümlichen Bräuche erwähnt werden, die auch durch das Christentum nicht untergegangen sind, so zum Beispiel die weit verbreitete Gewohnheit, Münzen in Brunnen oder Quellen zu werfen.

67 In keinem einzigen alten Text wird ein keltisches Fest zum Zeitpunkt der Winter- oder Sommersonnenwende erwähnt. Das christliche Johannisfest hat zwar teilweise die Rituale des *Beltaine*-Festes übernommen, geht aber in seinen Grundstrukturen auf eine prä-keltische Religion zurück. Weihnachten ist ebenfalls ein christliches Fest römischen Ursprungs (vgl. die Saturnalien sowie den Mithra-Kult). Es ist also völlig unsinnig, keltische Rituale zur Zeit der Sonnenwende zu zelebrieren.

68 *Die Geburt von Conchobar,* Übersetzung Guyonvarc'h in: *Ogam* XI, S. 61.

69 *Revue de l'Histoire des Religions* CXXII, S. 132.

70 Leider geschieht das heute nicht mehr. So ist etwa die Liturgie der römisch-katholischen Kirche vollkommen auf die lateinische Sprache aufgebaut, ihre Wurzeln reichen weit zurück in vergangene Zeiten. Sie stellt also ein gewachsenes Ganzes dar, das nicht nur aus Worten, sondern auch aus Rhythmen und Lauten zusammengesetzt ist. Es ist also schon widersinnig, den lateinischen Text mit anderen Liedern oder Rhythmen zu begleiten, vollends unsinnig aber ist der Versuch, diesen Text durch Übersetzungen in die heute gesprochenen Sprachen zu ersetzen.

71 *Textes mythologiques* I, S. 56.

72 So befanden sich die mittelalterlichen Teufels- und Dämonendarstellungen immer am nördlichen Kirchenportal.

73 *Athenäus,* XXIII.

74 Vgl. Das *Buch der Eroberungen* in: *Textes mythologiques* I, S. 15. Das Ritual des „Rechten Fußes" lebt noch heute in seinem negativen Gegenstück weiter, etwa in dem Brauch, von jemandem, der schlecht gelaunt ist, zu sagen, er sei „mit dem linken Fuß aufgestanden".

75 *Der Tod von Cuchulainn* in: *Ogam* XVIII, S. 346.

76 *Talland Etair* in: *Revue Celtique* VIII, S. 48.

77 *Textes mythologiques* I, S. 56.

78 J. M.: *L'Epopée celtique d'Irlande,* S. 135.

79 Übersetzung nach Guyonvarc'h: *Les Druides,* S. 172.

80 J. Loth: *Mabinogion,* S. 103.

81 *Revue Celtique* XII, S. 119 ff.

82 W. Stokes: *Three Irish Glossaries,* S. 25.

82a Ibid.

83 J. M.: *L'Epopée celtique d'Irlande,* S. 146.

84 *Ancient Laws of Ireland* I, S. 44.

85 *Der Tod von Finn,* vgl. J. M.: *L'Epopée celtique d'Irlande,* S. 165–168.

86 Zitiert nach Guyonvarc'h-Le Roux: *Les Druides*, S. 206.

87 J. M.: *Merlin,* S. 14.

88 *Ibid.*, S. 67 f.

89 J. M.: *L'Epopée celtique d'Irlande,* S. 65.

90 *Ibid.*, S. 155 und 160 f.

91 Vgl. das Kapitel ,,Yseult oder die Herrin des Gartens" in J. M.: *Die keltische Frau,* S. 307 ff.

92 Tristan ist ein ,,Mond-Mann, der ohne Sonnenlicht (das heißt: ohne Kontakt mit der ,,Sonnen-Frau" Yseult) nicht überleben kann. Vgl. zu diesem Thema J. M.: *Siegfried,* vor allem das Kapitel über die ,,Femme-Soleil".

93 J. M.: *L'Epopée celtique d'Irlande,* S. 162 f.

94 *Ibid.*, S. 134–137.

95 *Revue Celtique* XXI, S. 152.

96 J. M.: *L'Epopée celtique d'Irlande,* S. 177.

97 *Revue Celtique* VI, S. 165.

98 G. Dottin: *L'Epopée irlandaise,* S. 108–110.

99 *Ogam* XIV, S. 498.

100 J. M.: *L'Epopée celtique d'Irlande,* S. 154.

101 J. Loth: *Mabinogion,* S. 139–144. Vgl. auch J. M.: *Le Roi Arthur,* S. 285–290.

102 J. Loth: *Mabinogion,* S. 99.

103 *Ibid.,* S. 16–20.

104 J. M.: *L'Epopée celtique d'Irlande,* S. 184–191.

105 J. M.: *Le Roi Arthur,* S. 198 ff. und 297 f.

106 *Ibid.,* S. 267 ff. und 294 ff.

107 *Ibid.*

108 G. Dumézil: *Romans de Scythie et d'alentour.* Paris 1978, S. 13.

109 Mircéa Eliade: *Schamanismus und archaische Ekstasetechnik.* Frankfurt 1975, S. 9.

110 J. Loth: *Mabinogion,* S. 78 f.

111 *Textes mythologiques* I, S. 145–156.

112 *Ibid.,* S. 157–166.

113 J. M.: *Les grands Bardes gallois,* S. 72–81 und S. 115 f.

114 J. M.: *L'Epopée celtique en Bretagne,* S. 94–100.

115 J. M.: *Contes popularies de toutes les Bretagne,* S. 23–36.

116 J. M.: *L'Epopée celtique d'Irlande,* S. 85.

117 *Ibid.,* S. 100 f.

118 *Ibid.,* S. 134.

119 *Ibid.,* S. 91 f.

120 M. Eliade: *Schamanismus,* S. 445 f.

121 J. M.: *L'Epopée celtique d'Irlande,* S. 87 f.

122 G. Dumézil: *Romans de Scythie et d'alentour,* S. 84 ff.

123 M. Eliade: *Schamanismus,* S. 438.

124 *Ibid.,* S. 440.

125 *Ibid.*, S. 440.

126 *Ibid.*, S. 440f.

127 J. M.: *La Tradition celtique en Bretagne armoricaine*, S. 250–254.

128 M. Eliade: *Le Chamanisme* (2. Aufl.) Paris 1978, S. 395.

129 J. M.: *L'Epopée celtique d'Irlande*, S. 34–38.

130 Vgl. zu diesem Thema auch J. M.: *Merlin l'Enchanteur*, S. 158–195.

131 In der zweiten *Mabinogion*-Erzählung macht sich der Held Bran selbst zur Brücke für sein ganzes Heer (J. Loth: *Mabinogion*, S. 35) und beweist damit, daß er nicht nur König, sondern auch Druide und Schamane ist.

132 Vgl. die Erzählung *Kulhwch und Olwen* in J. Loth: *Mabinogion*, S. 99–145. Kommentar zur Funktion der Figuren in J. M.: *Le Roi Arthur*, S. 269–277.

133 Vgl. J. M.: *La Tradition celtique en Bretagne armoricaine*, S. 273–281.

134 Ich vermeide hier bewußt den Begriff kartesisch bzw. kartesianisch, denn die Franzosen sind keine Kartesianer, wie immer behauptet wird, sondern ‚Aristotelianer', und dies nicht etwa aufgrund ihres Naturells, sondern aufgrund ihrer Erziehung durch die Schule. Den Namen Descartes in diesem Zusammenhang zu benutzen, hieße ihm ein großes Unrecht zu tun, denn Descartes hatte sehr wohl begriffen, daß die einzig beweisbare Wirklichkeit die des Denkens ist. Und dies scheint mir weit entfernt von jenem platten Realismus, wonach nur geglaubt wird, was man mit den Augen sehen kann.

135 Manche davon sind in Frankreich offiziell ‚eingetragene Vereine' bzw. Gesellschaften nach dem sog. ‚Gesetz von 1901'.

136 Für eine eingehende Analyse des Neo-Druidentums allgemein und der verschiedenen Gruppen neo-druidischer Tendenz sei verwiesen auf Michel Raoult: *Les Druides. Sociétés initiatiques contemporaines.* Monaco 1983. Dieses Werk bietet einen klaren historischen Überblick, eine konzentrierte Analyse sowie eine reichhaltige Dokumentation zu diesem Thema. Da der Autor keinerlei Partei ergreift, bietet seine Studie alle Garantien einer objektiven Darstellung.

IV. Die geistige Welt der Druiden

1 Gemeint sind hier insbesondere die esoterischen (oder angeblich esoterischen) Spekulationen über den „Jakob-Stein", der aus Palästina nach Tara gebracht und dort zu dem berühmten „Stein von Fal" gemacht worden sein soll. Anschließend soll er auf die Insel Iona gelangt und dort der bei der Krönung der schottischen Könige so bedeutenden „Stein von Scône" gewesen sein. Dieser Krönungsstein, der heute in

London aufbewahrt wird, ist also angeblich identisch mit dem „Jakob-Stein". Einer anderen haarsträubenden Legende zufolge soll die Insel Iona, der Ort des berühmten Klosters des heiligen Columcill, angeblich einer der Zentralorte jenes keltisch-hebräischen Synkretismus gewesen sein, denn der Name Ioana sei mit dem von Johannes dem Täufer *(Johanaan)* identisch. So einfach lassen sich also „Zusammenhänge" herstellen!

2 Vgl. dazu J. M.: *Le Christianisme celtique* (passim).

3 Zitiert nach Guyonvarc'h-Le Roux: *Les Druides,* S. 328. Die Autoren kommentieren diese Passage folgendermaßen: „Jeder Gott verfügt über vollste Kompetenz auf dem Gebiet seiner Funktionen wie seiner Theologie. Daher ist er per definitionem auch Druide. Auch der menschliche Druide ist mindestens aus zwei Gründen ein „Gott": zum einen, weil er in direkter Linie in principio von den Ur-Druiden abstammt (...), zum anderen, weil er aufgrund seiner Fähigkeiten und seines Wissens als Mittler zwischen Göttern und Menschen fungiert. Somit ist der Druide der alten Kelten in der Tat ein „irdischer Gott". Dem wäre noch hinzuzufügen, daß der Druide auch deshalb ein „irdischer Gott" ist, da er in ähnlicher Weise als irdische Inkarnation eines göttlichen Amtes fungiert wie der katholische Geistliche, welcher in dem Augenblick, wo er die Worte des Sakramentes seiner Priesterweihe ausspricht, selbst Jesus Christus und Gott bzw. Gottes Sohn wird.

4 Vgl. dazu den Aufsatz *„L'Oeuf de serpent"* in: *Ogam* XX, S. 495–504 und J. Gricourt: *„L'Ovum anguinum en Gaule et en Perse"* in: *Ogam* VI, S. 227–232 sowie Guyonvarc'h-Le Roux: *Les Druides,* S. 321 ff.

5 Zahlreiche Beispiele davon sind abgebildet in L. Lengyel: *Das geheime Wissen der Kelten.* Freiburg 1976.

6 Ein gutes Beispiel jenes Typs der Erzählung ist die „Sage von Koadalan" (J. M.: *La Tradition celtique en Bretagne armoricaine,* S. 169–185), nur gelingt es hier dem Helden nicht, sich das herübergerettete Geheimnis vollkommen zunutze zu machen: Er versucht zwar, durch Tod und symbolische ‚Zerhackung' seines Körpers unsterblich zu werden, doch dieser Versuch scheitert. Vgl. auch die „Sage von der Weißen Frau" (in J. M.: *Contes populaires de toutes les Bretagne,* S. 36–47) sowie die „Sage von den Schwarzen Bergen" (in: J. M.: *Contes occitans,* S. 223–235).

7 Paul Sébillot: *Le Folklore de la France,* Bd. IV. Paris 1983, S. 43 f.

8 J. M.: *Mélusine,* S. 69–99. Die Schlangenfrau (frz. vouivre) der Volksmärchen ist eines der Bilder für Mélusine.

9 J. Loth: *Mabinogion,* S. 220.

10 Etienne Renardet: *Vie et croyances des Gaulois avant la conquête romaine,* Paris 1975, S. 184.

11 Wenn es sich zum Beispiel um Phänomene handelt, wie das Verrücken oder Bewegen von Gegenständen aus der Entfernung und ohne direkte Berührung oder um die

Fähigkeit, sich an einen anderen Ort zu versetzen, ohne sich zu bewegen (– das wäre insbesondere die für Merlin so bezeichnende Gabe der Anwesenheit an verschiedenen Orten zur gleichen Zeit –) sowie alle anderen Phänomene, die man sich nicht erklären kann und als ‚magisch' oder auch als ‚hysterisch' klassifiziert.

12 Etienne Guillé, Christine Hardy: *L'Alchimie de la Vie. Biologie et Tradition.* Monaco 1983, S. 51.

13 Alle „Kinder"-Spiele sind in der Tat mehr oder weniger deutliche Reminiszenzen religiöser Rituale oder metaphysischer Spekulationen. Man denke auch an das bei kleinen Mädchen seit jeher so beliebte Springspiel „Himmel und Hölle" (worin nach bestimmten Regeln auf einem bzw. auf beiden Beinen über eine Strecke von Quadratflächen gesprungen wird) sowie an all die scheinbar so harmlosen Auszählreine. (Einen beachtlichen Einblick in die Kulturgeschichte der Symbolik der Spiele bietet Jean-Marie Lhôte mit seinem Werk *Symbolisme des Jeux;* deutsch: Symbolik der Spiele, ersch. München: dianus-trikont 1986, A. d. Ü.).

14 Guyonvarc'h-Le Roux: *Les Druides,* S. 326.

14a Zu einer ausführlichen Interpretation des geis-Rituals vgl. J. M.: *Die keltische Frau,* S. 318–333. (A. d. Ü.).

15 J. M.: *Le Christianisme celtique,* S. 99–111.

16 Die katholische Messe beruht auf dem gleichen Prinzip. Die psychische Energie der versammelten Gläubigen überträgt sich auf den Geistlichen, welcher während der Konsekration der Eucharistie zu Gott, das heißt zum Allmächtigen wird, um dann die Worte des Sakraments von der absoluten Transzendenz auszusprechen. Aus diesem Grunde bedeutet das Lesen der Messe mit Blickrichtung auf die Gläubigen, wie es gemäß der neuen Liturgie praktiziert wird, strenggenommen eine Abweichung vom Ritual im eigentlichen Sinn: um wirksam zu werden, müßten die psychischen Energien der einzelnen Gläubigen nämlich in Wirbelsäule und Nacken des Priesters zusammenströmen und diesen „erfüllen", um sich dann durch seine Worte und Gesten zu manifestieren.

17 Zu denken ist besonders an die Dichtungen, die dem Barden Taliesin zugeschrieben werden und vermutlich Reminiszenzen der druidischen Doktrin waren, welche sich im Laufe des Mittelalters zu poetisch-literarischen Motiven entwickelten.

18 *Vita Merlini* von Geoffrey of Monmouth. Vgl. J. M.: *L'Epopée celtique en Bretagne,* S. 120.

19 *Die Meerfahrt des Bran;* vgl. Georges Dottin: *L'Epopée irlandaise,* S. 37–41.

20 *Die Krankheit des Cuchulainn.* Ibid., S. 127 f.

21 J. M.: *L'Epopée celtique d'Irlande,* S. 196–202.

22 Bénédeit: *Le Voyage de Saint-Brendan.* München 1974.

23 Plutarch: *Über die Gestalt des Mondes* in: (ders.): *Über Gott und Vorsehung, Dämonen und Weissagung.* Stuttgart 1922.

24 G. Dottin: *L'Epopée irlandaise,* S. 35–46.

25 Vgl. „*La Chasse du Blanc Porc*" (‚Die Jagd auf den Weißen Eber') in J. M.: *La Tradition celtique en Bretagne armoricaine,* S. 52–59; ferner das bretonische Märchen „*Le Temps oublié*" (‚Die vergessene Zeit') in J. M.: *Contes populaires de toutes les Bretagne,* S. 258–263.

26 Gemeint sind zum Beispiel Rauch und beißender Geruch.

27 Plutarch: *Über das Ende der Orakel* in: (ders.): *Über Gott und Vorsehung, Dämonen und Weissagung,* Stuttgart 1922.

28 Moderne neo-druidische Spekulationen über die Irrfahrten des Menschen durch verschiedene Kreise der Existenz, über *Abred,* die Welt des menschlichen Handelns, ferner *Gwenved,* die ‚Weiße Welt', oder andere Vorstellungen wie die von einem ‚Paradiesischen Kreis' und von *Keugant,* einem ‚Kreis der Leere', worin das Göttliche wohnt, entbehren jeder Grundlage. Diese Welt-Hierarchien sind keineswegs alte Überlieferungen, sondern gehen auf Iolo Morganwg, den Begründer des walisischen Neo-Druidentums gegen Ende des XVIII. Jahrhunderts, zurück. In den walisischen und irischen Texten des Mittelalters wird man dagegen Begriffe wie *Abred, Gwenved* oder *Keugant* vergeblich suchen.

29 J. M.: *L'Epopée celtique d'Irlande,* S. 184–191.

30 Dieses Detail findet sich auch im walisischen *Mabinogi* von *Kulhwch und Olwen,* der ältesten literarischen Artus-Erzählung, die eine Fülle von Verweisen auf die älteste keltische Mythologie enthält. J. Joth: *Mabinogion,* S. 99–145.

31 Unter den verschiedenen, von ‚Zauberern' ausgelegten Fallen seien besonders die berühmten englischen (eigentlich walisischen) Triaden erwähnt, welche von zahlreichen modernen „Druiden" zu ihrer Bibel gemacht werden. Einige dieser *Triaden,* welche auf rein mythischen Stoffen aufbauen, sind – wie die *Mabinogion*-Texte – im *Llyfr Coch o Hergest,* dem *Roten Buch von Hergest,* einer walisischen Handschrift aus dem XIV. Jahrhundert enthalten. Andere, ebenfalls noch mythische, wenn auch bereits verfremdete *Triaden* sind in der *Myrvyrian Archeology of Wales* zu finden, einer Sammlung walisischer Texte, welche angeblich aus alten Handschriften stammen, die heute jedoch zum größten Teil verschollen sind. Diese Sammlung wurde von Owen Jones, Owen Pughe und Edward Williams (= Iolo Morganwg) in den Jahren 1801–1808 zusammengestellt. Die *Triaden* erschienen in englischer Übersetzung durch Rachel Bromwich (*Trioedd Ynys Prydein. The Welsh Triads.* Cardiff 1961). In französischer Übersetzung sind sie außerdem in Bd. II der Standard-Edition des *Mabinogion* von J. Loth (Paris 1913) abgedruckt. Nur bei diesen Triaden handelt es sich um nachweislich authentische Texte; keiner davon handelt jedoch von der Theologie und Metaphysik der Druiden! Iolo Morganwg veröffentlichte später noch eine Reihe weiterer Triaden theologischen und metaphysischen Charakters unter dem Titel *Cyfrynach Beirdd Ynys Prydein* (1829), welche anschlie-

ßend von Adolphe Pictet als *Le Mystère des Bardes de l'Ile de Bretagne* ins Französische übertragen wurden. Diese Fassung übersetzte wiederum Yves Berthou-Kaledvoulc'h in die bretonische Sprache und veröffentlichte sie – mit einer französischen „Übersetzung" durch den Dichter Philéas Lebesque – unter dem Titel *Sous le chêne des Druides* (Paris 1931). Soweit die Odyssée jener *Triaden,* die angeblich auf alte Überlieferungen zurückgehen. In Wirklichkeit handelt es sich dabei um einen haarsträubenden Synkretismus aus katholischen, presbyterianischen und methodistischen Elementen christlicher Tradition, aus Elementen der schottischen Freimaurer-Bewegung, undefinierbarem ‚Volksglauben' und Grundbegriffen des Hinduismus und Buddhismus (auf einem Niveau, das dem Kenntnisstand um 1800 entsprach) sowie aus „esoterischen" Spekulationen nach der Art, wie sie damals in Mode waren. Jene von Iolo Morganwg 1829 veröffentlichten Triaden enthalten keinerlei Bezüge zur Tradition des alten Druidentums und waren ein vor-romantischer, rein intellektueller Versuch, eine archaische und seit Jahrhunderten in Vergessenheit geratene Druidenweisheit literarisch zu rekonstruieren.

Schlußbemerkung

1 Michel Raoult: *Les Druides. Sociétés initiatiques celtiques contemporaines,* S. 198.

Bibliographie

(anonym): *The Mabinogion* (Engl. Übers. und Hrsg. J. Gantz). Middlesex 1976.
– : Les Mabinogion (Frz. Übers. und Kommentar J. Loth). 2 Bde. Paris 1913. (Neuausg. 1 Bd. Paris 1979.)
– : Trioedd Ynys Prydein. The Welsh Triads (Übers. und Hrsg. R. Bromwich). Cardiff 1961.
Henri d'*Arbois de Jubainville:* Le Cycle mythologique irlandais. Paris 1884.
Henri d'*Arbois de Jubainville:* Les Druides et les dieux celtiques. Paris 1906.
Roland *Auguet:* Les Fêtes Romaines. Paris 1970.

Benedeit: Le Voyage des Saint-Brendan. Paris 1984.
Benedeit: Le Voyage des Saint-Brendan (altfrz./dt.). München 1974.

Fernand *Benoit:* L'art primitif méditerranéen dans la vallée du Rhône (2. Aufl.). Marseille 1955.
Fernand *Benoit:* Art et Dieux de la Gaule. Paris 1969.
Fernand *Benoit:* Le symbolisme dans les sanctuaires de la Gaule. Paris 1970.
Yves *Berthou-Kaledvoulc'h:* Sous le chêne des Druides (breton./frz.). Paris 1931.
Alexandre *Bertrand:* La Religion des Gaulois. Paris 1897.
Robert de *Boron:* Estoire du Graal (Ed. Nitze). Paris 1971.
Robert de *Boron:* Le Roman du Graal (neufrz.). Paris 1981.
Regis *Boyer:* La Religion des anciens Scandinaves. Paris 1981.
Yann *Brekilien:* La Mythologie celtique. Paris 1980.
André *Breton:* Manifeste des Surrealismus. Hamburg 1977.
Arthur *Brown:* The Origin of the Grail Legend. Cambridge (Mass.) 1943.

Caesar: De bello gallico. Der Gallische Krieg. München 1981.
Llewis Glyn *Cothy* (Hrsg.): Myrvyrian Archeology of Wales. (in: Revue du XIX. siècle)

Henri *Dontenville:* La Mythologie française. Paris 1973.
Georges *Dottin:* La Langue gauloise. Paris 1920.
Georges *Dottin:* Manuel pour servir à l'étude de l'antiquité celtique. Paris 1906.
Georges *Dottin:* La Religion des Celtes. Paris 1904.
Georges *Dottin:* L'Epopée irlandaise (Neuausg.). Paris 1980.
Georges *Dumézil:* Mythe et Epopée. Paris 1974.
Georges *Dumézil:* Les dieux des Indo-Européens. Paris 1952.
Georges *Dumézil:* Mythes et dieux des Germains (Neuausg.). Paris 1959.
Georges *Dumézil:* Romans de Scythie et d'alentour. Paris 1978.
Paul-Marie *Duval:* Les Dieux de la Gaule (Neuausg.). Paris 1979.
Dyllon, Chadwick, Ch. G. Guynovarc'h: Les Royaumes celtiques. Paris 1974.

Mircéa *Eliade:* Schamanismus und archaische Ekstasetechnik. Frankfurt a. M. 1977.
Mircéa *Eliade:* Histoire des croyances et des idées religieuses. Bd. III. Paris 1983.

Jacques *Ellul:* La subversion du Christianisme. Paris 1983.
Wolfram von *Eschenbach:* Parzival (Ed. Lachmann 1926). Berlin 1965.
Wolfram von *Eschenbach:* Parzifal (neuhochdt. Prosaübers. W. Stapel). Wien/München 1980.

Sigmund *Freud:* Totem und Tabu (Studienausg. Bd. IX). Frankfurt a. M. 1982.
James G. *Frazer:* The Golden Bough. London/New York 1963.
James G. *Frazer:* Der goldene Zweig. 2 Bde. Frankfurt a. M. 1977.

Claude *Gaignebet:* Le Carnaval. Paris 1974.
van *Gennep:* Manuel de Folklore contemporain. Paris 1935–1947.
Albert *Grenier:* Les Gaulois. Paris 1904.
Etienne *Guillé*, Christine *Hardy:* L'Alchimie de la Vie, Biologie et Tradition. Monaco 1983.
Charles G. *Guyonvarc'h* (Hrsg.): Textes mythologiques irlandais. Rennes 1980.
Charles G. *Guyonvarc'h, Le Roux:* Les Druides. Rennes 1978.
Charles G. *Guyonvarc'h, Le Roux:* La Civilisation celtique. Rennes 1980.

Henry Rider *Haggard:* Sie. Zürich 1970.
Jean *Hani:* La Royauté sacrée. Paris 1984.
Henri *Hubert:* Les Celtes. Paris 1932–1945.

Camille *Jullian:* Histoire de la Gaule. 8 Bde. Paris 1907–1920.

John *Keating:* History of Ireland. Dublin 1726.

Lancelot *Lengyel:* Das geheime Wissen der Kelten. Freiburg 1976.
Jean-Marie *Lhôte:* Die Symbolik der Spiele (ersch. München: dianus-trikont 1986).
Ferdinand *Lot:* La Gaule. Paris 1947.
Marcus Annaeus *Lucanus:* Pharsalia; Bellum Civile (2. Aufl.). München 1978.

Jean *Markale:* Die keltische Frau (2. Aufl.). München 1985.
Jean *Markale:* Les Celtes. Paris 1969.
Jean *Markale:* Le Christianisme celtique. Paris 1983.
Jean *Markale:* L'Epopée celtique en Bretagne. Paris 1971.
Jean *Markale:* L'Epopée celtique d'Irlande. Paris 1971.
Jean *Markale:* Contes populaires de toutes les Bretagne. Rennes 1977.
Jean *Markale:* Contes populaires de toute la France. Paris 1980.
Jean *Markale:* Contes occitans. Paris 1981.
Jean *Markale:* Le Graal. Paris 1982.
Jean *Markale:* Les grands Bardes gallois (Neuausg.) Paris 1981.
Jean *Markale:* Mélusine. Paris 1983.
Jean *Markale:* Le Roi Arthur et la société celtique. Paris 1976.
Jean *Markale:* Siegfried ou l'Or du Rhin. Paris 1984.
Jean *Markale:* Vercingétorix. Paris 1982.
Eckart *Menzler:* Gott und die Welt bei J. G. Hamann, Frankfurt/M.: suhrkamp Verlag, erscheint 1987.
Iolo *Morganwg* (= Edward Williams): Cyfrynach Beirdd Ynys Prydein. London 1829.

Geoffrey of *Monmouth* (= Giraldus Monumentensis): Historia Regum Britanniae (Ed. A. Griscom). London/New York 1929.
Geoffrey of *Monmouth:* Vita Merlini (Ed. B. Clarke). Cardiff 1973.
Geoffrey of *Monmouth:* Das Leben des Zauberers Merlin (dt.). Amsterdam 1978.
Geoffrey of *Monmouth:* Historia Regum Britanniae suivi de Vita Merlini. Paris 1929.

O'Donovan (Hrsg.): Ancient Laws of Ireland. 6 Bde. Dublin 1865–1901.

Adolphe *Pictet:* Le Mysìre des Bardes de l'Ile de Bretagne. Paris o. J.
Guy de *Plinval:* Pélage. Lausanne 1943.
Plutarch: Über Gott und Vorsehung, Dämonen und Weissagung. Stuttgart 1922.

François *Rabelais:* Oeuvres complètes (Ed. P. Jourda) 2 Bde. Paris 1962.
Guy *Rachet:* La Gaule celtique. Paris 1975.
Robert von *Ranke-Graves:* Die weiße Göttin. Berlin 1981.
Michel *Raoult:* Les Druides. Sociétés initiatiques celtiques contemporaines. Monaco 1983.
Salomon *Reinach:* Cultes, Mythes et Religions. 4 Bde. Paris 1905–1912.
Etienne *Renardet:* Vie et croyance de Gaulois avant la conquête romaine. Paris 1975.

E. *Saillens:* Nos Vierges Noires. Paris 1945.
André *Savoret:* Visage du Druidisme. Paris 1977.
Edouard *Schuré:* Les grands Initiés. Esquisse de l'Histoire secrète des Religions. Paris 1889.
Paul *Sébillot:* Le Folklore de la France (Neuausg.) Paris 1981–1984.
M. L. *Sjoestedt:* Dieux et héros de Celtes. Paris 1940.
Marc de *Smedt* (u. a.): L'Europe paienne. Paris 1979.
Jürgen *Spanuth:* Das enträtselte Atlantis. Stuttgart 1953.
Rudolf *Steiner:* Unsere atlantischen Vorfahren. Berlin 1920.
Rudolf *Steiner:* Geisteswissenschaftliche Grundlagen zum Gedeihen der Landwirtschaft. Breslau 1924.
André *Stoll:* Asterix. Das Trivialepos Frankreichs. Köln 1974.

Jules *Toutain:* Les cultes paiens dans l'Empire Romain. Bd. III. Paris 1921.
Chrétien de *Troyes:* Le Roman de Perceval ou Le Conte du Graal (Ed. Roach). 2. Aufl. Genf/Paris 1959.
Chrétien de *Troyes:* Le Chevalier au Lion/Yvain (Ed. M. Roques). Paris 1960.
Chrétien de *Troyes:* Le Chevalier à la Charrette/Lanzelot (Ed. M. Roques). Paris 1960.

André *Varagnac:* L'Art gaulois (Neuausg.). Paris 1964.
Joseph *Vendries:* La Religion des Celtes. Paris 1963.
Jan de *Vries:* Keltische Religion. Stuttgart 1981.

Zeitschriften:
Annales de Bretagne (Rennes)
Bulletin de la Société archéologique du Finistère (Quimper)
Etudes Celtiques (Paris)
Revue du XIX siècle
Revue Celtique (Paris)
Revue de l'Histoire des Religions (Paris)
Ogam Celticum (Rennes)
Revue des Traditions populaires (Paris)